DIE
DEUTSCHEN LYRIKER
VON LUTHER BIS NIETZSCHE

VON PHILIPP WITKOP

PROFESSOR D. UNIVERSITÄT FREIBURG I. B.

ERSTER BAND

ZWEITE VERÄNDERTE AUFLAGE

VON LUTHER BIS HÖLDERLIN

VERLAG U. DRUCK VON B. G. TEUBNER · LEIPZIG · BERLIN 1921

Thomas Mann und
Ernst Bertram zu eigen

Die Wissenschaft unter der Optik des Künstlers
zu sehen, die Kunst aber unter der des Lebens.

Nietzsche

INHALT

Innerhalb der einzelnen Kapitel behandelte Lyriker sind in Klammern beigefügt.

EINLEITUNG: DIE ÄLTERE LYRIK

Alle Form ist Ausdruck inneren Lebens, das Wesen jeder
Form kann nur durch das Wesen des Lebensgefühls erfaßt werden, aus dem sie herauswuchs. Wenn dies aber schon bei jedem
einzelnen Dichter, ja jedem Gedicht der Fall ist — wie grund-
legend bestimmt, wie letztlich verschieden muß das Lebensgefühl sein, das ganze Dichtarten ins Dasein ruft, das Epos,
Drama und Lyrik ihre eigentümlichen Formen und Gesetze
gibt. Wir dürfen nicht zaudern, hier bis zu den Grundverhält-
nissen alles Daseins hinunterzusteigen: Wo immer wir an das
Wesen des Lebens rühren, rühren wir an jene letzten Gegensätze, die wir gemeiniglich als Welt und Ich, als Objekt und
Subjekt zu bezeichnen pflegen. Und wenn wir dem Lebensge-
gefühl innerhalb dieser Gegensätze seine Grundformen suchen,
so finden wir drei Möglichkeiten: entweder das Subjekt ist
noch nicht zu einem Eigenbewußtsein erwacht, das Ich existiert nur als Teil der Welt, seine Erkenntnis begreift es nur
als ein passives Abbilden, sein künstlerisches Schaffen als ein
treues Nachbilden der Wirklichkeit. Oder das Subjekt reift
in langsamer, zwiespältiger Sonderung zum Selbstbewußtsein,
das Individuum fühlt sich in Schmerz, in Grübeln, in Ver-
einsamung anders als seine Umwelt, als die Welt, es fühlt
sein Recht, seine Pflicht, anders zu sein. Und indem es sein
subjektives Recht immer innerlicher begreift, begreift es die
Macht des Subjekts. Es begreift, daß das Erkennen nicht ein Abbilden ist, nicht ein Abdruck, den die Objekte in uns zurück-
lassen. Nicht das Subjekt ist es, das durch die Objekte geformt
wird, nein, das Subjekt formt sich die Objekte, formt sich die
Welt. Die Welt ist die einheitliche Tat unserer Seele, alles
Erkennen ist ein Erschaffen. Und was dem Erkennen an schöpferischer Gewalt zukommt, eignet restloser und geheimnisvoller
dem künstlerischen Schaffen, auch es ist kein Nachbilden der
Wirklichkeit, es ist ein Erschaffen, ein schöpferisches Gestal-

Witkop, Die deutschen Lyriker I. 2. Aufl.   I

I

ten neuen Lebens. Am großartigsten erlebt die Weltgeschichte — nicht ohne Grund gleichzeitig — diese Selbstbejahung des Subjekts philosophisch in Kant, künstlerisch in Goethe. Und doch auch Kant gelingt die völlige Auflösung der Welt im Subjekt nicht, das „Ding an sich" bleibt als ein geheimer Rest zurück, der nicht aufgehen will. Unausweichlich ist die dritte weltanschauliche Möglichkeit: wie die Welt, das Objekt, in ihrer ungebrochenen Einheit sich erlebt und ausgesprochen haben, wie das Subjekt sich in Schmerz und Trotz von ihnen losgelöst und schließlich ihre Gewalt vernichtet, ihr Dasein geleugnet hat, wie beide Pole in schroffer Einseitigkeit behauptet sind, muß ein letztes Weltgefühl sie beide umspannen, Subjekt und Objekt in ihrem ewig notwendigen Gegensatz, ihrem ewigen Kampf, ihrer gegenseitigen Steigerung bejahen. Aus der Unzugänglichkeit des Kantischen „Ding an sich" ersteht die furchtbare Erschütterung in der Weltanschauung Heinrichs von Kleist, die er im Briefe vom 22. März 1801 schildert, die seine tragische Weltanschauung begründet.

So entsprechen diesen drei Grundformen des Lebens- und Weltgefühls die drei Grundformen der Dichtung: die Objektivität des Epos, die Subjektivierung der Lyrik, der ewige Zwiespalt und Kampf zwischen Objekt und Subjekt im Drama.

Notwendig ergibt sich, daß von den Dichtarten, soweit ihre wesensreinsten Werke in Betracht kommen, das Epos am Anfang steht, am Anfang, wo Mensch und Natur, Individuum und Gesamtheit noch eine unbewußte Einheit bilden. Gebrauch und Sitte, Bildung und Religion sind allen die gleiche. Das Volk denkt, empfindet, handelt als Gesamtheit. Und wie das Volk sich selbst als Einheit begreift, so fühlt es sich eins mit der Welt. Seine Götter stehen nicht wesensverschieden über der Welt, sie leben in der Welt, sie kämpfen, leiden, jubeln mit ihren Helden, sie finden sich in Liebe zu den Töchtern der Menschen. Aus diesem ungebrochenen, objektiven Weltgefühl erwächst die Objektivität der epischen Dichtung. Sie steht nicht über der Welt, nicht gegenüber der Welt, sie ist selber ein Teil von ihr, sie gibt uns keine Reflexionen, Empfindungen über ihre Menschen, über das Dasein, sie gibt uns die Welt, die Menschen, das Dasein, das gegenständliche Nacheinander der Ereignisse. Nicht ein einzelner ist es, der sie dichtet, der aus seiner Schöpfereinsamkeit und Schöpferwillkür in ihr sich

2

eine neue, eigene Welt errichtet, es ist das Lebensgefühl der Gesamtheit, das sich ausspricht — die Gesamtheit ist es, die ihr Lebensgefühl ausspricht. Wie der einzelne Dichter durch persönliche Kämpfe und Unruhen, durch ein aufstürmendes Übermaß inneren Lebens, das er gestalten muß, wenn er nicht daran zugrunde gehen soll, gezwungen wird zum Gedicht, so gestaltet das Volk sich im Gedicht in den Zeiten seiner gewaltigsten Kämpfe, seines Lebensüberdrangs. So entstehen — in ihrer Urform — die Mahabbarata, die homerischen Epen, die Edda und die Nibelungen.

Aber alle Kulturentwicklung ist Differenzierung. Aus der Einheit und Einfachheit des Volksganzen heben sich nacheinander die einzelnen Stände heraus, einer dem anderen vorzueilen und gesondert ihre Anlagen und Kräfte zu entwickeln.

In Deutschland wird uns dieser Weg besonders deutlich: Aus der ungeschiedenen Einheit des Volkslebens erhebt sich das Rittertum, mit dem Aufblühen der Städte versinkt es, das Bürgertum erstarkt. Die Selbständigkeit der Städte beginnt als Gleichgewicht gegen die übermütige Adelsaristokratie auch der bäuerlichen Freiheit Vorschub zu leisten. Und aus den mannigfachsten wirtschaftlichen und politischen Bedingungen ergibt sich für den Bauernstand eine wachsende Befreiung und Kräftigung bis zur Reformation, wo ihn die Bauernkriege auf lange zurückwerfen. Die Reformation aber bringt auf mehr denn ein Jahrhundert eine Vorherrschaft der kirchlichen Interessen, ein dauerndes Hin und Her der konfessionellen Kämpfe, in denen der geistliche Stand, der bis dahin sein geistiges Sonderleben geführt hat, an die Spitze tritt. Und als der Dreißigjährige Krieg das gesamte Volksleben in Deutschland zerrüttet, da übernimmt der internationale, lebensfremde Stand des Gelehrten die kulturelle Führung.

Dieser Entwicklung mußte in der Dichtung zumeist ihre subjektive Gattung, die Lyrik, folgen. In der ungeschiedenen Einheit des Volkslebens ist auch sie einfach und allgemein, der Ausdruck eines ganzen Volkes: das Volkslied. Aber sie ist stets dem Strebenden, dem Kräftigsten und Lebendigsten Freund. Sie kann nicht bei der Einfachheit des Ganzen zurückbleiben; Streben und Wechsel der einzelnen Stände begleitend, legt sie sich nach und nach in verschiedene ständische Poesien auseinander. Wir finden die Lyrik des Rittertums im Minne-

1*

sang, des Bürgertums im Meistersang, des Bauerntums in jenem Liede, das in den ursprünglichen Zeiten insgesamter Weide- und Ackerwirtschaft das allgemeine Volkslied war, und das vom Träger der alten Wirtschaftsordnung, dem Bauern, bewahrt und fortgebildet wurde, die Lyrik des geistlichen Standes im Kirchenlied und des Gelehrtenstandes in der Gelehrtenpoesie, die sich in der ersten und zweiten schlesischen Schule zusammenschließt.

Im großen und ganzen zeigen sich uns diese Dichtarten so, daß sie wie ihre Träger einander ablösen, daß wenigstens ihre Blütezeiten nacheinander liegen. Aber auch in den Zeiten ihres Zusammenseins bleiben trotz aller Berührungen, trotz aller wechselseitigen Beeinflussung die Stände wie ihre Dichtart im wesentlichen geistig voneinander geschieden.

Geben diese Arten ständischer Dichtung nicht mehr den Ausdruck des gesamten Volkslebens, so vertreten sie doch jeweils den lebendigsten und wichtigsten seiner Teile. Aus der Einheit und Einfachheit, aus der Allgemeinheit des Volkes haben sie sich losgelöst, jede zeigt ihre geschlossene Eigenart, jede außer dem Volks- und Bauernliede tritt uns in einzelnen, bekannten Personen entgegen, und auch diese Personen erstreben und beweisen wieder untereinander Neuheit und Eigentümlichkeit des Stils. Aber keiner dieser Dichter vermag sich wesentlich aus den Anschauungen seines Volksteiles herauszuheben, keiner vermag sich aus der Lebens- und Weltanschauung seines Standes zur freien Selbstbestimmung der Persönlichkeit durchzuringen.

Das bleibt der neueren Lyrik vorbehalten: Nachdem das Volk sich in seiner Gesamtheit offenbart, nachdem es sich im Drange der Entwicklung, im Verlangen seines Selbstgefühls in die verschiedenen Stände auseinandergelegt hat, schließt es sich wieder zur höheren Einheit, zum freien Bewußtsein seiner selbst zusammen im Individuum. Die freie Persönlichkeit, die nur in sich selbst bestimmt, auf eigene Art die Nation, die Menschheit darstellt, in einer eigenen Mischung ihrer Elemente, ist das innere Ziel aller Volksentwicklung. Denn sie erst bringt die letzte Befreiung und Ergänzung aller Kräfte. Und in ihr erst kann die Lyrik, die dichterische Auflösung der Welt im Subjekt, sich wahrhaft finden und vollenden. Die Geschichte der deutschen Lyrik hat also, ihrer inneren Form nach, das

Erwachen, Reifen und Sich-Wandeln der freien, selbstbestimmten Persönlichkeit in Deutschland darzustellen.

So dürfen wir Volkslied und ständische Lyrik als Wurzel und Stamm betrachten, aus dem als vielgezweigte, breitgewipfelte Krone die individuelle Lyrik sich entfaltet.

Das ursprünglichste Volkslied ist jener „epischen" Zeit eigen, die noch der Entwicklung des Rittertums, des Minnesangs vorangeht; ihr eignet seine reine Voraussetzung: ein Volk, das in den religiösen Anschauungen, in Sitten und Gebräuchen, in Beruf und Würde noch eine ungebrochene Einheit bildet. Lieder epischen, didaktischen und satirischen Inhalts sind uns für diese Zeit vielfach belegt. Spottverse, Rätsellieder, Kettenreime, Verse gnomischen Inhalts, Beschwörungsformeln, Lieder religiöser Natur sind uns, meist in späterer Überarbeitung und Anwendung, erhalten. Auf das Vorhandensein und die Art einer lyrischen Dichtung, insbesondere des Liebesliedes, können wir nur schließen. Die gesamte mittelhochdeutsche lyrische Dichtung führt, am stärksten in ihren Anfängen, immer schwächer nach der Zeit ihrer Blüte zu, eine große Zahl feststehender dichterischer Formeln mit, die nur aus einer älteren, gemeinsamen Überlieferung, aus demselben großen, überall verbreiteten Vorrat geschöpft sein können. Und zwar sind es dichterisch verarbeitete Formeln, wirkliche Verse, die wir als Ursprung annehmen müssen, und die vor allem in der ersten Zeit mittelhochdeutscher Dichtung kaum mehr geändert sind, als ihre Einfügung in die Strophe notwendig macht. Aus diesen Versen können wir auf das Vorhandensein eines älteren, allgemeinen Volksliedes mit Sicherheit, auf seine Art mit einiger Berechtigung schließen. Man glaubt in diesen ältesten Liedchen Vierzeiler sehen zu dürfen, die ähnlich den Tiroler Schnadahüpferln, aus stehenden Versen zusammengesetzt und vorzugsweise zum Gesang bei Tanz und Spiel bestimmt waren.

Um die Mitte des 12. Jahrhunderts finden wir die ältesten Überlieferungen mittelhochdeutscher Lyrik, des Minnesangs, zusammen mit dem Aufblühen des Rittertums, mit dem Aufstreben zu höherer gesellschaftlicher und wissenschaftlicher Bildung in ritterlichen Kreisen. Er führt aus der unmittelbaren Gegebenheit des Lebens zum ersten Male zur Reflexion über das Leben. Im Anschluß an das Volkslied mußte er sich unter dem Einfluß des blühenden französischen Rittertums, unter ähnlichen sozialen und gesellschaftlichen Bedingungen, ähnlich dem Liede der Troubadours gestalten. Das Ziel des Minnesangs ist, ein ritterlich-höfisches Ideal zu schaffen und durch das dichterische Ideal aufs Leben zu wirken. Nicht aus dem Leben, seinen Leidenschaften und Widersprüchen empfängt der Minnesang den Stoff zu seinen Gedichten, er entnimmt ihn einem überlieferten und zu entwickelnden Idealbegriff von Ehr und Sitte. Und nun erst sucht er ihn ins Leben zu übertragen. Selbst Walter von der Vogelweide hat sich aus der ständischen Gebundenheit nicht gelöst. Er ist der größte dichterische Vertreter seines Standes.

Der Zerfall des Rittertums war bedingt durch die zunehmende Entwicklung und Eigenmacht der Städte. Und die Städte waren es auch, die sich im Meistersang als Erbe des ritterlichen Sanges gebärdeten. Nur daß sie sich weniger an den Minnesang, als an die ritterliche Spruchdichtung anschlossen. Aber das Bürgertum vermochte nicht so rasch eine seiner sozialen Stellung entsprechende geistige Kultur zu gestalten. Seine höheren Schichten suchten sich ganz dem Rittertum anzugliedern, sein Mittelstand versuchte ihm wenigstens nachzueifern. Er übernahm die Formen, die Töne der alten Dichter. Aber er vermochte sie nicht im eigenen Leben zu erneuern. Aus den künstlerisch-formalen Elementen des Rittertums, aus den sozial-formalen des bürgerlichen Lebens mischte man eine Dichtart, die sich aus Nüchternheit, Äußerlichkeit und Formelstolz nicht zu erheben wußte. Die freie Mannigfaltigkeit der mittelhochdeutschen Metrik sank zur handwerksmäßigen Silbenzählerei. Belehrung ward die eigentliche Aufgabe der Dichtung. Die einfachen Zustände des Menschenherzens, Liebe, Leid, Natur und Geselligkeit fanden ihren dichterischen Ausdruck durch Übernahme des alten Minneliedes: Das „Hoflied", das höfische Lied der Minnesänger wurde, oft volkstümlich umgeformt, das eigentliche „Gesellschaftslied" der Städter. Es wurde zur Grundlage musikalischer Unterhaltung bei den geselligen Zusammenkünften.

Dem Bürger gelang es nicht, seine innere Lebensart wahr zu begreifen und zur dichterischen Selbständigkeit heraufzuheben. In unvergleichlicher Weise war dies neben ihm dem Bauernstand gelungen, der als Träger der alten Wirtschafts-

6

ordnung das alte Volkslied treu bewahrt und mit der Kräftigung und Bereicherung seines wirtschaftlichen und geselligen Lebens wunderbar vertieft und bereichert hatte. Wo der Bauernstand eine frühe Entwicklung durchsetzt, wo, wie in Österreich und Bayern, ein reicher, eigenmächtiger Bauernstand vor der Zeit aufblüht, da entwickelt er sein altes Lied, ja er weiß mit ihm sogar auf den Rittersang Einfluß zu gewinnen. Das Erste war eine reichere Entwicklung der Arbeitsgesänge, die bei der Einzelarbeit und der geselligen Arbeit gesungen wurden, beim Spinnen, Weben, Flechten, Säen, Ernten, Dreschen usw. Erntelieder, besonders Schnitterlieder, sind in deutschen Volksliedersammlungen häufig. Die Arbeitsgesänge knüpfen an die Arbeit an oder bringen Gefühle der Arbeitenden zum Ausdruck, oft werden sie zum Wechselgesang zwischen verschiedenen Arbeitern, zwischen Arbeiter und Arbeiterin, zwischen einem Vorsänger und einem Chor, dem Vorarbeiter und seinen Gehilfen. Auch dieser Wechselgesänge, in denen oft dramatische und epische Elemente überwiegen, finden wir unter den deutschen Volksliedern manche. Die Tanzgesänge unterscheiden sich in ihrem Wesen von den Arbeitsgesängen nicht, sie zeigen die gleiche Einheit von Körperbewegung, Musik und Dichtung, oft stellen sie die Arbeit selber bildlich dar, sie beginnen oder schließen die Arbeit, den Arbeitstag, die Arbeitswoche, größere Arbeitszeiten: an Erntefesten usw. Aus der Improvisation geht zuerst die Melodie zur festen Gestalt über. Ihr werden anfangs noch improvisierte, dann feste, selbständige Texte unterlegt. Viele unserer alten Volkslieder sind „nach bekannter Melodie gedichtet". Sie werden von Einzelnen gedichtet und von der Allgemeinheit übernommen, häufig geschieht die Erfindung neuer Tanzweisen und Liedertexte berufsmäßig durch die niederen Spielleute, die — wie die Vaganten des 12. Jahrhunderts um die Gunst der Ritter — um die Gunst der begüterten Bauern buhlen.

In allen diesen Liedern fühlen wir die Naturnähe, die Erdverwachsenheit, ja Gebundenheit des bäurischen Lebens. Wald und Feld, Tier und Pflanze sind dem Leben des Menschen gleich und eins. In ihnen erst vermag er sich zu finden: Alle Lieder beginnen mit einem Naturbilde. In ihm wird sich der Sänger seines Zustandes bewußt, es wird ihm zum unentbehrlichen Halt, daran sich Gefühl und Gedanke lehnt. Gewiß sind die Naturbilder durchaus typisch, auch sie beschränken sich auf gewisse, wiederkehrende Züge. Aber gegenüber den typischen Bildern des Minneliedes, des Gesellschaftsliedes sind die Bilder doch schärfer, einzelner, wirklicher. Dieser Erdverwachsenheit und Gebundenheit nach außen entspricht die gleiche innere Schwere und Abhängigkeit. Leben und Lied des Bauern sind fest verknüpft mit den alten Überlieferungen. Germanische Anschauungen und Bräuche, mythologische Sagen und Symbole durchsetzen die Sommer- und Winterlieder, die Fabellieder, die Wett- und Wunschlieder, die Liebeslieder. Diese Lieder sind der Ausdruck eines Standes, der zäher und abgeschlossener in alter Eigenart verharren durfte, der die alten Symbole nicht aufgeben mochte, weil sie ihn enger und einfacher mit dem Leben der Natur verbanden.

Frühzeitig tritt eine naturgemäße Erweiterung und Zerstreuung des Volks- und Bauernliedes ein auf Volksteile, die in ihren Lebens- und Arbeitsbedingungen dem Bauern verwandt, die der Natur besonders verbunden sind: Bergleute, Jäger, fahrende Gesellen, Reiter und Landsknechte. Das Ende des 15. Jahrhunderts bringt das historische Volkslied, das — ähnlich wie die Erzeugnisse der städtischen Spruchdichter — überwiegend chronikartig oder polemisch, nüchtern und zeitlich bedingt ist. Nur wo es einen bedeutenden Inhalt hat, wo es sich wie bei den Dithmarschen und Schweizer Liedern um Kampf und Freiheit des ganzen Volkes handelt, weiß es sich zu dauernder Größe und Leidenschaft zu erheben. Es ist bezeichnend, daß in ihnen der dithmarsische Bauer oder der vom Bauerntum nur abgezweigte Stand der Landsknechte die Form des alten Reihenliedes wählen.

Je mehr mit der Erfindung der Buchdruckerkunst das polemische Lied als fliegendes Blatt bedeutsam wurde, desto notwendiger suchte jede neue Bewegung im Lied sich darzustellen und durchzusetzen. Luther empfand, welche Wehr und Waffen der Reformation im eigenen Liede werden könnten: „Ich wollte auch, daß wir viel deutsche Gesänge hätten, die das Volk unter der Messe sänge, oder neben dem Gradual, auch neben dem Sanktus und Agnus Dei ... Das rede ich deshalb, daß, so irgend deutsche Poeten wären, dadurch bewegt würden, uns geistliche Lieder zu machen." Es gärte viel zu lebhaft in ihm, viel zu lebhaft drängte es ihn, sein eigenes Glauben und Ringen im Herzen seiner Gemeinde zu erneuern, als daß er der Poeten hätte warten können. So schuf er, wie er durch seine Bibelübersetzung die Herrschaft des mittelalterlichen Latein gebrochen und der neuhochdeutschen Schriftsprache das gültige Vorbild einer neuen Kunstprosa gegeben hatte, seiner Gemeinde das deutsche Kirchenlied.

Ansätze zu einem deutschen Kirchenlied waren schon früher gemacht, schon seit der Stauferzeit. Aber erst durch die Reformation, durch Luther erst erfolgt der Bruch mit dem lateinischen Kirchengesang, wird das Kirchenlied für mehr als ein Jahrhundert zum herrschenden Liede der Nation. Im wesentlichen, jedenfalls der Führung und Bedeutung nach, ist es der Stand der Pfarrer, der nach Luthers Vorbild den Gemeindegesang schafft, und der beruflich noch zu ihm gehörende Lehrerstand. Wenn aber Luther auch das Kirchenlied als ein Mittel betrachtet hatte, den reinen Glauben unter das Volk zu bringen, wenn er selbst einzelne Lieder bestimmten Glaubensartikeln gewidmet hatte, die Glaubenslehre war doch sein ursprüngliches, leidenschaftliches persönliches Erlebnis. Bei seinen Nachfolgern, die im Einzelnen noch ergreifend tiefe und große Strophen schaffen, tritt an die Stelle des religiösen Erlebnisses häufig der didaktisch-theologische Zweck. Katholische Schriftsteller erkannten, daß Luthers Gesänge seine Sache förderten. Eine Reihe katholischer Gesangbücher des 16. Jahrhunderts bezeugt, wie schnell und eifrig man in den Wettstreit eintrat.

Das Hin und Her der konfessionell-politischen Kämpfe fand seinen unseligen Ausgang im Dreißigjährigen Kriege. Es zerrüttet das Volksleben, aus dem heraus die Dichtung sich hätte erneuern können. Da wenden sich ihr in Wirren und Trümmern bewußt und geschlossen die Gelehrten zu. Im Zusammenhang mit dem Humanismus suchen sie dessen Ergebnisse auch der deutschen Sprache und Dichtung zu eigen zu machen. Sie weisen hin darauf, daß die großen humanistischen Dichter Italiens, Frankreichs, Hollands nicht nur durch die Erneuerung der lateinischen Sprache und Dichtung, sondern mehr noch durch die der eigenen ihren Ruhm errungen haben. „Wir Teutschen allein undankbar gegen unserm Lande, undankbar gegen unserer alten Sprache, haben ihr noch zur Zeit die Ehr nicht angetan, daß die angenehme Poesie auch durch sie hätte reden mögen. Und wären nicht etliche wenig Bücher vor vielen hundert Jahren in teutschen Reimen geschrieben mir zu Handen kommen, dörfte ich zweifeln, ob jemals dergleichen bei uns üblich gewesen. Dann was insgemein von jetzigen Versen herumb getragen wird, weiss ich wahrlich nicht, ob es mehr unserer Sprache zu Ehren als Schanden angezogen werden könne." (Martin Opitz.)

In seinen Anfängen hatte der deutsche Humanismus wohl den Willen gehabt, die antike Kultur nicht nur zu übernehmen, sondern sie der deutschen lebendig zu einen. Zumal in den Städten strebten volkstümlich-deutsche und antike Kultur zu jener fruchtbaren Wechselwirkung, die den Reichtum und die Größe der italienischen Renaissance ausmachte. Aber die religiöse Bewegung in Deutschland riß alles schöpferische Leben des Volkes in ihren Kreis. Wuchs sie doch aus dem jahrhundertalten, breiten Boden der deutschen Mystik, der dem deutschen Volke ungleich mehr Heimatboden war als dem italienischen die Kunst und Kultur Roms und der Griechen. Alles ursprüngliche, drängende, volkshaft große und tiefe Leben ging im Deutschland des 16. und zum Teil noch des 17. Jahrhunderts in die religiöse Dichtung. Wenn sich der Humanismus trotzdem durch seine internationalen Beziehungen im literarischen Leben behauptete, so konnte er nur mehr eine Übernahme, nicht eine Aufnahme seines Kulturgutes erreichen, ein Nebeneinander, nicht das schöpferische In- und Miteinander der Bildungskräfte. Diese Doppelheit des deutschen Geisteslebens, des national-religiösen, und des international-wissenschaftlichen zerriß die deutsche Dichtung. Ihre volkstümlichen Eigenkräfte blieben der religiösen Lyrik treu bis zu Spee und Angelus Silesius. Die neuen internationalen Bildungselemente haben fast ein Jahrhundert in der internationalen Sprache, in lateinischen Rhythmen und Phrasen ihren dichterischen Ausdruck gesucht. Erst in der zweiten Hälfte des 16. Jahrhunderts begannen einzelne Humanisten in nationalem Ehrgeiz die neuen Erkenntnisse und Formen der deutschen Sprache und Dichtung zuzuwenden, der weltlichen Dichtung, deren Form und Gehalt ohne Zusammenhang mit den großen Dichtungen des Mittelalters in handwerkliche Tendenzpoesie zergangen war.

Verhängnisvoll war es, daß diese Überwindung nicht mehr vom Gehalt, vom Volk und Volksleben Deutschlands ausgehen konnte — seine Kräfte waren alt und ohne Schöpferdrang, und im Dreißigjährigen Kriege bald der Vernichtung nahe. Daß die Überwindung von den Kreisen der Gelehrten und von der äußeren Form ausging, das sicherte ihren Fortgang durch alle Not und Zerrüttung. Die Gelehrten waren dem Elend des Krieges nicht so ausgesetzt, waren unabhängig vom Boden und konnten nach den ruhigeren Gebieten flüchten. Und an der äußeren Form konnte man unabhängig von allen Zeitereignissen schaffen und weiterbauen. Von außen, von fremden Vorbildern konnte man ihr Kräfte zuführen, die nicht von innen wuchsen. Aber eben dadurch kam es, daß diese antiken und ausländischen Formen nicht aufgenommen, sondern nur übernommen werden konnten, daß sie nicht Fleisch und Blut wurden, sondern nur Kleid und Name, und daß erst das 18. Jahrhundert in neuer Fühlung mit Volk und Volksdichtung und den religiösen — nunmehr pietistischen — Grundkräften des Volkes ihnen Leben und Gehalt zu geben vermochte.

Am Stuttgarter Hof dichtete seit 1616 in diesem gelehrten Sinne Rudolf Weckherlin, in Heidelberg, anknüpfend an Paul Melissus, Julius Zincgref und seit 1619 Martin Opitz (1597 bis 1639). Poetische Gesellschaften nahmen in Nachahmung der romanischen Akademien diese Bestrebungen auf, Bestrebungen mehr sprachlicher als dichterischer Natur. Es gilt die Eroberung der poetischen Form, nicht des Gehalts. Fast sämtliche Gedichte von Martin Opitz sind übersetzt oder aus Reminiszenzen zusammengestückt, aus der antiken, italienischen, französischen, besonders aber aus der holländischen Literatur. Das Übersetzen wird dem freien Schaffen gleichgeachtet. So wird die Gelehrtenlyrik eine Poesie der Übersetzung, der Nach- und Anempfindung, des naiven literarischen Diebstahls. In seinem Unterricht von der Teutschen Sprache und Poesie lehrt Morhoff: „Erstlich, ehe einer erfinden kann, muß er zuvor gelesen und gesamblet haben, sonsten wird er ein leeres Stroh dreschen. Er muß nicht allein die vornehmbsten Teutschen Poeten, sondern auch die Lateinischen und Griechischen, von welchen doch alles herfliesset, wohl durchkrochen und ihre Künste ihnen abgelernet haben. Will er diesen die Ausländer, als Spanier, Franzosen, Italiäner hinzusetzen, wird er seinen Schatz desto größer machen." Eine Flut von Übersetzungen erschien, und wenige nannten ihr Original. Man hatte keine

Achtung vor fremdem, geistigem Eigentum. Auf eine Überschrift, bei der eine Quelle genannt wurde, kamen zehn, die sie verschwiegen. Man bestahl die fremden Literaturen, und man bestahl sich untereinander. „Wer ein deutscher Poet werden will — sagt Sacer in seiner Satire über die Literatur des 17. Jahrhunderts —, der muß vor allen Dingen deutsch lesen und schreiben können, deutsch lesen und schreiben, sage ich, denn, wenn er diß nicht könnte, wie wollte er denn zurechte kommen, er muß ja alles aus andern deutschen Büchern und Poeten nehmen, um sich wie eine Krähe mit des Pfauen Federn zu schmücken." So wie heute der Gymnasiast sich aus den lateinischen und griechischen Autoren einen Phrasenschatz sammeln muß, so stellte man aus beliebten Büchern der Zeit die empfehlenswerten Phrasen, Verse und Strophen, die üblichen mythologischen Wendungen, Embleme und Sinnbilder zum bequemeren Gebrauch in systematischen und alphabetischen Poeten-Lexika zusammen. Dazu kamen mythologische Wörterbücher, Reimlexika, Handbücher und poetische Trichter aller Art. Mit den äußeren Formen der fremden Kultur übernahm man für die Dichtung auch ihre Empfindungen. Aber nur für die Dichtung! Man protestiert sehr gegen den Versuch, das französisch-galante Kostüm dem Träger, dem ehrsamen, deutschen Gelehrten gleichzusetzen. Dichterisch kann man sich nicht genug tun in schlüpfrigen Bildern, in Liebesbrunst und Lüsternheit. Aber:

> Das Herz ist weit von dem, was eine Feder schreibet,
> Wir dichten ein Gedicht, daß man die Zeit vertreibet.
> In uns flammt keine Brunst — ob schon die Blätter brennen —
> Von liebender Begier. Es ist ein bloßes nennen.

Simon Dach (1605—1659) und Paul Fleming (1609—1640) treten aus dieser Atmosphäre heraus. Unter tausend Liedern, zumeist Leichen- und Hochzeitskarmina, sind Dach zwei gelungen, deren einfache Innigkeit uns noch heute anspricht: das „Anke von Tharau" und „Der Mensch hat nichts so eigen — So wohl steht ihm nichts an — Als daß er Treu erzeigen — Und Freundschaft halten kann". Wo er sich frei ergehen kann, liebt auch er die Phrase und den Schwulst der Gelehrtenpoesie, am liebsten hätte er lateinisch gedichtet. Reicher und leidenschaftlicher ist Paul Fleming. Eine Reise nach Persien erweiterte seinen Anschauungskreis, eine unglückliche Liebe löste sein

Lebensgefühl. Halten ihn auch im ganzen noch Form und Inhalt der Gelehrtenpoesie, in einzelnen Strophen bricht seine klare, sympathische Männlichkeit durch:

> Was klagt, was lobt man doch? Sein Unglück und sein Glücke
> Ist sich ein jeder selbst. Schau alle Sachen an;
> Diß alles ist in dir, laß deinen eiteln Wahn
> Und eh du förder gehst, so geh in dich zurücke.
> Wer sein selbst Meister ist und sich beherrschen kan,
> Dem ist die weite Welt und alles unterthan.

In eintöniger Schwermut wie ein Totenglöcklein immer dieselben zwei Töne wiederholend, klagen des Schlesiers Andreas Gryphius (1616—1664) Sonette und Oden in den Kriegsjammer der Zeit. Er, der Leiden und Leichen und die geistige Verwüstung des Dreißigjährigen Krieges unmittelbar erlebt hat, mit Krankheit geschlagen, weiß in religiöser Einkehr für seine Gedichte nur die beiden Töne: Tod und Vergänglichkeit. „Die Herrlichkeit der Erden — Muß Staub und Aschen werden."

Die Lyrik der zweiten schlesischen Schule, die in Hofmannswaldau gipfelt, vermag an der inneren Art der Gelehrtenpoesie wenig zu ändern. Nur daß sie — die zweite Hälfte des 17. Jahrhunderts — mehr unter französischem als italienischem Einfluß steht, daß sie einen mehr pointierten, komplimentierenden, galanten Stil erstrebt, doch um so bedenklicher der Zote anheimfällt. Unter Boileaus Einfluß steht Friedrich Ludwig von Canitz gegen sie auf, in seinen Gelegenheitsgedichten, Oden und Satiren nüchtern und trocken-verständig, aber von reiner Gesinnung.

Die Gelehrtenpoesie ist die letzte Erscheinung ständischer Lyrik in Deutschland. Inzwischen hatte in der Kultur und Literatur anderer Länder längst die Befreiung des Individuums begonnen. Von Italien aus war die Renaissance nach Frankreich, England, Holland gedrungen. Auf philosophischem Gebiete war auch Deutschland in die geistigen Freiheitskriege eingetreten: Descartes, Spinoza und Locke schloß sich Leibniz an. Thomasius trat auf. Schon begann Christian Wolff in Halle seine folgenreiche, akademische Wirksamkeit. Auch die Lyrik hatte die ersten Versuche gemacht, in ihrer Kunst die Persönlichkeit durchzusetzen, sich zur individuellen Lyrik heraufzuheben.

LUTHER UND GERHARDT

Das 16. und zum großen Teil auch das 17. Jahrhundert sind in Deutschland durch die Probleme des religiösen Lebens bestimmt. Und was die Lyrik an Bedeutendem, an unmittelbarem Lebensausdruck hervorgebracht, liegt auf religiösem Gebiet. Das Kirchenlied des Protestantismus ist die lyrische Macht dieser Zeit. Bleibt es als Gesamterscheinung dem protestantischen Pfarrer- und Lehrerstande eigen, seinem innigen und starken, aber dogmatisch gebundenen Lebensgefühl, so hebt es sich doch in zwei Gestalten aus dieser Gebundenheit zu hinreißender persönlicher Gewalt und gibt der inneren und äußeren Form der deutschen Lyrik die erste Freiheit: in Luther und Paul Gerhardt.

Zeitlos-gewaltig durchdringen sich in Luthers Wesen und Lied die beiden wirkenden Kräfte deutschen Volkstums: die sinnliche Lebendigkeit und Naturverbundenheit des Volksliedes und die Innigkeit und Tiefe der deutschen Mystik. Wenn Luther schließlich dem tragischen Schicksal jedes Kirchenstifters unterlag, die freie Innerlichkeit seines religiösen Erlebens festen Formen und Dogmen überantworten mußte: aus seinen Liedern bricht die unmittelbare Gewalt seines persönlichen religiösen Fühlens und Glaubens, seine kampffreudige und sieghafte Seele. Sie stehen am Anfang der neueren deutschen Lyrik. Nicht als ein Einzelner singt er seine Lieder; Schulter an Schulter singt sie die Gemeinde, die Kirche selber scheint sie mitzusingen, die Mauern scheinen sie zu dröhnen; die weltgeschichtliche Gewalt seiner Aufgabe trägt ihre Rhythmen, durchstrahlt ihre Bilder. Dem Bergmannssohn, dem das Christentum Laien- nicht Priestertum war, seiner erdennahen, ungebrochenen Lebensfülle gab sich das Volkslied in unmittelbarer Verwandtschaft. Sein frühest bezeugtes Lied „Ein Lied von den zween Merterern Christi, zu Brüssel von den Sophisten zu Löwen verbrant" setzt im Anfangsstil des historischen Volksliedes ein: „Ein neues Lied wir heben an", reißt gleich in der zweiten Zeile den Vorgang in die Höhen des religiösen Bewußtseins: „Das walt Gott unser Herre, — Zu singen, was Gott hat gethan, — Zu seinem lob und ehre", und drängt im erzählenden Ton der Volksballade weiter: „Zu Brüssel in dem Niderland — Wohl durch zween junge knaben — Hat er sein wunder macht bekand ... Der erst recht wohl Johannes heist, — So reich an Gottes hulden, — Sein bruder Heinrich nach dem geist — Ein rechter Christ on schulden." Und nun hebt mit hinreißender dramatischer Gewalt die Schilderung ihrer Kämpfe und Leiden an, im Stil der gewaltigsten historischen Kampf- und Trutzlieder, aber sie weit überströmend an Leidenschaft und Gehalt. Denn der Kampf dieser Knaben mit den Löwener Sophisten ist der Kampf Gottes mit dem Teufel an der Wende der Zeit.

Sie sungen süß, sie sungen saur,	Sie raubten jn das klosterkleid,
Versuchten manche listen,	Die weih sie jn auch namen,
Die knaben stunden wie ein maur,	Die knaben waren des bereid,
Verachten die Sophisten . . .	Sie sprachen frölich Amen.

Jubelnd geben sie „Die Möncherey" dahin, um Priester im Christenorden zu werden; „mit Gottes lob und singen" besteigen sie den Scheiterhaufen. Selbst die Sophisten ahnen, daß sie in den unschuldigen Knaben sich selbst gerichtet haben und möchten ihre Tat verleugnen. Aber

Die aschen wil nicht lassen ab,	Die er im leben durch den mord
Sie steubt in allen landen,	Zu schweigen hat gedrungen,
Hie hilft kein bach, loch, grub,	Die muß er tod an allem ort
noch grab,	Mit aller stim und zungen
Sie macht den feind zu schanden,	Gar frölich lassen singen.

Und nun reißt das religiöse Siegesbewußtsein diesen Kampf und Triumph in die farbige Allgewalt des Naturlebens hinein; Ostern und Frühling, die Auferstehung Christi und der Natur durchdringen sich, das alte mythische Volkslied, der Kampf zwischen Sommer und Winter klingt an:

Der Sommer ist hart für der thür,	Der das hat angefangen,
Der winter ist vergangen,	Der wird es wol volenden.
Die zarte blümlin gehn erfür,	AMEN.

Immer, wenn Luther von der Form des Volksliedes, seiner verwandten Form, ausgeht, findet er denselben hinreißenden Rhythmus, dieselbe farbige Bildkraft. Schließt er sich enger an fremde Vorlagen an, an lateinische Kirchengesänge, an katechetische Texte, oder auch zu eng an den biblischen Text, dann verfällt er der modischen, meistersingerlichen Silbenzählung. Mit welch aufstrahlendem Jubel in Bild und Rhythmus, mit welch volkstümlicher Herzenskraft und -freude weiß er Eingang und Weise eines weltlichen Kranzliedes zu übernehmen in seinem „Kinderlied auf die Weihnachten": „Vom Himel hoch da kom ich her, — Ich bring euch gute neue mehr". In kindlicher Einfalt tritt die Seele mit den Hirten zum „krippelin"; wie im Volkslied löst sich ihr erregtes Gefühl im Zwiegespräch, und im schlichtesten Kinderwort- und -gelöbnis gibt sich das tiefste metaphysische Lebensgefühl.

Und so gibt sich der entscheidende, weltenwendende Glaubenskampf Luthers, sein Ringen, Zweifeln und Verzweifeln in der Erfurter Zelle, seine Erweckung und Erlösung durch Christi Blut und Liebe, als aller Christen Schicksal in seiner schlichten Volksweise „Nun freud euch lieben Christen gmein":

Dem Teuffel ich gefangen lag	Der frey Will hasset Gotts gericht ...
Im tod war ich verloren,	Zur hellen must ich sincken.
Mein sund mich quelet nacht und tag,	Da jammerts Gott in ewigkeit Mein elend übermaßen ...
Darin ich war geboren ...	Er sprach zu seinem lieben Son:
Mein gute werck die golten nicht ...	Die zeit ist hie zurbarmen.

So wird das Dogma der Erlösung zum dramatisch bewegten Einzel- und Eigenschicksal; in der Zwiesprach des Volksliedes spricht Gottvater zu Christus, Christus zur Seele:

Denn ich bin dein und du bist mein,
Und wo ich bleib, da soltu sein,
Uns soll der Feind nicht scheiden.

In gleicher volksliedhafter Anschaulichkeit, Bewegtheit und Kraft, in der gleichen sieghaften Einheit des Ich-, Gemeinde- und Gottesbewußtseins entwickeln sich „Vom himel kam der engel schar", „Christ lag in todes banden", „Mit fried und freud ich far dahin", „Mitten wir im leben sind — Mit dem tod umbfangen", „Ach Gott von himel sich darein". Wie eine gewaltige Fuge aber faßt das unvergängliche Trutz- und Kampflied der Reformation „Eine feste burg ist unser Gott" alle Stimmen psalmodierend zusammen; vor seinem ehernen Schritt, seinem Posaunenjubel fallen die Mauern dieser Welt, über Jahrhunderte hin wird es zum Trutz- und Siegeslied aller ideellen Kämpfer:

Nemen sie den leib,
Gut, ehr, kind und weib,
Las faren dahin.
Sie habens kein gewin,
Das Reich mus uns doch bleiben.

Keiner von Luthers zahllosen Nachfolgern auf dem Gebiete des protestantischen Kirchenliedes hat ihn erreicht; er war der schöpferische Genius, der Gehalt und Form des Kirchenliedes schuf; die anderen konnten ihm nur nachempfinden, nachbilden, konnten in der Kraft und Tiefe des von Luther befreiten religiösen Lebens einzelne Lieder bis in seine Höhen heben. Die Masse der Lieder und Liederdichter, der Pfarrer und Lehrer blieb in dogmatischer und ständischer Gebundenheit. Nicolaus Hovesch (Decius) („Allein Gott in der Höh sei Ehr"), Erasmus Alberus („Godt der Vader wän uns by"), Burkard Waldis („Wo Gott nit selb das Haus aufricht"), Nicolaus Hermann heben sich heraus. Sie stehen — wie das Kirchenlied des 16. Jahrhunderts nach Luthers Vorbild überhaupt — unter dem Einfluß des Volksliedes. Im 17. Jahrhundert bringt der Schlesier Johann Heerman Sprache und Form des Kirchenliedes unter den Einfluß der Opitzschen Poetik, der Gelehrtenlyrik. Philippus Nicolai („Wie schön leuchtet der Morgenstern", „Wachet auf, ruft uns die Stimme"), Martin Rinckart („Nun danket alle Gott"), Georg Neumark („Wer nur den lieben Gott läßt walten") und Joachim Neander („Lobe den Herrn, den mächtigen König der Ehren") ragen aus dieser Reihe. Alle aber überragt Paul Gerhardt (1607—1676), die einzige, nicht an weltanschaulicher Gewalt, aber an lyrischer Eigenart Luther vergleichbare Persönlichkeit. Er ist, dem Ende des protestantischen Kirchenliedes zu, sein zarter, inniger, einzelner Ausklang. Luther singt: Wir glauben all an einen Gott, Eine feste Burg ist unser Gott, Erhalt uns Herr bei deinem Wort. Gerhardt: Ist Gott für mich, so trete gleich alles wider mich, Ich singe dir mit Herz und Mund, Sollt ich meinem Gott nicht singen. Für Luther war die Kirche sowohl Objekt als Subjekt seiner Lyrik. In Gerhardts Liedern findet die Kirche keinen Platz, kein Vers kündet von ihrem Wert oder Wesen. Sein religiöses Leben ist das individuellere des 17. Jahrhunderts, das — auf dem Boden des Dogmas — kraft des allgemeinen protestantischen Priesterrechts sich einzeln und un-

mittelbar zu Gott in Beziehung setzt. Nicht für den Gemeindegesang sind Gerhardts Lieder ursprünglich bestimmt, sondern
für den kirchlichen Chorgesang (Schülerchor) und die häus-
liche Andacht (Gesang, Schriftlesung und Gebet), die im Protestantismus das religiöse Leben von den kirchlichen Gnaden-
stätten bedeutungsvoll in die Familie trug.

Auch Gerhardt wächst aus den Formen der Gelehrtenlyrik.
Die Quellen zu seinen Gedichten sind nächst der Bibel — von
seinen 133 deutschen Gedichten haben 54 biblische Texte als
Vorlagen — die seit dem letzten Viertel des 16. Jahrhunderts
anwachsende Erbauungsliteratur, Martin Mollers „Meditationes" 1584 und 91, Johann Arndts „Paradys-Gärtlein" 1612, Johann Gerhards „Quinquaginta meditationes sacrae" 1606 usw.
Dazu kam die Predigt und Postillenliteratur, gemünzte Wort-
fügungen, Gedankengänge und Bilder aus dem literarischen
Gemeinbesitz des protestantischen Liedes. Diese stoffliche und
sprachliche Gebundenheit teilte das geistliche Lied des 17. Jahrhunderts mit der Gelehrtenlyrik. Und auch Gerhardts Lieder —
beweist Hermann Petrich, sein gründlicher Biograph — machen „von dem grundsätzlichen Entlehnungsbedürfnis alles
Dichtens und Schreibens seiner Zeit keine Ausnahme", er ist
„ebenfalls in die Gedankengänge und Gedankenprägungen eingetreten, die er vorfand". Aber die tiefe Frömmigkeit, die
gläubige Innigkeit seines Gemütes durchdringen, beseelen und
gestalten wieder und wieder das übernommene stoffliche und
formale Gemeingut. Lieder wie „Nun ruhen alle Wälder",
„Geh aus mein Herz und suche Freud", „Wach auf mein Herz
und singe", „Befiehl du deine Wege", „O Haupt voll Blut
und Wunden" sind so sehr Seele und Form geworden, daß noch
heute das gläubige Herz in ihnen sich stärkt und befreit. Die
Liebesgemeinschaft zwischen Gott und Mensch kraft der Er-
lösungstat des göttlichen Sohnes ist der Mittelpunkt von Gerhardts Lebensgefühl. Aus dieser Gotteskindschaft blüht ihm
Sicherheit und Vertrauen, Reinheit und Frieden:

Befiehl du deine Wege	Der Wolken, Luft und Winden,
Und was dein Herze kränkt,	Gibt Wege, Lauf und Bahn,
Der allertreusten Pflege	Der wird auch Wege finden,
Des, der den Himmel lenkt.	Da dein Fuß gehen kann.

Vor dieser gläubigen Zuversicht müssen die Menschenfeinde
weichen: Sünde, Teufel, Welt und Tod. Eine beständige und mu-

tige Freude erfüllt die Seele. Die Gnadensonne Gottes überglänzt
den Lebensweg, daß auch die einfachsten, alltäglichen Dinge aufleuchten und fröhlich machen, daß auch Felder und Gärten
in neuer Bedeutung blühn.
Aber dieser freien Innigkeit des Gefühls steht eine ängst-
liche Gebundenheit des Intellekts gegenüber. Und wenn Gerhardt, als lutherischer Diakonus an St. Nikolai Berlin, vor dem
reformierten großen Kurfürsten zum konfessionellen Märtyrer
wird, der sein Amt preisgibt, so wird er es nicht aus der Notwendigkeit eines freien und lauten Bekenners, sondern aus über-
ängstlichen dogmatischen Gewissensbedenken. Seine polemi-
schen Schriften dieser Zeit stecken ganz im engen dogmatischen Rationalismus der damaligen orthodoxen Streittheologie.
So ist es noch nicht voll begründet, wenn Gerhardt „Ich" sagt
in seinen Liedern. So steht er noch am Rande der ständischen
Lyrik, von da er mit stillen treuen Augen in das Land der freien
Persönlichkeit hinübersieht.

FRIEDRICH SPEE

Von jeher war die Mystik eine Grundkraft des Christentums gewesen. Aus ihren Tiefen hatte der Katholizismus immer
wieder erneuerndes, unmittelbares Leben geschöpft. Und es
war die Tragik des Protestantismus, daß Luther, der doch my-
stischem Boden entwachsen war, sich in der frühen unausweichlichen Verkirchlichung und Dogmatisierung seiner religiösen
Erlebnisse bald feindlich gegen seinen Ursprung wenden und
protestantische Mystiker wie Osiander und Schwenckfeld be-
kämpfen und verdammen mußte. Wohl gelang es auf philosophischem Gebiete Jakob Böhme in der Verknüpfung religions-
philosophischer und naturphilosophischer Ideen aus den Ur-
gründen des deutschen Volksgemüts ein mystisches System her-
aufzuführen von schöpferischer Gewalt. In der Dichtung führte
Friedrich Spee die schöpferische Einigung und Erneuerung von
Volkslied und Mystik, der Luthers Kirchenlied entstammt war,
weiter.
Die katholische Kirche ist eine durch und durch aristokra-
tische Gemeinschaft. In streng hierarchischem Aufbau ist
sie gegliedert. Und neben dieser äußeren Stufenreihe erkennt
sie auch eine innere Abstufung der Vollkommenheitsgrade an,

2*

eine Stufenfolge vor Gott: der unvollkommene und der vollkommene Christ, Laie und Mönch, der Verehrungswürdige, der Selige und der Heilige sind ebensoviele Rangklassen, die der Anschauung und Liebe Gottes ferner oder näher stehen. Soweit es nur innerhalb der dogmatischen Grenzen möglich war, hat die katholische Kirche gern Selbstgefühl und Eigenart der Persönlichkeit unterstützt. Die unübersehbare Zahl ihrer — oft recht sonderbaren — Heiligen ist das beste Zeugnis dafür.

Dieser Glaube an eine Stufenfolge vor Gott macht es natürlich, daß immer wieder sich einzelne Persönlichkeiten aus dem Zusammenhang der Gemeinde sonderten, um jenseits des Allen-Gegebenen, des historisch Erstarrten in näherer Hingabe, Anschauung, Erleuchtung Gott zu suchen, im übervernünftigen Erfassen der göttlichen Wahrheit, das ihnen in unmittelbarer Berührung mit der Gottheit selbst zuteil wird: Immer wieder findet im Katholizismus die Mystik Boden. Und es hängt nur von den zufälligen, geschichtlichen Zuständen ab, ob man den erleuchteten Mystiker in seiner Sonderstellung als Heiligen feiert oder als Ketzer verdammt.

Es hängt auch davon ab, wieweit die Mystik ihr gefühlsmäßiges Einzelverhältnis zur Gottheit intellektuell zu begründen sucht und durch theoretisch festumrissene Lehren sich allzu deutlich und unübersehbar dem Dogma ab- oder gar entgegenwendet.

Die gefühlsmäßige Richtung der Mystik liegt ja noch ganz im Wesen des Katholizismus. Aus dem Mönchsideal der Kirche, aus der Weltflucht ergibt sich in natürlicher Steigerung, daß sich der Fromme immer leidenschaftlicher, immer einsamer zu Gott flüchtet, nicht nur aus der Welt, aus der Unruhe, dem Außen der Dinge, auch aus dem drückenden Nahgefühl der Gemeinde, um Gott ganz eigen gegenüberzustehen von Angesicht zu Angesicht, um zuletzt mit ihm eins zu werden. Und dieses leidenschaftlich individuelle Verhältnis zu Gott, diese persönlichste Sehnsucht und Liebe des Mystikers ist es, die der katholischen Kunst schon früh ihr Bestes schenkte. Sie gab dem religiösen Empfinden die sinnliche Grundlage, die ihm ermöglichte, das Überirdische in irdischen Bildern auszudrücken, sie gab ihm Bedürfnis und Vermögen, die alten Symbole immer reicher zu gestalten, immer neue Symbole heranzuziehen. Häufig ergab sich dabei eine Verwischung der

Grenzen, eine peinliche oder süßliche Verquickung von Religion und Sinnlichkeit.

Für die Lyrik war im Hohenlied das Muster dieser Kunstart gegeben. Der heilige Bernhard hat in seiner allegorischen Auslegung die Braut Christi nicht mehr als die Kirche, sondern als die einzelne Seele gedeutet. Und gleich bei ihm sprengt die mystische Sehnsucht nach Vereinigung alle Schranken der Erhabenheit: „Die Seele liebt glühend, welche so von der eigenen Liebe trunken wird, daß sie auf die Majestät nicht achtet. O welche Gewalt der Liebe, welches Zutrauen im Geiste der Freiheit! Die vollkommene Liebe treibt die Furcht aus — — Gegenwärtig ist der Geliebte, entfernt wird der Meister, der König verschwindet, die Würde ist ausgezogen, die Ehrfurcht wird abgelegt. Zwischen dem Wort Gottes und der Seele wird wie zwischen zwei Nachbarn einer sehr vertrauten Zwiesprach gepflogen. Aus dem einen Quell der Liebe fließt in jeden die gegenseitige Liebe, die gleiche Zärtlichkeit. So fliegen von beiden Seiten die Worte süßer als Honig, schweben die von Wonne ganz erfüllten Blicke. Endlich heißt er sie Freundin, nennt sie die Schöne, wiederholt es und hört das gleiche von ihr. Wahrlich eine erhabene Schauung, in welcher die Seele zu dem Grade von Zutrauen und wiederum von Geltung erhoben wird, daß sie Jesus, den Herrn aller Dinge, als Herrn nicht mehr kennt, sondern nur noch als Geliebten." Bernhard gesteht ausdrücklich, daß diese Liebe zum Gottmenschen in gewisser Beziehung sinnlich bestimmt sein soll: „Bemerke, daß die Herzensliebe gewissermaßen fleischlich ist, weil sie mehr auf das Fleisch Christi sich richtet, und weil das, was Christus im Fleisch tat und anordnete, das menschliche Herz ergreift. Von dieser Liebe erfüllt, wird es leicht zu allem derartigen Gespräch angestachelt."

Wenn so die Leidenschaft zu Jesus den Trieb nach den Gütern der Welt und ihrem Sinnengenuß vernichtet hat, gewinnt die letzte Macht der Liebe Geltung: Die sinnliche Intuition des sich erniedrigenden Gottes steigert sich zur Ekstase, zur bildlosen geistigen Versenkung und Vereinigung mit Gott.

Ihre reinste Vollendung, ihre unvergeßliche Verkörperung fand diese mystische Liebe im Leben und Wirken des Hl. Franziskus. Bernhards Liebe war heftig, unruhig, lodernd, Franziskus' Liebe ist still, innig, glühend. Bernhards Liebe war voll metaphysischem Egoismus, vergaß, verachtete die Welt und stürmte einsam zu ihrem göttlichen Freunde. Franziskus' Liebe ist in ihrer demütigen Selbstlosigkeit umfassender, unendlicher, von verklärender und erlösender Gewalt. Sie glaubt nicht, duldet nicht, daß irgendeine Kreatur, irgendein Teil der Welt sich der göttlichen Liebe verschließen könne, daß nicht alle Wesen und Welten Spiegel und Echo Christi, seiner Liebe, Schönheit und Größe seien. „Im Schönen erkennt er den Schönsten" — sagt sein Jünger Thomas von Celano —, „alles Gute ruft ihm zu: der uns gemacht hat, ist der Beste. Auf den Spuren, die den Dingen eingedrückt sind, folgt er überall dem Geliebten, macht sich aus allem eine Treppe, auf der er empor zum Throne gelangt." So entsühnt er in seiner Liebe die sinnliche Welt, die dem Christentum sündig und feindlich galt. Nicht weltflüchtig mehr, weltdurchdringend ist seine Liebe. Er tritt wieder unter die Geschöpfe als ihr Freund und Bruder, in Lob und Liebe Gottes ihnen eins; des Paradieses Einheit und Reinheit wird neu durch ihn. „Wo sein Fuß hintrat" — sagt Görres — „war augenblicklich der alte Fluch von der Erde hinweggenommen; in dem Schimmer, der ihn selbst umgab, verklärte sich der dunkle Fleck wie die trübe Wolke im Morgenrot; die Tiere umspielten ihn vertraulich, die Blumen sahen mit liebendem Auge zu ihm herauf; selbst die Elemente hoben schlaftrunken die Häupter aus ihrer dunklen Traumwelt und blinzten verwundert in den ungewohnten Glanz, der sie erweckt." Er „zeiht sich der Nachlässigkeit, daß er bisher den Vögeln noch nicht gepredigt habe" (Thomas von Celano), und macht das Zeichen des Kreuzes über sie und segnet sie und fordert sie auf, ihren Schöpfer zu loben. „Die Saaten und Weinberge, Felsen und Wälder und all den Schmuck der Felder, die fließenden Wasser und das Grün der Gärten, die Erde, das Feuer, die Luft und die Winde fordert er in aufrichtiger Liebe auf zur Liebe zu Gott und ermahnt sie, fröhlich den Herrn zu preisen." „Singe, meine Schwester Grille, und lobe jubelnd Gott den Schöpfer", sagte er zur Cikade, und sie flog auf seine Hand und begann ihr feines Zirpen. Aus der Inbrunst seiner Liebe wird er zum Troubadour des Herrn. Hatte er einst in junger Lebenslust provenzalische Minnelieder und Sirventes gesungen, jetzt wird er der göttliche Minnesänger, der immer wieder in verzückten Jubelworten kündet von der Größe, Schönheit und Milde seines Herrn und Geliebten, der in der hymnischen Gewalt seines „Sonnenganges" das All auftönen und tanzen läßt im Lobpreise des Herrn.

Seine Nachfolger in Italien sind Antonius von Padua, der Volksredner, Bonaventura, der mystische Denker, Jacopone da Todi, der gottbegeisterte, in ekstatischer Liebe aufjauchzende Dichter.

In Deutschland spricht die franziskanische Minne aus den Offenbarungen der Schwester Mechtild von Magdeburg, dem „Fließenden Licht der Gottheit" (zwischen 1250—1265), darin Minnesang und Mystik sich seltsam verquicken. Auch bei Suso finden sich Kapitel „Wie minniglich Gott ist" und „Von dem Minnekosen, das die Seele mit Gott gehabt hat". Am reinsten und innigsten aber gestaltet sich diese mystische Liebe in den Gedichten Friedrich Spees (1591—1635). Über vier Jahrhunderte hin ist er dem Hl. Franziskus wesensnah, gibt er der franziskanischen Minne Rhythmus und Gestalt. Sein Leben und Dichten scheint eine Paraphrase des franziskanischen Lobgesangs: „Gepriesen seist du Gott, mein Herr, mit allen deinen Geschöpfen!" Aus den Tiefen der Mystik quillt Spee eine persönliche Unmittelbarkeit und Innigkeit des Empfindens, daß er mit seinen Gedichten neben Luther am Eingang der individuellen Lyrik in Deutschland steht, mehr als Luther: in seinem Wesen und Werk der eigentliche Dichter, da für Luther das Lied nur Ein Mittel seines reformatorischen Wirkens war. Gleich Luther gibt — neben Suso, Tauler und der Bibel, zumal den Psalmen — auch seinem Empfinden das Volkslied Rhythmus und Bild. Auch in Spee gewinnen die beiden wirkenden Kräfte deutschen Volkstums, die sinnliche Lebendigkeit und Naturverbundenheit des Volksliedes und die Innigkeit und Tiefe der deutschen Mystik Gestalt und Gewalt.

Spees Gedichte entstanden etwa um 1630. Erschienen sind sie erst 1649, vierzehn Jahre nach seinem Tode, mit dem Titel „Trutznachtigal". „Trutznachtigal wird das Büchlein genand, weil es trutz allen Natigallen süß und lieblich singet, und zwar auff recht Poetisch. Also daß es sich auch wohl bey sehr guten lateinischen und andern Poeten dörffe hören lassen". Während die Gelehrten in Ohnmacht und Abhängigkeit die deutsche Poesie neu zu begründen suchten und in erlogenen Liebesliedern eingebildete Liebchen feierten, dichtete Spee, „auf daß auch Gott in Teutscher Spraach seine Sänger und Poeten hette, die sein Lob und Namen eben also künstlich und Poetisch als andere in andern Sprachen singen und verkünden köndten". Und während der Ehrgeiz der gelehrten Dichter um Geld und Titel buhlte, war seine einzige dichterische Sehnsucht, „daß nur die Hertzen deren, die es lesen werden, in Gott und göttlichen Sachen ein genügen und frolocken schöpfen". Selbst Opitzens verdienstliche Wiederentdeckung, die Übereinstimmung von Wort- und Versakzent hat Spee unabhängig von ihm aus dem mittelalterlichen lateinischen Kirchengesang übernommen und in die deutsche Lyrik eingeführt: „Die Quantitét aber, das ist die Länge und Kürtze der Syllaben, ist gemeiniglich vom Accent genommen, also daß diejenigen Syllaben, auf welche in gemeiner Ausspraach der Accent fellt, für Lang gerechnet seind, und die andern für Kurtz. Auss disem Merckpünktlein, welches wenig bißher gedacht oder verstanden, entstehet die lieblichkeit aller anderen Reym-Verß, welche sonsten ohn solches gar ungeformt und ungeschliffen lauten, und weis mancher nit warumb. Aber dises ist die Ursach, weil man auff den Accent nicht merket." Dem allgemeinen Einfluß der Schäferpoesie kann sich auch Spee nicht entziehen, nicht ihrer Geziertheit und Süßlichkeit, nicht ihrem Kostüm. Aber wenn er Jesus als den Hirten Daphnis einführt, wenn er in den „Eklogen oder Hirtengesängen" „zween Hirten, Damon und Halton, ihre Gaben erzählen" läßt, „so sie dem Christkindlein schenken wollen", oder sie im „kläglichen Hirtengesang" „den Tod Christi unter der Person des Hirten Daphnis weitläufig betrauren" läßt, so ist ihm doch im Bilde des guten Hirten und in den Hirten, die die Krippe umdrängen, genügend innerer Anlaß dazu gegeben. Und die Innigkeit und Naturfreudigkeit seines Wesens weiß auch schäferliche Bilder und Szenen wahr und frei und persönlich zu gestalten.

Reinheit und Liebe sind Spees Wesens- und Lebensgrund. Aus seinem Leben und Dichten klingt die schönste Verheißung: „Selig sind, die reinen Herzens sind, denn sie werden Gott schauen." Wie alte innige Heiligenbilder, so ist sein ganzes Wesen auf Goldgrund, den Goldgrund der Liebe gestellt. Und mitten aus Greuel und Mord des Dreißigjährigen Krieges klingt jedes seiner Liebesworte gleich dem Friedensgruß des Hl. Franziskus an die leidvolle Welt: „Dominus det tibi pacem!"

Um der Liebe willen trat Spee mit 20 Jahren in den Orden der Gesellschaft Jesu: „Schon lange, fast von der Wiege an, verzehrt mich ein geheimes Feuer, das trotz aller Erstickungsversuche immer wieder in Flammen lodert. Indien hat mein Herz verwundet." Gleich dem Hl. Franz Xaver, dem Apostel Indiens, wollte er Missionar werden. Seelen retten aus der Verlorenheit des Heidentums, ersehnte seine Menschenliebe, Seelen für Christus, den Herrn und Geliebten zu gewinnen, verlangte seine Gottesliebe:

Wer wills übers Meer nit wogen,	Wen will grausen vor den Winden,
Über tausend Wässer wild,	Förchten ihre Flügel naß,
Dem es mit dem Pfeil und Bogen	Der nur Seelen denkt zu finden,
Nach viel tausend Seelen gilt?	Seelen schön, ohn alle Maß?

„Während ich bei mir nachdenke" — schreibt er 1617 an seinen Ordensgeneral — „welches Talent ich für die indische Mission besitze, kann ich nur eines finden: nämlich von dem ersten Anfang meines geistlichen Lebens an wünsche und denke ich nichts anderes, als aus Liebe zum Gekreuzigten sehr viel zu leiden und von allen Dingen, die unter der Sonne und unter dem Monde sind, nichts zu besitzen und nichts zu erstreben."

Sein Orden hielt ihn in Deutschland fest, daheim sollte er zum Missionar der Seelen werden, die protestantisch gewordenen Landesteile sollte er mit zurückgewinnen. Und in der politisch und theologisch vielverworrenen, unduldsamen Gegenreformation des Jesuitenordens wirkt Spee mit einer Liebesreinheit und -seligkeit, daß man sich nicht in die Anfänge des Jesuiten-, sondern des Franziskanerordens versetzt glaubt. Am 4. Juli 1624 schreibt er an den protestantischen Junker Friedrich von Niehausen von der Universität Paderborn aus, der er als Professor der Philosophie angehörte „... daß ich wahrhaftig anders nichts auf dieser Welt gesucht als allein Ihrer Seelen Seligkeit. Dieselbe denn auch weiter zu suchen ich hinfüro nimmermehr, soviel mir immer möglich ist, will unterlassen. Ich bin auch von Grund meines Herzens also gesinnt, daß, so Euer Gestrengen zu solchem Ende, gesund oder krank, meiner bedürftig sein sollte, mir gewißlich (da ich gleich von wegen der Schulen des Tags nicht abkommen könnte) keine Nacht so dunkel sein, kein Wetter so ungestüm, kein Regen so groß, keine Kälte so bitter sein würde, daß ich nicht bereit und mit Freudigkeit meines Gemüts fertig sein wollte, auf Händen und Füßen des Abends hin und des Morgens wiederum zurück zu kriechen, wann ich anders meinem Heiland und Schöpfer die Seele wüßte zu gewinnen." Aus seinem Andachts- und Erbauungsbuch, dem „Güldenen Tugendbuch", das er zwischen 1631 und 1633 als Professor der Moraltheologie an der Universität Cöln vollendete, jauchzt die helle Sehnsucht seines Lebens:

Ach Gott, wollt sparen mich gesund,
Dass ich möcht leben solche Stund,
Zu welcher einmal überall
Mit gleicher Stimm und gleichem
               Schall
All Creaturen gross und klein,
Soviel ihr'r immer mögen sein,

Gott würden recht von Herzen loben
Auf Erden und im Himmel droben!
Nichts Liebers sollt mir sein auf Erden,
Als wann all Welt wollt gläubig werden.
O Gott, wann sie noch heut anfingen,
Mein Herz würd mir vor Freud zer-
               springen.

Und wieder aus seiner gütigen Liebe, aus den schmerzvollen Erfahrungen, die er im Paderborner Land als Beichtvater bei den Hexenverbrennungen gesammelt, wächst seine historisch große und kühne Tat: die Cautio criminalis, seu de processibus contra Sagas liber (1631), für die Geschichte der Hexenprozesse eine der wichtigsten, für ihre Kritik die vernichtendste Schrift. „Die Liebe ruft mich und drängt in mir, daß ich doch mit allem Eifer den Verbrennungen entgegentrete." „Unglaublich ist bei den Deutschen, und besonders (ich schäme mich, es zu sagen) bei den Katholiken, Aberglaube, Neid, Verleumdung, Ehrabschneidung usw. verbreitet. Diese Laster, die von der Obrigkeit nicht bestraft und von den Predigern nicht gerügt werden, erregen zuerst den Verdacht der Zauberei. Alle Strafen Gottes kommen von den Hexen. Gott und die Natur tun nichts, alles tun die Hexen. So schreit denn alles: ‚Der Magistrat muß gegen die Hexen einschreiten', die sie doch nur selbst mit ihren Zungen gemacht haben. Es befehlen also die Fürsten, mit der Verfolgung der Hexen zu beginnen." Aus der Reinheit, Tiefe und Hellsichtigkeit seiner Liebe zeichnet Spee ein psychologisch meisterhaftes, erschütterndes Bild vom furchtbaren Verlauf dieser Prozesse, von der Ohnmacht der Opfer, der Verblendung der Richter, der Verwerflichkeit der Folter: „Entweder ist die Folter gänzlich abzuschaffen, oder so umzugestalten, daß sie nicht mit moralischer Sicherheit Unschuldigen Gefahr bringt. Und zwar ist das eine Gewissenssache der Fürsten, die nicht allein sie selbst, sondern auch ihre Räte und Beichtväter zu verantworten haben werden." Obgleich er weiß, wie gefährlich sein Mahnruf ist, wie frühere Mahner „sogleich als Hexenpatrone der Zauberei verdächtigt", „als reif für die Folter erklärt" worden sind: „für mich darf es sich nicht geziemen, zu jenen zu gehören, die der Prophet als stumme Hunde bezeichnet, die nicht bellen können". Schützend tritt seine flammende Liebe vor die Schar der Verfolgten, in prophetischer Größe und Kühnheit tritt sie den Inquisitoren und Fürsten entgegen: „Wehe den Fürsten, die so gegen die Hexen wüten lassen!"

Nicht zum ersten Male setzte sich Spee so Gefahren und Verfolgungen aus. Sein Herzenswunsch, um Christi des Geliebten willen auch Leid und Anfeindung auf sich zu nehmen und so an seinem Liebesopfer um so inniger teilzuhaben, war früh erfüllt worden. Seine „absonderliche Meinungen" hatten ihm Verdächtigung und Verfolgung im eigenen Orden gebracht. Mitten im Schuljahr war er von seiner Professur in Paderborn entfernt worden, nur unter Kämpfen war er zu den Gelübden zugelassen. Die Überlieferung deutet und verklärt diese Leiden, indem sie erzählt:

Ein Missetäter sollte hingerichtet werden, und obgleich Spee alles versucht hatte, ihn zur Reue und Beichte zu stimmen, blieb der Unglückliche dennoch verstockt. Da sagte der eifrige Priester zu ihm: „Ihr wißt, wieviel Gutes ich auf meiner Rechnung habe; das alles setze ich auf die Eurige und schenk's Euch zum Eigentum, wenn Ihr Leid über Eure begangene Sünden und gröblichen Verbrechen bezeugt, hiernächst Jesum Christum und dessen Verdienst ergreift, alsdann könnt Ihr selig werden." Die Sprache eines solchen Mannes von Kredit, wie P. Spee war, machte den stärksten Eindruck auf den bisherigen Bösewicht, daß er zurückdachte, sein Verbrechen als wahrer Christ beseufzte, sich von Stund an bekehrte und sehr gelassen, ruhig, freudig und selig aus der Welt ging. Jetzt aber kam unser Pater des Verlustes seiner guten Werke halber ins Gedränge. Er rang also im Gebete vor Gott; seine Forderung war diese: daß ihn seine Vorgesetzten, die ihn geliebt hatten und noch liebten, hassen und verfolgen möchten; alsdann würde er Gelegenheit haben, seine ganze christliche Tugend auf die Probe zu stellen, neue Verdienste durch Gelassenheit, Geduld und Gehorsam zu erwerben. Seine Bitte ward ihm gewährt: er wurde ein Stein des Anstoßes in seinem Konvent und bei jedem andern. Allein er kämpfte und siegte.

Selbst Blut und Wunden hat Spee seinem Herrn und Geliebten gleich auf sich genommen. Als er 1628 in der protestantischen Grafschaft Peine bei Hildesheim 26 Dörfer seinem Gotte zurück, einen früheren protestantischen Prediger zum vertrauten Freund gewann, ward er auf einem Morgenritt zur Messe in einem Nachbardorf also überfallen, daß er aus sieben Wunden am Kopf und zweien an der linken Schulter blutete. Notdürftig ließ er die Wunden waschen und verbinden und sich, obgleich er fürchterlich litt, zur Kirche führen und bestieg die Kanzel. Lautes Weinen erscholl, als die Gemeinde ihren Missionar ganz mit Blut bedeckt dastehen sah. Spee las das Evangelium des Tages von dem guten Hirten und dem Mietlinge. „Meine liebsten Kinder", sagte er, „nun urteilet selbst, ob ich ein guter Hirte oder ein Mietling bin. Die Merkmale eines getreuen und liebenden Hirten trage ich an Stirn und Schläfe." Er wollte weiter reden, aber die Kraft verließ ihn; einen Augenblick stützte er sich auf die Brüstung der Kanzel. Nachdem er sich ein wenig erholt hatte, forderte er seine Gemeinde auf, mit frohem Herzen den Preisgesang „Großer Gott wir loben dich" anzustimmen und für seinen Mörder zu beten. Aber nur Weinen antwortete ihm. Da rief Spee dem Sakristan zu: „Ei, so fange doch an!", und als dieser gleichwohl schwieg, rief er abermals: „Wann fängst du an? singe, singe aus voller Brust!" und brach zusammen. Um dem letzten Willen ihres guten Hirten zu gehorchen, begann die Gemeinde jetzt das Lied, oftmals von Weinen und Schluchzen unterbrochen.

Mehrere Monate lag Spee krank. Im Kloster Corvei, im berg- und waldumgebenen, stillen Dörflein Falkenhagen fand er Erholung. Viele Lieder der Trutznachtigall entstanden dort. Sein ganzes Leben aber blieben ihm Kopfschmerzen, Schwindelanfälle und Narben zurück, „über die er — wie sein Nekrolog meldet — gleichsam mit den Malen unsres gekreuzigten Heilands lebend, ein Märtyrer Jesu Christi, oft aufjauchzte und frohlockte".

So war sein Leben ein einziges jubelndes Liebesopfer. Und ein Blütenkranz anmutiger Legenden schlingt sich darum. In Köln soll er eine vornehme Dame, die durch ihren leichten

Lebenswandel allgemeines Ärgernis gab und sich jede Nacht in leichtfertigen Ständchen feiern ließ, bekehrt haben, indem er seinen Schülern eine Anzahl seiner göttlichen Liebeslieder in schönem Chorgesang einübte und diese eines Abends mit zahlreicher Musikbegleitung vor ihr Haus sandte. — Und wie sein Leben, so war auch sein Tod ein Liebesopfer. In den Kämpfen um Trier (März 1635) mischte er sich unerschrocken unter die Streitenden, ihnen leibliche und geistliche Hilfe zu spenden. Auf seinen Schultern trug er die Verwundeten aus dem Kampfgewühl, gab den Sterbenden zu trinken oder hörte ihre Beichte. Den Gefangenen erwirkte er die Freiheit, erbettelte Kleider und Geld. In den überfüllten, pestartig verseuchten Lazaretten pflegte und half er, bis auch ihn das Fieber niederwarf und er am 7. August 1635 entschlief „hoffnungsvoll und glücklich".

Die Liebe war es, die Spees Wesen und Leben erfüllte, jene demütige, gütige, freudige, strahlende Liebe, die alle kirchliche und zeitliche, ja fast die menschliche Gebundenheit überwindet, jene heilig-reine, vor der die Zwietracht der Welt vergeht, vor der Gott und alle Geschöpfe in Friede und Freude sich wiederfinden. Sie ist von einer solch letzten Reinheit und Größe, daß sie Spee nach den Worten von Leibniz zu „einem der großen Männer seiner Art" macht, daß sie ihm über die Macht der Liebe die freien, „die wahrhaft herrlichen Worte" gibt, die Leibniz der Menschheit wie ein leuchtendes Kleinod emporhebt: „Wenn jemand mit allen Sünden aller Geschöpfe beladen wäre, wenn alle Schlechtigkeit der Verdammten und der Teufel auf ihm ruhte, und es käme über ihn der Geist Gottes und entzündete in ihm die Liebe Gottes über alles, so würden ihm ohne Zweifel alle Sünden nachgelassen werden, auch bevor er sie irgendeinem Priester gebeichtet hätte. Wenn er auch nicht einmal an seine Sünden dächte und so auch nicht um Verzeihung bäte, so würden sie doch erlassen, weil in dem Akte der Liebe Gottes über alles die wahre Reue enthalten ist."

Diese Liebe durchflammt und verzehrt Spee in Schmerzen der Sehnsucht, ohne Unterlaß:

Das Meer wann's hebt ohn Maßen,
Mag's doch nit lang bestahn,
Pflegt bald sich niederlassen,
Nimmt Ruh begierlich an.

Warumb thut mich denn plagen
Die Lieb ohn Unterlaß,
Daß nie kein Punkt mag sagen,
Wann ich ohn Schmerzen was.

Die Lieb mich setzt in Leiden,
O Jesu, Liebster mein,
Wer will, von dir gescheiden,
Nit stets in Qualen sein?

„Gleich früh, wann sich entzündet — der silberweiße Tag",
erwacht die Seele zu ihrer Liebe und spricht ihr erstes Wort:
„Mich dürst't nach dir so sehre!" Wie dem Hl. Franziskus, ist
auch für Spee Christus nicht ein dogmatischer Begriff, nicht
eine historische Figur, ihm ist die Liebe Gegenwart und Gestalt. Jesus wird ihm aufs neue Fleisch und Blut. Seine Spuren
liegen noch auf den Wegen. Das Echo spielt noch mit seinem
Namen. In den Tälern vollendet sich noch seine Geschichte.
Und die Seele folgt ihrem Geliebten über Feld und Felsen, sie
steht an seiner Krippe unter den Hirten, sie scheucht den Wind,
den scharfen, brummigen Gesellen zum Stall hinaus:

Der Wind auf leeren Straßen	Ach, ach laß ab vom Brausen,
Streckt aus die Flügel sein,	Laß ab du schnöder Wind,
Streicht hin gar scharf ohn' Maßen	Laß ab von kaltem Sausen,
Zu Bethlems Krippen ein;	Und schon' dem schönen Kind!
Er brummlet hin und wieder,	Vielmehr du deine Schwingen
Der fliegend Winterbot',	Zerschlag im wilden Meer,
Greift an die Gleich [Gelenke] und	Allda dich satt magst ringen,
Glieder	Kehr nur nit wieder her!
Dem frisch vermenschten Gott.	

Und die Seele folgt Jesu Wesen und Werden bis zum bittersten
Ziel. Nicht vor sechzehnhundert Jahren ist er gefangen, gemartert und gekreuzigt worden. Jetzt erst tritt die Seele zitternd mit ihm den Kreuzweg an. Eben noch stand sie unter dem
nächtlichen Himmel, fragte Mond und Sterne nach ihrem schönen Helden, und die Sterne nannten ihr den Ölberg, den Bach
Cedron, wo ihr Liebster weile. Da findet sie ihn in Angst
und Todesschweiß. Sie wirft sich zu ihm, sie fragt ihn, sie
tröstet ihn:

Bei dir will ich verbleiben.	Drauf band ich ihn in Armen
Sag an, wer's dir getan?	Küßt ihn mit süßem Druck —
Und sollt man mich entleiben,	Gleich schallet ein Alarmen;
Von dir nit will ich lan."	Da wandt ich mich zurück:

Als viel ich konnt umgreifen
Mit meinen Augen beid,
Ich Mörder sah durchstreifen
Die Felder weit und breit.

Bei Fackeln und Laternen rücken die Rotten näher und legen Hand an ihn. Aber die Seele wirft sich zwischen sie in verzweifelter Liebe:

Ach nit, nit ihn doch bindet
Den Jüngling greifet nicht!

Und mit tödlichen Schmerzen begleitet sie den gefangenen Geliebten.

Unterm Kreuze lauscht sie seinen letzten Worten und nimmt sie auf und kündet sie den Menschen: Worte der Liebe:

Höret, höret, so die Straßen
Wandert, alle Menschenkind;
Höret, höret: ohne Maßen
Mich die Liebe kräftig brinnt.
Schauet, zählet meine Wunden,
Meine Striemen rosenrot!

Ich, von Flammen überwunden,
Lösch mich ab in kaltem Tod.
Liebet, liebet! ich zur Letzen
Euch zuletzt ersuchen thu;
Lieb mit Liebe thut ersetzen!
Mir die Lefzen fallen zu.

Diesen Aufruf zur Liebe, dieses schönste Vermächtnis ihres Gottes und Geliebten wiederholt die Seele ohne Unterlaß. Mensch und Natur, Himmel und Erde ruft sie auf zur Liebe, zum Lobe dessen, des Liebe treu war bis zum Tode, bis zum Tode am Kreuz:

Auf, auf, Gott will gelobet sein,
Du blaues Feld und Wasen,
Euch Himmel ich dort oben mein,
Ihr Zelt, von Glas geblasen.
Fast alles, voller seiner Macht,
Laut überall erschallet,

Das Meer in steter Wellenjagd
Mit Brüllen weit erknallet.
Auf, auf, Gott will gelobet sein!
Der Luft auch musizieret,
Die Morgenröt sich stellet ein,
Mit Rosen rot gezieret.

„Ach, ach" — ruft er aus — „könnt ich doch nur alle Blätter der Bäume, alle Sandkörnlein des Meeres, alle Sterne des Himmels in lauter Zithern und Harfen verwandeln, die sich von selber spielen und fliegen könnten! Sie müßten mir geschwind alle Himmel durchfliegen, auf das allersüßeste singen, klingen, musizieren und die unausprechliche Güte und Barmherzigkeit Gottes immerdar preisen." Und wie die Geschöpfe zum Schöpfer, so ruft er den Schöpfer zu den Geschöpfen, wenn die Stunde der Freude da:

Eja, laß uns nun spazieren,
Jesu, Vielgeliebter mein.
Weil die Gärten neu sich zieren,
Weil die Blümlein offen sein;
Weil die grünen Wiesen lachen,
Weil die Pflanzen voller Zweig,
Weil die Vöglein Nester machen
Kinderbettlein zart und weich.

Schau die reinen Brünnlein springen
Hoch in leere Luft hinein,
Schau die zarten Vöglein singen
Wunder, wundersüß und rein.
Schau die Bächlein lieblich sausen,
Klar wie lauter Silberschein,
Schau, wie Bienen ernstlich hausen,
Rauben, klauben Honig ein.

Aus dieser Liebeseinheit erwächst Spee ein Naturgefühl so
stark, so dramatisch, so seelen- und lebensvoll, wie es bis dahin in der deutschen Lyrik ohnegleichen, wie es bis Goethe
nicht wieder zu finden ist. Minnesang, Meistersang, Gelehrtenlyrik, ja selbst das Volkslied wußten nur um wenige allge-
gemeine Naturbilder. In Spee wird die Natur zum Dasein Gottes, und da die Seele nur in Gott lebt, zum Dasein der Seele.
Alles durchdringt sich, eint sich, alles ist Liebe, alles ist Gott.
Die Seele öffnet die Augen, die sie so lange der Welt verschließen mußte, alles wird Anschauung, Farbe, Gestalt:

> Die Vöglein zart in großer Meng
> Busch, Heck und Feld durchstreifen,
> Die Nester schon seind ihn zu eng,
> Der Luft klingt voller Pfeifen.
>
> Das Feld und Wiesen, feucht und feist,
> Mit Bächlein, viel zerpalten,
> Die Sonn, wann sie fürüber reist,
> Mit ihrer Schön aufhalten.
>
> Nun wundert sich der Himmel selb,
> Wie zierlich unterstrahlet,
> Mit Gras und Fruchten, grün und gelb
> Das Erdreich sich gemalet.

> Frisch hin und her gehn schwanken
> Die klaren Bächlein krumb
> Und mit den Steinlein zanken,
> Wann's müssen fließen umb.

Ich neulich früh zu Morgen
Zur edlen Sommerzeit
Hett abgespannt all Sorgen
Und war Geschäften queit;
Als nun spaziert im Garten,
Stund auch ein Blümlein zart,
Da wollt ich je noch warten,
Bis es vollkommen ward.

Die Morgenröt verschwunde,
Weil ihren Purpurschein
Der helle Tag umwunde
Mit Klarheit noch so rein.

Die Sonn mit sanften Strahlen
Das Blümlein übergoß,
All Blättlein tät sie malen,
Sampt blüht's in ihrem Schoß.

Da gund es lieblich blicken,
Gab auch so süßen Ruch,
Ein Kranken möcht's erquicken,
So läg im letzten Zug.
Ein Lüftlein, lind von Atem,
Rührt an das Blümelein:
Da schwebt's, als an ein Faden
Gebundens Vögelein.

Aus: Ecloga oder Hirtengesang, darin Hirten Gott loben bei ihren Schäflein und ihre Liebe zu Gott anzeigen.

Der Hirt Halton:

Den Schöpfer lob ich alle Tag
Noch vor der Sonne Wagen,
Noch eh sie recht sich schmücken mag
Mit gülden Kröß und Kragen,
Noch eh die Morgenstunden klar
Von warmen Ostenseiten
Entbinden ihr die gelben Haar
Und breit in Luften spreiten.

Den Schöpfer lob ich eben sehr,
Wann Sonn sich wieder bieget
Und auf gesenkter Niederkehr
Den matten Wagen wieget,
Wann wir bei sanftem Abendsang
Nach Haus die Schäflein treiben,
Und wachsen alle Schatten lang,
Gezielt von kurzen Leiben.

Der Hirt Damon:

Den Schöpfer lob ich gleicherweis,
Wann ich, zu Nacht gewecket,
Schick auf nit wenig Seufzer leis
Zun Sternen angestecket,
Wann friedlich unser Herd und Schaf
Nach spätem Wiederkauen,
Beräuschlet mit gelindem Schlaf,
Die süße Weid verdauen.

Frisch auf, ihr zarte Lämmerlein
Springt auf auf grünem Wasen,
Frisch auf, ihr weiße Brüderlein,
Wir euch nun lieblich blasen;
Wir euch noch wollen ebenfalls
Mit bestem Schmuck hofieren
Und euch die reine Stirn und Hals
Mit grünen Kränzlein zieren.

Der Hirt Halton:

Alsdann mit bester Zier geschmuckt
Noch baß in Freuden springet,
Dem Schöpfer feiret unverzuckt
Und Jubel groß vollbringet;
Zu ihm noch baß mit Plärren ruft,
Zu ihm euch tut erheben,
Der euch geruckt an süßen Luft,
An süßes Licht und Leben.

Er segnet euch, ihr Mütterlein,
Mit Säugling wohlersprossen,
Er segnet euch, ihr Lämmerlein,
Mit gleichen Brüstgenossen.
Er quellet auf die Dütten rund
Mit süß und weißen Gaben;
Da machet ihr dann süßen Mund
Ihr zarte Wüllenknaben.

Die Erde ist entsündigt, das Leben wieder lebenswert geworden, man tritt nicht ins irdische Jammertal, sondern „an süßes Licht und Leben", man kriecht und zittert nicht, man dankt und jubelt seinem Schöpfer. Und Jesus spricht nicht wie der Demiurg, der sich durch die Berührung mit der Materie befleckt hat, sondern in der demütig-stolzen Schöpferfreude eines alten Handwerkerkünstlers, eines Dürer oder Erwin von Steinbach von seinem Schöpfungswerk zum Zimmermann:

Ich das Handwerk hab erhoben
Aller Handwerk unveracht,
Da sampt meinem Vater droben
Wir die schöne Welt gemacht.

Erd und Himmel wir in Zeiten
Han gezimmert und gebaut;
Selber thaten wir's bereiten
Habens keinem anvertraut.

Wie Spee bei der Geburt seines Gottes mit den Hirten liebend zugegen ist, so nimmt seine Liebe auch teil an der Geburtsstunde der Kreatur; Spee beobachtet Gott frisch beim Schaffen, sieht, belauscht, behorcht die Kreatur, wie sie in Gottes Händen sich bildet und hervorgeht:

Zu Nacht er uns den Himmel blau
Mit Flämmlein schön bespritzet,
Die glanzen wie der stolze Pfau,
Wann er voll Spiegeln glitzet.
Er schicket aus die Vögelein
Auf leere Wolkenstraßen,

Er malet ihn die Federlein
Schön über alle Maßen.
Er schleifet ihn die Schnäbelein,
Er löset ihn die Zungen,
Da singlen sie dem Namen sein,
Gar hoch in Luft erschwungen.

In dieser „schönen Welt" der schöpferischen Kunst und Liebe versinkt die alte christliche Erden- und Lebensangst. Die Seele wird frei und freudig, einer neuen, reinen Menschheit ruft Spee die helle Botschaft zu:

Ade, laßt Trauren fahren
Zur wilden Wüst' hinein;
Bald Wagen her und Karren,
Lad auf all Qual und Pein,

Führt hin so schnöde Waren
Weit aus dem Herzen mein!
Will Fröhlichkeit nit sparen
Beim zarten Sonnenschein.

Über Tod und Grab triumphiert Spees Liebes- und Jubellied: der Unsterblichkeit gewiß springt sein Geist in des Himmels Saal, und alle Ewigkeit ist Freudenschall und Liebesdank:

Dich meinen Gott und Herren
Will ich herzwillig sein,
Mit Lobgesang zu ehren
Bis in das Grabe mein.
Ja, wann ich geh schon schlafen,
Schlafen wohl in das Grab,
Will dir doch Lob verschaffen,
Soll drum nicht nehmen ab.

Dann auch mein Geist wird springen
Hoch in des Himmels Saal
Und fröhlich sich erschwingen
Mit hellem Freudenschall.
Auf Harfen wird er schlagen
Das Hallelujah rein;
Mag dann wohl freudig sagen:
Da recht, so muß es sein.

Nach mir will ich verlassen
In meinem Testament
Ein Liedlein, schön ohn Maßen
Zum Gotteslob verwendet.
Das wird noch wohl erklingen,
Ob ich schon storben bin;
Es werdens's andre singen,
Wann ich schon bin dahin.

Ach springt nur um und ummen,
Ihr Engel Gottes all;
Laßt jauchzen, spielen, trummen,
Laßt gehn Posaunenschall!
Laßt Pfeifen, Lauten, Geigen
Gar lieblich gehn zuhauf;
All Ehr laßt Gott erzeigen!
Nur bald, bald auf, bald auf!

ANGELUS SILESIUS (JOHANN SCHEFFLER)

Die naive Einheit mit der Kirche war nur jener Richtung der Mystik möglich, der wie Spee die Sphäre des Gefühls die eigentliche Welt bedeutete. Intellektuelle Naturen mußte es drängen, ihr gefühlsmäßiges Einzelverhältnis zur Gottheit intellektuell zu begreifen, zu begründen, von der „seraphinischen" Liebe zur „cherubinischen" Erkenntnis hinaufzuführen. In der deutschen Lyrik haben wir diese Steigerung: Spees Trutznachtigall folgt Schefflers (Angelus Silesius) Cherubinischer Wandersmann. Aber das Sonderliche ist, daß wir diese natürliche Folge, wie sie sich auch in der Entwicklung der Lyrik darstellt, in der Entwicklung Schefflers geradezu umgekehrt sehen. Und dies beruht in dem eigentümlichen Lebensgang Schefflers, der sich aus dem Protestantismus zur Mystik gelöst und aus der Mystik wieder zum dogmatischen Katholizismus gebunden hat.

Ein Schüler Böhmes, der Herausgeber seiner Schriften war Abraham von Franckenberg, ein Mann von ausgezeichneter Gelehrsamkeit und vornehmster Gesinnung. Er lebte still und zurückgezogen, im steten Studium der Mathematik, Physik, Medizin und Theologie und verfaßte zahlreiche mystische Schriften. Der Frage des Herzogs von Öls, welcher Religion er angehöre, entgegnete er: „Ego sum religionum cor, id est catholicae, orthodoxae, reformatae." In Holland, wo er den Druck von Böhmes Nachlaß besorgte, traf ihn Scheffler, ließ sich von ihm in das reiche mystische Leben Hollands einführen und in die mystische Literatur der Vergangenheit. Als Scheffler Leibarzt des Herzogs von Öls geworden war, nahm Franckenberg in der Nähe auf seinem Gute Ludwigsdorf Wohnung. Zwei Jahre darauf (1652) starb er. Zu seinem „Ehrengedächtnis" ließ Scheffler ein Gedicht drucken, das ihn als seinen begeisterten Jünger zeigt und den bestimmenden Einfluß Franckenbergs auf seine Entwicklung dartut.

Abraham von Franckenberg hat in einem seiner Werke ein Verzeichnis der religiösen Schriften gegeben, die ihm zur Einführung in die von ihm vertretene Richtung notwendig schienen. Sie stimmen vielfach mit denen überein, die Scheffler in seinem Vorwort zum Cherubinischen Wandersmann nennt: Meister Eckart, Tauler, Ruysbroeck, Bernhard, Bona-

3*

ventura, Thomas a Jesu, Augustinus, Harphius, Blosius, Dionysius Carthusianus, die „Deutsche Theologie". Valentin Weigel
und Jakob Böhme, überhaupt die „protestantischen" Mystiker
sind verschwiegen, obwohl gerade Weigel von besonderem Einfluß auf ihn gewesen ist und Böhme wohl der erste Mystiker
war, den ihm Franckenberg nahe brachte: denn inzwischen ist
er Katholik geworden, und das Buch wird unter katholischer
Zensur gedruckt.

Es ist müßig — wie man getan hat — eine Stufenfolge der
Einflüsse herzustellen und in ihr etwa Valentin Weigel, Eckart,
Tauler, pseudotaulerische Schriften und die Deutsche Theologie nacheinander zu ordnen: in den 1676 Epigrammen, meist
alexandrinischen Zweizeilern, ist ohne den Versuch einer Systematik fast der gesamte Ideengehalt der Mystik kristallisiert.
Man muß sich vorhalten, daß dieser Gehalt übernommen ist,
daß Scheffler die Mystik nirgend schöpferisch weiter führt,
daß selbst die Form von einem anderen Schüler Franckenbergs, von Daniel von Czepko in seinen „Monodisticha" genau vorgebildet ist. Man muß dies, um sich bewußt zu werden,
daß Scheffler als Mensch wie als Künstler die letzte schöpferische Freiheit fehlt. Aber mit welcher zwingenden Gewalt hat
er in diesen Distichen die tiefsten mystischen Spekulationen
verdichtet. Sie sind wie Blitze, die mit kurzem, blendendem
Licht in die Abgründe der Mystik hineinleuchten. Viele sind
wertlos, viele Wiederholungen, einige aber zeigen eine Kühnheit der Ideen und Bilder, eine Gedrungenheit und Leidenschaftlichkeit der Darstellung, daß dieser erste Versuch, Weltanschauung lyrisch zu formen, gleich in sich vollendet auftritt:
Die Erkenntnis, die uns in die letzten Tiefen der Weisheit
führen soll, vermag uns nicht die Wissenschaft zu geben, nicht
das diskursive Denken. Nur die Intuition kann uns an den
Abgrund der Gottheit führen. Um aber ihrer teilhaftig zu werden, müssen wir alles weltliche Wähnen, Wissen und Wollen
von uns tun. „Solt dû götlich wizzen, sô muoz dîn wizzen komen
in ein lûter unwizzen und in ein vergezzen dîn selbes und aller
crêatûren." (Meister Eckart.) Erst wenn so die Seele in die
letzte Armut und Abgeschiedenheit eingegangen, kann sich
ihr Gott erschließen, ja muß sich Gott zu ihr wenden:

> Je mehr du dich aus dir kannst austun und entgießen,
> Je mehr muß Gott in dich mit seiner Gottheit fließen.

Aber die Seele ist nicht zufrieden damit, Gott zu erkennen, zu schauen, zu fühlen, sie muß zerfließen und münden und untergehen im Meere der Gottheit. Wie ist denn eine Erkenntnis möglich? Wissen und verstehen kann man nur, was man in sich trägt, was man selber ist. Die Seele erkennt Gott nur, insofern sie Gott ist — und wieder Gott wird. Denn vor ihrer Vereinzelung war auch die Seele dem Allgemeinen, dem Göttlichen eins und eigen. Erst der Sündenfall der Individuation hat sie mit dem Endlichen beengt und belastet. Und ihre sehnende Not ist nun, dem Fluche der Endlichkeit zu entfliehen in asketischer Entäußerung und Betrachtung und so wieder in den göttlichen Urgrund zurückzukehren, wieder Gott zu werden:

> Dann wird das Blei zu Gold, dann fällt der Zufall hin,
> Wann ich mit Gott durch Gott in Gott verwandelt bin.

Aber dieser Gott ist nicht der Gott der Theologen. Er ist viel zu heilig, zu unergründlich, als daß sich noch etwas von ihm aussagen ließe, nicht einmal daß er ein Geist sei. Wie darf man das Unendliche durch endliche Vorstellungen zeichnen! Er ist das Namenlose, das Unsagbare — das Nichts:

> Die zarte Gottheit ist ein Nichts und Übernichts.
> Wer nichts in allem sieht, Mensch glaube, dieser sicht's.

Selbst der Begriff, der Name Gott tut ihm unrecht. Die Seele, die alles gelassen hat, muß sich entschließen, auch ihn abzulegen:

> Wo ist mein Aufenthalt? Wo ich und du nicht stehen.
> Wo ist mein letztes End, in welches ich soll gehen?
> Da wo man keines find't. Wo soll ich dann nun hin?
> Ich muß noch über Gott in eine Wüste ziehn.

Die Intuition, die übersinnliche Anschauung ist Ziel und Leben der Mystik. — Wie aber soll sie dieses Leben offenbaren? Sie muß das Unmögliche möglich machen, das Bildlose in Bilder zwängen, das Unaussprechliche aussprechen. Und von jeher hat diese urgründige Aufgabe die Mystiker zu unerhörter sprachlicher Kühnheit und neuer Gewalt gedrängt. Im Cherubinischen Wandersmann ist diese Sprachgewalt versammelt und erhöht. Zum ersten Male ist die letzte Leidenschaftlichkeit des Geistes befreit und dargestellt. Zwischen zwei Zeilen brandet ein Meer von metaphysischer Unrast und Sehnsucht:

Die Welt ist mir zu eng, der Himmel ist zu klein:
Wo wird doch noch ein Raum für meine Seele sein?

Weg, weg ihr Seraphim, ihr könnt mich nicht erquicken:
Weg, weg ihr Heiligen und was an euch tut blicken:
Ich will nun eurer nicht: ich werfe mich allein
Ins ungeschaffne Meer der bloßen Gottheit ein.

Niemals wieder ist ein scheinbar didaktischer, theoretischer
Spruch, eine bloße Erklärung und Anweisung so aus den tiefsten Gründen des Gefühls heraufgeführt, daß noch alle Geheimnisse des Abgrundes ihn umdunkeln, alle Schauer der
Tiefe ihn durchzittern:

Nichts ist, das dich bewegt, du selber bist das Rad,
Das aus sich selbsten laufft und keine Ruhe hat.

Mensch werde wesentlich: denn, wann die Welt vergeht,
So fällt der Zufall weg, das Wesen das besteht.

Daß Gott gekreuzigt ward, daß man ihn kann verwunden,
Daß er die Schmach erträgt, die man ihm angetan,
Daß er solch Angst aussteht, und daß er sterben kann,
Verwundere dich nicht: die Liebe hat's erfunden.

Gott ist so über all's, daß man nicht sprechen kann,
Drum betest du ihn auch mit Schweigen besser an.

Das edelste Gebet ist, wenn der Beter sich
In das, für dem er kniet, verwandelt inniglich.

Ich trage Gottes Bild; wenn er sich will besehn,
So kann es nur in mir und wer mir gleicht geschehn.

und Schefflers vielleicht tiefster Spruch:

Ich selbst muß Sonne sein, ich muß mit meinen Strahlen
Das farbenlose Meer der ganzen Gottheit malen.

Scheffler ist der erste deutsche Lyriker, der sich bewußt
aus der Enge seiner Erziehung löste und zu einer persönlichen
Weltanschauung durchzudringen suchte. Aber er war keine
genügend schöpferische Natur, um sich in der Gebundenheit
seiner Zeit frei zu behaupten. In seinem Leben wie seiner Kunst
überwiegt die reproduktive Kraft. Er besitzt die Fähigkeit,
die Anschauungen seiner Umgebung zu ergreifen, sie tief und
leidenschaftlich sich zu einen und rücksichtslos zu Ende zu
denken. Aber da er diese Anschauungen erfahren und nicht
erzeugt hat, so besitzen sie nicht genügend Kraft, sich in sich

selbst, auf ihrer einsamen Höhe zu behaupten. Sobald er die eigenen Spannungen nicht mehr durch die Spannungen seiner Umgebung gestützt fühlt, sinkt er zurück, um erst an den Spannungen einer neuen Umwelt sich wieder aufzurichten.

Wir dürfen annehmen, daß der Cherubinische Wandersmann bei oder kurz nach Franckenbergs Tode abgeschlossen war. Nun stand Scheffler allein, der Freund und Lehrer, der die neue mystische Weltanschauung in ihm geweckt und gehalten hatte, fehlte. Er konnte die Unruhe seines Wollens nicht mehr in der ruhigen Sicherheit Franckenbergs bestimmen, die Leidenschaftlichkeit seines Geistes nicht mehr an der ringenden Inbrunst und Freiheit des Freundes steigern. Und die Mystik selber konnte die Spannungen in ihm nicht länger halten. Er hatte all ihre Äußerungen in sich aufgenommen, ihre kühnsten Probleme formuliert. Sie schöpferisch fortzuführen vermochte er nicht. — Die Spannungen in ihm sinken. Ein Bedürfnis nach Ruhe, nach dem sicheren Schulter-an-Schulter einer geistigen Gemeinschaft kommt über ihn. Er wird dem Einfluß seiner Umgebung, der Breslauer Gegenreformation zugänglich. Vielleicht, daß ihn die Persönlichkeit Sebastians von Rostock, des späteren Fürstbischofs, von Anfang an in ihren Bann zu ziehen wußte. Mit der alten Leidenschaftlichkeit seiner Natur macht er sich die Anschauungen seiner neuen Umwelt zu eigen, er tritt über, er wallfahrtet „mit einem Kruzifix in der Rechten, mit einer dörnernen Krone auf dem Haupte", er gibt seinen neuen Anschauungen in der „Heiligen Seelenlust" gesteigerten Ausdruck, wird Priester, treibt die katholischen Lehren zur radikalsten Folge in seinen fanatischen Streitschriften, in denen er Luther und Calvin Diener des Teufels nennt und die katholischen Fürsten auffordert, ihre Untertanen zum wahren Glauben zu zwingen, macht in der „Sinnlichen Beschreibung der vier letzten Dinge" selbst die Poesie seinem zelotischen Eifer dienstbar und zieht sich endlich ganz in die klösterliche Einsamkeit zurück. 1677 stirbt er 53 Jahre alt.

In der „Heiligen Seelenlust oder den geistlichen Hirtenliedern der in ihren Jesum verliebten Psyche" hat Scheffler alle Abgründe mystischer Spekulation verlassen. Er bleibt in den Schranken des katholischen Dogmas. Und seine mystische Sehnsucht hat sich in die Sphäre des Gefühls zurückgezogen. Während die Christologie des Cherubinischen Wandersmanns in ihren besten Stücken die Geburt Christi nicht als einen einmaligen historischen Akt begreift, sondern im Geiste der Mystik als die ewige Wiedergeburt Gottes im Menschen, faßt die Heilige Seelenlust Christus durchaus als die dogmatisch gegebene Persönlichkeit. Und die mystische Vereinigung besteht einzig in der mystisch-sinnlichen Liebe, in der die Seele Jesus als Bräutigam liebt und begehrt. Aber was bei Spee so natürlich und notwendig, so persönlich anmutet, daß man die Überzeugung gewinnt, er hätte dieses bräutliche Verhältnis der Seele erfinden müssen, wenn es nicht schon überliefert gewesen wäre, das wirkt bei Scheffler übernommen und typisch. Spee wirkt so sicher und natürlich dadurch, daß er seine Liebe immer in Handlung und Leben umsetzt. Jedes Gedicht wächst aus einer Stunde und Stimmung, entwickelt sich in Drang und Handlung. Und auch das Leben Christi ist keine dogmatische Überlieferung, auch das ist Gegenwart, ist unmittelbares werdendes Leben und leidenschaftliches Erlebnis. Scheffler ist eine spekulative Natur. Die Wirklichkeit und Gegenständlichkeit des Lebens sind ihm fremd. Im Reich des Wesenlosen ist er zu Hause. Aber wenn die Spekulation nur ausgesprochen werden will, das Gefühl will dargestellt sein. Die Spekulation verharrt in sich, das Gefühl wird uns in aller Lebendigkeit nur zugänglich, wenn es sich als ein unmittelbar Werdendes an der Erscheinung ausspricht. Das Gefühl als ein Gewordenes betrachten, sich seiner hinterher durch die Reflexion bemächtigen, das heißt, sein tiefstes Wesen zerstören, seine lebendigste Gewalt vernichten. Der Minnesang, der Meistersang, die Gelehrtenpoesie, vielfach auch das protestantische Kirchenlied haben es kaum anders vermocht. Scheffler, der im Cherubinischen Wandersmann Höhen der Spekulation erstieg, darauf anderen zu atmen versagt ist, ist in der Heiligen Seelenlust in der Darstellung des Gefühls durchaus hilflos, schwerfällig, unselbständig. Selbständig im letzten Sinne war er ja auch nicht im Cherubinischen Wandersmann. Aber es war doch die urgründige Sprache der Mystiker, an die er sich lehnte, hier ist es die unwahre Kunst der Gelehrten, die ihm die Wirklichkeit, die Bilder der Außenwelt vermittelt, an denen sich sein Gefühl aussprechen soll. Ihnen ist er ganz überantwortet, da er das Außen nie beachtet hat. In ihren typischen Wendungen bleibt er stecken. Wie sie vermag er sich des Gefühls zuletzt doch immer nur durch die

40

Reflexion zu bemächtigen. Das protestantische Kirchenlied, die Erinnerung seiner Jugend hat mitgewirkt. Scheffler hat kein einziges Gedicht, das Handlung und Situationsentwicklung kennt. Seine Lieder sind gefühlsmäßige Reflexionen, Ansprachen an sich, an Jesus, an die Gemeinde, die wohl da und dort die Leidenschaft ahnen lassen, aber nicht gestalten können. Selbst dem Schwulst und der Geschmacklosigkeit der Gelehrtenpoesie entgeht er nicht. Er nennt Jesus: Du zuckersüßes Himmelsbrot, Nordstern verliebter Herzen, mein Augentrost und Wegeweiß, mein Gift-Heil zuckersüße, meine kühle Sommerhöhle, mein gnädiger Abendregen, meine erfreuliche Morgenröte usw. usw. Selbstverständlich ist auch seine Naturempfindung durchaus typisch, er verfügt nur über die üblichen Requisiten der Gelehrtenlyrik. Wie mutet gegenüber dem Gedichte Spees sein oft gerühmtes Frühlingslied an:

Der Frühling kommt heran,	Das Wild läuft hin und her
Der hulde Blumenmann,	Die Läng und auch die Quer;
Es geht schon Feld und Anger	Es tantzen alle Wälder,
Mit seiner Schönheit schwanger;	Es hüpffen alle Felder;
Der Blüte-Feind der Nord	Das liebe Wollen-Vieh
Steht auff und macht sich fort;	Das weidet sich nur früh;
Das Turtel-Täubelein	Die stumme Schuppenschaar
Läßt hörn die Seufzerlein.	Schwimmt wieder offenbar.

In dieser dürren Aufzählung erschöpft sich das Gedicht. Kein Bild ist gesehen, erlebt, alles ist aus der Literatur der Zeit übernommen. Wie sollte das auch anders sein bei einem Menschen, der seine Augen nur nach innen aufschlug!

Schefflers leidenschaftliche Natur trieb es stets zu den äußersten Polen, zum letzten Ausdruck. Seine mystische Sinnlichkeit mußte sich auch des alten Wundenkultes bemächtigen. Aber auch hier findet er nicht die eigene Sprache, auch hier wird ihm die süßliche, schwülstige Form der Gelehrtenpoesie verhängnisvoll:

Seyd gegrüßt, ihr Honig-Graben,	Süsse Zuflucht meiner Seelen:
Die mein krankes Herze laben;	Ihr Wunden Jesu seyd gegrüßt
Seyd gegrüßt ihr offne Hölen	Und mit inniglicher Lieb geküßt.

Aber gerade, daß er sich hier in den Formen der Zeit darstellte, hat seine Zeit gewonnen. Der Einfluß der Heiligen Seelenlust füllt noch die erste Hälfte des 18. Jahrhunderts. Sie beherrschte alle folgende religiöse Lyrik, zumal die Dichtung des Pietismus, Teerstegens und — bedenklicher — Zinzendorfs, der die mystische Sinnlichkeit zu ihren letzten kunstlosen Möglichkeiten führte. Auch das katholische Kirchenlied steht in den beiden letzten Jahrzehnten des 17. und im Anfange des 18. Jahrhunderts unter ihrem Zeichen.

Das letzte Werk Schefflers „Die sinnliche Beschreibung der vier letzten Dinge" zeigt ihn von allen Fäden der Mystik gelöst, hier steht er in der äußersten Gebundenheit erstarrter Dogmen. Und die Leidenschaftlichkeit seiner Natur befriedigt sich darin, den Tod, das Jüngste Gericht, Hölle und Himmel im Sinne einer südlichen Fastenpredigt auszumalen. Dichterisch kommt das Werk nicht mehr in Betracht.

So ist der erste Versuch eines Lyrikers, sich zur freien Persönlichkeit durchzuringen, gescheitert. Seine Kraft war nicht ohne Leidenschaft, nicht ohne Freiheit, aber ohne Urgrund und eigene Schwere. Und vielleicht trägt zu der Haltlosigkeit auch dieses bei, daß Scheffler einseitig und rücksichtslos innerhalb der religiösen Probleme verharrte und nie versuchte, aus der ganzen Breite und Bodenkraft des Lebens empor zu wachsen.

GÜNTHER

Mit Günther tritt die ringende Persönlichkeit aus der Enge des religiösen Bewußtseins, um die ganze Breite des Lebens, die Allheit seiner Kräfte zum Fundament ihrer Entwicklung zu machen. Wovon weder Spee noch Silesius gewußt haben: die furchtbare Gewalt der Gegensätze, der Lebensnot, der persönlichen Einsamkeit: Günther zeigt uns den ersten tragischen Kampf der Persönlichkeit um ihre Selbstbestimmung und Selbstvollendung, zeigt uns die ersten Höhen, auf denen das Individuum den Sieg erzwingt.

Johann Christian Günther wurde 1695 zu Striegau, einem kleinen schlesischen Städtchen, geboren als Sohn eines wenig bemittelten Arztes, eines Mannes von nüchterner Ehrbarkeit und kleinbürgerlicher Strenge. Nur eine zufällige fremde Hilfe, ein durchreisender Arzt, den schlechtes Wetter in Striegau festhält, ermöglicht es, daß Günther das Gymnasium in Schweidnitz besuchen kann. Nach einer frühen Jugendliebe zu einem sehr jungen Mädchen, das bald schon stirbt, trifft er hier ein Jahr vor seinem Abgang vom Gymnasium Leonore Jachmann, für die er in Leidenschaft entbrennt und die einen entscheidenden Einfluß auf sein Leben gewinnt. Während der letzten Gymnasialwochen widerfährt ihm die Ehre, daß ein von ihm verfaßtes, schwülstiges Trauerspiel „Die von Theodosio bereute Eifersucht" von seinen Mitschülern öffentlich aufgeführt wird. Herbst 1715 reist er zur Universität nach Frankfurt an der Oder, vertauscht sie aber schon Mitte November mit der Wittenberger Universität, da ihm die Stadt nicht behagt. In Wittenberg fällt er bald dem wüsten Studentenleben anheim, vergißt seine medizinischen Studien, festigt seine Börse durch den Ertrag massenhafter Gelegenheitsgedichte zu Geburtstagen, Promotionen, Hochzeiten und Leichenbegängnissen, und ist froh, als er im Sommer 1717 Wittenberg den Rücken kehren kann, weil seine Landsleute für ihn bei seinen Gläubigern eintreten. Er geht bis Sommer 1719 nach Leipzig, wo er zahlreiche Freunde findet, wo sich Professor Mencke — der berühmte Humanist und Historiker — seiner treulich annimmt. Mencke veranlaßt Günther zu einem großen Gedicht auf den Passarowitzer Frieden, das den Sieg des Prinzen Eugen über die Türken feiert und das die Augen des Hofes auf ihn lenken soll. Das Gedicht begründet Günthers Ruhm. Der Hof läßt es unbeachtet. Ein zweiter Versuch Menckes, Günther zu einer Lebensstellung zu helfen, mißglückt gleichfalls: Er schlägt ihn August dem Starken, dem Kurfürsten von Sachsen und König von Polen, als Hofpoeten vor an Stelle des alternden Herrn von Besser. Aber:

> Ein Kerl, der Reime quält und nach der Pritsche mißt,
> Kommt an und sticht mich ab, nicht wegen netter Proben,
> Nein, sondern, weil er nur ein bessrer Hofnarr ist.

Dieser Mißerfolg löst auch eine Verbindung, die Günther trotz seines Treuschwurs an Leonore mit einer Leipzigerin eingegangen ist. Von Leidenschaften und Enttäuschungen krank und müde, faßt ihn das Heimweh. Der Vater weist den vagabundierenden Poeten von seiner Tür. Er eilt zu Leonore, sammelt all sein Leben in der Liebe zu ihr und begibt sich nach Breslau, um dort seine Studien zu vollenden und sie dann heimzuführen. Freunde und Landsleute unterstützen den berühmten Dichter. Einer der angesehensten Männer der Stadt, Ludwig von Breßler, zieht ihn in sein Haus. Ob Günther in der Freundschaft zur Frau von Breßler zu hitzig wird, ob Neid und Verleumdung ihn verdächtigen: Breßler schlägt ihn dem Grafen Schaffgotsch als Erzieher vor, wohl mehr, um ihn aus seinem Hause zu entfernen, als weil er ihn für diese Stelle geeignet fände. Es ist fraglich, ob Steinbach, der Biograph Günthers, recht hat, wenn er berichtet, daß Günther, da er dem Grafen vorgestellt werden soll, „wie gewöhnlich im Wein schon was übernommen" gewesen sei. Jedenfalls ist Günthers Stellung im Hause Breßler unhaltbar geworden, Breslau ist ihm verleidet. Und als ihn sein Freund Schubart auffordert, mit nach seinem Geburtsort Lauban zu gehen und sich dort als Arzt niederzulassen, geht er mit leichtsinniger Bereitwilligkeit darauf ein. Die Patienten bleiben aus, eine schwere Krankheit bringt ihn an den Rand des Grabes. All sein Geld ist aufgezehrt. Und wenn seine Wirtin ihn nicht krank auf die Straße wirft, so tut sie es nur, um nicht jede Aussicht auf Bezahlung zu vernichten. Schubart stirbt. Verlassenheit und Verzweiflung zermartern ihn. Er fühlt sich als ein Verstoßener, vom Schicksal Gezeichneter, der kein Leben an das seine binden dürfe: Er gibt Leonore ihr Wort zurück. Diese, die ihm fünf Jahre lang treu geblieben, widersteht nun nicht länger den Bitten eines Freiers und vermählt sich. Mit Leonore schwindet Günthers bester Halt. Vergebens sucht er aufs neue Versöhnung mit seinem Vater, da ihn das Mitleid der Freunde aus Lauban erlöst hat. Er macht einen zweiten Versuch, sich als Arzt niederzulassen in Kreuzberg an der polnischen Grenze. Er denkt der Ruhelosigkeit seines Herzens und Lebens ein Ziel zu setzen durch die Verlobung mit der Pfarrerstochter des Nachbarfleckens. Der Pfarrer verlangt vor der endgültigen Einwilligung die Versöhnung mit dem Vater. Wieder reist er heim, als praktischer Arzt, als Bräutigam hofft er auf Entgegenkommen. Wieder wird er zurückgewiesen. Die Geistlichen, die ihn wegen seiner satirischen Ausfälle beim Vater verhetzen, haben lebhaft daran teil. Völlige Erschöpfung hindert ihn, seine Studien wieder aufzunehmen, nach Kreuzberg mag er nicht zurückkehren. Unstet irrt er durch die schlesischen Städte und fristet durch Gelegenheitsgedichte oder durch die Gunst der Freunde seinen Unterhalt. Man rät ihm zu einem letzten Annäherungsversuch an den Vater. Als der seines Sohnes Anwesenheit hört, wird er rasend und stößt den Verzweifelnden nach einem furchtbaren Auftritt aus dem Hause. Krank und hoffnungslos schleppt sich Günther noch einmal zur Universität, nach Jena. Ein schlesischer Adliger nimmt sich dort seiner an. Aber ein Vierteljahr nur, und seine Kraft ist aus. Er stirbt im März 1723, noch nicht 28 Jahre alt.

Wie sollen wir Wert und Wesen eines Lebens begreifen, das also haltlos in sich zerfällt? Wie konnten Zeit und Schicksal, da sie die Stunde gekommen glaubten, auch in der deutschen Literatur das Individuum durchzusetzen, dazu dies Leben wählen? Besteht nicht das Wesen der Persönlichkeit gerade in der Kraft der Selbstbehauptung, gerade in der stolzen Sicherheit, mit der sie aus allen Irrungen und Wirrungen immer wieder in sich selbst zurückkehrt?

Wenn die Zeit sich anschickt, auf einem Gebiete Neues, Großes, Bedeutsames durchzusetzen, so sehen wir sie immer wieder vor einer tragischen Notwendigkeit: Sie vermag es nicht, mit einem Male aus der Gleichgültigkeit der Zustände heraus das Große zu gestalten. Sie versucht, sie tastet, sie setzt an. Und an ihren Versuchen lernt und erstarkt sie. Aber die Versuche gehen zugrunde, fallen zum Opfer, wie im Frühling die ersten Blüten immer wieder den Spätfrösten zum Opfer fallen.

Sonderlicher noch ist Günthers Leben begründet: „Damit der Mensch sich in seiner ganzen Menschheit, das heißt zur Persönlichkeit ausbilde, ist es notwendig, daß er alle verschiedenen Lebensperioden, die jener letzten, worin er stehen, wirken und genießen soll, voraufgehen, mit angemessener Freiheit durchgenieße." Und in diesem Sinne ist die erste Periode, die zur Entwicklung der Persönlichkeit führt, die der Passivität. (Hebbel.) Sie muß ihn mit Leben und Welt überschütten, sie muß ihm die freie, leidenschaftliche Hingabe bringen, das völlige Aufgehen und Versinken in der Umwelt und Außenwelt. Nur indem er sich aus dieser grenzenlosen Hingabe, aus dieser bloßen Empfänglichkeit wieder in sein Innerstes zurückzwingt, gelangt er dazu, sich selbst zu erkennen, sich selbst zu erobern, nur in dieser Wechselwirkung von Empfänglichkeit und Selbsttätigkeit vermag er seine Innen- und Außenwelt frei und reich zu erwerben und zu vereinen.

Günthers Leben ist im großen und ganzen auf der ersten Stufe stehen geblieben. Im ganzen konnte es nur die erste Bedingung zur Persönlichkeit erreichen: Die Empfänglichkeit.

Aber wir brauchen uns nur der Lyrik seiner Zeit, der Gelehrtenpoesie, zu erinnern, um zu fühlen, welch großer Fortschritt schon dadurch unserer Dichtung wurde: Neben der Hohlheit und Leere, der Nachempfindung und Anempfindung, neben all der inneren Ohnmacht und Verlogenheit war hier ein Mensch, der es zum ersten Male wagte, in gläubigem Vertrauen sich dem Leben hinzugeben, ein Mensch, der es fühlte, daß die bloße Intensität des Lebens einen Wert darstellt. „Ihr Narren" — so rechtfertigt er sich gegenüber manchen Vorwürfen — „Ihr Narren, tut er nicht genug? Er lernt ja leben und auch sterben." Wodurch unterscheidet sich denn das Innenleben des Künstlers vor allem von dem des täglichen Menschen? Dadurch, daß er die Gewalt des Lebens unendlich empfindet, daß er, ob er will oder nicht, ein übergewöhnliches Maß von Leben in sich versammelt, daß er die hellen und dunklen Pole des Lebens zusammenbiegt und in die Enge Einer Stunde zwingt. Der ethische Mensch steht dieser Konzentration des Lebens feindlich gegenüber. Er will alle Werte und Gewalten auseinanderlegen, um sie in ihren Beziehungen zu übersehen, ordnen und sichern zu können. Dem Künstler ist dieses extensive Verhalten schal. Er sucht die dunkle Intensität des Lebens auf, und wenn er sie in Abgründen suchen muß. Denn er fühlt, daß er die metaphysische Wurzel des Lebens nicht in den geordneten Zusammenhängen der Werte finden wird, sondern in der ungeheuren Sammlung des Erlebnisses, in dem er Einen Wert bis zu seiner Eigen-Wurzel aufgräbt. In diesem Sinne gilt das Goethesche Wort: „Leidenschaft ist der Schlüssel zur Welt."

Und in diesem Sinne müssen wir Günthers naive Hingabe an die Außenwelt innerlicher und bedeutsamer fassen. Wie stark und naiv hat er sich hingegeben: „Man wird gleich wie ein Schiff von Stürmen hingerissen — Man ist den Träumenden in Phantasien gleich." Mit der Offenheit, Wahrhaftigkeit und Reinheit eines Kindes schloß er sich dem Leben, den Menschen auf. Er war im schönsten Sinne einer jener Menschen, „die eines guten Willens sind". Das hat ihm immer wieder Freunde geworben. Das gibt auch seinen Klagen den erschütternden Ton: „Die Rachgier, so mich treibt, ist, daß ich sehnlich fleh — Daß Welt und Neid einmal mein ehrlich Herze seh." Und in einem Brief an den Vater: „Andre, die mir hier und da nur vom Hörensagen fluchen — Werden so vernünftig sein und es besser untersuchen — Eh' sie einen Mensch verdammen, welcher das, was er begehrt — Nämlich Mitleid, Wunsch und Liebe jedem, der sie braucht, gewährt." Und: „Ist einer in der Welt, er sei mir noch so feind — An dem ich in der Not kein Liebeszeichen täte?"

Einem Menschen von solch kindlicher Wahrhaftigkeit und Lebensehrlichkeit konnte die Dichtung nur zum Ausdruck seines eigenen Lebens, zum Selbstbekenntnis, zum Gelegenheitsgedicht im Goetheschen Sinne werden. — Gewiß, der größte Teil seiner Werke besteht noch aus Gelegenheitsgedichten der üblichen, minderwertigen Art, aus Hochzeits- und Leichenkarmina. Aber die schrieb er doch nur um des lieben Brotes willen und mit Verachtung. Die innere Wahrheit, die Einheit von Mensch und Künstler war ihm so natürlich, daß er an ihren Mangel im allgemeinen nicht einmal bei seinen Zeitgenossen glauben kann und einen von ihnen, Menantes-Hunold, in naiver Entrüstung herausgreift: „Ja, ich weiß auch nicht, ob die Feder kalt oder warm zu nennen, die des Morgens eine Opernsängerin zur Sonne macht und sie anbetet, des Abends aber Todesgedanken verfertigen will. Was kann wohl das allsehende Auge an einem Tartüffe vor Gefallen haben, und muß nicht das Alter und ein reifer Verstand Abscheu vor solcher Aufführung bekommen?"

Und diese selbe Wahrhaftigkeit mußte auch auf die künstlerische Form von Einfluß werden. Ihr mußte der gespreizte, überladene, schwülstige Stil zuwider werden. Sie mußte über die formelhaft überkommenen Phrasen, Allegorien und Mythologien hinweg nach dem schlichten, eigenen Ausdruck suchen. Wir können diesen Prozeß, der anfangs bei Günther nicht bewußt, sondern naiv vor sich ging, deutlich verfolgen. Je rückhaltloser er sich dem Leben hingibt, je mehr er zu sagen hat, desto einfacher sagt er's. Immer in den Momenten, wo die Gewalt seines Erlebnisses ihn sich selbst entreißt, wird seine Sprache am schlichtesten, innigsten, überzeugendsten, da spricht nicht mehr er, da spricht das Leben durch ihn hindurch. Und das Leben sucht stets den einfachsten Ausdruck.

In seiner Gymnasiastenzeit sehen wir ihn noch ganz im Banne der Gelehrtenpoesie. Insbesondere wirkt einer seiner Lehrer, der geistliche Liederdichter Benjamin Schmolcke, auf ihn. Er liebt es, alles, was er an biblischen Reminiszenzen besitzt, in sein Gedicht zu stopfen, oder seine mythologischen Kenntnisse in Einer Strophe zu sammeln. Wo er feierlich werden will, wird er schwülstig. Ein Gedicht auf den Tod des Schulinspektors beginnt:

> Die Lüfte waffnen sich mit schweren Donnerkeulen,
> Der Wolken Schwangerschaft gebiehret Schlag und Glut,
> Das Auge dieser Welt zeigt ein Kometen-Blut,
> In Sarons Thälern schallt ein allgemeines Heulen.

Aber die Liebe zu Leonore bricht auf und drängt seine Sprache, tastend nach dem Natürlichen, dem Unmittelbaren zu suchen. Sie hat der neueren Lyrik die ersten großen Liebesgedichte gebracht. Sie bringt zum ersten Male jenen Vorgang, der sich nun immer in der Entwicklung der lyrischen Persönlichkeit wiederholt: Der Lyriker, der zu seiner Entwicklung der grenzenlosen Hingabe seiner Persönlichkeit bedarf, findet nur in der Liebe zu einem weiblichen Ideal die Möglichkeit, sie rückhaltlos zu wagen. Ist seine Persönlichkeit bewußt und tätig genug, so wird er es vermögen, reicher und geläuterter in sich selbst zurückzukehren. Und diesen reinsten Wechsel zwischen Empfänglichkeit und Selbsttätigkeit finden wir in Goethes Leben. Ist aber die lyrische Persönlichkeit wesentlich Passivität, so wird sie aus dieser Hingabe sich nicht zurückfinden und zugrunde gehen.

Am unmittelbarsten ringt sich das Gefühl Günthers im Abschiedsgedicht an Leonore durch:

> Schweig du doch nur, du Hälfte meiner Brust!
> Denn was du weinst, ist Blut aus meinem Herzen.
> Ich taumle so und hab an nichts mehr Lust
> Als an der Angst und den getreuen Schmerzen.

In den ersten Universitätsjahren zeigen Günthers Gedichte wesentlich jenen Ton, den wir anakreontisch zu nennen pflegen. Eine Einwirkung von Menantes-Hunolds Lyrik hatte er bald überwunden. Anakreon sowohl als Horaz, Tibull und Ovid, die ihn schon auf dem Gymnasium begleiteten, haben ihn beeinflußt. Er singt Studentenlieder von einer Fröhlichkeit und Jugend, daß sie noch heute weiterleben, vor allem die Lieder seiner Leipziger Zeit, die unter unmittelbarem anakreontischem Einfluß stehen: Brüder laßt uns lustig sein, weil der Frühling währet! und: Das Haupt bekränzt, das Glas gefüllt! Der junge Goethe steht in seinen Leipziger Liedern unter Günthers Einfluß. Ein Lebensrausch faßt Günther an. Die schrankenlose Freiheit, die wilde Zügellosigkeit des damaligen Studentenlebens, die Freundschaft, die er seiner jugendlichen Schönheit und liebenswürdigen Offenheit wegen allenthalben fand, rissen ihn hin. Eine Schilderung, die Loen in seinen „Kleineren Schriften" gibt, zeichnet den damaligen Studenten: „Die meiste Studenten tragen große, lange, schwarze Degen, in Form der Spiesen, welche ihnen im Gehen hinten nach schleifen; wenn sie einen ansehen, so scheinen sie einen gleichsam zu fragen, ob sie vom Leder ziehen sollen; Schuhe, Strümpfe und Kleider sind von übler Beschaffenheit, weil ihre Philosophie sich nicht um solche Kleinigkeiten bekümmert." Und Zachariäs Schilderung ist noch prägnanter: „Ihr Singen war ein Schreyn, und ihre Freude Raufen — Sie haßten Buch und Fleiß, und ihr Beruf war Saufen." 1704 mußte es durch einen besonderen Erlaß den Bürgern in Jena verboten werden, durch ihre Töchter oder sonstige weibliche Angehörige, den Studenten die Wäsche auf die Stube zu bringen. Patente gegen die Beherbergung von Dirnen — die den Studio auf die Exkneipe begleiteten, mit ihm dort zechten und übernachteten — erschienen alle paar Jahre.

Leipzig war die Stadt der feinen Lebensart, der vornehmen französischen Kultur. Hier gerät auch Günther im Mencke-Philanderschen Kreise in die Modeform des Schäfergedichts. „Man lügt bisweilen nach der Mode — Und nach der Mode lüg auch ich", gesteht er selber. Aber er beginnt auch bewußt an der Form seiner Dichtung zu arbeiten. Er lehnt ausdrücklich den Schwulst der zweiten schlesischen Schule ab und proklamiert die klassische Einfachheit. Die Behandlung von Ovids Amores und Fastes verleiten ihn zur lasziven Dichtung, die Lektüre der Neulateiner unterstützt ihn hierin. Gedichte von bedenklicher Roheit entstehen um diese Zeit. Seine Hingabe an das Leben droht von jener dumpfen Lässigkeit und Gewohnheit zu werden, die allem Künstlerischen innerster Feind ist. Er läßt sich von seiner Umgebung tragen:

Nun sagt mir, soll ich anders leben,
So lacht mich jeder Pinsel aus:
Nach Wahrheit, Zucht und Tugend streben,
Baut jetzt fürwahr kein steinern Haus.
Ich mach es so wie meinesgleichen!

Dies aber war die Gefahr. Seine Zeit und Umgebung war nicht danach, daß er sich ihr ohne letzten Verlust dauernd hätte rückhaltlos hingeben können. Zudem ist eine bloße Passivität auf die Dauer nicht möglich, ohne auch jeden Ansatz zur Persönlichkeit zu vernichten. Die bloße Passivität wird einmal in sich selber so sehr ermüden, daß sie über Empfänglichkeit und Lebensanteil des üblichen Menschen nicht mehr hinausdringt. In einzelnen Momenten wenigstens muß sich der individuelle Mensch zur Aktivität, zur Selbstbestimmung durchsetzen, und wie seine Empfänglichkeit außergewöhnlich tief und leidenschaftlich war, so muß dann auch seine Selbsttätigkeit, sein Selbstgefühl, seine Selbstbehauptung eine außergewöhnlich heftige, leidenschaftliche, rücksichtslose sein. In diesen wenigen Momenten reckt sich der individuelle Dichter zu einem solch geschlossenen Gefühl seiner Eigenart, zu einer solch stolzen Bejahung seiner Einzelart auf, daß in ihnen alles Zufällige von ihm abfällt, alles Unvollendete sich erfüllt, und er in dieser Gestalt vor uns weiterlebt.

> Denn hängt der Himmel gleich nicht immer Geigen voll,
> So find ich gleichwohl Ruh, wo jeder suchen soll,
> Ich mein' in eigner Brust; da lern ich im Betrachten
> Viel, was die Welt erhebt, gering und schändlich achten,
> Und will es, was sie schilt, ganz gut und anders sehn.
> Das Fernglas darf ich auch nicht erst gen Himmel drehn:
> Ich bin der Erden nah, hier leben große Wunder,
> Die größten in mir selbst.

Günther war keine intellektuelle Natur. Er nennt zwar die Namen Leibniz und Wolff des öfteren, ja, in einem seiner letzten Gedichte versichert er: „Ich fraß fast vor Begier, was Wolff und Leibniz setzen", aber er fährt fort: „bei welchen ich den Kern der frommen Weisheit fand". Was er bei ihnen gesucht hat, ist gewiß nicht begriffliche Schulung und systematische Sicherheit, sondern die Bejahung jenes freien, dogmenlosen Christentums, das seine Natur sich früh und kampflos zu eigen machte und das bei ihm fast dauernd das rührende Verhältnis des Kindes zu einem persönlichen Gott und Vater zeigt. In dieses Verhältnis paßte denn auch der Leibnizsche Optimismus wohl hinein, und der scheint ihn besonders angezogen zu haben. Im ganzen aber mögen wir in diesen Versen wohl seine persönliche Grundstimmung finden: „Bei Fabeln von der Rockenzunft — Empfand ich mehr Vergnügen

— Als jetzt bei Schlüssen der Vernunft — In welchen Knoten liegen." Nein, aus eigener Kraft, aus intellektueller Besinnung wäre Günther nicht imstande gewesen, die Gefahren seiner Passivität zu überwinden. Eine Gewalt, die stärker war als er, greift durch ihn hindurch in sein Leben ein: die unerbittliche Not.

Seine Bemühungen um eine Lebensstellung in Leipzig und Dresden sind fehlgeschlagen, seine Fachstudien aufgegeben, seine Leipziger Verlobte hat ihn verlassen, in der Heimat ist der Besitz seines Vaters in Flammen aufgegangen. Da überkommt ihn zum ersten Male das Gefühl der Verzweiflung, aber auch der ungerechten Verfolgung: „Bin ich allein zum Ärgernis geschaffen, und steckt mein Wesen voller Schuld?" Der erste Versöhnungsversuch mit seinem Vater folgt, Wiedersehen und Abschied von Leonore; Anfeindung und Verleumdung, die ihn gerade seiner Offenheit wegen seit der Jugend verfolgt haben, treiben ihn aus Breslau fort, und in Lauban sucht er umsonst eine ärztliche Praxis zu gründen. Die furchtbare Krankheit wirft ihn nieder. Einsam, hilflos und hoffnungslos zwingt ihn die Fremde. Alle Bande, die ihn hielten, scheinen ihm gelöst. Unendlich einsam steht er im Wirbel der Menschen. Nicht dies, daß er seine Beziehungen zu den einzelnen zerschnitten glaubt, vernichtet ihn, er fühlt, daß er zur Gesamtheit, zur Menschheit, zu dieser Menschheit kein Verhältnis hat. Nun will er auch das letzte Band, das ihn an sie fesselt, gewaltsam zerreißen: Er schreibt Leonore den Abschiedsbrief! Und er wirft sich Gott zu Füßen in einsamen Nächten, dem Gott seiner Jugend, der gerecht und barmherzig ist und der des Sperlings achtet, der vom Dache fällt, er schreit zu ihm auf aus den Tiefen seiner Verlassenheit — Seine Stimme verhallt, und nur sein Elend sitzt neben ihm — — Da reckt er sich auf in der furchtbarsten Stunde der Not, am Abgrund der Verzweiflung stemmt sich sein Selbstgefühl zurück, er wagt es, sich und sein Recht zu behaupten gegen Gott und Welt! Dieser Gott, diese Welt können ein Betrug, ein Unrecht, eine Täuschung sein, eher will er aufhören, sie zu bejahen, als sein Wesen, die Reinheit und Wahrheit seines Willens verneinen! Und so schreibt er jenes Gedicht, das an Geschlossenheit und Unmittelbarkeit des Ausdrucks, an Gewalt der Leidenschaft das größte Gedicht vor Goethe genannt werden muß:

Geduld, Gelassenheit, treu, fromm und redlich sein,
Und wie ihr Tugenden euch sonst noch alle nennet,
Verzeiht es, doch nicht mir, nein, sondern meiner Pein,
Die unaufhörlich tobt und bis zum Marke brennet:
Ich geb euch mit Vernunft und weisem Wohlbedacht,
Merkt dieses Wort nur wohl, von nun an gute Nacht!
Und daß ich euch gedient, das nenn ich eine Sünde,
Die ich mir selber kaum jemals vergeben kann,
Steckt künftig, wen ihr wollt, mit euren Strahlen an,
Ich schwöre, daß ich mich von eurem Ruhm entbinde.

Ihr Lügner, die ihr noch dem Pöbel Nasen dreht,
Von vieler Vorsicht schwatzt, des Höchsten Gnad erhebet,
Den Armen Trost versprecht, und wenn ein Sünder fleht,
Ihm Rettung, Rat und Kraft, ja mit dem Maule gebet,
Wo steckt denn nun der Gott, der helfen will und kann?
Er nimmt ja, wie ihr sprecht, die gröbsten Sünder an!
Ich will der gröbste sein: ich warte, schrei und leide;
Wo bleibt denn auch sein Sohn? Wo ist der Geist der Ruh?
Langt jenes Unschuldskleid und dieses Kraft nicht zu,
Daß beider Liebe mich vor Gottes Zorn bekleide?

Ha, blindes Fabelwerk! ich seh dein Larvenspiel!
Das geb ich auch noch zu: es ist ein ewig Wesen,
Das seine größte Macht an mir nur zeigen will
Und das mich obenhin zur Marter auserlesen.
Es führt, es leitet mich: doch stets auf meinen Fall,
Es gibt Gelegenheit, damit es überall
Mich rühmlich strafen kann und stets entschuldigt scheine;
Bisweilen zeigt es mir das Glücke, recht zu gehn,
Bald läßt es mich in mir dem Guten widerstehn,
Damit die frömmste Welt das Ärgste von mir meine.

Aus dieser Quelle springt mein langes Ungemach:
Viel Arbeit und kein Lohn, als Krankheit, Haß und Schande,
Die Spötter pfeifen mir mit Neid und Lügen nach,
Die Armut jagt den Fuß aus dem und jenem Lande,
Die Eltern treiben mich den Feinden vor die Tür
Und stoßen mich — o Gott, gib acht: sie folgen dir! —
Ohn Ursach in den Staub und ewig aus dem Herzen!
Mein Wissen wird verlacht, mein ehrlich Herz erdrückt,
Die Fehler, die ich hab, als Laster vorgerückt.
Und alles schickt sich recht, die Freunde zu verscherzen.

Ist einer in der Welt, er sei mir noch so feind,
An dem ich in der Not kein Liebeszeichen täte?
Und bin ich jedem nicht ein solcher wahrer Freund
Als ich mir selbst von Gott — erhört er andre — bete?
Hat jemand auf mein Wort sein Unglück mehr gefühlt,
Hat bosheitsvoller Scherz mit fremder Not gespielt,

Und hab ich unrecht Gut mit Vorsatz angezogen,
So greife mich sogleich der bösen Geister Bund
Mit allen Martern an, wovon der Christen Mund
Schon über tausend Jahr den Leuten vorgelogen.

— — —

    Verflucht sei Welt und Licht!

— — —

Endlich wird Günther aus Lauban erlöst. Er findet neue
Freunde. In Kreuzberg scheint sein Dasein Halt zu finden.
Und sein Glaube an das Leben erwacht aufs neue. Mit der
Arglosigkeit des Kindes spricht er sich Mut zu. Nach der Melodie „Wer nur den lieben Gott läßt walten" dichtet er: „Mein
Leben wird noch um das Ende — Ein Himmel voll Vergnü-
gung sein." Da trifft ihn die Nachricht von Leonorens Hochzeit. Und die alte Liebe und alles alte Leid stürmt wieder
empor in ihm. Also auch das Heiligste seines Lebens, das Herz
seines Herzens ist ihm von einem anderen entrissen worden!
Aufs neue richtet er sich gegen das Schicksal auf: Mag die
Außenwelt sich gegen ihn wenden, es gibt ein Innenreich, in
dem er Macht hat und davon er nicht zu lassen gewillt ist:

Sei immerhin der Hand entrissen,
Im Herzen bleibst du dennoch mein.
Das Glücke mag das Bündnis brechen,
Die Schickung mag mir widersprechen,
Ich trotze doch ihr künftig Nein
Und will dich stets im Bilde küssen!

— — —

Bis die schwere Zunge stammelt,
Bis mich ein gedrungnes Haus
Zu der Väter Beinen sammelt,
Sprech ich deinen Namen aus.
Deine Schönheit, dein Gemüte,
Deine Tugend, deine Güte
Soll mit mir zu Grabe gehn.
Dich nur wieder zu umfangen,
Will ich, wenn die Welt vergangen,
Noch so rüstig auferstehn!

— — —

Ach Gott, mein Gott, erbarme dich!
Was Gott? Was mein? und was er-
    barme?
Die Schickung peitscht die ausge-
    streckten Arme

Und über mich
Und über mich allein
Kommt weder Tau noch Sonnen-
    schein,
Der doch sonst auf der Erden
Auf Gut und Böse fällt.
Die ganze Welt
Bemüht sich, meine Last zu werden.
Von außen drängt mich Haß und
    Wut,
Von innen Angst und Blut;
Und dieses soll kein Ende nehmen!
Ich will mich oft zu Tode grämen,
Und wenn ich will, so kann ich nicht,
Dieweil mir das Verhängnis
In allen Wünschen widerspricht —
Verdammter Schluß,
Durch den ich leben soll und muß,
Wo dieses ja ein Leben ist,
Wenn Sturm und Not
Uns täglich schärfer droht
Und Schmach und Schmerz das Herze
    frißt.

Nun kommen die zwei letzten unseligen Jahre, die immer neuen, vergeblichen Versöhnungsversuche mit dem Vater, die Heimatlosigkeit, die Flucht von Stadt zu Stadt, die körperliche Entkräftung: „Sklaven auf den Ruderbänken — Wechseln doch mit Müh und Ruh — Dies mein unaufhörlich Kränken — Läßt mir keinen Schlummer zu." Er fühlt seinen Tod nahen, sein Leben zerronnen, er sieht seine Neider und Feinde mit Fingern auf sich zeigen, er hört das harte Wort, das sein Vater nach seinem Tode schrieb, voraus, daß er „suae sinistrae faber", selber seines Glückes Schmied, seines Unterganges selber Schuld gewesen sei. Und immer wieder drängt es ihn zur ehrlichen Rechtfertigung, zur Selbstbehauptung:

> Ich such an mir ja nicht die Fehler zu beschönen,
> Sie bleiben, was sie sind, an allen wie an mir.
> Nur dies verlangt mein Herz, ihr sollt nicht spöttisch richten:
> Ich bin ein Mensch wie ihr!

Sein Verhältnis zu Gott aber wird immer näher, schmerzlicher, hingebender. Die ganze Tiefe seiner kindlichen Seele, seine ganze Leidenschaft wirft er hier hinein. Wie ein Sterbeseufzer vom Kreuzweg seines Lebens folgen und erschüttern uns ein paar Strophen seiner letzten Tage:

> Dein armer Dichter kommt schon wieder
> Und fällt mit seiner Bürde nieder
> Und sieht dich, weil er sonst nichts kann,
> Mit Augen voller Schwermut an.
>
> Er hat kein Blut mehr zu den Tränen
> Und kann vor Schwachheit nicht mehr schrein —
> Mein Heiland laß das stumme Sehnen
> Ein Opfer um Erbarmung sein!

BROCKES

Augenlust, Fleischeslust, Hoffart des Lebens heißen lange dem Christentum der Quell aller Laster. Abtötung der Sinne ist sein höchstes Gebot. Und niemand konnte es hierin so innerst unterstützen wie die Mystik, niemand predigte lauter als sie die Abkehr der Sinne, die Abgestorbenheit des Geistes: „Dein eigen Hören, Wollen und Sehen verhindert dich, daß du Gott nicht siehst noch hörest." (Jakob Böhme.) Einzig der mystischen Sinnlichkeit, dieser Einen Äußerung der Sinne, gab

54

sie Einlaß, aber nur als einem Symbol und Mittel, als einer Vorstufe zur übersinnlichen Anschauung.

Diese Unterdrückung der Sinne, die anderthalb Jahrtausend Europa beherrscht hatte, war schwer zu lösen und nur langsam in ihren Folgen zu verwinden, am schwersten in Deutschland. In Italien hatte die Renaissance zur Bewunderung der Natur, ihres unendlichen All-Lebens, zur Anschauung Gottes im Universum aufgerufen. England hatte sich nach seiner frühen staatlichen und sozialen Ordnung den ihm ja eigentümlichen praktischen Neigungen lebendig zugewandt, die Herrschaft der exakten Naturwissenschaft, der systematischen Beobachtung und des Experiments proklamiert. In Deutschland sind die Probleme des sittlichen und religiösen Lebens der Inhalt des neuen Denkens. Auch den Protestantismus beschäftigt der metaphysische Trieb zu sehr, als daß er die Natur und Sinnenwelt lebhafter beachtet und wieder in ihre Rechte eingesetzt hätte. Der Orthodoxismus, der die deutsche Gelehrsamkeit des 17. Jahrhunderts beherrschte, erging sich in dialektischen Spitzfindigkeiten. Vereinzelt nur wußte sich die Erfahrung und Naturwissenschaft in Deutschland durchzusetzen. Und es ist bemerkenswert, daß ihr bedeutendster Anwalt, Joachim Jungius (1587—1657), ein Hamburger war, ein Sohn jener Gegend, die den Engländern in der Neigung zur nüchternen Beobachtung und praktischen Betätigung innerst verwandt ist. Leibniz erst vermochte die Bedeutung der Naturwissenschaften, die Forderungen der Außenwelt den Wahrheiten der Vernunft, den Forderungen der Innenwelt zu einen und zu versöhnen. In seinem System erst finden die Werte der Erfahrung und damit die Sinne ihre erste Anerkennung und Befreiung.

In der deutschen Dichtung setzt sie später ein. Günthers Leben spielt sich noch fast ganz im Innern ab. Die Außenwelt an sich ist ihm ohne Bedeutung, seine Naturanschauung ist eng und überliefert. Spee war der einzige, der bislang ein persönliches Verhältnis zur Natur gefunden, seine allumfassende Liebe hatte ihn heller sehen, schärfer hören gemacht. Aber dieses Verhältnis war naiv und unbewußt geblieben und darum unbeachtet vergangen. Sollte das neue Verhältnis zur Außenwelt, die Befreiung der Sinne deutlich und allgemein werden — und es mußte allgemein werden, um die Freiheit und Vollendung der Persönlichkeit, gerade der künstlerischen Persönlichkeit allseits zu ermöglichen — so konnte dies nur geschehen, indem auch hier die Entwicklung sich zu letzten Gegensätzen auseinanderlegte und der früheren spekulativen, metaphysisch bestimmten Generation, dem Innenmenschen, einseitig und unübersehbar den Sinnenmenschen gegenüberstellte.

Dieser Sinnenmensch wurde der deutschen Lyrik in dem Hamburger Ratsherrn Barthold Heinrich Brockes (1680 bis 1747).

„Der Mensch hätte vielleicht noch immer ebenso feine Sinne wie das Tier, wenn das Denken ihn nicht von der Außenwelt abzöge", sagt Hebbel in seinen Tagebüchern. Barthold Heinrich Brockes ist eine völlig unproblematische Natur, ihn zieht kein grübelnder Gedanke von der Außenwelt fort. All sein Wesen strebt nach außen, verharrt außen. Die Außendinge werden ihm nicht zum Symbol, zum Anreiz, der innere Vorgänge auslöst. Selbst die geschlechtliche Sinnlichkeit, diese einzige Äußerung der Sinne, die der Poesie seiner Zeit vertraut war, ist ihm in ihren reizvoll unruhigen, leidenschaftlichen Möglichkeiten fremd. Auch sie kennt er nur als äußeren Sinnenvorgang, als wohlgeordnete, erfreuliche Naturerscheinung: „Und kann ich öffentlich bekennen, daß ich nimmer mit einer Weibespersohn so wenig auf Universitäten als Reisen mich völlig gemein gemacht, bin auch desfals der Meinung, daß ich durch diese meine Enthaltung nicht allein vor vielen, fast unvermeidlichen Verdrießlichkeiten und Gefahr bin gesichert geblieben, sondern daß Gott, wiewohl außer allem meinem Verdienst und blos aus Gnaden, anstatt des verbotenen und schändlichen Vergnügens mir ein 1000faches Vergnügen in einer glücklichen und mit vielen gesunden Kindern gesegneten Ehe bescheret, wovor ich seiner Barmherzigkeit nie genug danken kann." In seinem hohen Lied auf die fünf Sinne formuliert sich diese Auffassung dankbar und behaglich: „Wie oftmals haben dich — Die herzerquickenden Vermehrungstriebe — Die seltsam-süße Lust vergönnter Liebe — In unausdrückliche, beliebte Lust gesetzt!" Aber diese völlige Freiheit von innerer Unruhe hat den Sinnen B. H. Brockes eine Steigerung vergönnt, die erstaunlich und für die Entwicklung lyrischer Anschaulichkeit von Bedeutung ist.

Brockes war ein ungewöhnlich großer und kräftiger Mensch. Einem seiner Bekannten, der in der Betrunkenheit ein Glas Bier nach ihm gegossen, setzte er durch eine einzige Ohrfeige so zu, daß man ihn für tot liegen ließ. Sein Leben verfloß in der wohlgegründeten Behaglichkeit und Folgerichtigkeit eines Hamburger Bürgers. Er zeugte zwölf Kinder und schrieb zwölf Bücher. Daß er einige Male mit der Karosse umgeschlagen, daß er einmal beinahe verführt worden wäre, sind die einzigen aufregenden Begebenheiten. Seine geruhige Tätigkeit bestand in der Verwaltung einiger städtischer Ehrenämter. Pünktlich wie in der Erledigung aller Obliegenheiten war er auch in der Verfertigung seiner Gedichte. Bei früher Morgenzeit im Garten verfaßte er seine weltlichen Gedichte, „die Verfertigung der geistlichen Gedichte hat er zu seiner ordentlichen Sonntagsarbeit ausgesetzt". So schrieb er langsam und unermüdlich die fünftausend Seiten seines „Irdischen Vergnügens in Gott". Die naive Sicherheit seines Sinnenlebens zeigt sich darin, daß von der Welt nur das für ihn existiert, was unmittelbar auf sein persönliches Wohlergehen Bezug hat. Er reist nach Venedig, nach Rom und weiß nicht viel mehr zu berichten, als wo ihm das Geld ausgeht. In der Natur sind es nicht die erhabenen Erscheinungen, nicht die großen Zusammenhänge, die er sucht und empfindet — die sind das Erzeugnis des verbindenden, einheitlichen Geistes —, dieser Sinnenmensch empfindet stets das Einzelne, das Nächste, das Gegebene. Aber wie empfindet er es! Fühlen, Riechen, Schmecken, Hören, Sehen haben bei ihm eine religiöse Bedeutung:

> Der beste Gottesdienst ist sonder Zweifel der,
> Wenn man vergnüget schmeckt, recht fühlt, riecht, sieht und höret.

All seine Sinne sind wach und hungrig, wenn er im Garten geht oder vor den Toren Hamburgs lustwandelt. Er schmeckt, riecht, sieht und hört Dinge, die man nicht nur vor ihm niemals wahrgenommen, die auch nach ihm wenig Menschen so gründlich spüren konnten. Im Frühling schmeckt seine „aufmerksame Zunge die Süßigkeit der balsamierten Luft". Wenn er im Herbst durch die Gärten geht, so schmeckt er den Saft der Trauben, der Äpfel und Birnen, da sie noch an den Bäumen hängen. Im Winter scheinen ihm die Hagebutten im Schnee kandierten Kirschen gleich. Und als er seinen fünfundsechzigsten Geburtstag feiert, scheint ihm dies die bemerkenswerteste, erfreulichste Erinnerung und Summe seines Lebens, daß Gott ihn während der verflossenen vierundsechzig Jahre „zur Lust und Nahrung" 46000 noch 720mal gespeiset hat. — Seine Nase weiß den Duft der Veilchen zu zerlegen in „Duft und Kraft von Honig, Mandelmilch, Most, Pfirsichkern, Zimmetrinden". Wenn er des Abends das Fenster nach dem Garten öffnet, so weiß er aus den einströmenden Düften die Blumenarten zu bestimmen. Und: „Sobald sie den Geruch der frischen Rosen spüret, dann dehnt sich die gewölbte Brust — So weit ihr möglich aus, um diese süße Lust — Nicht anderweitig hinzulassen — Nein sie womöglich ganz zu fassen." — Sein Ohr ist so scharf, daß es die Laute der Natur in ihren leisesten Äußerungen zu vernehmen und unterscheiden weiß:

> Wie hell, wie angenehm, wie schöne,
> Wie süß, wie lieblich klinget nicht,
> Das lispelnde Geräusch und rieselnde Getöne,
> Das aus der kühlen Flut mit hohlem Gurgeln bricht,
> Wann mit dem murmelnden Geklatsch ihr flüsternd Zischen
> Des leicht bewegten Schilfs gespitzte Blätter mischen.

Seine Lieder auf die Nachtigall zeigen eine unermüdliche Mannigfaltigkeit der Klangfarben und Wortbildungen. Die Geräusche des Winters gibt er neu und reich und anschaulich:

> Wie hat es diese Nacht gereift!
> Mein Gott, wie grimmig stark muß es gefroren haben,
> Wie schwirrt und schreit, wie knirrt und pfeift
> Der Schnee bei jedem Tritt! Mit den jetzt trägen Naben
> Knarrt, stockt und schleppt der Räder starres Rund,
> Ja weigert gleichsam sich, den kalten Grund
> Wie sonst im Drehen zu berühren.

Am erstaunlichsten aber sind Reichtum und Spürkraft seiner Augen. Sein „nie satt Gesicht" sieht nicht nur eine unerhörte Mannigfaltigkeit und Stufenreihe der Farben, es verliert sich spähend und lustvoll in die immer neuen Wirkungen des Lichts, in das bewegliche Spiel von Licht und Schatten. Sogar die verschiedenen Farben: das Grün, das Braun, das Gold des Schattens weiß es wahrzunehmen. Ein Gedicht schildert uns Kirschblüten im Mondenlicht, eines blaue Trauben in heißer Sonne, eines die rötlich-gelben Schalen der Äpfel im einfallenden Licht, eines die Wirkung des Sonnenlichtes auf Schnee

und Eis. Das „wandelbare Grün" auf dem Rücken eines Gold-
käfers erfreut und beschäftigt ihn.

Diese Lust und Gewalt der Sinne vermag sich ja künstlerisch noch nicht recht umzusetzen. Brockes muß das Material noch zu sehr herbeiholen, um es übersehen, auswählen und
frei beherrschen zu können. Aber da und dort gelingt es ihm
doch, den letzten Ausdruck zu finden. Den Augenblick vor
einem Gewitter nach einer langen Zeit der Schwüle schildert
er unübertrefflich:

> — — —
> Bis endlich sich einmal bei schwülen Mittagsstunden
> Ein kleines Wölkchen zeigt' und in dem Augenblick
> Sich auszuspannen schien. Die Luft ward plötzlich dick,
> Das Licht ward allgemach vom Schatten überwunden,
> Es stiegen Nebel, Duft und Wolken in die Höh,
> Des Tages Gold erbleicht', es schwand das heitre Blau,
> Die dicke trübe Luft beschattete die See;
> Die Bäche schienen schwarz, die Flüsse braun und falbe,
> Der ganze Luftkreis ward von Duft und Regen schwer,
> Kein Vogel war zu sehn, die auch schon scheue Schwalbe
> Schoß nur allein, jedoch ganz niedrig hin und her;
> Es ließ, als wollte sie in Erd und Flut vor Schrecken
> Vor dem, was in der Luft ihr drohte, sich verstecken.
> Solch eine Stille füllt und druckte recht die Welt,
> Daß man — wie sich kein Blatt, kein Kraut vor Schrecken rührte —
> Vor Furcht selbst unbewegt mit starren Augen spürte.

Brockes Verehrung der Sinne steigert sich bis zum Fanatis-
mus — wenn man bei der Nüchternheit seines Wesens dieses
Wort gebrauchen darf. Er kennt nur Ein Laster: die Sinne
vernachlässigen. Und jenem, der vor Geiz und Stolz — hier
reizen ihn die Hamburger Geschäftsleute — nicht dazu kommt,
den Sinnen genug zu tun, dem sagt er grimmig, „daß du ein
Atheist, ein Vieh, ein Klotz, ein Fels, ja noch was Gröbers
bist". In einem Ausbruch sinnlicher Ergriffenheit fordert er
alle Dichter seiner Zeit namentlich auf, einzustimmen in sein
hohes Lied auf den Genuß der Sinne, den Reichtum der Natur: „Besingt in höhrem Ton als ich die Pracht der Erden."
Ja, er geht weiter, er scheut nicht vor der letzten Steigerung
zurück:

> Wenn wir unsern Leib von innen
> Mit Aufmerksamkeit besehn,
> Spüren wir, daß für die Sinnen
> Alle Wirkungen geschehn.

Aller dieser Eingeweide	Denn die uns verborgnen Säfte
Unerforschliche Natur	Geben unsren Sinnen Kräfte,
Zielet auf des Körpers Freude,	Und ihr Endzweck ist allein,
Dienet den fünf Sinnen nur.	Daß die Sinne sinnlich sein.

Es gewinnt den Anschein, daß nicht unseretwegen die Sinne, daß wir allein der Sinne wegen da sind. Die Sinne sind der Endpunkt alles Menschlichen. Sie sind mehr. Brockes sucht die letzte Höhe der Möglichkeiten: Die Sinne werden ihm zum Weltzweck:

> Ja, wenn wir es wol überlegen,
> So finden wir, daß auf der Welt
> Fast alles unsrer Sinne wegen
> Gemacht sey und uns vorgestellt,
> Daß selbst die Luft, das Licht, die Erde
> Ein Werkzeug unsrer Sinne werde.

— — —

> Daß aller Pflanzen, aller Tiere
> Kunstreiche Körper fast allein,
> Damit man sehe, schmecke, spüre,
> Auch hör und fühl, erschaffen seyn.

Brockes hat sich für einen vollendeten Christen gehalten. Er dachte gar nicht daran, daß sein Evangelium der Sinne mit dem alten Sinnenhaß des Christentums in Widerspruch stehe, um wieviel weniger, daß er sich offen zu ihm in Widerspruch stellen müsse. Die Gewalt weltanschaulicher Gegensätze in sich zu empfinden und auszufechten, war gewiß nicht seine Sache. So traf es sich besonders glücklich für ihn, daß die Philosophie seiner Zeit ihm eine Möglichkeit schuf, seine Sinnenfreude mit dem Christentum zu vereinigen, ja scheinbar ganz in den Dienst des Christentums zu stellen. Die anthropologische Teleologie der Wolffschen Schule hatte die erhabene Anschauung Leibniz' von der Harmonie und Vollkommenheit des Universums, den Gedanken der immanenten Zweckmäßigkeit verengt und erniedrigt. Ihr konnte Gott die Welt zu keinem anderen Zweck geschaffen haben, als um sich von intelligenten Wesen bewundern zu lassen, und die Welt konnte nichts Höheres tun, als diesem Wesen, dem Menschen, zur Bewunderung Anlaß zu geben. Wie herrlich doch alles zum Nutzen des Menschen eingerichtet sei, das zu beweisen, war die Aufgabe der Religionsphilosophie. Und das war ja in gewissem Sinne auch die Aufgabe, die sich Brockes gestellt hatte. Diese Zielgemeinschaft mußte ihn von Anfang an fesseln. Und so finden wir denn auch kein Gedicht, in dem nicht das Lob der Sinnenwelt in ein Lob des Schöpfers ausklänge. In diesem Sinne ist das ganze „Irdische Vergnügen in Gott" ein einziger physiko-theologischer Beweis. Aber man soll sich doch dadurch nicht täuschen lassen: In Wirklichkeit ist Brockes, diesem Sinnenmenschen, alles Übersinnliche von Herzen gleichgültig. Die Geschöpfe sind es, worauf es ihm ankommt, die Geschöpfe als Gegenstand seiner Sinne. Und der Schöpfer kommt für ihn nur so weit in Betracht, als etwa dem Feinschmecker bei einer guten Tafel auch der Koch in den Sinn kommt: ein wohlwollender Dank für den Koch und die beruhigende Gewißheit, daß der Koch fest engagiert ist und immer neu für gleiche Genüsse sorgen wird. So trifft Brockes das Wesen seines Gottes am vorzüglichsten, da er ihn „den großen Speisemeister" nennt. Und sein Gebet und Andacht trägt diesen Charakter:

Wenn wir Durst und Hunger stillen,	Wenn den Mund die Pfirsich füllet,
Wenn uns Früchte, Fleisch und Fische	Und den Durst mit Anmut stillet,
Jeden Mittag unsre Tische	Daß die Zung in Honig schwimmt,
Uns zur Lust und Nahrung füllen;	Ach! so schätzt es nicht geringe!
Preist und rühmet unsern Gott,	Dankt dem Schöpfer aller Dinge,
Dankt dem Herrscher Zebaoth! — —	Der euch so viel Guts bestimmt. — —

> So oft ihr schöne Frücht erblickt, riecht fühlt und schmecket,
> So schmeckt und sehet doch, wie freundlich Gott der Herr!

Er ist ein vorzüglicher Speisemeister, dieser Herrgott, im Frühling schickt er die jungen Gemüse und im Herbst die Krammetsvögel. Und darum ziemt es sich wohl, daß man gleich im Morgengebet — mit einem leisen Zungenschnalzen — sich seiner erinnert:

> Drum gieb, o guter Gott, daß wenn wir Obst heut essen,
> Wir, daß es deine Gab und Huld, mit Dank ermessen.

Genau im Einklang mit dieser Auffassung Gottes steht Brockes' Auffassung der Ewigkeit: Hier besitzen wir nur fünf Sinne. Und welche Quelle unsagbaren Vergnügens gewähren sie uns! In der Ewigkeit aber werden wir wahrscheinlich mehr, viel mehr, vielleicht tausend Sinne besitzen! Und welche Wollust wird uns dann erst zugänglich sein:

Ja, wer weiß, wann wir verkläret	Uns in jenem selgen Leben
Durch den Tod ins Leben gehn,	Andre Sinnen noch zu geben,
Was alsdann uns widerfähret,	Und zwar immer mehr und mehr
Ob uns Gott nicht ausersehn,	Zur Vermehrung seiner Ehr.

Wer weiß, ob fünf genug zu der Erkenntnis seyn,
Die nöthig, der Natur Geheimnis zu ergründen,
Und ob nicht tausend Ahrt von Sinnen noch zu finden,
Die uns hier unbekannt und die uns künftighin
Noch vorbehalten sind?

Diese Weltanschauung der Sinne, diese Andacht der Außenwelt läßt Brockes nicht in einer bloßen Beschreibung und subjektiven Bewunderung der sinnlichen Welt verharren, sie macht ihn zu ihrem uneingeschränkten Anwalt und Verteidiger. Sie drängt ihn, alles Gegebene zu bejahen: Alles, was ist, ist herrlich, das heißt: unseren Sinnen nützlich! Durch alle Reiche der Natur dichtet er sich hindurch und beweist vom Reich der Metalle, der Steine, der Erdarten, der Pflanzen, der Tiere, daß sie nichts enthalten, das nicht irgendwie unseren Sinnen nützlich und darum bejahenswert sei. Nutzen und Schaden werden gründlich und nüchtern aufgezählt und abgewogen, und trotz aller Schwierigkeiten weiß er zuletzt doch stets die Notwendigkeit und Nützlichkeit herauszuklauben. Auch die Krankheiten werden bei ihm „eine bewunderungswürdige Erfindung", und selbst der Tod ist eine gute Sache: „Bloß allein vom Leben nur — Ist der Tod ein Gegensatz, aber nicht von der Natur". Den Sechzigjährigen drängt es, sich und aller Welt zu beweisen und zu „zeigen, daß fast jedermann — Nach einem irdischen Vergnügen zuletzt vergnügt auch sterben kann".

Das ist die Religion dieses Sinnenmenschen. Alle theologischen Probleme sind ihm im Grunde gleichgültig. Und darum ist es nicht weiter wunderlich, daß er im weitesten Sinne tolerant ist, so tolerant, daß Hermann Samuel Reimarus ihn in den engen Kreis seiner Vertrauten ziehen und ihm seine „Abhandlungen über die vornehmsten Wahrheiten der natürlichen Religion" im Manuskript mitteilen konnte. Gewiß, ihm mußte alles Gezänk der Orthodoxen widerwärtig sein, nicht, weil er eine Stellung über, sondern außerhalb von ihnen hatte. Diese theoretischen Streitigkeiten banden den Menschen und hielten ihn von der einzig wichtigen Pflege und Verehrung der Sinne zurück.

In dieser Einseitigkeit des Sinnenmenschen aber wurde Brockes der Entwicklung der Persönlichkeit und der deutschen Lyrik bedeutsam. Hatte Günthers Leben dem Deutschland seiner Zeit zugerufen: „Dein Herz ist tot!" so galt ihm Brockes'

Weckruf: „Dein Sinn ist zu!" In der Befreiung der Sinne, der Erweckung der künstlerischen Anschaulichkeit, in der liebenden Entdeckung und Bejahung der Natur liegt Brockes' Bedeutung. Und auch stilistisch hat er gleich Günther durch die Abkehr vom Alexandriner, durch die Mannigfaltigkeit und Gelöstheit seiner Versmaße — die an das Rezitativ der Oratorien anknüpfen —, durch den Reichtum seiner Worte und Wortbildungen befreiend gewirkt.

HALLER

Angelus Silesius hatte der deutschen Lyrik den Innenmenschen gegeben, Brockes den Sinnenmenschen. In Albrecht von Haller (1708—1777) zeigt sich der erste Versuch, diese Gegensätze zu umspannen und zusammenzubiegen. Er sucht die Sinnenwelt in der Idee zu läutern und zu beseelen, er sucht die Ideenwelt zu veranschaulichen, zu verwirklichen in Bildern der Sinnlichkeit. Und wenn schon Silesius und Brockes gerade in ihrer Einseitigkeit nicht ohne eine bedingte Größe gewesen, so ist die Art, wie Haller seine Aufgabe faßt, von einem Ernst, einer strengen Erhabenheit, die uns auch heute noch zur Achtung zwingt.

Es gibt wenig Erscheinungen in der deutschen Lyrik, die auf Jahrzehnte hinaus solche Wirkung übten wie Hallers Gedichte. Und es waren die genialsten Geister, die diese Wirkung spürten. Kant nennt Haller „den erhabensten unter den deutschen Dichtern". Schiller, der in seinen ersten philosophischen Gedichten sichtlich von Haller beeinflußt ist, nennt ihn „groß, kühn, feurig, erhaben". Goethe rühmt Hallers „Alpen", „das große und ernste Gedicht" als „den Anfang einer nationalen Poesie".

Haller kannte die Werke von Opitz, Brockes und Günther. Stärker wurde seine Jugend vom rhetorischen Pathos Lohensteins gefangen genommen. Aber seine Natur war zu echt und ernst, um lange in diesem Bann zu bleiben. Homer, Horaz, Ovid, Virgil, die ihm mit zwölf Jahren schon innerst vertraut waren, hatten das Ideal des Wahrhaft-Großen streng und unverrückbar in ihm aufgestellt: „Homer war mein Roman im zwölften Jahre." „Ich sah zumal in Virgil eine Erhabenheit, die sich niemals herunterließ, wie ein Adler in der oberen Luft schwebete." Und schon im zwanzigsten Jahre, nachdem er die früheren Versuche fast alle als jugendlich unreif dem Feuer übergeben, gelingt ihm das ernste Gedicht, das seinem Namen am innersten verknüpft ist: Die Alpen.

Es war die Lebensaufgabe des großen Biologen, die Natur zu suchen und in der Einheit der Idee der Wissenschaft zugänglich zu machen. Diesem Weg folgt seine Dichtung, die bei Gelegenheit einer botanischen Studienreise entstand. Auch hier versucht er im größten Sinne die Natur unter die Einheit der Idee zu stellen.

Wenn früher die Landschaft gewürdigt worden, so war es die idyllische Landschaft, der Frieden der Ebene, die Anmut der Wiesen, die Einfalt des Hirtenlebens. Was Brockes als Natur empfunden hatte, war die Zufälligkeit des Kleinen, des Einzelnen, des Täglich-Gegebenen. Haller trieb es zu großen Linien, zu letzten Formen, zu erhabenen Bildern. Der Ernst seines Wesens suchte das Gewaltigste, das die Natur zu geben vermochte: Die Alpen. In großen, zehnzeiligen Strophen sucht er die Bilder, die seinem Auge geworden, festzuhalten. Darstellungen umfassender Gesamteindrücke wechseln mit liebevoll gemalten Einzelschilderungen. Und mindestens in einer Strophe gelingt es ihm, seiner Naturanschauung Gestalt zu geben:

> Hier zeigt ein steiler Berg die mauergleichen Spitzen,
> Ein Waldstrom eilt dadurch und stürzet Fall auf Fall.
> Der dickbeschäumte Fluß dringt durch der Felsen Ritzen
> Und schießt mit jäher Kraft weit über ihren Wall.
> Das dünne Wasser teilt des tiefen Falles Eile,
> In der verdickten Luft schwebt ein bewegtes Grau,
> Ein Regenbogen strahlt durch die zerstäubten Teile
> Und das entfernte Tal trinkt ein beständig Tau.
> Die Gemsen sehn erstaunt im Himmel Ströme fließen,
> Die Wolken überm Kopf und Wolken untern Füßen.

Aber diese Schilderungen sind kein letzter Zweck, sie sind ein Gehalt, dem der Geist seine Form eindrückt, ein Symbol, das die Idee verdeutlicht: Die Größe und Reinheit der Alpen, die sich in Leben und Sitten ihrer Bewohner wiederfindet, ist ein Spiegel, der dem Geiste der Zeit vorgehalten wird. An dieser inneren Reinheit und schlichten Größe, dieser Einfachheit und Geschlossenheit wird die Verderbtheit der Zeit, ihre Hohlheit und Weichlichkeit gemessen und verworfen. Zum ersten Male wird hier — nicht ohne Einflüsse Ludwig von Muralts — der erschlaffte Geist zur Natur zurückgewiesen.

Kurz nach Vollendung der „Alpen" begann Haller seine Ideendichtungen: Gedanken über Vernunft, Aberglauben und Unglauben — Die Falschheit menschlicher Tugenden — Über den Ursprung des Übels — Fragment über die Ewigkeit. Auch hier zielt sein großer Wille nach den höchsten Gipfeln. Nicht, daß er sich der freien Unermeßlichkeit der Spekulation zuwendet: Die spekulative Philosophie war und blieb seinem Wesen fremd. Seine innere Schwere hinderte ihn, ihrem freien Flug zu folgen. Die Natur, die „wohlgegründete, dauernde Erde" war seines Geistes Feld, in ihr lernend, prüfend, ordnend zu verweilen, seine sichere Aufgabe. Mit dem ganzen Mißtrauen des Naturforschers, mit nüchterner Überlegenheit blickt er auf Descartes' naturwissenschaftliche Spekulationen: „Nachdem einmal René Descartes auf eine mechanische Weise die Bildung und den Bau der Welt ausgelegt und sich die Freiheit genommen hatte, solche Figuren den kleinsten Teilen der Materien zu geben und ihnen solche Arten von Bewegung mitzuteilen, wie er sie zu seinen Erklärungen nötig hatte, so sah ganz Europa diese schöpferische Gewalt als ein unzertrennliches Vorrecht eines Weltweisen an; man baute Welten, man verfertigte Elemente, Wirbel und Schrauben, und meinte, dem gemeinen Besten ausnehmend gedient zu haben, wenn die wirklichen Begebenheiten in der Natur sich nur einigermaßen durch den angeblichen Bau erklären ließen, den man für sie ausgesonnen hatte ... Aber dieser Gebrauch dauerte nicht so lange als die faulen Naturlehrer wohl gewünscht hätten ... Bequemere Sternrohre, rundere Glastropfen, richtigere Abteilungen eines Zolles, Spritzen und Wasser taten mehr als der Vater der Ordnung Aristoteles, als der gelehrte Gassendi." (Vorrede zum ersten Teil von Buffons Allgemeiner Historie der Natur.) Hallers philosophische Interessen lagen mehr auf moralischem als auf spekulativem, dogmatischem Gebiete. Da ist sein Blick von eigner Klarheit und Schärfe, im „Ursprung des Übels", dem mehr spekulativen seiner Gedichte ist er ganz an Leibniz und die religiösen Anschauungen der Aufklärung gebunden. — Aber wo immer er eine Idee dichterisch aufnimmt, da sind es ernste und letzte Probleme seines Lebens und seiner Zeit.

Die Art des Lehrgedichtes war Haller in Basel näher gerückt worden. Der berühmte Mathematiker Bernoulli, Stähelin, der Professor der Physik und der Dichter Drollinger hatten ihn gegenüber dem Unvermögen der deutschen Dichtkunst auf die Poesie der Engländer verwiesen. Schon Brockes war durch die englische Dichtung gefördert, er selber hatte Thomsons Jahreszeiten übersetzt. Nun sind es Shaftesbury und Pope, die Haller bestimmen. Von ihnen, gesteht er, „habe er die Liebe zum Denken und den Vorzug der schweren Dichtkunst angenommen". Aber wenn Pope in Sprache und Gliederung bei weitem leichter und sicherer, eleganter ist, ihm fehlt der ringende Ernst, die grübelnde Schwere, die Haller in das Dunkel der Probleme drängen. Es fehlt ihm auch die Wucht der Naturbilder, in denen Haller die Idee zu veranschaulichen sucht. Denn das ist Hallers Streben: Hatte er in den „Alpen" die Natur durch die Idee verinnerlicht, so soll hier die Idee durch die Natur veranschaulicht werden. Die Betrachtungen über die Grenzen des menschlichen Verstandes, über den Gegensatz von Wissenschaft und Offenbarung, über die Falschheit menschlicher Tugenden, über den Ursprung des Übels, über Willensfreiheit sind ihrer Abstraktheit enthoben, indem sie durch besondere Einleitungs- oder Zwischenszenen unmittelbar mit der Natur verknüpft werden. Der Ursprung des Übels ist nicht als abstraktes Problem vorhanden, die Betrachtungen darüber erwachsen aus der Stimmung, der Landschaft, dem Augenblick: Hoch vom Gurten sieht der Dichter auf die weitgeöffnete Welt. Lang und mit Liebe verweilt er in ihr. Berg und Strom, Wald und Wiese ergötzen ihn im Frieden des Abendlichts. Deutlicher fühlte er niemals, wie alles „die Spur des höchsten Gutes trägt". Und doch ist dies die Welt, die man zum Kerker macht, der Schauplatz unserer Not: „Ich seh die innere Welt, sie ist der Hölle gleich: Wo Qual und Laster herrscht, ist da wohl Gottes Reich?" So ist die Schwere des Problems wie unabsichtlich herangeführt und anschaulich geworden. Ähnlich verfährt Haller in seinem „Unvollkommenen Gedicht über die Ewigkeit". Der Tod eines Freundes wird zum Anlaß genommen, um den Gedankengang zu rechtfertigen, zu verlebendigen. Aber das genügt ihm nicht. Auch diesmal bildet er die Idee in einer ähnlichen Naturstimmung vor:

> Ihr Wälder, wo kein Licht durch finstre Tannen strahlt,
> Und sich in jedem Busch die Nacht des Grabes malt;

> Ihr hohlen Felsen dort, wo im Gesträuch verirret
> Ein trauriges Geschwärm einsamer Vögel schwirret;
> Ihr Bäche, die ihr matt in dürren Angern fließt
> Und den verlornen Strom in öde Sümpfe gießt;
> Erstorbenes Gefild und grausenvolle Gründe,
> O daß ich doch bei euch des Todes Farben fünde!

Die Schauer dieser Landschaft führen die dunklen Gedanken an ewige Rätsel von selber herauf.

Wie aber kommt es, daß Haller trotz der Erhabenheit seines Wollens, trotz der Sicherheit seiner Einsicht diese Verbindung von Sinnlichkeit und Idee nicht erreicht hat, daß seine Gedichte uns nicht mehr lebendig sind, daß wir sie im üblen Sinne als Lehrgedichte empfinden, daß wir scharf und nachdrücklich Schillers Urteil wiederholen, Haller lehre mehr als er darstelle? Wir stoßen auf ein Problem, das gerade hier besonders groß sich aufdrängt, weil Haller nach den äußersten Polen der Sinnlichkeit, der Idee gegriffen, um sie zusammenzuzwingen. Leicht können wir feststellen, daß er sie nur nebeneinander, nicht ineinander gezwungen hat. Wir können darauf hinweisen, daß diese restlose Vereinigung nicht in der Erkenntnis möglich ist, sondern nur im Erlebnis. Aber dann steht die Frage vor uns: Was ist denn Erlebnis? Ist es das einzelne, außergewöhnliche Ereignis im Leben des Künstlers? Gewiß nicht, denn wir wissen, daß ein Dichter z. B. von den Empfindungen eines Mörders tiefer und notwendiger Rechenschaft zu geben weiß als der Mörder selber. Es ist nicht das einzelne Erlebnis, sondern das gesamte Erleben des Künstlers, um das es sich handelt. Und hier liegt der letzte Grund: Hallers Leben und Erleben war nicht das des Künstlers, sondern das des Gelehrten.

Schon einmal sind wir dem Gelehrten in der deutschen Lyrik begegnet. Eine ganze Zeit und Richtung haben wir als Gelehrtenpoesie begriffen. Aber man würde Haller unrecht tun, wenn man ihn diesen Herren an die Seite stellte. Das waren doch im höchsten Sinne weder Gelehrte noch Dichter. Unselbständige Übergangserscheinungen waren es, bestimmt, aufzunehmen, zu vermitteln, vorzubereiten. In Haller aber steht ein Gelehrter vor uns von überragender Bedeutung, ein Mann, der ein Jahrzehnt vielleicht die größte geistige Macht seiner Zeit darstellte. Nur einige Titel seiner Werke tauchen vor uns auf: Der sechsbändige Kommentar zu Boerhaves Vorlesungen, sein großes Werk über die Pflanzen der Schweiz, seine berühmten anatomischen Tafeln, seine Grundzüge der Physiologie, seine umfassenden Sammelwerke: Bibliotheca botanica, Bibliotheca anatomica, Bibliotheca medicinae practicae. Dazu kommt seine ungeheure Tätigkeit als Rezensent. Er soll nicht weniger als 12 000 Rezensionen geschrieben haben. Und diese Rezensionen erstreckten sich nicht bloß auf die zunächst liegenden Gebiete der medizinischen Wissenschaft, sie suchten alle Gebiete menschlichen Wissens: die philosophische, die theologische, die historische Literatur der Zeit, die mathematische und physikalische, die geographische und die Reiseliteratur, die drängenden Massen der „schönen Literatur" hat Haller seinem Urteil unterworfen. Wir können wohl mit Herder von ihm sagen, daß er „eine Alpenlast der Gelehrsamkeit auf sich trug". Man mag fragen, wann solch ein Mann die Zeit fand, seine Gedichte zu schreiben? Er gibt selber darüber Auskunft: „in den Nebenstunden vieler Monate" — „da ich mich von einer Krankheit langsam erholte und zu keiner andern Arbeit noch die Kräfte hatte" — „auch eben in einer Krankheit, die mich eine Zeitlang vom Arbeiten abhielt". Mit dreißig Jahren hört Haller zu dichten auf. Warum? Man möchte antworten: weil er keine Zeit mehr hatte. Aber dann fällt uns ein, daß alles Dichten und Gestalten des Künstlers nicht von seinem Willen abhängt, daß es wie das Atemholen eine Funktion seines Lebens ist. Goethes Wort fällt uns ein: „Die Gedichte machten mich, nicht ich sie." Wir kommen an einer tieferen, grundsätzlichen Auseinandersetzung nicht vorbei.

Die Aufgabe des Gelehrten ist es, das Allgemeine zu suchen. In zeitloser Gemeinschaft strebt die endlose Reihe der Gelehrten diesem Ziele zu. Wo Forschung und Feder des einen abgesetzt, nimmt der andere sie auf, gewiß, daß auch seine Linien nicht abbrechen werden, daß ein Neuer sie weiterführen wird, ob gleich, ob später. Er selber versinkt, immer weiter streift seine wissenschaftliche Tat das Individuelle ab, sie geht im allgemeinen geistigen Besitz der Menschheit auf. Je größer der Gelehrte, desto rücksichtsloser opfert er sich seiner Aufgabe. Was weiß er noch von seinem persönlichen Wohl und Weh und Wesen? Das liegt unter ihm, liegt hinter ihm. Selbstbewußtsein? Er ist sich selber ohne Interesse, das Bewußtsein des Allgemeinen, die Erkenntnis des Allgemeinen erfüllt ihn ganz. Er hat keine Zeit, nach sich selber zu suchen. Nietzsche, in dem der Gelehrte und Künstler sich bedrängten, hat uns diese ideale Tragik des Gelehrten tief und wundervoll offenbart: „Wir sind uns unbekannt, wir Erkennenden, wir selbst uns selbst: Das hat seinen guten Grund. Wir haben nie nach uns gesucht — wie sollte es geschehen, daß wir eines Tags uns fänden? Mit Recht hat man gesagt: „Wo euer Schatz ist, da ist auch euer Herz"; unser Schatz ist, wo die Bienenkörbe unserer Erkenntnis stehen. Wir sind immer dazu unterwegs als geborene Flügeltiere und Honigsammler des Geistes, wir kümmern uns von Herzen eigentlich nur um Eins — etwas „heimzubringen". Was das Leben sonst, die sogenannten „Erlebnisse" angeht — wer von uns hat dafür auch nur Ernst genug? Oder Zeit genug? Bei solchen Sachen waren wir, fürchte ich, nie recht „bei der Sache": wir haben unser Herz nicht dort — und nicht einmal unser Ohr! Vielmehr wie ein Göttlich-Zerstreuter und In-sich-Versenkter, dem die Glocke eben mit aller Macht ihre zwölf Schläge des Mittags ins Ohr gedröhnt hat, mit einem Male aufwacht und fragt: „Was hat es da eigentlich geschlagen?", so reiben auch wir uns mitunter hinterdrein die Ohren und fragen ganz erstaunt, ganz betreten: „Was haben wir da eigentlich erlebt?" mehr noch: „Wer sind wir eigentlich?" und zählen nach, hinterdrein, wie gesagt, alle die zitternden zwölf Glockenschläge unseres Erlebnisses, unseres Lebens, unseres Seins — ach, und verzählen uns dabei ... Wir bleiben uns eben notwendig fremd, wir verstehen uns nicht, wir müssen uns verwechseln, für uns heißt der Satz in alle Ewigkeit: „Jeder ist sich selbst der Fernste — für uns sind wir keine Erkennenden."

Wenn wir daran denken, uns die Größe dieser Schilderung in einem Namen zu verwirklichen, so dürfen wir den Namen des größten Gelehrten nennen: Kant.

Das ist — im Sinne des Individuums — die Tragik des Gelehrten — und doch auch sein Segen: Früh schon kann er innerhalb des Allgemeinen den Punkt bestimmen, der ihm zum Ziel gesetzt ist, er kann zu ihm die Linie seines Lebens ziehen. Um diese Linie kann er seine Tage sammeln, an der Richtschnur des Allgemeinen schreitet er sicher und steigend hinauf — vorbei an den Abgründen des Individuums, des Lebens.

Anders der Künstler: Seine Aufgabe ist, das Individuelle zu gestalten, innerhalb des Allesfließenden, des endlosen Wechsels und Wandels die einmalige, einzelne Erscheinung zu rechtfertigen und in der ewigen Lebendigkeit des Kunstwerks festzuhalten. So aber wird es Aufgabe des Künstlers, sich restlos seines Individuums zu bemächtigen, es in all seinen Mannigfaltigkeiten und Möglichkeiten, in seinen Gründen und Abgründen aufzuspüren und zu erobern. Denn nur, indem er ein Bewußtsein seiner Selbst, ein Selbstgefühl erlangt, das von seinen leisesten Regungen, seinen heimlichsten Zuständen, seinen dunkelsten Trieben und Ahnungen Kenntnis und Besitz genommen, kann er die ungeheure Mannigfaltigkeit, die unergründliche Innerlichkeit alles Individuellen erfühlen, erleben und darstellen. Auch beim „objektiven" Künstler scheint es ja nur so, daß er eine objektive Welt gestaltet, ein Draußen festhält: in Wahrheit ist es nur sein eigenes Selbst, das gegen die engen Schranken seiner zufälligen Erscheinung protestiert, das sich in immer neuen, immer weiteren Formen und Gestalten fühlen und erleben will. Sich selber ist der Künstler als Ziel gesetzt, und je gewaltiger er seine Aufgabe fühlt, desto weniger darf er sich als ein Vergängliches sehen, als Übergang, desto mehr muß er sich als ein Letztes begreifen und fordern.

Aber niemand empfängt sich, der sich nicht hingegeben, niemand findet sich, der sich nicht verloren, niemand lernt sich kennen, ohne sich von sich selber entfernt zu haben. Nur wenn er sich immer wieder, immer weiter verliert, vermag der Künstler sich ganz zu gewinnen. Immer wieder muß er sich aus der Sicherheit seines Selbstbewußtseins in das Dunkel des Unbewußten stürzen. Das ist der Preis, um den er sein Selbst gewinnt: die Gefahr, es ganz zu verlieren. Dieser Mut ist die Tapferkeit des Künstlers, dieses Vabanquespiel um sich selbst seine höchste Tugend. Hinabgeschleudert von seinen eigenen Fundamenten, im Wogensturm der Leidenschaften, im Dunkel des Ungeformten — wo ist sein Richtpunkt? Furchtbar ist seine Weglosigkeit und sein Alleinsein. Denn ihn stützt keine Gemeinschaft. Kein Vorgänger hat ihm die Sprossen gerückt, kein Nachfolger wartet, sein Werk aufzunehmen. Seine Aufgabe stirbt mit ihm. Er gewinnt alles, wenn er sich gewinnt. Er verliert seinen letzten Wert, wenn er sich selbst verliert.

Wodurch aber zwingt er sich zu sich selber zurück, zur Klarheit seines Selbstbewußtseins, zum erweiterten und beruhigten Selbstgefühl? Durch die Kraft der künstlerischen Gestaltung. Indem er das Chaos seiner Verlorenheit und Verlassenheit formt und gestaltet, erlöst er sich von ihm, nimmt er es in sich auf. Daraus ergibt sich wie ein Gesetz, daß der Künstler sich nie weiter verlieren darf, als seine Gestaltungskraft reicht. Denn im Augenblick, wo er nicht mehr die Zwischenflut des Chaos zu überwältigen, zu formen weiß, kann er nicht mehr zu sich zurück, ist er eine „gebrochene" Persönlichkeit. Und doch wird der Wagemut des Künstlers immer versuchen, diese Linie zu überschreiten, um durch die äußerste Notwehr zur äußersten Gestaltungskraft gezwungen zu werden, um gedrängt zu werden, über sich selbst hinauszugehen. Das aber sind die furchtbarsten Augenblicke, das ist seine grausamste Tragik, diese Stunden, Tage, Wochen, in denen er um die Kraft zur Rückkehr ringt, an der Kraft zur Rückkehr zweifelt. Er sieht sich hinausgeworfen ins Uferlose, alle Wellen suchen ihn nur immer weiter zurückzudrängen von seinem Selbst, jeder da draußen ist ihm Feind, das Allgemeine selber will ihn auflösen und zurücknehmen. Das ist jene namenlose Not des Lebens, die Hebbel in einem Brief an Glaser zeichnet: „Dann kommen Stunden, Tage, Monate, vielleicht ganze Jahre, wo der Mensch zwischen zwei Abgründen von gleicher Tiefe schwankt und oft nicht mehr weiß, ob er die Welt oder sich selbst für ein Nichts zu erklären hat. Da zerbrechen alle Schlüssel, da wird Hamlet und sein Sohn Faust trivial, da sinken die Religionen aber nicht weniger auch die Philosophieen zu bloßen anthropologischen Momenten des Geschlechts herab, da weckt alles und jedes, was im unendlichen Lauf der Zeit jemals geträumt und gedacht wurde, im Individuum einen Gegensatz."

Haller war nicht der Mann, diese abgründige Gefahr des Künstlers auf sich zu nehmen. Er schreckt davor zurück, sich hinzugeben. Selbst im Sinne des gewöhnlichen Lebens hat er es nur einmal gewagt, als er sich in Tübingen dem Studententreiben in die Arme warf. Bald aber, und er wandte sich ab und ging, nicht ohne Gewissensbisse, nach Holland zu strengeren Studien. Seine Natur hatte von früh auf das Bedürfnis nach einer sicheren, steigenden Lebenslinie, nach Zielen, die man fixieren und berechnen konnte. Mit eifernder Sicherheit zieht er alle Fäden seines Wesens in Eine Linie zusammen.

Und so wäre er wohl im Sinne des Gelehrten eine einheitliche Persönlichkeit geworden — wenn ihm das Schicksal nicht einen „Strich durch die Rechnung" gemacht hätte. Denn früh und unerwartet trat ihm das Unberechenbare in den Weg, warf seine sichersten Pläne über den Haufen und zwang den willensharten Intellektualisten, sich hinzugeben, sich zu verlieren. Für diesen Augenblick wurde Haller zum Künstler. Aus den Wirbeln dieser Verlorenheit trieb ihn die Notwehr zur innersten, wahren Gestaltung.

Er hatte den Ruf nach Göttingen angenommen, mit dem Heimweh des Schweizers stand er fremd und bitter im neuen Lande. Da plötzlich wird ihm seine Frau entrissen, die er über alles liebt, die ihm — wie ja oft bei Gelehrten — erst die Geschlossenheit des eigenen Lebens ermöglicht, ihm das gegeben hatte, was doch jedem Leben an Gefühl, an Unbewußtem nötig ist. Die Plötzlichkeit des Schlages, die jähe Unberechenbarkeit dieses Schicksals wirft ihn aus allen Bahnen. Zum ersten Male greift er nicht mehr reflektierend, nicht mehr, „weil er zu keiner andren Arbeit die Kräfte hatte", greift er in instinktiver Angst und Notwehr nach der rettenden Hand der Dichtkunst. Deutlich merken wir die Steigerung: Im ersten Gedicht ist seine Reflexion, seine intellektuelle Behauptung noch nicht ganz geschwunden:

> Soll ich von deinem Tode singen?
> O Marianne! welch ein Lied,
> Wann Seufzer mit den Worten ringen,
> Und ein Begriff den andren flieht!

Hier steht er noch reflektierend sich selbst gegenüber. Erst in dem zweiten Gedicht hat er sich ganz verloren, sich ganz hingegeben. Erst dies zeigt jene lyrische Plötzlichkeit, die des Künstlers tiefste Art und Gewalt verrät, in der der Dichter nicht mehr die Worte zu suchen und zu wählen scheint, in der sein Zustand durch ihn hindurch, ja gegen ihn selber sich Bahn bricht:

> Geliebte! wann itzt solch ein Name
> Nicht zu vermessen ist von mir,
> Ich weiß, daß nichts von Leid und Grame
> Mehr Wege finden kann zu dir;
>
> Doch wenn vom Licht der wahren Sonne
> Noch Strahlen fallen niederwärts,
> So wirf auch du vom Sitz der Wonne
> Ein Aug auf deines Hallers Herz.

Dich heißet mich die Welt vergessen!
Dich tadelt man in meiner Brust!
Mein Herz, ein Herz, das dich besessen,
Soll offen sein für andre Lust!
Ja, dich und mich schmäht der zusammen,
Der mein Betrübnis unterbricht;
O kennt er selber reine Flammen,
Er schölte meine Tränen nicht.

— — —

Ihr holden Jahre, die wir beide
Einander ach! so kurz gemacht,
O hätt ich nur, was wir im Leide
Bei manchem Sturme hingebracht!
Wir suchten Ruh in zärterm Scherzen
Wie Tauben, die ein Wetter fliehn,
Und fanden Lust selbst in den Schmerzen,
Weil unsre Treu nie heller schien.

O Bern! o Vaterland! o Worte
Voll reger Wehmut, banger Lust!
O zärtlich Bild geliebter Orte
Voll wunder Spuren in der Brust!
O bleibt bei mir, erneut die Stunden,
Da sie die Hand mir zitternd gab!
Wo seid ihr? Ach, ihr seid verschwunden!
Ich bin allein, sie deckt ein Grab.

Ein Grab? In deinen schönen Tagen?
Du Rose frisch, vom reinsten Blut?
Ach ja, dort ward sie hingetragen,
Hier ist der Tempel, wo sie ruht,
Der Stein, den ich beschrieben habe —
O wie ist's hier so öd und still!
O hier ist's, wo an ihrem Grabe
Ich meine Schmerzen enden will.

Aber Hallers Wesen war das des Gelehrten und nicht des Künstlers. Die Kunst hatte ihm einen Augenblick zum Selbstbewußtsein zurückverholfen. Aber er begriff den Wert dieses Augenblicks nicht. Den Wert dieses Selbst begriff er nicht, er fühlte nicht gleich dem Künstler, daß damit ihm alles gegeben sei. Aufs neue sinkt er zurück. Und in der letzten Entscheidung, wohin er aus dem Uferlosen sich retten soll, ob an die felsige Insel der Persönlichkeit, ob an den weiten Strand des Allgemeinen, da verleugnet er sein Selbstbewußtsein und unterwirft sich restlos dem Allgemeinen. Da er kein spekulativer Kopf ist, da der ernsten Schwere seines Wesens eine gewisse Gebundenheit entspricht, so drängt seine Selbstverleugnung, sein Opfer an das Allgemeine — soweit das Gefühl in Betracht kommt — in die religiöse Richtung seiner Kindheit. Es ist erschütternd und quälend, in den Tagebüchern zu lesen, die Haller mit dem Tode seiner Frau beginnt. Alles Selbstgefühl ist getilgt, vernichtet, verleugnet, ja verflucht und gehaßt. Ein Sturm der Zerknirschung und Selbsterniedrigung wütet hier, der alles verschlingt: „Wo ist jetzt die Seele meiner verewigten Frau? Ach, welch ein Unterschied! Entweder leidet sie unaussprechliche Verzweiflung in einer Einöde, oder in der Gesellschaft böser Geister; oder sie preiset Gott mit unsäglicher Entzückung in Gemeinschaft der auserwählten Seelen und der guten Engel. Tut sie es nicht, so ist es großenteils meine Schuld. Und das sollte mich nicht rühren, ich sollte nicht weinen?" „Wo werde ich hinfliehen, wenn Gott einst Rechenschaft von mir fordern wird?" „Ein stiller Morgen. Aber mich dünkt nur aus kindischer, zeitlicher Hoffnung und nicht aus dem wahren Grunde, der in Ewigkeit tröstet! Ich kenne meinen Leichtsinn und sonderlich meinen Hochmut und gloriam ingenii je länger je besser. Gott lehre mich, mich selbst zu überwinden." Und fünf Jahre später, als nach kaum einjähriger Ehe seine zweite Frau starb — er schrieb auch auf ihren Tod ein Gedicht, aber welch ein Gedicht: man merkt, daß es nur geschrieben, damit die erste Frau vor der zweiten nichts voraus habe — als auch der Sohn, dessen Geburt ihr das Leben gekostet, ihr nachstarb, da schreibt er: „Du hast mich wieder heimgesucht, mein Vater! Du hast mir ein einziges, liebes und hoffnungsvolles Pfand meiner ehelichen Liebe entrissen. Im Zeitlichen hast du mich auch eines großen Teils des Meinigen entblößt. Gelobet sei dein Name! — Demütige o Gott dieses in sich selbst verliebte Herz; reiß die Larve von meinem Gemüte, daß ich die Falschheit meiner Triebe recht einsehen und würdiglich bereuen möge. Heile Vater, wann und wie du willst: Nur mach's mit meinem Ende gut." „Heute bin ich wieder ganz ruhig. Warum? weil meine Arbeit mir nach meinem Sinne geht, weil ich ein Stück endige; weil ich alle Tage eitle und schmeichelsüchtige Menschen vor mir habe — — — Ach, was bin ich vor Gott und den Menschen ein Wurm!" Wieder sechs Jahre später: „Nicht umsonst habe ich mich über meine Kälte und die fortdauernde Herrschaft böser Leidenschaften beklagt. Es scheint aber der gütig sorgende Vater habe durch eine schlechte Gesundheit dem zunehmenden Übel steuern wollen. — Auch für diese Gnade, denn es ist eine wahre und wichtige Gnade, danke ich ihm. Ein kränklicher Leib ist wirklich eine Gnade. Die Fesseln der Zeitlichkeit werden dadurch gebrochen, die Ewigkeit ins Gesicht gerückt, und das elende Vertrauen zu nichts bedeutenden Gütern in sein Nichts zurückgesetzt."

Seine Selbstverleugnung geht so weit, daß er allem Selbstgefühl, aller Eigenherrlichkeit, die er antrifft, feindlich wird, daß er Voltaire beschimpft und Rousseau unter die Zensur einer theologischen Körperschaft stellen will. Das Wesen der

Dichtkunst wird ihm immer fremder. Er sieht in ihr nur noch ein moralisches Besserungsmittel. In einem Vorwort zu des Arztes Werlhof Gedichten erklärt er, daß ein Dichter, der nichts als ein Dichter sei, ein entbehrliches und unwirksames Mitglied der menschlichen Gesellschaft bleiben müsse. „Weit größer sind die Vorzüge eines gelehrten, geübten und folglich glücklichen Arztes. Seine Gaben sind ein Werkzeug, durch welches die Vorsehung ihre Güte verbreitet ... Ein Dichter vergnügt eine Viertelstunde; ein Arzt verbessert den Zustand eines ganzen Lebens."

Aber trotz dieser bedenklichen Selbstentäußerung, die jeden Versuch zu künstlerischer Wirksamkeit erstickt, trotz allen Unverständnisses für den Eigenwert der Persönlichkeit: der Gelehrte in ihm, die nimmermüde, weithin wirkende Arbeit am Allgemeinen dauert fort. Die Größe des Gelehrten behauptet er. Alle Schicksalsschläge, alle langen und schmerzlichen Krankheiten können ihn darin nicht hemmen. Seine Wirksamkeit, seine anregende Gewalt reicht über die ganze gebildete Welt: mehr als 13 000 Briefe an ihn sind uns erhalten von mehr als 1200 Korrespondenten. Und das sind durchaus nicht alle. Acht Tage vor seinem Tode schreibt er noch aus seinem qualvollsten Leiden heraus an Heyne in Göttingen: „Ich werde arbeiten, so lange ich lebe." Seine letzten Arbeiten waren den „Göttinger Gelehrten Anzeigen" eingesandte Berichte über seine Krankheit und über die an sich selbst beobachtete Wirkung des Opiums. Bis zur letzten Stunde war sein Forschergeist tätig: „Wenn ich mich sterbend fühle, will ich wohl zusehen, was da vorgeht", hatte er geäußert. Und wahrhaftig: in den letzten Minuten zählte er laut die Schläge seines Pulses: „il bat, il bat, il bat — plus".

Man hatte das Gefühl, daß einer der größten Männer des Jahrhunderts aus dem Leben geschieden war. Und wenn bei ihm nur als Gelehrter das Können der ernsten Größe seines Wollens entsprach, so waren doch auch seine künstlerischen Versuche, die nur Versuche bleiben konnten, fruchtbar und bedeutsam, weil sie der deutschen Lyrik den Ernst ihrer Aufgabe, die erhabene Größe ihrer Möglichkeiten vor die Seele rückten und — entsprechend ihrer Tiefe, ihrem Ideengehalt — auch formal eine neue Bestimmtheit, Kühnheit und Strenge der Sprache, die berühmte „gedrängte Schreibart" schufen und anregten.

HAGEDORN

Immer aufs neue überrascht es den forschenden Geist, wie sicher und rhythmisch oft der Gang der Geschichte ist: In Angelus Silesius und Brockes hatten sich Idee und Sinnlichkeit zu letzten Gegensätzen auseinandergelegt. Haller war der erste gewesen, der diese Gegensätze zu umspannen, zu verbinden suchte. Seine ernste, schwere Gelehrtennatur ging dabei wesentlich von der Idee aus, der Sinnlichkeit zu. Das philosophische Lehrgedicht war seine eigenste Kunst. Wie nun der polaren Stellung von Angelus Silesius die Stellung von Brockes entsprach, so entspricht der vermittelnden Stellung Hallers, der von der Idee zur Sinnlichkeit vordrängt, diejenige Hagedorns, der von der Sinnlichkeit zur Idee verlangt.

Aber während Silesius und Brockes sich niemals begriffen hätten, sondern in ihrer Einseitigkeit notwendig einsam blieben, ist die Ferne und Fremdheit zwischen Sinnlichkeit und Idee nun schon so weit überwunden, daß sich beide zwar noch nicht ergreifen, aber doch begreifen: Haller vermag es, in einem ausführlichen, tiefdringenden Vergleich zwischen sich und Hagedorn, das Wesen Hagedorns zu erfassen, die Gegensätzlichkeit seines Ausgangspunktes zu bestimmen und doch ihre Zielgemeinschaft zu erkennen und zu bejahen:

„Der Herr von Hagedorn ist in eben dem Jahre als ich geboren ... Beide wurden wir sorgfältig erzogen ... beide dichteten früh ... beide hatten wir mehr Geschmack als Kräfte ... Der Herr von Hagedorn besuchte England, ich auch ... Diese Reise hatte auf beide einen wichtigen Einfluß: Wir fühlten, daß man in wenigen Wörtern weit mehr sagen konnte, als man in Deutschland bis hierher gesagt hatte; wir sahen, daß philosophische Begriffe und Anmerkungen sich reimen ließen, und strebten beide nach einer Stärke, dazu wir noch keine Vorbilder gehabt hatten ... Bei allen diesen Ähnlichkeiten blieb zwischen uns eine große Ungleichheit. Eine der Ursachen bestand in der Lebensart. Unser Herr von Hagedorn war von einem fröhlichen Gemüte, er trank ein Glas Wein und genoß der freundschaftlichen Freuden des Lebens. Ich hingegen sagte in meinem neunzehnten Jahre dem Wein ab ... Der Herr von Hagedorn dichtete Lieder, darin er die Liebe und den Wein besang, und die die ersten waren, die man in Deutschland den Liedern der Franzosen an die Seite setzen durfte ... Die Fröhlichkeit und die Kenntnis der Welt breitet über alle Gedichte, auch über die Lehrgedichte meines Freundes (denn wir haben Briefe gewechselt und viele Jahre in bestem Vernehmen gestanden) eine Heiterkeit aus, wodurch er sich dem Horaz nähert und den Boileau übertrifft. Mit dem Pope hat er eine große Ähnlichkeit in der feinen Auspolierung der Verse, worin wenige es Hagedorn nachgetan haben. Dem Horaz kam er in der lächelnden Ironie, in der unschuldigen Schalkhaftigkeit der Satire und in der Kenntnis der gesellschaftlichen Menschen nahe ... Mein Freund blieb dabei ein Dichter und hatte daneben keine beschwerliche Arbeit. Er las, was seinen Geist zieren konnte, und besaß mehr als ein anderer die Kunst, einzelne und nicht überall bekannte Begebenheiten aufs angenehmste anzubringen, wodurch eben seine Lehrgedichte sich vor anderen ausnehmen, deren Stoff bloß aus den allgemeinen Begriffen der Dinge genommen ist. Ich hingegen wurde frühe von anderen Berufsarbeiten gedrückt und erlag fast völlig unter der gelehrten Bürde ... Die größte Unähnlichkeit zwischen uns bleibt wohl in den Schilderungen vergnügter Leidenschaften. Et ego in Arcadia, ich habe auch geliebt, mit aller Lebhaftigkeit die Süßigkeit der Liebe gefühlt und mir, in sehr jungen Jahren zwar, einige Ausdrücke dieser Empfindungen erlaubt. Das war aber keine Belustigung für mich, es war das ernsthafteste Geschäft meines Herzens. Die lächelnde Freude aber habe ich nie gefühlt, die Hagedorn so lebhaft empfand und so angenehm abzumalen wußte."

Friedrich von Hagedorn war in der Stadt B. H. Brockes, in Hamburg geboren als der Sohn eines dänischen Konferenzrates. Besondere Unglücksfälle und der frühe Tod des Vaters zwangen die Familie zur größten Einschränkung. Trotzdem besucht Friedrich das Hamburger Gymnasium und die Universität Jena. Auf seine Berufswissenschaften verwendet er keinen sonderlichen Fleiß, dagegen sucht er auf den Gebieten der Philosophie, der Geschichte, der schönen Literatur, was ihm für seine Entwicklung günstig scheint. Hoffnung auf eine baldige Anstellung in dänischen Diensten ruft ihn nach Hamburg zurück. Hier veröffentlicht er auf das wiederholte Zureden älterer Freunde 1729, mit 21 Jahren, seine erste Gedichtsammlung: F. v. H. Versuch einiger Gedichte oder erlesene Proben poetischer Nebenstunden.

Hagedorn hat diese Veröffentlichung später als jugendliche Übereilung bereut. Die sechzehn langatmigen Nummern der Sammlung sind unfertig und unreif. Sie lehnen sich an die verschiedensten, entgegengesetzten Vorbilder: Die Dichter der zweiten schlesischen Schule, Hofmann von Hofmannswaldau werden ebenso nachgeahmt wie ihre Gegner, Wernicke, Canitz usw. Gelegenheitsgedichte nach dem Muster der Hofpoeten, Besser, König, Pietsch, stehen neben Trink- und Studentenliedern, die Günther nacharten. Am meisten Geschicklichkeit aber zeigt Hagedorn in der Nachahmung seines Mitbürgers Brockes. Eine „Beschreibung des Jenischen Paradieses, so wie es im Frühlinge und Sommer beschaffen" bringt in der rein gegenständlichen, sinnlichen Schilderung, in der Kleinmalerei alle Vorteile und Nachteile Brockesscher Dichtkunst. Wie Brockes seinen jungen Landsmann sehen gelehrt, zeigt eine Episode dieses Gedichts: Die 304 Zeilen schildern uns den Vergnügungsort bei Jena, wie sich Stutzer und Bürger hier mannigfach ergötzen. Einer von ihnen vergnügt sich damit, ein abgerissenes Reis in die Saale zu werfen und pfeift seinem Hund, daß er es apportiert:

> Der sprenget durch den Busch mit aufgesperrtem Schlund
> Und mit hervorgestreckter Zungen.
> Der Schnautze blauer Dampff macht seine Hitze kund.
> Er stürtzt sich in den Fluß mit wilder Munterkeit,
> Eilt schnauffend hin und her, und schwimmt bald hier, bald dort,
> Taucht unter, schiesst hervor, und stösst Rauch, Schilff und Scheit,
> Das ihm entgegenwallt, mit Stirn und Füßen fort.
> Und kommt, nun ihm die Müh' gelungen,
> Mit freud'ger Ungeduld zu seinem Herrn gesprungen,
> Er wedelt mit dem Schwantz' und legt die nassen Glieder
> Nebst dem erschnappten Reiß vor seine Füße nieder.

Häufiger noch und bestimmter als Brockes und Günther klingt hier schon der Name an, der Hagedorns Leben und Kunst am tiefsten verwandt ist, der des Horaz. Zwei Satiren stehen unter seinem Einfluß, zwei Gedichte, über die Poesie und über „Die Größe eines weislich-zufriedenen Gemüts" sprechen schon aus seiner Lebensanschauung.

Im ganzen aber bestätigt dieses jugendlich-unreife Buch den Satz Hallers: „Beide hatten wir mehr Geschmack als Kräfte."

78

Es ist erstaunlich, wieviel Geschmack, wieviel inneres Verständnis um das Wesen der Dichtkunst bei so unentwickeltem, dichterischem Vermögen Hagedorn äußert:

> Was hilft es, Reim und Reim und Wort und Wort verbinden?
> Man soll dies, was man setzt, vorhero selbst empfinden,
> Was deine Mus' entdeckt, Bewundrung, Liebe, Pein,
> Muß nicht durch Kunst verstellt, es muß gefühlet seyn . . .
> Folgt eurem Triebe doch: Sonst wird euch nichts gelingen:
> Es wird euch die Natur und ihr nicht diese zwingen.

Innerlicher noch, bedeutender, ja geradezu genial, spricht Hagedorn über das Wesen des dichterischen Schaffens in der Vorrede. Reim und Rhythmus, die noch widerspenstigen, hemmen hier seine Sprache nicht, aber der innere Rhythmus der Empfindung durchpulst und steigert sie. Tiefer ist der schöpferische Augenblick selten offenbart worden. Und diese Offenbarung kann niemand geben, der sie nicht selber erlebt hat: „Es ist der Poet von einem eintzigen Gegenstande gantz eingenommen; er erblicket, er betrachtet, er kennet nichts, als solchen allein. Sein Hertz gewinnet eine eifrige Liebe zu einer gewissen Sache, und er besinnet sich kaum, daß außer dieser noch andre Dinge vorhanden. Eine ungemeine Gewalt bemeistert sich seiner Seele: ein außerordentlicher Trieb führet, oder reisset ihn vielmehr auf neue Wege. In diesem so glücklichen Augenblicke durcheilen seine Gedanken Welt, Natur, Zeit und Geschichte: denn nichts hält sie auf, nichts gibt ihnen Gesetze. Alles stehet ihm zu Gebote: alles eilet einem dergestalt gerührten Geiste entgegen und befördert die Lebhaftigkeit seiner weitausschauenden Einbildungskraft. Diese unwidertreibliche Empfindung, die den Dichter und durch ihn den Leser selbst beherrschen muß, ist die beste Richtschnur einer Ode, und übertrifft die Regeln, so ihr jemals zur Fürschrift gestellet werden. Ich sage mehr: Die Unmöglichkeit beym Aufsatze derselben sich durch diesen Zwang einschränken zu lassen, hat unstreitig den grössesten Antheil an dem Etwas, das zur wesentlichen Eigenschafft eines lyrischen Dichters gehöret."

Gleich nach der Herausgabe seiner ersten Gedichtsammlung erhält Hagedorn die Stelle eines Privatsekretärs beim dänischen Gesandten am englischen Hofe. Ihm folgt er 1729 nach London. Und die zwei Jahre, die er hier verbringt, sind es, die sein Lebensgefühl lösen, die ihm als Mensch und Künstler zum

Bewußtsein seiner selbst verhelfen. Noch 1748 schreibt er über sie an Bodmer: „. . . meine Neigung zu den Engelländern, bey welchen ich mich zwey Jahre in London aufgehalten, die einzigen, die ich wieder zu erleben wünschte . . ." und 1752: „Wie wünschte ich noch einmal das glückselige England betreten zu können." Nach der nüchternen Enge des Hamburger Bürgertums erfuhr er die reiche, weite Entwicklung des englischen Lebens. Politik, Philosophie und Literatur waren hier frei und ihrer selber bewußt geworden. Der Parlamentarismus hatte eben seinen endgültigen Sieg erzwungen, die Philosophie hatte die Schranken dogmatischen Denkens gesprengt und in Locke der Sinnlichkeit, in Shaftesbury der Idee zur Freiheit verholfen, die Dichtkunst hatte in Pope, Gay, Defoe, Swift, in Addisons Moralischen Wochenschriften wieder mit dem Leben Fühlung genommen und wirkte unmittelbar auf Bildung und Stimmung der Gesellschaft. London aber ist das Herz Englands geworden, das den Pulsschlag seines gesamten geistigen Lebens bestimmt. In seinen Kaffeehäusern versammeln sich die Politiker, die Gelehrten, die Schöngeister und die Künstler, hier wird die öffentliche Meinung „gemacht", jede neue Erscheinung gerichtet.

Diese Gewalt des großen Lebens, die freie Regsamkeit eines reichen Volkes, das war das Entscheidende für Hagedorns Entwicklung — nicht die einzelnen literarischen Einflüsse, nicht Popes Lehrgedichte, die auf Haller bestimmend gewirkt durch die Erkenntnis, „daß philosophische Begriffe und Anmerkungen sich reimen ließen", nicht die unbedeutende englische Lyrik der Zeit, die ganz unter französischem Einfluß stand, auch nicht Shaftesburys ästhetische Lebensauffassung, so manches ihm darin entsprach. Hagedorn kam aus London zurück mit dem Bilde des englischen Gentlemans im Herzen, dem Ideal des freien, sorglosen, gebildeten Weltbürgers. Und nachdem er bald darauf bei dem „Englischen Court" in Hamburg eine Stelle als Sekretär fand, die ihm ein beträchtliches Gehalt und wenig Arbeit gab, vermochte er es, dieses sein Ideal und Wesen in Lust und Muße zu entwickeln.

Ein geselliger, heiterer und bildender Verkehr mit wenigen, erlesenen Freunden war sein liebstes Bedürfnis. Um der engen Bürgerlichkeit des Hamburger Familienlebens zu entgehen, traf er die Freunde nach Londoner Muster gern im Kaffeehaus. Fast täglich fand er sich um Mittag auf dem Saale des Dresserschen Kaffeehauses ein und ließ sich nicht gern anders als dort von den Fremden sprechen.

Zu seinen Freunden zählte auch Brockes, und ein gutes Stück Brockesscher Sinnlichkeit war Hagedorns Grundlage. Den Freuden der Tafel gegenüber zeigte er ebensoviel feine Kenntnis als Hingabe. Frühe podagrische Beschwerden und die tödliche Wassersucht wissen davon. Aber das sinnliche Genießen genügt ihm nicht, die bloße Befriedigung der Begierden ist Sache des Pöbels. Aufgabe des Weltmanns ist es, den sinnlichen Genuß zu veredeln, zu vergeistigen: „Wie Kluge zu genießen wissen — Das bleibt dem Pöbel unbewußt"; und: „Was edle Seelen Wollust nennen — Vermischt mit schnöden Lüsten nicht." Genuß ist nicht die Befriedigung der Instinkte, nicht die wert- und würdelose Seite des Menschlichen. Der wahre Genuß ist etwas, das gelernt, erworben, erobert sein will — nicht wie bei Brockes durch die Feinheit der Sinne, sondern durch die Feinheit des Geistes — ist der edelste Extrakt des Lebens, nach ihm zu streben eine sittliche Aufgabe: „Der echten Freude Wert zu kennen — Ist gleichfalls unsres Daseins Pflicht."

Diese epikuräische Lebensanschauung, dies Evangelium adlig-sicherer Lebenskunst würde den strengen Gegensatz von Sinnlichkeit und Idee nicht ertragen. Die Starrheit sittlicher Pflichten löst und mildert sich: das Gute und Schöne finden sich zu einer angenehmen Harmonie. Art des Weisen wird „der glückliche Geschmack, die Tugend schön zu finden". „In andern wie in uns das Gute schön zu finden, dem Schönen hold zu sein": das ist seine liebenswürdige Aufgabe. Neben Epikur quellen hier — allerdings ohne sein tiefes Pathos — Shaftesburys Gedanken, daß Schönheit und Harmonie den Weg zur Tugend führen, daß Leben und Kunst eins sind, daß auch das Leben eine Kunst ist, und daß jeder die Aufgabe hat, Künstler seines eigenen Lebens zu werden.

Die gleiche vornehme Kunst und Gehaltenheit wie dem Leben zeigt Hagedorn auch der Natur. Dem Lebenskünstler ist es Bedürfnis, aus der Unruhe und Unfreiheit gesellschaftlicher Beziehungen, aus der Verwirrung der Städte zuweilen in die stille Natur zu flüchten. Aber sie versteht und genießt man nicht ohne weiteres. Dem Ungebildeten, Einfältigen, Uneingeweihten sind ihre feinen Freuden nicht zugänglich:

Die Einfalt kann nicht sehen,
Ihr lachen nicht die Thäler und die Höhen,
Sie hört auch grob, und in der Melodie
Der Nachtigall erschallt kein Ton für sie.
Wie schmeichelhaft und mit verjüngten Flügeln
Der Zephyr kühlt; wie auf begrasten Hügeln
Die Anmut grünt; wie Pflanze, Staud' und Baum
Sich edler färbt: das alles merkt sie kaum.
Sie suchet nur die Schatten wie die Herden,
Wann schwüle Tag' ihr unerträglich werden.

Der rechte Weltmann genießt die Natur, wie er ein Gedicht
genießt: mit bewußter Aufmerksamkeit, mit mannigfacher Ab-
stimmung und Betonung ihrer einzelnen Reize, mit einer selbst-
gefälligen Freude, wenn er eine besonders schöne Stelle entdeckt und gewürdigt hat. Die Einfalt sieht nur das Gegebene,
das grobe Außenwerk der Dinge, der Weise spürt die feinen,
unsichtbaren Beziehungen, die geistigen Bedeutungen:

Was sichtbar ist, sei nur dem Pöbel schön!
Die Geisterwelt entzücket den Menen,
Wie Demokrit vertieft er sich in Träume,
Sitzt in dem Wald und sucht im Walde Bäume,

Wie Horaz, an dem Hagedorns Kunst und Lebensgefühl
nun zum Selbstbewußtsein gereift ist, nicht in billiger Nachahmung, sondern in der Gleichheit zweier Brüder — wie Horaz
sein Landgut in Tarent immer wieder sucht und besingt, so
singt Hagedorn von Harvstehude und seinen ländlichen Reizen.

Aus dieser gefälligen Lebenskunst quillt Hagedorns Grazie.
Denn was ist Grazie anders als die bewußte, geläuterte Freude
am Sinnlichen. Die lyrische Form, die in der Gelehrtendichtung durch Schwulst und fremden Ballast entstellt war, die unter
Brockes noch ganz dem sinnlichen Material, unter Haller dem
Begriff untertan gewesen, wird durch Hagedorn zuerst wieder
zur bewußten Freiheit und Selbstgefälligkeit geführt. Eine neue
Anmut und künstlerische Liebenswürdigkeit, die von der französischen Lyrik, von Chapelle, Chaulieu, La Fare usw. gelernt
hat, die Feinheit des Rokoko spricht aus manchen Zeilen:

Dein Auge spielt, und deine Locken fliegen
Sanft wie die Luft im Strahl der Sonne wallt;
Gefälligkeit und Anmut und Vergnügen
Sind ungetrennt von deinem Aufenthalt.

— — —

Gewähre mir, den Dichter zu beglücken,
Der edler nichts als deinen Beifall fand,
Nur einen Blick von deinen schönen Blicken,
Nur einen Kuß auf deine weiße Hand. .

Um sich also frei und spielend äußern zu können, dürfen Form und Stoff im Dichter nicht dunkel miteinander ringen, sie müssen leicht und ruhig nebeneinander stehen. Gärende Unmittelbarkeit ist dieser Kunst fremd. Je unbeteiligter der Dichter dem Stoffe gegenüber ist, desto eher vermag er mit ihm zu spielen, ihn spielend und bewußt zu formen. So kommt es, daß Hagedorn das Gebiet des rein Lyrischen, des Unmittelbaren gern verläßt und die poetische Erzählung oder die Fabel aufsucht. Hier übertrifft er durch die Feinheit seines weltmännischen Geistes, seiner sicheren Form alle Vorgänger der Zeit und führt, in Anlehnung vor allem an Lafontaine, jene Linie herauf, die durch Gellert am meisten bezeichnet ist, und die schließlich in Wielands Reimerzählungen, im Oberon, endet. Aber auch, wo er nicht eigentlich erzählt, auch in seinen Liedern liebt Hagedorn, das Stoffliche von sich abzurücken. Er gibt nicht seine eigenen unmittelbaren Äußerungen, sondern die eines anderen, in dessen Rolle er sich halb ernsthaft, halb ironisch hineinversetzt, das, was wir heute Rollenlied nennen, so in seinem Gedicht „Die Alte", in seinem Gedicht „Der verliebte Bauer", dessen derbe Natürlichkeit Haller besonders gefiel und das noch Goethe bei seiner „Christel" beeinflußte. Wir haben da die Empfindung eines Tenierschen Gemäldes: Der Bauer vergnügt sich in täppisch-derber Bewegung und die Herrschaft steht zur Seite und amüsiert sich darüber.

Immer ist dieses heitere Lächeln des Weltmanns auf Hagedorns Lippen, wo er dem Urwüchsigen und Ungebundenen begegnet: Der Mensch, der also unbewußt empfindet und handelt, den seine Triebe zwingen, ist für ihn der Ungebildete, Unverständige. Sache des Weltmanns ist es, sich niemals gehen zu lassen, unter allen Umständen die Haltung zu bewahren. Er ist der Wissende, der mit verständnisvollem Lächeln alle Leidenschaften durchschaut und bei Namen nennt. Indem er sie erkennt, besiegt er sie. Denn:

Stolz, Aberglaube, Zorn, Bewundrung, Geiz und Neid
Sind alles, was sie sind, nur durch Unwissenheit.

6*

Wenn er von seiner Liebsten singt und, durch den Frühling erregt, ausruft: „Ihr schwör' ich meine Liebe" — so vergißt er nicht, vorsichtig und lächelnd hinzuzufügen: „Fürs erste bis zur Sommerszeit."

Diese feine Selbstzersetzung, dieser Mangel an idealem Ernst und idealem Gehalt ist die große Schranke von Hagedorns Kunst. Innerhalb seiner Eigenart ist er ganz und vollendet. Er ist der erste deutsche Lyriker, der seine Lebensanschauung bewußt und restlos zu formen und auszusprechen weiß. Aber gerade seine weltmännische Lebenslust, die immer Haltung behaupten will, hindert ihn, über eine — im inneren Sinne — formale Bedeutung für die Entwicklung unserer Lyrik hinauszukommen.

Hallers Lyrik war daran gescheitert, daß der Gelehrte vor der leidenschaftlichen Hingabe, vor der tragischen Ruhelosigkeit des Künstlers zurückschreckte, daran, daß er seine Persönlichkeit der Wissenschaft zum Opfer brachte. Hagedorn hat vor dieser Unpersönlichkeit des Gelehrten allen Widerwillen: „Fast alle (die meisten deutschen Gelehrten) sind nur gelehrt... Sie sind nur Mathematici, nur Philosophen, nur Geistliche . . . und man muß sich vor allen hüten, die nur einerley Verstand haben: wie vor denen, die nur ein Hemde besitzen und, wenn sie das verlieren, bloß sein würden." Er will die Selbstbehauptung der Persönlichkeit: „Der ist beglückt, der sein darf, was er ist", er will ihre universale Bildung: „Man muß ein Europäer und mehr als das seyn, um nicht bloß eine einheimische Vernunft und ein ingenium glebae zu haben." Er spricht die lateinische, englische, französische und italienische Sprache, er besitzt eine Belesenheit, die erstaunlich ist. Aber die Persönlichkeit, die er bildet, ist zu bewußt und durchsichtig, zu sehr Form, um wahrhaft bedeutend sein zu können. Haller war zu sehr Gelehrter, um sich hinzugeben, Hagedorn ist zu sehr Weltmann, um ernstlich den Halt verlieren zu dürfen, um sich weiter hinzugeben, als er sich im Augenblick zurücknehmen könnte.

So lebt er sein Hamburger Leben, ein wenig verrufen ob seiner Leichtfertigkeit, ein wenig gedrückt durch seine ewigen Schulden und doch beliebt und befreundet ob seiner Weltkenntnis und Heiterkeit. In vornehmer Bescheidenheit und Herzensgüte bildet er einen lichten Gegensatz zum Gelddurst und Eigendünkel der Hamburger Großkaufleute, denen er die innere Ruhe und Unabhängigkeit des Weisen, denen er sich selbstbewußt gegenüberstellt:

> Er schläft mit Lust, wo andrer Sorgen wachen
> Wann Boreas um Dach und Fenster heult,
> Und dann vielleicht der Wellen schwarzer Rachen
> Den Frachten droht und Mast und Kiel ereilt,
> So oft der Herr der Wasser und der Erden
> Die Krämer beugt, daß sie nicht Fürsten werden.

Die großen literarischen Streitigkeiten seiner Zeit, der Krieg zwischen Gottsched und den Schweizern kümmern ihn nicht: „Gottsched hat seine Verdienste, Bodmer und Breitinger haben die ihrigen auch ... Einige sagen ja, andere nein; ich sage beides." In religiösen Dingen neigt er zu einer weniger gläubigen als sittlichen Humanitätsreligion. Aber er ist doch wieder zu sehr Weltmann, um das kirchliche Christentum anzugreifen und sich nicht „über die unanständigen Freiheiten junger Dichter wider die Religion" empört zu zeigen.

In geselligen Kreisen hatte er oft erklärt, ein ehrlicher Mann müsse nur fünfundvierzig Jahre lang leben wollen. Und nicht viel älter überfiel ihn die Wassersucht, seine letzte schmerzliche Krankheit. Er lag auf dem Krankenbett, von Büchern umgeben: „Wenn ich ein Buch vor mir habe, so denke ich nicht an meine Krankheit, meine Ärzte, ihre Arzneien, die Pflege und Wartung usf." Immer noch behauptet er seine Haltung, mit vornehmer Liebenswürdigkeit betrachtet er seinen Zustand, entschuldigt er seinen Schmerz:

> Mein Auge füllt sich leicht mit freundschaftlichen Zähren;
> Jetzt flößet mir die Dauer eigner Pein
> Die Thräne der Betrübnis ein;
> Die Weisheit wird sie nicht verwehren:
> Es ist erlaubt, sein eigner Freund zu sein.

Am 28. Oktober 1754 starb er — ein Buch in der Hand.

DIE ANAKREONTIKER

Kulturentwicklungen, die sich erst in mannigfachen Ansätzen und Steigerungen durchsetzen müssen, kommen häufig
zu einem Punkt, da ihre Kraft erlahmt, da sie in Ruhe neue
Kräfte sammeln und sich inzwischen damit begnügen, das Er-
worbene zu überschauen, zu ordnen und formal zu bereichern.
Solch ein Punkt ist für die Entwicklung der deutschen Lyrik die
Zeit der Anakreontiker. Sie bedeutet keinen inneren Fortschritt,
nicht einmal ein angestrengtes Ringen darum, sie ist eine rein äußere, rein formale Bereicherung und Erweiterung des Vorhandenen. Die einseitige, losgelöste Verfeinerung und Bereicherung der
äußeren Form reicht nicht in die eigentlichen Tiefen der Kunst
hinein, ist nicht eigentlich Sache des Künstlers, sondern des
Dilettanten. Denn im höheren Sinne muß man auch den einen
Dilettanten nennen, der Inhalt und Leben, das er nicht ur-
eigentlich erlebt, das er nur übernommen hat, in bestimmte —
notwendig ebenfalls übernommene, übertragene — Formen zu
kleiden sucht. In diesem höheren Sinne müssen wir die Zeit
der Anakreontik in der deutschen Lyrik als die Zeit eines för-
derlichen Dilettantismus bezeichnen.

Wein, Liebe und Geselligkeit, der Inhalt der anakreontischen Dichtung, waren der deutschen Lyrik durch Hagedorn
vertraut geworden — gewiß nicht in schöpferischer Ursprüng-
lichkeit: Horaz, die englische, die französische Lyrik hatten
ihn beeinflußt. Aber der Kern war doch sein persönliches Erlebnis, seine notwendige Eigenart. Mit seinem zeitigen Poda-
gra, mit einem frühen Tode hat er Zeugnis dafür abgelegt. Den
Anakreontikern Gleim, Uz, Götz, Lange, Lessing, Weiße, Jacobi, Michaelis waren Wein und Liebe nur übernommene Stoffe,
daran sie ihr formales Können übten: ,,Wir, die wir von Wein
und Liebe gesungen, aber wenig getrunken und wenig geliebt
haben", schreibt Gleim an Christian Ewald Kleist. Einen einzigen, verfehlten Versuch machte er mit 34 Jahren, wo er —
nach seiner besonderen Angabe: keusch — als Bräutigam auftritt und am Hochzeitsmorgen verlassen wird. Noch als Greis
vertraut er Ebert: ,,Sie glauben nicht, wie wohl ich mich be-

finde. Trink- und Liebeslieder ohne Wein und Liebe schmiede ich noch täglich um vier Uhr." „Gleim, o du undurstigster von allen Sängern" beginnt Klopstocks Ode der Erinnerung. Auch Uz gesteht es Gleim: „Ich singe von Liebe und Mädchen, da ich doch von dem einen so wenig Wissenschaft habe als von dem andern."

Man gestand sich diese innere Unwahrheit nicht nur lächelnd zu, man forderte sie, man fürchtete und verwehrte sich sehr dagegen, Leben und Dichten als eines zu betrachten — eine Furcht, die dem Künstler stets als die eigentliche Sünde wider den heiligen Geist erscheinen wird. Als Uz von den Schweizern wegen der Leichtfertigkeit seiner Lieder angegriffen wird, gibt er ohne weiteres seine Kunst preis und flüchtet in sein Leben. Er ist sofort bereit, eine Reihe von Gedichten zu streichen oder zu kürzen. In heiligem Tugendhochmut verweist er vom Dichter auf den Menschen: „Ich der keuscheste aller Dichter, die jemals geschrieben haben", und reumütig stellt er das Programm: „Lieber zwanzig schlechte Gedanken und matte Ausdrücke als den geringsten Schein der Zweideutigkeit oder etwas, so wider die guten Sitten und den Wohlstand läuft." Ähnlich erklärt der schüchterne, ehrbar nüchterne Christian Felix Weiße, da er von der Begegnung Chloes und Damötas im Bade singt: wenn er auch von solchen Dingen singe, er lebe nichtsdestoweniger unschuldsvoll und rein und hasse die beliebten Sünden, die nach dem Genuß zu bereuen seien.

Unwillkürlich kommen uns Aussprüche der deutschen Renaissancelyrik, der Gelehrtendichtung ins Gedächtnis. Und ihrem äußeren Streben ist die Anakreontik, in der ja auch die schäferlichen Motive immer noch eine große Rolle spielen, zunächst verwandt. Sie ist ihre dichterisch und kulturell verfeinerte Wiederholung — eine Verfeinerung, die nicht den Dichtern, sondern dem reiferen Jahrhundert zu danken ist. Sie selber preisen Opitz als den Heros der deutschen Poesie: „Haben wir einen größeren Dichter?" ruft Gleim aus, und Uz antwortet: „Ich bin völlig einig mit Ihrem Urteil von unserm Opitz." Wie die gelehrten Dichter nicht danach strebten, sie selbst zu sein, sondern ganz ihren Mustern, den Alten, ähnlich zu werden, wie sie sich in steter Lobhudelei gegenseitig schmeichelten, eines dieser Muster erreicht zu haben und dessen Namen sich zuerkannten, so gefallen sich auch die Anakreontiker darin, sich gegenseitig die Namen der Alten wie Titel zu verleihen: Gleim wird zum Anakreon, Uz zum Pindar, Ramler zum Horaz, Geßner zum Theokrit, Lessing zum Sophokles, die Karschin zur Sappho usw. Selbst jene geschmackvolle Rechtfertigung Johann Rists findet sich wieder: Auch Uz glaubt eine schlüpfrige Situation zu retten durch den Hinweis, „daß dieses Lied eine rechtmäßige ehlige Liebe zum Gegenstand hat".

Wie die gelehrten Dichter nehmen auch die Anakreontiker ihre Stoffe nicht aus dem Leben, sondern aus den Büchern. Nur, daß ihnen dann und wann doch ein Bewußtsein ihres Mangels aufdämmert: „Die Alten waren mehr von der Natur gebildet als von der Kunst. Sie samleten ihre Bilder aus Betrachtung der Welt, wir samlen sie aus Büchern; ein Mahler, der immer kopiert, wird nie ein Raphael werden, und ein Dichter, der Hirten und Helden nur im Virgil gesehen hat, nie ein Homer." (Gleim an Uz) — nur daß sie stärker denn die Gelehrten sich vom Stofflichen befreit und bewußt der Pflege der äußeren Form zugewandt haben. Verdankt doch diesem formalen Bestreben die Anakreontik ihre ganze Entstehung: ihr gemeinsamer Urgrund ist der Angriff auf den Reim.

Schon Bodmer war, als er ein Stück aus Boileaus „Art poetique" in reimlosen Versen übersetzt hatte und darum angegriffen wurde, so weit gegangen, den Gebrauch der Reime zu verwerfen: In der Reichhaltigkeit der Dichtung und der Skansion liege der wahre Wert der Poesie, die Reime seien nichts anderes als ein kahles Geklapper gleichlautender Buchstaben, welches nur von der poetischen Barbarei unserer Alten angeerbt sei. Dann hatte Gottsched einige anakreontische Gedichte in reimlosen Versen übersetzt. Immanuel Pyra aber, der Vorläufer Klopstocks, hatte sich durch seine Liebe zur Bibel, zu Horaz, Pindar, Milton bestimmen lassen, die Reimlosigkeit zu einer grundsätzlichen Forderung für die deutsche Dichtung zu machen. Schroff und einseitig wendet er sich gegen „die schweren und engen Fesseln der Reime", ihm ist der Reim nur ein Mittel der Reimschmiede, mit dem sie ihre geistige Blöße und Leerheit decken, daher, als der wahren Dichtung unwürdig, zu verwerfen. In hohen religiösen Oden sucht er die reimlose Dichtart durchzusetzen. Es gelingt nicht gleich. Da springt ihm Gleim bei, dem er in Halle bekannt geworden: „Bacchus und Amor werden uns eher helfen denn Moses und David", urteilte er. Eben las er mit seinen Freunden den Anakreon, und er fühlte richtig, daß dessen einfacher Inhalt und Rhythmus sich angenehmer und zierlicher nachahmen ließe als die schwierigen Maße und Stoffe des Pindar und Horaz, denen Pyra nachgestrebt hatte. So begann er seine „Scherzhaften Lieder", so Götz und Uz ihre Übersetzung des Anakreon.

Von den leichteren Versmaßen Anakreons geht man bald zu schwierigeren Nachbildungen weiter, vor allem Lange und der geschickteste Metriker des Kreises, Ramler. Horaz gilt als das höchste Muster, seine Formen der deutschen Dichtung zu erwerben als die ehrenvollste Aufgabe. 1749 rückt Ramler mit dem Plane heraus, die Deutschen, wie sie einst mit Goten und Hunnen überschwemmt seien, nun mit Griechen und Römern zu überschwemmen. Jeder deutsche Dichter solle seinen antiken Leibautor haben, den er imitiere, interpretiere, sogar korrigiere, aber vor allen Dingen übersetze. Damit der Geschmack wirklich vollkommen werde und die Sitten reiner blieben, solle alles so übersetzt werden, daß ein Frauenzimmer es ohne Schamröte hören könne. Gleim soll sich deshalb an Ebert, Zachariae, Uz und Götz wenden. Von diesen sollen einige wieder an Cramer, Rabener, Gellert und Gieseke schreiben. Die letzte Instanz soll Bodmer sein.

Diese formalen Bestrebungen bilden auch den Inhalt der umfangreichen Briefsammlungen, die uns aus diesem Kreise erhalten sind. Man sendet sich die einzelnen und gesammelten Gedichte zur Kritik. Und die Kritik ist stets eine rein formale. Zwei, drei, vier Freunde prüfen und verbessern oft eine Sammlung, eh sie dem Druck übergeben wird. Bei Ramler, von dem Gleim besonders betont, „daß der Wohlklang Herrn Ramlers höchster Endzweck sei", ist dieser formale Ehrgeiz zu einer berüchtigten Verbesserungswut geworden. Er bessert die Gedichte seiner Freunde — oft gegen ihren lebhaften Einspruch — in eine völlig neue Gestalt hinüber, er gibt Anthologien heraus, in denen jedes Gedicht willkürlich gekürzt und geändert ist. Und Gleim macht es sich zur Aufgabe, Werke seiner Freunde, denen eine schlichte, knappe Prosa eigentümlich, wie Lessings „Philotas" und Klopstocks „Tod Adams", in breite Verse umzusetzen.

Man denkt gar nicht mehr an den Inhalt, er ist gleichgültig, die bloße Freude an der Form reizt zum Schaffen der

Gedichte: „Mir deucht, ein gutes Silbenmaß ist zur horazischen Ode notwendig. Das, so Sie erfunden haben, ist so schön, daß ich wünschte, es möchte alles darin geschrieben werden, was ich lesen sollte ... Sie müssen in demselben noch mehr arbeiten, ich fordre dies mit aller Macht, die ich über Sie habe", schreibt Gleim an Uz, und bald nachher: „Herr Ramler sinnt jetzt auf ein Silbenmaß, welches dies noch an Schönheit übertreffen soll." In einem späteren Briefe schreibt Uz: „Ob ich gleich der lyrischen Muse den Abschied gegeben, möchte ich mich erkühnen, einige Stücke nach Herrn Ramlers Regeln, die vollkommen richtig sind, auszuarbeiten."

Auf diesen formalen Studien, dieser liebevollen Vorarbeit von „Liebhabern der schönen Künste" für spätere Künstler beruht die Bedeutung der anakreontischen Lyrik. Ihr Inhalt ist ebenso gleichgültig wie ermüdend — wenngleich er dem damaligen deutschen Gefühlsleben in seiner steten Wiederholung vielleicht ein wenig mehr Leichtigkeit und Freiheit gebracht hat. Da man von Anakreon ausgegangen war, da Wein und Liebe und ihre Situationen am ehesten eine gewisse Lebendigkeit vortäuschen, so waren es zu Anfang diese beiden, die einförmig und unaufhörlich besungen wurden. Man brauchte nicht erst auf das Erlebnis zu warten, auf „die gebietende Stunde", die Form aber war immer zur Hand. Leicht wäre eine Statistik der beliebten Wendungen und Situationen aufzustellen. Nie ist in Deutschland so unermüdlich gedichtet worden. Ein Schauder faßt uns, wenn wir nur die gesamte lyrische Produktion von Gleim überblicken: 115 Werke zählt sein Biograph, die zum größten Teil Gedichtsammlungen darstellen: „Was ich mache" — schreibt er noch als Greis — Verse mache ich; alle Morgen von 4—7 Uhr habe ich meine lieben Musen bei mir." Seine letzte Krankheit bringt ihm noch zwei Sammlungen „Nachtgedichte", endlich gar eine Sammlung: „Gedichte vom alten Gleim auf seinem Sterbebette." Und noch nicht zufrieden mit all dem, was er in diesem Leben gedichtet, versichert er:

> Und ich hoff' in jenem wieder
> Anzufangen, wo ich's ließ.

„Kann man Sie denken" — schrieb 1766 Michaelis an Gleim — „ohne in die Versuchung zu fallen, nach Kräften dichten zu wollen?"

Man brauchte nicht gerade sehr stolzer Kräfte, um Gleims dichterische Höhe zu erreichen, wie uns ein Beispiel, das erste seiner „Scherzhaften Lieder" beweisen mag:

Anakreon,

Anakreon, mein Lehrer,
Singt nur von Wein und Liebe;
Er salbt den Bart mit Salben,
Und singt von Wein und Liebe;
Er krönt sein Haupt mit Rosen
Und singt von Wein und Liebe;
Er paaret sich im Garten
Und singt von Wein und Liebe;
Er wird beim Trunk ein König

Und singt von Wein und Liebe;
Er spielt mit seinen Göttern,
Er lacht mit seinen Freunden,
Vertreibt sich Gram und Sorgen,
Verschmäht den reichen Pöbel,
Verwirft das Lob der Helden,
Und singt von Wein und Liebe:
Soll denn sein treuer Schüler
Von Haß und Wasser singen?

Bei aller neuen Grazie und Beweglichkeit war diese Versart doch gar zu leicht zugänglich, als daß sich nicht ein Schwarm von Nachahmern erhoben hätte. „Bei diesem nichts als dichtenden Geschlechte" — wehklagt Gleim. „Jedermann will jetzt anakreontisieren." Unwillig schilt Uz: „Jetzt, da man bis zum Ekel von Wein und Liebe singen hört." Abraham Gotthelf Kästner parodiert die neue Richtung unschwer, wenn er den Dichterling, der verlegen darüber ist, daß er kein Haller oder Hagedorn werden, nicht mit Klopstock oder Lessing wetteifern könne, ausrufen läßt:

Was Henker soll ich machen,
Daß ich ein Dichter werde?
Gedankenleere Prosa
In ungereimten Zeilen,
In Dreiquerfingerzeilen,
Von Mägdchen und vom Weine,
Vom Weine und von Mägdchen,
Von Trinken und von Küssen,
Von Küssen und von Trinken,
Und wieder Wein und Mägdchen

Und wieder Kuß und Trinken,
Und lauter Wein und Mägdchen,
Und lauter Kuß und Trinken,
Und nichts als Wein und Mägdchen,
Und nichts als Kuß und Trinken,
Und immer so gekindert,
Will ich halbschlafend schreiben.
Das heißen unsre Zeiten
Anakreontisch dichten.

Lange hielt die Anakreontik nicht bei den reimlosen Versen aus. Gleim und mehr noch Uz, Götz, Weiße, Jacobi wandten sich bald wieder gereimten Liedern zu. In ihnen lehnen sie sich weniger an die Alten als an Hagedorn und die Franzosen an. Die Pointe versucht wieder den Leser am Schlusse des Gedichtes zu überraschen. Auch in der spielerischen Behandlung des Reims wetteifert man mit französischen Mustern.

Auf die Dauer konnten allerdings die anakreontischen Stoffe

ihren Dichtern nicht genügen. Für die größeren formalen Versuche wurde auch ein größerer Inhalt notwendig. Die hohe Ode reizte sie, sie sollte ihrem Selbstbewußtsein Recht und Weihe geben. S. G. Lange hatte aus dem Kreise der Pietisten, aus Pyras Liedern ihren Klang gebracht. Gleim wurde durch eine Koranübersetzung zu seinem „Halladat" geführt. Klopstocks erste Oden und Messiasgesänge erschienen und erregten die literarische Welt. So kam das Wunderliche: dem Lobe von Wein und Liebe trat das Lob der Gottheit zur Seite. Ähnlich — nur roher und unausgeglichener — war es auch in der Gelehrtenlyrik gewesen, wo der erste Teil einer Gedichtsammlung mit Schlüpfrigkeiten, der zweite mit religiösen Liedern gefüllt war. Und hier wie dort ist der Grund der, daß beide Stoffe leicht zu übernehmen sind, sie sind gegenständlich und greifbar: Das Lob der Gottheit war, wie das von Wein und Liebe, so oft gesungen, war durch die Bibel und Kirchenlieder so erschöpft, daß seine formale Erneuerung keine Schwierigkeit machte. Das Quantum an erhabenem Gefühl aber, das dazu nötig, war allgemein genug, um jedem zugänglich zu sein oder durch ein kurzes Studium der Vorbilder zugänglich zu werden. Im höheren Sinne sind auch die religiösen Oden der Anakreontik dilettantische Versuche, zu denen die Bibel nicht nur den Inhalt, sondern auch die Bilder hergeben mußte. Ihrem rationalistischen Jahrhundert entsprechend sind sie undogmatischer und allgemeiner als die religiösen Lieder der Gelehrtenlyrik. Formal erreichen sie da und dort einen neuen Aufschwung, ein rhetorisches Pathos, das Uzens hohe Oden zu Vorläufern von Schillers philosophischen Gedichten macht.

Nur in einem drängen Tag und Gegenwart ihren Inhalt in die Dichtung der Anakreontiker, im patriotischen Gehalt. Friedrichs des Großen ragende Persönlichkeit überschattet die Zeit. Pyra eröffnete die Reihe seiner Sänger mit einem langen Gedicht zu seinem Regierungsantritt, S. G. Lange pomphaft und mehr noch im Tone der alten Hofpoeten folgt ihm. 1749 jauchzt ihm Klopstocks Kriegslied zu. Aber erst der Siebenjährige Krieg, seine unerhörten Siege zwingen die deutsche Dichtung. Wieder treten die Anakreontiker nicht ursprünglich und selbständig auf: Eine Persönlichkeit wie Lessing war nötig, um eine Persönlichkeit wie Friedrich den Großen, um die ganze weltgeschichtliche Bedeutung der Zeit zu begreifen.

Er ist es, der die Anakreontiker anspornt, der sie immer wieder auf den neuen Gehalt der Dichtung hinweist:

Gleim dir fehlt weder die Gabe, den Helden zu singen,
Noch der Held. Der Held ist dein König
Zwar sang deine frohe Jugend, bekränzt vom rosenwangigten
Bacchus nur von feindlichen Mädchen, nur vom streitbaren Kelchglas;
Doch bist du auch nicht fremd im Lager . . .
Singe ihn deinen König . . . Singe ihn an der Spitze des Heeres,
An der Spitze ihm ähnlicher Helden, so weit Menschen den Göttern ähn-
lich sein können.
Singe ihn im Dampfe der Schlacht . . . Singe ihn mit dem Kranze
des Siegs.

Gleim wußte schwerlich, wie er zu dieser Ehre kam. Am Zweiten Schlesischen Krieg hatte seine Dichtung teilgenommen mit der Bitte: „Ach möchtet ihr Kanonen — die Mädchen nur verschonen!" Und auch jetzt flüchtet er noch aus der Unbequemlichkeit kriegerischer Vorstellungen in die alte, harmlose Welt von Wein und Liebe. Noch 1757 schreibt er an Kleist: „Erfüllt von dem Gedanken an das unendliche Blutvergießen, an das arme Zittau und an das Ungewitter, das über uns schwebt, fand mich diesen Morgen die scherzhafte Muse, die mich in so langer Zeit nicht besucht hat und überredete mich, die Gedanken fahren zu lassen und meinem Kleist ein Lied-chen zu singen. Ich tat es und sang:

Freund, ich trinke;
Denn von Abend bis zu Morgen
Schlafen alle meine Sorgen,
Wenn ich trinke."

Aber wie alle Dilettanten war er Anregungen leicht zugäng-lich. Und seine formale Geschicklichkeit zeigte sich hier am glücklichsten in dem überraschenden Einfall, die „Preußischen Kriegslieder" einem einfachen Grenadier in den Mund zu legen. Auch das kräftige, volkstümlich-sangbare Versmaß ist vorzüg-lich gewählt: die vierzeilige Strophe des alten, englischen Kriegsliedes Chevy-chase, die Klopstock in Deutschland einge-bürgert hatte. Der Grenadier singt seine Schlachten und Siege, wie er sie kämpft und erlebt. Niedrige, alltägliche Ausdrücke, mundartliche Wendungen geben der Sprache Kraft und Leben. Eine Strophe, die Friedrich vor der Schlacht bei Lowositz zeigt, gelingt:

> Auf einer Trommel saß der Held
> Und dachte seine Schlacht,
> Den Himmel über sich zum Zelt,
> Und um sich her die Nacht.

Aber es verleugnet sich nicht, daß Gleim auch in diesen Liedern den Inhalt weniger erlebt als übernommen hat. Ein Wort Goethes gibt uns ihre Kritik: „Kriegslieder schreiben und im Zimmer sitzen? Aus dem Biwak heraus, wo man nachts die Pferde der feindlichen Vorposten wiehern hört: da hätte ich es mir gefallen lassen. Aber das war nicht meine Sache, sondern die von Theodor Körner. Ihn kleiden seine Kriegslieder auch vollkommen. Bei mir aber, der ich keine kriegerische Natur bin und keinen kriegerischen Sinn habe, würden Kriegslieder eine Maske gewesen sein, die mir sehr schlecht zu Gesicht gestanden hätte." Immer wieder greift der preußische Grenadier, um seinen Empfindungen Ausdruck zu geben, zu antiken Bildern, Göttern und Ereignissen. Seine freudige Ergriffenheit findet ihre höchste Äußerung, indem sie horazische Oden für die Friedenszeit verspricht. Ehe er zum Singen kommt, reflektiert, räsonniert und pathetisiert er lange über den Gesang. Fünf Strophen lang singt er im Siegeslied nach der Schlacht bei Lissa, wie sein Gesang erschallen soll, ehe er wirklich zu singen beginnt. Über anekdotische Einzelheiten, über ein draufgängerisches Bramabarsieren hinaus kann sich das Gefühl nur in der Reflexion aussprechen.

Der Dichterheld des Siebenjährigen Krieges, den Goethes Wort von Theodor Körner trifft, der mit seinem Leben für sein Vaterland zahlte, war Christian Ewald von Kleist. Er ging aus dem Kreise der Anakreontiker hervor: Gleim rühmte sich, den Dichter in ihm geweckt zu haben. In ein paar belanglosen Schulübungen hat er auch der Anakreontik seinen Tribut entrichtet. Aber, ein wahrer, innerlicher, schöpferischer Künstler, wuchs er bald über sie hinaus.

Kleist hatte zuerst in dänischen, seit Friedrichs Regierungsantritt in preußischen Diensten den strengen, einförmigen Beruf des Offiziers erfüllt. Zu Beginn des Siebenjährigen Krieges hatte er seine berühmte „Ode an die preußische Armee" geschrieben, die bei aller formalen Gebundenheit doch das einzige Gedicht des Krieges darstellt, das künstlerisch wahr und notwendig, vom eigensten Herzblut durchpulst ist:

Unüberwundenes Heer, mit dem Tod und Verderben
In Legionen Feinde dringt,
Um das der frohe Sieg die güldnen Flügel schwingt,
O Heer, bereit zum Siegen oder Sterben!
— — --

Sieh, Feinde, deren Last die Hügel fast versinken,
Den Erdkreis beben macht,
Ziehn gegen dich und drohn mit Qual und ewger Nacht;
Das Wasser fehlt, wo ihre Rosse trinken.

— — —

Verdopple deinen Mut! Der Feinde wilde Fluten
Hemmt Friedrich und dein starker Arm,
Und die Gerechtigkeit verjagt den tollen Schwarm.
Sie blitzt durch dich auf ihn, und seine Rücken bluten.

— — —

Aber der heldenhafte Major sollte nicht zum Sänger dieses
Krieges werden. Er war — im Gegensatz zu den Anakreontikern — zu sehr Dichter, um etwas anderes zu dichten, als
was seiner innersten Natur entsprach, deren notwendiger Ausdruck war. Und — seltsam und tragisch genug! — der Natur
dieses Todes-Tapfren entsprach im Grunde nicht Krieg, Schlacht
und Lagerleben, sondern die einsame Stille der Felder und Gärten, der schwermütige Frieden der Wiesen und Wälder. Er
war keine kriegerische, sondern eine idyllische Natur. Dem
Werden und Wechsel der Jahreszeiten, dem bunten Knospen
und Vergehen zuzuschauen und dabei sich seinen schwermüti-
gen Betrachtungen hinzugeben, das hätte seine Eigenart erfüllt. Eine Zeitlang hoffte und sehnte er sich danach, der König
werde ihm den Posten eines Oberforstmeisters geben. Nun dichtet er im Lager von Prag, zwischen Pulverdampf und Kanonen-
donner seine „Sehnsucht nach Ruhe", nun schreibt er in der
Garnison von Potsdam, der „Hundegegend", unter Offizieren,
„denen es eine Art Schande ist, ein Dichter zu sein", auf seltenen, einsamen Spaziergängen seinen „Frühling". „Ich glaube,
daß die Melancholie meine Muse ist" (an Hirzel). Der Zwiespalt zwischen seiner Anlage und seinem Beruf, dem ihn sein
verarmter Adel früh zuweist, läßt diese Melancholie seines Wesens unheilbar wachsen. Gedichte und Briefe sind voll düsterer
Äußerungen: „Ich bin der Qual, ich bin des Unglücks Sohn"...
„Lebt ein Mensch, dessen Unglück dem meinigen zu vergleichen ist"... „Den ganzen Winter hindurch bin ich so nieder-
geschlagen gewesen, daß ich tausendmal die Stunde meiner

Geburt verwünscht habe." Aber diese Schwermut macht ihn nicht weichlich und müde. Die Tatenlosigkeit, zu der sein Regiment so lange verurteilt war, ist sein herbstes Leid. Er ist eine durch und durch männliche, ganze Natur. Mehr als seine Dichtung haben seine vornehme Menschlichkeit und Wahrheit ihn für seine Zeit zum Idealbilde eines Dichters gemacht: „Er hat mich ungemein eingenommen, zwar nicht so sehr als Poet oder als grand genie, sondern als ehrlicher Mann", schreibt Klamer-Schmidt an Gleim. Und Lessing, die ihm verwandte Natur, schreibt von ihm das herbe, stolze Wort: „Ein Freund, dessen geringste Eigenschaften der Dichter und Soldat waren."

In der Schlacht bei Kunersdorf fiel er. Eine Kugel hatte seine rechte Hand verwundet und zwang ihn, den Degen in die Linke zu nehmen. Als er am linken Ellenbogen durch eine Kugel getroffen wurde, nahm er den Degen nochmals in die rechte Hand und hielt ihn mühsam mit dem Daumen und den beiden letzten Fingern. Dann zerschmetterte ihm eine Kartätschenkugel das rechte Bein, daß er vom Pferde fiel. Zweimal versuchte er vergebens wieder aufzusteigen. Noch auf der Erde hat er „seinen Leuten zugerufen und sie aufs beste angefeuert".

Kleists berühmtes und bedeutendstes Gedicht ist der „Frühling". In ihm hat seine ganze schwermütige Naturfreude und -beobachtung Gestalt gewonnen. Die Anakreontiker hatten wie die Gelehrtendichtung kein Verhältnis zur Natur besessen. Er führt die Linie Brockes, Haller fort. Von Hallers ersten Gedichten waren seine Anfänge, von Hallers „Alpen" sein „Frühling" beeinflußt. Thomsons „Jahreszeiten" wirken mit in Brokkes Übersetzung. Aber Kleist dringt tiefer denn sie. Ihm ist die Natur nicht mehr ein bloßes äußeres Objekt, ein Gegenstand der Beschreibung, auch nicht wie bei Haller ein Anlaß zu Reflexionen, er zwingt hier Idee und Sinnlichkeit nicht nur nebeneinander, sondern weiß sie schon zaghaft zu durchdringen. Seine Natur ist nicht nur gesehen, sondern gefühlt, immer wieder wird ihre Schilderung vom persönlichen Anteil durchbrochen. Und mehr noch als vom „Frühling" gilt dies von seinen beiden Idyllen, auf die Geßners Prosaidyllen nicht ohne Einfluß geblieben sind, nachdem Geßner vorher durch Kleists „Frühling" angeregt worden. „Irin" ist in der Geschlossenheit seiner Stimmung, in der Einheit von Natur, Gefühl und Gedanken für die Entwicklung des Naturgefühls in der deutschen

Lyrik ein bedeutsames Gedicht. Auf dem abendstillen Meere, im Schilf des Eilands, schauen die Fischer, Vater und Sohn, der untergehenden Sonne zu:

. . . . . „O wie schön
Ist jetzt die Gegend!" sagt entzückt
Der Knabe, den Irin gelehrt,
Auf jede Schönheit der Natur
Zu merken. „Sieh", sagt er, „den
             Schwan,
Umringt von seiner frohen Brut,
Sich in den roten Wiederschein
Des Himmels tauchen! Sieh, er schifft,
Zieht rote Furchen in die Flut
Und spannt des Fittichs Segel auf.

Wie lieblich flüstert dort im Hain
Der schlanken Espen furchtsam Laub
Am Ufer, und wie reizend fließt
Die Saat in grünen Wellen fort
Und rauscht, vom Winde sanft be-
             wegt! —
O, was für Anmut haucht anjetzt
Gestad' und Meer und Himmel aus!
Wie schön ist alles, und wie froh
Und glücklich macht uns die Natur!"
— — —

KLOPSTOCK

Zwei Grundströmungen sind es, deren immer reinere und reichere Entwicklung die Befreiung der Persönlichkeit seit dem Dreißigjährigen Kriege in Deutschland vorwärts führen: Rationalismus und Pietismus. Im Rationalismus kämpft der deutsche Geist um seine Freiheit, im Pietismus das deutsche Herz.

Das 17. Jahrhundert vereinigte die großen Denker und Forscher Europas in der gemeinsamen Begründung der neuen Naturerkenntnis, gab ihnen und ihren Lesern das befreiende und beglückende Bewußtsein von der Solidarität der Menschheit und ihrem Fortschritt. „Das Jahrhundert der Aufklärung entwikkelte dann die Folgerungen aus den neuen Ideen. Der menschliche Geist erkannte seine Souveränität gegenüber allen Autoritäten der Vergangenheit; er erfaßte im eigenen Denken sein Verhältnis zum Unsichtbaren; aus ihm leitete er das Verhältnis der Menschen zueinander ab: sie arbeiten gemeinsam unter demselben inneren Gesetz an dem allumfassenden Fortschritt des menschlichen Geschlechts. Hierin war eine neue rationale Ordnung der Beziehungen gegeben, welche die Menschen verbinden. Dieses neue Ideal schuf, wohin es drang, eine Verbindung der freien Geister untereinander; es gab jetzt eine Stelle, an der die Unterschiede der ständischen Gliederung aufgehoben waren. . . . In Berlin, in Hamburg, in anderen großen Städten fanden sich die Vertreter der Aufklärung in neubegründeten Gesellschaften, in den Zusammenkünften der Freimaurer, bei gelehrten Vorträgen zusammen, und zuletzt wurde die höchste wissenschaftliche Körperschaft Deutschlands, die Akademie der Wissenschaften in Berlin, Sammelplatz und Organ dieser Aufklärung. Das regierende Beamtentum verband sich hier überall mit den Gelehrten." (Dilthey.) In Lessings „Minna von Barnhelm" und „Nathan" fand dies verstandeshelle und ·gütige Lebensideal unvergängliche dichterische Gestalt.

Im Pietismus brach in paralleler Strömung das Gefühl sich Raum und Bahn. Um 1670 begann Philipp Jakob Spener in Frankfurt a. M. seine collegia pietatis. Schon in Paul Gerhardts Liedern hatte sich eine Individualisierung des religiösen Lebens kundgetan, aus Kirche und Gemeinde hatte es sich während des Dreißigjährigen Krieges und Elends zurückgezogen: in Haus und Familie, wenn es auch noch auf dem Boden des Dogmas blieb. Im Pietismus vollendet sich diese Wendung zur religiösen Innerlichkeit, in Gleichgültigkeit und bald im offenen Kampf gegen die Orthodoxie. Der Pietismus wird zum Erben der Mystik. Aus den politisch-religiösen Kämpfen, aus dem Parteigezänk der Kanzeln und Fakultäten, aus der Rationalisierung des religiösen Lebens flüchtet er in die Innerlichkeit des religiösen Gefühls, in fromme Versenkung und Betrachtung. Unmittelbar und leidenschaftlich, in einsamer Kammer, oder im engen Kreise Gleichgesinnter, der „Stillen im Lande", tritt der Pietist seinem Gott gegenüber. Nicht in der Helle der Erkenntnis — in der inbrünstigen Tiefe des Erlebnisses erfährt er ihn. „Gefühl ist alles." Und auch hier entwickelt sich bald ein stiller Zusammenhang der frommen Seelen und Konventikel durch ganz Deutschland, eine neue menschliche Verbindung, die alle ständische Abgeschlossenheit durchbricht, die seit Jahrhunderten wieder die Frauen über Haus und Familie hinaus zu bestimmenden Mitgliedern einer geistigen Genossenschaft macht. In Gesprächen, Briefen und Tagebüchern teilt man sich seine frommen Erlebnisse mit; man gibt sich ihnen hin, man genießt sie, man schwärmt. Das Gefühl, das sich bei den dürftigen, engen, unfreien Verhältnissen des wirtschaftlichen und politischen Lebens in Deutschland nicht in Tat und Handlung umsetzen und objektivieren kann, verbleibt rein in sich, in seiner inneren Welt. Sie durchmißt es, sie entdeckt es, in seliger, tränenseliger Empfindsamkeit, wie in Selbstbeobachtung und -zergliederung.

Diese Selbstentdeckung und -befreiung, dieser Überschwang und Selbstgenuß des Gefühls gestaltet und gipfelt sich in Friedrich Gottlieb Klopstocks (1724—1803) Dichtung. In ihr verbindet sich der religiöse und Herzensgehalt des deutschen Pietismus der bisher errungenen lyrischen Kunstform. Sie ermöglicht und rechtfertigt das Wort des jungen Goethe: „So fühl ich denn in dem Augenblick, was den Dichter macht: ein volles, ganz von Einer Empfindung volles Herz." Im Gehalt bleibt Klopstock nur der Erbe, in der sprachlichen und rhythmischen Form führt er die Entwicklung entscheidend weiter.

Seine dichterische Verknüpfung fand der Pietismus in der puritanischen Dichtung Englands, im Epos Miltons, dem „Verlorenen Paradies". Bodmer und Breitinger, die Schweizer, hatten darauf hingewiesen, hatten es im Kampfe gegen Gottsched zum Mittelpunkt ihrer ästhetischen Anschauungen und Forderungen gemacht. Jakob Immanuel Pyra (1715—1744) war ihnen gefolgt. Pietistischen Kreisen entsprossen, forderte er, daß die wahre Poesie ausschließlich die religiöse, und zwar die christlich-religiöse, sei: „Laß allezeit, so oft du singst und spielst — den Vater und den Herrn der Engel und der Menschen — den ganzen Inhalt sein." Er hatte auf die Bibel hingewiesen als die Quelle aller Dichtkunst, er hatte das Epos als die höchste Dichtungsgattung, Milton als den größten neueren Epiker gefeiert: „Er hat die Poesie vom heidnischen Parnaß ins Paradies geführt." In „Thyrsis' und Damons freundschaftlichen Liedern" hatte er gemeinsam mit Samuel Gotthold Lange horazische Odenmaße nachzubilden versucht, der deutschen Dichtung den empfindsamen Freundeskult mitgeteilt. Aber die Sprache steht im Banne der Gelehrtenpoesie und ihrer nüchternen Gegner, Lohensteins und Neukirchs; Rhythmus und Strophe beschränken sich darauf, etwas der vierzeiligen sapphischen Strophe Ähnliches zusammenzustellen. Und das Gefühl bleibt gebunden. Theoretisch weiß Pyra: „Der poetische Enthusiasmus ist derjenige Zustand des Gemütes, der von der Hitze der Einbildungskraft und der Affekte hingerissen wird"; aber es ist, als wenn das Gefühl bei ihm nur von der Reflexion gefordert würde, ohne an seiner Befreiung mitzuwirken. Immer wieder stellt die Reflexion fest, daß sie hingerissen sei; je lauter sie es ausruft, desto unglaubwürdiger wird es uns: „Mein Geist entreißt sich" — „Jetzt bin ich mei-

7*

ner selbst nicht mächtig" — „Reißet mich ein unbekannter Geist, vom Dunst der Raserein berauscht, entzündt, aus der gemeinen Welt ins Reich der fabelhaften Schatten?" Mehr im Wollen, als im Können ist Pyra ein Vorläufer Klopstocks.

Und Ziel und Willen vermittelten Klopstock schon auf der Fürstenschule zu Pforta die Schweizer stärker: „Ich war ein junger Mensch" — schreibt er am 10. August 1748 an Bodmer — „der seinen Homer und Virgil las und sich schon über die kritischen Schriften der Sachsen im stillen ärgerte, als mir Ihre und Breitingers Schriften in die Hände fielen. Ich las, oder vielmehr ich verschlang sie; und wenn mir zur Rechten Homer und Virgil lag, so hatte ich jene zur Linken, um sie immer nachschlagen zu können. Und als Milton, den ich vielleicht ohne Ihre Übersetzung allzuspät zu sehen bekommen hätte, mir in die Hände fiel, loderte das Feuer, das Homer in mir entzündet hatte, zur Flamme auf und hob meine Seele, um die Himmel und die Religion zu singen." Der Plan des „Messias" entsteht. Milton sollte erreicht, ja übertroffen, die Darstellung des Sündenfalls durch die Darstellung der Erlösung vollendet werden. „Geheiligter Schatten Miltons" — ruft der Einundzwanzigjährige beim Abgang von Schulpforta zur Universität in seiner Abschiedsrede — „zürne nicht über meine Vermessenheit, wenn ich Dir nicht allein nachzueifern, sondern mich sogar an einen noch gewaltigeren und herrlicheren Stoff zu wagen gedenke! Frankreich und Holland suchen nach dem Ruhm großer epischer Dichtung; warum verharrt nur Deutschland in träger Schlafsucht? Mit niedrigen Tändeleien wollen die deutschen Dichter den Ruhm der Geistesgröße erjagen; mit Gedichten, die nur zu entstehen scheinen, um alsbald wieder zu vergehen, suchen wir die heilige Unsterblichkeit zu erringen. Die Deutschen bearbeiten jetzt die Philosophie und jede Art von Wissenschaft mit Erfolg und Eifer; sie schwingen sich kräftig empor; selbst die stolzen Ausländer können ihnen nicht mehr die lauteste Anerkennung versagen. Warum also ist es nur das Mißgeschick der Dichtung, dieser göttlichen Kunst, von ungeweihten Händen befleckt zu werden und immer nur an der Erde zu kriechen?"

Aus diesem enthusiastischen Wollen, aus der ganzen erregten Weite des durch den Pietismus gelösten deutschen Gefühls wuchsen die ersten Gesänge des „Messias", wuchsen die ersten Oden des jungen Dichters. Im Hexameter, zu dem Deutschland nur sehr vereinzelte und ungelenke Vorübungen besaß, im Distichon, und in horazischen — zumeist alkäischen — Strophen, die sich zum ersten Male an die strenge Rhythmik ihres Vorbildes banden, schuf Klopstock diesem Fühlen und Wollen die gemäße Form.

Freundschaft ist der erste Inhalt seiner Oden, jene Freundschaft, die aus der Gemeinschaft religiösen, pietistischen Empfindens ihre Weihe und schwärmende Erregung holt. Sie nimmt die antiken Bilder und Formen, die humanistischen Studien Schulpfortas, die bisherigen Errungenschaften des lyrischen Formwillens in Deutschland begierig auf und gibt ihnen neues, erhöhtes Leben:

> Wie Hebe kühn und jugendlich ungestüm,
> Wie mit dem goldnen Köcher Latonens Sohn,
> Unsterblich sing' ich meine Freunde,
> Feiernd in mächtigen Dithyramben
>
> Willst du zu Strophen werden, o Lied, oder
> Ununterwürfig Pindars Gesängen gleich,
> Gleich Zeus erhaben trunkenem Sohne
> Frei aus der schaffenden Seele taumeln?

Das helle Pathos des Jünglings tritt in die deutsche Lyrik. Die Sehnsucht nach großen Begeisterungen, nach Rausch und Erhabenheit durchtönen seinen Schritt. Die Gebärde der großen Erregung hält die Versmaße zusammen. Das jugendliche Selbstgefühl wirft sich die Sprache wie ein prunkendes, faltenschweres Gewand um die Schulter.

Klopstocks ganze dichterische Bedeutung kündet sich in dieser ersten, großen Ode an. Der Dichter soll sich auf die edlen Wörter beschränken, verlangt er. Er zieht alte Formen und Ausdrücke wieder aus der Vergessenheit, er bildet neue Worte und Wortverbindungen mit einer schöpferischen Kühnheit, die ihn unter die großen Erneurer der deutschen Sprache stellt. Die Sprache erhält eine neue Würde und eine unerhörte Lebendigkeit. Zum ersten Male finden wir Strophen, die uns durch ihren bloßen Wohllaut gefangen nehmen. Die Stellung der Sätze und Satzglieder findet eine Freiheit und Mannigfaltigkeit, die den Dichter erst in den Stand setzt, den Gang des inneren Geschehens völlig darzustellen.

Aber auch Klopstocks Grenzen werden schon in dieser Erstlingsode deutlich.

Milton hatte sein „Verlorenes Paradies", Dante seine „Göttliche Komödie" geschrieben in einer gewaltigen Zeit ihres Vaterlandes, am Abend oder auf der Höhe eines kampf- und leiderfüllten Lebens. Drang- und blutvoll hatten die Bilder und Gestalten, die Lüste, Leiden und Kämpfe ihres Landes und ihres Lebens die metaphysischen Szenen ihrer Dichtungen ausgefüllt, ihnen Farbe und Plastik gegeben. Klopstock begann seine Dichtungen als Gymnasiast, als junger Student, in der Lebensferne eines Internates, in einem Vaterlande, dessen wirtschaftliche und politische Enge der Weite seines inneren Lebensgefühls Raum zur Entfaltung weder geben konnte, noch — unter der Herrschaft des aufgeklärten Despotismus — geben wollte. So verharrt und kreist sein Gefühl in sich, es stellt sich nicht dar an der Welt. Der „Messias" wird unepisch durch und durch, ohne Gestalten, ohne Handlung, ohne zeitliche und örtliche Bestimmtheit, eine einzige große Ekstase, ein trunkener Selbstgenuß des befreiten Gefühls. Und so geht es ähnlich den Oden, den Freundschafts- und Liebesoden der Jenaer und Leipziger Universitätsjahre (1745—48) und der Hauslehrerjahre in Langensalza (1748—50). Vielleicht war es gerade das Übermaß des von seiner Zeit und Religion übernommenen Gefühls, das Klopstock an dessen Objektivierung, dessen Auslösung und Bindung hinderte. Stets überstürmt es die ihm zu dürftige Wirklichkeit. Alle Zärtlichkeiten und Schwüre der Freundschaft, alle schwärmerisch hergeholten Freundschaftsbilder des Altertums genügen ihm nicht, es stürmt weiter zu Tod und Grab und Jenseits, im Unermeßlichen zu schwelgen:

> Wenn ich einst tot bin, Freund, so besinge mich . . .
> Dann soll mein Schutzgeist, schweigend und unbemerkt
> Dreimal dich segnen, dreimal dein heilig Haupt
> Umfliegen . . .

oder in der „Ode an den Herrn Ebert":

> Ebert, mich scheucht ein trüber Gedanke vom blinkenden Weine
>   Tief in die Melancholey! . . .
> Ich muß weggehn und weinen! . . .
> Ebert, wenn sie einst alle dahin sind, wenn unsre Freunde
>   Alle der Erde Schooß deckt:
> Und wir wären, zween Einsame, dann von allen noch übrig!

Nun schwelgt sein Gefühl in der Vorstellung, wie einer der Freunde nach dem anderen dahinsinkt: zehn werden so mit

Namen genannt; endlich ist auch Ebert, der Angeredete, gestorben; auch das genügt dem maßlosen Gefühle nicht:

> Hat mich alsdann auch die schon geliebt, die künftig mich liebet,
> Ruht auch ihr zartes Gebein,
> Bin ich allein, allein auf der Welt, von allen noch übrig . . .

Youngs und Elisabeth Rowes Lektüre ist es, die Klopstocks
Gefühl diese Vorstellungen nahebringt. Sie färben auch die
Liebesoden:

> An Fanny.
>
> Wenn einst ich tot bin, wenn mein Gebein zu Staub . . .
> Wenn du alsdann auch, meine Fanny,
> Lange schon tot bist . . .

oder an den Bruder der Geliebten:

> Geh, wenn ich tot bin, lächelnd, so wie ich starb,
> Zu deiner Schwester; schweige vom Traurenden;
> Sag ihr, daß sterbend ich von ihr noch
> Also gesprochen mit heiterm Blicke . . .
> Wenn ich vor dir so werde gestorben sein,
> O meine Fanny, und du auch sterben willst;
> Wie wirst du deines toten Freundes
> Dich in der ernsteren Stund erinnern?
>
> — — —
>
> Stirb sanft! . . .

oder „Selmar und Selma", die Liebenden, fragen erschrocken:
„wenn aber der Tod uns Liebende trennt?" Wer wird, wer soll
den andern überleben?

> Selmar, ich sterbe mit dir! Ich bete mit dir von dem Himmel
> Diese Wohltat herab. Selmar, ich sterbe mit dir!

Das sind die Fanny-Oden, die mit der gleichen Begeisterung
aufgenommen wurden wie der „Messias", die ins Herz der Zeit
trafen, daran das weltabgewandte deutsche Gefühl sich berauschte,
davon Bodmer rühmt, daß sie ein Seraph auf den anderen gedichtet hätte; ja der Messias hätte sie schreiben können, wenn
er wie Klopstock verliebt gewesen wäre. Nur Fanny selber,
Klopstocks Cousine Marie Sophie Schmidt, ergriffen sie nicht.
Sie antwortet selten auf seine langen Briefe und Gedichte, über
die andere Mädchen, denen er sie vorliest, in Tränen ausbrechen. Vergebens bittet er immer wieder um ihr Porträt, vergebens fleht er: „Denken Sie an meine vielen Tränen, an meine
bangen Schmerzen der Liebe, die schon Jahre gedauert haben,
und die ewig dauern werden, wenn Sie nicht aufhören wollen,

hart gegen mein blutendes Herz zu sein." Fanny scheint eine der seinen gerade entgegengesetzte Natur gewesen zu sein, wirklichkeitsfrisch, tatklar, lebensfroh, „von dem Kreuzsalze noch zur Zeit wenig durchläutert" (Klopstocks Vater). Auch ihre Wirklichkeit sah Klopstock nicht („Ihr Charakter, der mir in so vielen Stücken ein Rätsel ist"), er schwärmte über sie hinweg zu Petrarcas Laura, zu Hallers Doris, zu der göttlichen Rowe.

Im Juli 1750 folgte Klopstock einer Einladung Bodmers nach Zürich bis zum Februar 1751. Hier nahm die freiere Fülle des Lebens, die Schönheit und Größe der Natur sein schweifendes Gefühl harmonisch auf. Die ausgeglichenste, anschauungsreichste, klang- und farbentiefste seiner Oden, „Der Zürchersee", entsteht:

> Schön ist Mutter Natur, deiner Erfindung Pracht
> Auf die Fluren verstreut, schöner ein froh Gesicht,
> Das den großen Gedanken
> Deiner Schöpfung noch einmal denkt.

Eine Strophe von solcher Schönheit und Ausgeglichenheit hat es in der deutschen Lyrik vorher kaum gegeben. Und wir empfinden Klopstocks erste Zeit in Zürich als die sonnigste Höhe seines Lebens, wenn wir sehen, wie hell und unmittelbar durch diesen allgemeinen Eingang das Sondererlebnis des Gedichtes tritt:

> Von des schimmernden Sees Traubengestaden her
> Oder, flohest du schon wieder zum Himmel auf,
> Komm in rötendem Strahle
> Auf den Flügeln der Abendluft,
>
> Komm und lehre mein Lied jugendlich heiter sein
> Süße Freude!
> — — —
>
> — — —
>
> Süß ist, fröhlicher Lenz, deiner Begeisterung Hauch,
> Wenn die Flur dich gebiert, wenn sich dein Odem sanft
> In der Jünglinge Herzen
> Und die Herzen der Mädchen gießt.
>
> Ach, du machst das Gefühl siegend, es steigt durch dich
> Jede blühende Brust schöner und bebender,
> Lauter redet der Liebe
> Nun entzauberter Mund durch dich.
> — — —

Reizvoll klinget des Ruhms lockender Silberton
In das schlagende Herz, und die Unsterblichkeit
Ist ein großer Gedanke,
Ist des Schweißes der Edlen wert.

— — —

Aber süßer ist noch, schöner und reizender,
In den Armen des Freunds wissen ein Freund zu sein:
So das Leben genießen
Nicht unwürdig der Ewigkeit!

Treuer Zärtlichkeit voll, in den Umschattungen,
In den Lüften des Walds, und mit gesenktem Blick
Auf die silberne Welle
Tat ich schweigend den frommen Wunsch:

Wäret ihr auch bei uns, die ihr mich ferne liebt,
In des Vaterlands Schoß, einsam von mir verstreut,
Die in seligen Stunden
Meine suchende Seele fand,

O, so bauten wir hier Hütten der Freundschaft uns!
Ewig wohnten wir hier, ewig! Der Schattenwald
Wandelt sich uns in Tempe,
Jenes Tal in Elysium!

Selten wieder hat Klopstocks Naturgefühl so seine schwärmende Unbestimmtheit überwunden, ist es so Naturanschauung geworden. Das nächste Jahr findet in Friedensburg noch die vollkommenen Strophen:

Auch hier stand die Natur, da sie aus reicher Hand
Über Hügel und Tal lebende Schönheit goß,
Mit verweilendem Tritte,
Diese Täler zu schmücken, still.

Sieh den ruhenden See, wie sein Gestade sich,
Dicht vom Walde bedeckt, sanfter erhoben hat
Und den schimmernden Abend
In der grünlichen Dämmrung birgt.

Dreizehn Jahre später (1764) bringt die Ode „Der Eislauf" das Winterbild:

Wie erhellt des Winters werdender Tag
Sanft den See! Glänzenden Reif, Sternen gleich,
Streute die Nacht über ihn aus!
Wie schweigt um uns das weiße Gefild,
Wie ertönt vom jungen Froste die Bahn!

Das sind Höhepunkte der deutschen Lyrik.

Im Frühjahr 1751 rief Klopstock ein lebenslängliches Jahresgehalt von 400, bald von 600 Reichstalern an den Hof König

Friedrichs V. nach Kopenhagen. Es war ein verhängnisvolles Geschenk für ihn. Endgültig entrückte es ihn dem tätigen Leben, auf lange, entscheidende Jahre entzog es ihn dem Boden und dem geistigen Werden der deutschen Heimat. Abseits lebte er in der Arbeit am „Messias", der 1773 vollendet, 1780 und 1798 noch umgestaltet wurde, und dessen Wesentliches doch in den zehn ersten Gesängen (1748—1755) schon gegeben war. Gefährlich empfand er diese Arbeit als seine hohepriesterliche Mission, die ihn vom Alltag des Lebens fortwies. Die Ehe mit Meta Moller (1754—1758, wo sie im Wochenbette starb) änderte daran nichts, Meta war schwärmerisch fromm und weltabgewandt wie er. So lebte er 79 Jahre, ohne doch eigentlich zur Wert- und Wesensschicht des Wirklichen vorzudringen. Im tieferen Sinne darf und muß er sich „den ewigen Jüngling" nennen (Brief vom 6. Dezember 1797). Was seine dichterische Entwicklung noch Neues bringt, entwächst der Literatur, nicht dem Leben.

Zunächst (etwa 1755—66) kehrt er sich bewußter, strenger, ausschließlicher seinen christlichen, biblischen Grundlagen zu. „Homer ist zwar auch, mit Ausnahme seiner Göttergeschichte, die er nicht erfunden hatte, schon sehr moralisch; wenn aber die Offenbarung unsere Führerin wird, so steigen wir von einem Hügel auf ein Gebirge." („Von der heiligen Poesie" 1760.)

> Aber die Religion erhöhet
> Uns über Hämus, über des Hufes Quell! ...
> Und wer ist Pindar gegen dich, Bethlems Sohn,
> Des Dagoniten Sieger und Hirtenknab,
> O Isaide, Sänger Gottes,
> Der den Unendlichen singen konnte! (Kaiser Heinrich 1764)

In der Forderung einer streng religiösen Kunst wendet er sich von der antiken zur altbiblischen Mythologie. „Messias" und Oden ändert er dahin um: das heidnische Schicksal wandelt er in Vorsicht (Vorsehung), die heidnische Muse in die Sängerin Sions; „aus frommen Bedenklichkeiten hat er uns so manchen Ort verstümmelt, dessen sich ein jeder Leser gegen ihn annehmen muß". (Lessing.) Geistliche Oden entstehen, „schöne, prächtige Tiraden", „so voller Empfindung, daß man oft gar nichts dabei empfindet". (Lessing.) Hebbels Wort an Novalis trifft sie: „Was die Sonne bestrahlt, das male, aber sie selber — Male nimmer, sie geht nie in ein Bild dir hinein!" Hem-

mungslos, nicht mehr in horazisch gebundenen — in freien
dithyrambischen Strophen, stürmt Klopstocks religiöses Gefühl
in den Weltraum hinaus, anschauungsleer schwelgt es in „un-
zählbaren Welten", Sternen- und Sonnenheeren, „tausend mal
tausend in der Welten Ozeane". Einmal aber, in der „Früh-
lingsfeier" (1759) findet es, von der Inbrunst des Pietismus,
von der Bildgewalt der Psalmen getragen, selbst in diesen Un-
ermeßlichkeiten Farbe und Form:

> Nicht in den Ozean der Welten alle
> Will ich mich stürzen, schwebe nicht
> Wo die ersten Erschaffenen, die Jubelchöre der Söhne des Lichts,
> Anbeten, tief anbeten und in Entzückung vergehn!
> Nur um den Tropfen am Eimer,
> Um die Erde nur will ich schweben und anbeten!
> Hallelujah! Hallelujah! Der Tropfen am Eimer
> Rann aus der Hand des Allmächtigen auch! ...

Einmal schwebt es sicher von ihnen zurück zur farbigbewegten,
gotterfüllten Anschauung der nächsten Natur:

> Die Morgensonne wird schwül,
> Wolken strömen herauf,
> Sichtbar ist, der kommt, der Ewige!
>
> Nun schweben sie, rauschen sie, wirbeln die Winde!
> Wie beugt sich der Wald, wie hebt sich der Strom!
> Sichtbar, wie du es Sterblichen sein kannst,
> Ja, bist du, sichtbar, Unendlicher!
> Der Wald neigt sich, der Strom fliehet ...
>
> Und die Gewitterwinde? Sie tragen den Donner!
> Wie sie rauschen, wie sie mit lauter Woge den Wald durchströmen!
> Und nun schweigen sie. Langsam wandelt
> Die schwarze Wolke.
>
> Seht ihr den neuen Zeugen des Nahen, den fliegenden Strahl?
> Hört ihr hoch in der Wolke den Donner des Herrn?
> Es ruft: „Jehova! Jehova!"
> Und der geschmetterte Wald dampft ...

In diesem Gedicht findet der deutsche Pietismus seinen lyrisch größten Ausdruck.

1750 hatte Gottfried Schütze ein Stück aus der älteren Edda
veröffentlicht, 1758 seine „Beurteilung der verschiedenen Den-
kungsarten bei den alten griechischen und römischen und bei
den alten nordischen und deutschen Dichtern" geschrieben und
so die Aufmerksamkeit auf diese vergessenen Dichtungen ge-
lenkt. 1765 war der erste Teil der sogenannten jüngeren Edda

nebst Abschnitten der älteren ins Deutsche übersetzt worden. 1764 erschien die erste deutsche Prosaübersetzung des Macphersonschen Ossian in Hamburg, und 1766 gab Heinrich Wilhelm von Gerstenberg in Kopenhagen das „Gedicht eines Skalden" heraus, darin ein alter Skalde und Krieger, durch Zaubergesang aus seinem Grabe gerufen, im Anblick der christlichen Bildung sein Erdenleben und der alten Götter Herrlichkeit singt.

Diese literarischen Anregungen verschmelzen sich Klopstock zu der phantastischen Vorstellung, die Welt Ossians und der Barden und Skalden sei für die Deutschen das Heroenzeitalter der vaterländischen Vergangenheit so, wie für die späteren Griechen das Heroenzeitalter Homers. In neuer Erregung und Begeisterung wendet er sich dieser Welt und Dichtung zu; er wird zum Führer der Bardendichtung, die Gerstenberg, gleichzeitig und unabhängig von Klopstock pflegt, die Karl Friedrich Kretschmann (der Zittauer Barde Ringulph) und der Wiener Jesuit Michael Denis (als Barde Sined) von ihnen übernehmen. Sein vaterländisches Gefühl, das sich dem lebendigen deutschen Werden immer mehr verschließt, strömt in eine eingebildete deutsche Vergangenheit. Deren Helden, Götter und Dichter stellt er denen Griechenlands stolz gegenüber. Der griechische „Hügel" (Helikon) soll dem deutschen „Hain", dem Eichenhain der Barden, weichen:

> Des Hügels Quell ertönet von Zeus,
> Von Wodan der Quell des Hains.
> Weck ich aus dem alten Untergange Götter
> Zu Gemälden des fabelhaften Liedes auf:
> So haben die in Teutoniens Hain
> Edlere Züge für mich!
> Mich weilet dann der Achäer Hügel nicht:
> Ich geh zu dem Quell des Hains.

Er führt die „teutonische Mythologie" in seine Dichtung ein. Wieder ändert er in den früheren Oden die griechischen Götter und Helden um, diesmal in die nordischen Namen einer damals noch völlig unbekannten Sagen- und Götterwelt. Auch Sprache und Versmaß will er vaterländisch bilden. Mit Hilfe Macphersons, der ihm die „eisgrauen" Melodien zu einigen lyrischen Stellen Ossians versprochen hat, denkt er das Silbenmaß der Barden herauszubringen. Und da und dort versuchen seine Oden schüchtern die Alliteration. Vaterland und Freiheit, Hermann und der deutsche Urwald geben diesen literarischen Erregungen den seelischen und geschichtlichen Gehalt. — Indes schuf Lessing aus lebendiger vaterländischer Seele, aus dem Werden und Ringen der Gegenwart „Minna von Barnhelm", Goethe den „Götz".

Zart und silbern und seelenvoll stehen zwischen der lauten Verschwärmtheit der Bardengedichte die beiden schwermütig-schönen Mondlieder „Die frühen Gräber" (1764): „Willkommen, o silberner Mond — Schöner, stiller Gefährt der Nacht" und „Die Sommernacht" (1766): „Wenn der Schimmer von dem Monde nun herab — In die Wälder sich ergießt."

Nach dem Tode Friedrichs V., nach dem Sturze Bernstorffs, seines Freundes und Gönners, siedelte Klopstock 1770 nach Hamburg über. Eine Berufung nach Karlsruhe wußte ihn nur kurz an den Hof des Markgrafen Karl Friedrich von Baden zu fesseln. Er lebt im Hause seiner Nichte Johanna Elisabeth von Winthem, die er nach dem Tode ihres Mannes noch mit 67 Jahren ehelicht. Abseits allem Leben, vereinsamt er in diesem Kreise als bewunderter, eigenwilliger Patriarch, dem großen Werden der Zeit, Kants, Goethes, Schillers Entwicklung verständnisfremd.

Ästhetische, grammatische und metrische Forschungen beschäftigen ihn und werden zum Stoff schwerfälliger literarischer Lehroden. Erst die Französische Revolution regt Einbildungskraft und Gefühl ihm wieder auf. „Mit der Ergießung einer sehr lebhaften Freude und fast tränenden Augen" begrüßt er 1788 „Die Etats généraux":

> Der kühne Reichstag Galliens dämmert schon,
> Die Morgenschauer dringen den wartenden
> Durch Mark und Bein: o komm, du neue,
> Labende, selbst nicht geträumte Sonne!
>
> Gesegnet sei mir du, das mein Haupt bedeckt,
> Mein graues Haar, die Kraft, die nach sechzigen
> Fortdauert; denn sie war's, so weit hin
> Brachte sie mich, daß ich dies erlebte! . . .

Die Verkündung der Menschenrechte, die Aufhebung der Feudalrechte hält er begeistert den Deutschen als Beispiel vor. Im „Fürst und sein Kebsweib" läßt er die kleinen Tyrannen Deutschlands zittern vor dem „schrecklichen Geist der Freiheit, durch den sich die Völker jetzt erfrechen, zu sehen, was sie sind". Der Beschluß der Nationalversammlung (22. und 24. Mai

1790), Frankreich wolle keinen Eroberungskrieg mehr führen, stimmt ihn zur Klage „Sie, und nicht wir“: „Ach, du warest es nicht, mein Vaterland, das der Freiheit — Gipfel erstieg, Beispiel strahlte den Völkern umher: — Frankreich war's!“ Die Nationalversammlung ehrt ihn 1792 durch das Diplom eines französischen Bürgers. Aber dann reißen ihn die blutigen Greuel des Schreckensjahres 1793 aus allen politischen Träumen:

> Ach, des goldenen Traums Wonn' ist dahin,
> Mich umschwebt nicht mehr sein Morgenglanz,
> Und ein Kummer, wie verschmähter
> Liebe, kümmert mein Herz.

Noch einmal flüchtet er aus unerträglicher Gegenwart in die Vergangenheit, in unschuldige, glückliche Erinnerungen („Aus der Vorzeit“, „Der Wein und das Wasser“, „Winterfreuden“). Und aus der Lebensferne und Gottesnähe eines stillverklärten Greisenabends blüht im Gedenken Metas das schlichteste, innigste, tiefste Zeugnis seines religiösen Gefühls:

Das Wiedersehn.

Der Weltraum fernt mich weit von dir,
So fernt mich nicht die Zeit.
Wer überlebt das siebzigste
Schon hat, ist nah bei dir.

Lang sah ich, Meta, schon dein Grab,
Und seine Linde wehn;
Die Linde wehet einst auch mir,
Streut ihre Blum' auch mir,

Nicht mir! Das ist mein Schatten nur,
Worauf die Blüte sinkt;
So wie es nur dein Schatten war,
Worauf sie oft schon sank.

Dann kenn ich auch die höhre Welt,
In der du lange warst;
Dann sehn wir froh die Linde wehn,
Die unsre Gräber kühlt.

Dann ... aber ach ich weiß ja nicht,
Was du schon lange weißt;
Nur daß es, hell von Ahndungen,
Mir um die Seele schwebt!

Mit wonnevollen Hoffnungen
Die Abendröte kommt:
Mit frohem, tiefem Vorgefühl
Die Sonnen auferstehn!

SCHUBART

Klopstock folgt eine Reihe von Dichtern, die sich einseitig und rücksichtslos dem Gefühl überantworten, nicht wie er nur in der inneren Welt, sondern in ihrer ganzen Lebensführung, anfangs unbewußt, aus der Notwendigkeit ihres Wesens, bald — unter dem Einfluß Rousseaus — bewußter und programmatisch. Die Göttinger, die Stürmer und Dränger, gestalten dies Programm.

Christian Friedrich Daniel Schubart (1739—1791) ist ihr lyrischer Vorläufer — lebendig steht er vor uns auf dem Stuttgarter Porträt: die breite Brust, der mächtige Kopf, die hohe, weite Stirn, die hellen, feuerwerfenden Augen, die auffallend roten Lippen. In genialer Unbekümmertheit ist der Kopf hintüber geworfen. Wir begreifen, wie achtlos solch eine Natur durchs Leben stürmen mußte, ohne Rücksicht auf sich und die Welt. Er hat keine Zeit, keine Ruhe, darauf zu achten: unbesonnen, ungeordnet innen und außen drängt, zieht, reißt es ihn weiter. „Gewöhnlich achtete er auf seinen Körper so wenig, daß er sich monatelang nicht im Spiegel sah, Bonmots darüber machte, wenn er sich einmal wieder zu Gesicht kriegte, und daß die Hausfrau durchaus bei seinem Anzuge assistieren mußte, wenn sie haben wollte, daß er mit gehörigem Anstand im Publikum erscheinen sollte." (Schubarts Sohn in der vorzüglichen Charakteristik seines Vaters.) Schubart hat gewiß nicht lange auf einem Stuhle sitzen können. Sein Körper mußte immer in Bewegung sein. Bewegung — körperliche und seelische — das ist seine Art zu sein. Jeden heiteren Nachmittag benutzt er zu weiten Spaziergängen. Und die nicht heiteren Tage — wenigstens die nicht heiteren — verbringt er in der Kneipe. Da sitzt er, den Weinkrug vor sich, die Meerschaumpfeife in der Hand, zuerst nur Einen Bekannten neben sich, zuerst mit gehaltener Stimme, aber die Handwerker, die Bürger Geislingens, Augsburgs, Ulms kennen ihn wohl und rücken heran. Lauter wird Schubarts Stimme, leidenschaftlicher seine Angriffe auf die Verrottung der Pfaffen, auf die Unfreiheit des öffentlichen Lebens. Er sieht, wie die Zuhörer ihre Pfeifen erkalten lassen, wie sie mit offenem Munde, mit aufgerissenen Augen näher an ihn drängen, er berauscht sich an seinen eigenen Worten. Sätze, Urteile, Bilder drängen durch ihn hindurch.

Er weiß nicht, wie sie entstehen, woher sie kommen. Er fühlt nur zitternd, glühend, brausend, daß er in seinem Element ist.

Wie ein Gebirgsbach, so stürzt Schubarts Leben an uns vorüber, über Felsen und Abgründe, im Rausch der Kraft, donnernd, schäumend und unfruchtbar. Was bedeuten die einzelnen Strecken? Auf keiner verweilt er, auf keiner ruht er aus, nirgends ist eine Stelle, wo sich die Ufer klar in ihm spiegeln. Mit acht Jahren übertrifft er seinen Vater, den Präzeptor und Musikdirektor in Aalen im Klavier, singt mit Gefühl, spielt die Violine, unterweist seine Brüder in der Musik, im neunten und zehnten Jahre setzt er Galanterie- und Kirchenstücke auf. Er schwelgt in den Schönheiten der Natur „bis zur ausgelassenen Begeisterung". Aus dem Dufte heller Maientage verliert er sich „in schauerlichen Anwandlungen" zu den Gräbern seiner Freunde und Bekannten, zu schwarzen Kreuzen und morschen Gebeinen. Altdeutsche Romane und Rittergeschichten, Luthers Schriften, deren derber Ton der „donnernden Mundart" seiner Mitbürger so sehr verwandt ist, sind seine erste Lektüre. Mit 12 Jahren lernt er Klopstocks „Messias" kennen, und verehrt nun in Klopstock „einen der größten, erhabensten, frömmsten, göttlichsten Menschen, die jemals gelebt haben". Klopstocks schwärmendes Pathos füllt er mit dem ungeordneten Übermaß seiner Gefühle aus. Das Lyzeum in Nördlingen macht ihm die griechischen und römischen Klassiker bekannt, aber auch Bodmer, Haller und den jungen Wieland. Die erste Frucht dieser Bildung ist eine „gräuliche Stelzenpoesie", die „Prosaisch-poetische Nänie auf das fürchterliche Erdbeben vom 1. November 1755, das Lisboa hinunterschlang". Handwerksburschen und „liederliche Fiedlers" sind des jungen Schubart liebste Gesellschaft. Am Wirtshaustisch begleitet er mit der Geige ihre Lieder, belacht ihre Schlüpfrigkeiten oder improvisiert eigene Verse und Einfälle. Seine ersten Volkslieder entstehen so, sein übermütiger Sang vom „Schneider auf Reisen". Vielleicht dieser Aufführung wegen finden wir Schubart plötzlich nach Nürnberg in die Schule zum heiligen Geist entrückt. Hier verlebt er die Anfänge des Siebenjährigen Krieges und verfaßt seine ersten begeisterten Gedichte auf Preußen und Friedrich den Großen. Er lernt den ersten Taumel der Liebe kennen, er „schmachtet" nach dem Universitätsleben. In Jena will er Theologie studieren, läßt sich aber unterwegs in Erlangen von einer lustigen Studentengesellschaft kurzerhand bestimmen, dort zu bleiben. Seine guten Vorsätze halten dem „trockenen Ton" der Theologieprofessoren, den wilden Reizen des Studentenlebens nicht lange Stand. Von Leidenschaften gepeitscht, durchtobt er die Wirtshäuser, Konzertsäle, Saufgelage, rumort, reitet, tanzt, liebt und schlägt sich herum. Er wird ins Schuldgefängnis geworfen. Als er es nach vier Wochen verläßt, fällt er, von seinen Ausschweifungen zerrüttet, in eine tödliche Krankheit. Die Eltern können die Last der Ausgaben nicht mehr tragen und rufen ihn heim. Im Elternhaus, bei Freunden und Bekannten auf dem Lande säumt er, bis er 1763 in Geislingen eine dürftig bezahlte Stelle als Präzeptor und Kantor erhält. Am ersten Tage dort verlobt er sich, schließt er die Heirat, die er selber „eine Verbindung des Sturmes mit der Stille" tauft. Enge und Öde seines Amtes und seiner Umgebung zermartern ihn bald. Er begeht „bloß darum Exzesse, um dem eklen Ungeheuer Einerlei zu entgehen". Er flüchtet vor der „ewig langweiligen Monotonie", in der „ein Narr den anderen angähnt", in die Kneipen und berauscht sich dort an Wein und Worten. In heißhungriger Lektüre sucht er mit dem Leben und Dichten draußen in Verbindung zu bleiben. Eine pomphafte Ode „Auf den Tod Franziskus des Ersten, römischen Kaisers 1765" macht ihn zum poeta laureatus. Ebenso schwulstig und aufgeputzt sind die Oden auf Hörner, den Grafen Degenfeld-Schonburg, auf die Badekur des Stadtammanns Häckel; im Stile Wielands, mit dem er Briefe wechselt, entstehen die „Zaubereien", ein ganzer Band von „Todesgesängen" entsteht, in denen durch allen Schwulst da und dort schon die unmittelbare Empfindung bricht.

Nach sechs Jahren gelingt es Schubart gegen den Willen seiner Frau und seiner Schwiegereltern als Organist und Musikdirektor in Ludwigsburg angestellt zu werden. In den „tumultuarischen Ergötzlichkeiten", in der Üppigkeit und Ausschweifung der damaligen württembergischen Residenz verliert er bald den Boden. Abenteuer auf Abenteuer, Wein und Weiber, Schauspielerinnen und Klavierschülerinnen durchwirbeln seine Tage. Ekel und Reue düstern dazwischen: „Richter donnere mich nieder oder erbarme dich meiner." Seine Frau flüchtet mit den Kindern zu den Schwiegereltern. Er wird wegen Konkubinats — in Wahrheit wohl deshalb, weil er sich mit

„seinem Maul und uneingeschränkten Lebensart" zu laut über Hof, Herzog und Pfaffen zu urteilen erfrechte — ins Gefängnis geworfen. Wahrscheinlich hat er sich auch gegen seine vornehmste Klavierschülerin, die damalige Maitresse, die bald „einzige Freundin" des Herzogs, Franziska von Hohenheim, ungeziemende Freiheiten erlaubt. Schließlich wird er des Landes verwiesen. Nun folgen die wilden Wanderjahre, in denen er von den Wogen des Zufalls auf und nieder geworfen wird: Heilbronn, Mannheim, Heidelberg, Schwetzingen, München. Immer wieder droht er hilf- und mittellos zu versinken, immer wieder weiß er durch sein Klavierspiel, durch die unverwüstliche Liebenswürdigkeit seines Wesens die Herzen hinzureißen und Gönner zu finden. In München will er zum Katholizismus übertreten, um eine Anstellung am Hofe zu finden. Eine feindliche Denunziation, daß er an keinen heiligen Geist glaube, vereitelt es. Nun denkt er, am Hofe zu Stockholm sein Glück zu suchen. Aber schon in Augsburg bleibt er hängen. Die „Deutsche Chronik", die er zweimal wöchentlich im Wirtshaus neben Bierkrug und Pfeife in die Feder diktiert, scheint ihm Ruhe und Rückhalt zu geben. Vor den erbitterten Pfaffen und Jesuiten aber muß er mit ihr in die freie Reichsstadt Ulm flüchten. Hier wird er im Januar 1777 auf Anstiften des kaiserlichen Ministerresidenten, nachdem man ihn auf württembergisches Gebiet gelockt, gefangen und auf dem Hohenasperg eingekerkert. Politische, religiöse und persönliche Satire, deren Schwere heut uns unverständlich ist, wahrscheinlich aber auch seine früheren Freiheiten gegen Franziska von Hohenheim, mögen der Grund gewesen sein. Das erste Jahr verbringt er in einem dumpfen Mauerloch, auf faulem Stroh, ohne Feder und Bleistift. Mit Gabel, Knieschnalle und Lichtputzschere kritzelt er seine Gedichte. Als sein Körper zu verkommen droht, nimmt ein gesunder Raum ihn auf, in dem er drei Jahre einsam bleibt. Dann erlaubt man ihm, Briefe zu schreiben, in der Festung umherzugehen, Besuche zu empfangen. Aber erst nach acht Jahren darf er Frau und Kinder wiedersehen. Endlich, nach mehr denn zehn Jahren, veranlaßt der ungeheure Erfolg seines Hymnus auf Friedrich den Großen die preußische Regierung für ihn einzutreten: er wird frei. Als Hofdichter, als Direktor des Schauspiels und der deutschen Oper, als Herausgeber der „Chronik" hält ihn nun Stuttgart. Aber die zehn Festungsjahre haben seine stürmende Energie gebrochen, das alte Feuer flackert nur noch auf. Er wird dick und träge, freut sich an Keller und Küche, die 4000 Gulden Einkommen stattlich bestellen, und „sucht der zahlreichen Innung der Bonvivants gleichsam zu zeigen, daß es ein Poet doch auch auf einen grünen Zweig bringen könne". Am 10. Oktober 1791 stirbt er. War es die ungeheure Lebensgewalt, die das Volk sich nicht zerbrochen denken konnte, war es die Erinnerung an die furchtbaren Jahre, in denen der rast- und schrankenlose Geist des Dichters im dumpfen Kerker eingemauert war: lange Zeit erhielt sich im Volke die Sage, Schubart sei lebendig begraben worden.

In der „Chronik" von 1790 findet sich ein Epigramm Schubarts auf Johann Christian Günther und dazu die Anmerkung: „Günther war ein trefflicher Kopf und hatte das beste, edelste Herz, durch Armut und durch verzweiflung-erpreßte Ausschweifungen durchschimmernd wie der Morgenstern durch strömendes Nachtgewölk." Schubart fühlt sich Günther verwandt, ist Günther verwandt. Aber Günther ist die größere, zeitlose Persönlichkeit. Die Rückhaltlosigkeit, mit der sich beide dem Leben hingeben, die sie in Wogen und Wirbel schleudert, ist wohl dieselbe. Aber die ungeheuren Augenblicke, in denen die zeitliche Umwelt und die Persönlichkeit sich gegenüberstehen, enthüllen uns den letzten Unterschied beider Naturen: Für Günther sind dies die Höhepunkte seines Daseins, für Schubart die Tiefpunkte. Günther reckt sich in ihnen zur Selbstbesinnung auf, zur Selbstbehauptung. Einsam stellt er sich gegen Gott und Welt. Schubart bricht in solchen Augenblicken zerknirscht zusammen und unterwirft sich den Forderungen seiner Zeit und Umgebung. Günther stellt in überraschender Frühzeit den ganzen, zeitlosen Kampf des Individuums um seine Freiheit und Einheit dar. Schubart verkörpert nur einen zeitlichen Teil dieses Kampfes: den einseitigen Kampf des Gefühls um seine Befreiung. Günther war alles andere als eine reflektierende Natur, aber in den entscheidenden Momenten ist es doch die Reflexion, die Selbstbesinnung, die die Fragmente seines Lebens zur letzten Einheit zwingt, zur Selbstbehauptung. Wenn Schubart sich besinnt, so besinnt er sich nicht auf sich, auf sein Recht und Wesen, sondern stets auf Recht und Wesen der anderen, seine Reflexion ist unfrei, un-

8*

selbständig, er lebt ganz und gar im Gefühl: „Gedanken gliedweis anzureihen und sie so lange zu verfolgen, bis die Seele am letzten Ringe stutzt, war mir zu lästig, zu mühsam. Was ich nicht wie der Blitz ergreifen und durchdringen konnte, das ließ ich liegen."

Wem aber der ordnende Geist nicht eingreifen, nicht die Buntheit der Tage, das Chaos des Lebens zur inneren Einheit zwingen kann, der vermag nicht, in großen Linien zu leben, der kennt keine Entwicklungsbahn, der ist dem Zufall und Wechsel der Stunde überantwortet, sein Heute schilt sein Gestern Lüge. Das bedingt die unaufhörlichen Schwankungen in Schubarts Leben: „Nichts war gewöhnlicher bei ihm, als daß er von stürmischer Tätigkeit zu gänzlicher Indolenz, von der lautesten Jovialität zur Gräberstille, von Wärme in Kälte, von Licht in Nacht überging." Seine Leidenschaften waren kurz und fürchterlich. Gefühl und Leben sammelten sich in ihm, aber die Reflexion vermochte ihnen keine wesensgemäßen, dauernden Aufgaben zu stellen, darin sie sich geordnet und ausgelöst hätten. Und so kommen immer neue Momente, in denen sie sich „Luft machen" müssen, wenn ihr Träger nicht ersticken soll, stoßweise, unvermittelte, unfruchtbare Ausbrüche des Gefühls: „Wieviel olympisches Feuer hab' ich zwecklos verspritzt!" So kommen Momente, wo er selbst nach den gröbsten körperlichen Mitteln zur Auslösung seiner Spannungen hascht, wo er im heftigen Platzregen aus dem Gasthof stürmt und sich mitten unter die dicksten Wassersturz einer Traufe stellt, so kommen die Momente, wo er in den Kneipen zu reden und rezitieren beginnt, daß alle geschüttelt werden von seiner vulkanischen Gewalt, die Momente, wo er zum Klaviere stürzt und sich in Musikstücken und Phantasien austobt, die alle Herzen aufwühlen und überwältigen. Das ist die „Musikantennatur" in ihm: nicht ein Urgestaltendes, Schöpferisches — dazu bedarf es der einheitlichen Tat des Geistes — es ist die Natur des Virtuosen, der das Übermaß seines Lebens, das er selbst nicht zu formen weiß, vorhandenen Formen eingießt und anschmiegt.

Wie konnte sich eine solche Natur als Dichter äußern? Wie konnte sie der Entwicklung der deutschen Lyrik von Bedeutung werden?

Die frühesten Lieder, die sich von Schubart erhalten haben,

sind solche wie „Der Schneider auf Reisen", einfache, übermütige Volkslieder, die im Kreise der Handwerksburschen entstanden sind und weiterleben. An sie schließen sich — nicht
ohne Anregung J. M. Millers — die frischen schwäbischen
Bauernlieder. Man hat hierin wohl Schubarts Bedeutung gesucht, durch sie Schubarts Platz bestimmt als den eines Lyrikers, der vor und mit Bürger und Herder die Lebendigkeit
des Volksliedes zu empfinden und zu erneuern wußte. Aber
diese Lieder Schubarts sind nicht wie die des jungen Goethe
ein Herübernehmen des Ewig-Lebendigen und Wertvollen am
Volksliede in die persönliche Art und Kunst. Sie sind ein Aufgehen im Volke, eine Wiederholung des Volksliedes. „Sonder-
bar war es und beim ersten Blick unangenehm auffallend, daß
er in allen Situationen seines Lebens eine sichtbare Tendenz
beibehielt, sich mehr zu Niedrigeren zu gesellen als zu Gleichen oder Höheren", erzählt Schubarts Sohn. Der Grund war
der, daß unter diesen einfachen, triebhaften Naturen sein Mangel an innerer Einheit und Besonnenheit weniger zur Geltung
kam. Er stieg mit ihnen unter den Zwiespalt seines Wesens
hinab, er ruhte bei ihnen im Volksliede aus von den verzehren-
den Kämpfen um die dichterische Persönlichkeit.

„Einen wahren poetischen Vesuv" hat ihn Bürger genannt.
Die Art des Vesuves ist, sich in jähen, kurzen, heftigen Aus-
brüchen, in Flammen zu äußern. Die Art seiner Poesie ist
es, im jähen Aufleuchten des dichterischen Bildes durchzu-
brechen. Die Kürze und Leidenschaft seiner menschlichen Ausbrüche wiederholt sich dichterisch: wenn die Spannungen in
ihm sich zusammengeballt haben, so kann er sie nicht überlegt
auslösen zu einem einheitlichen, bedeutenden Gedicht, auch
künstlerisch kann er sich nur jäh und gewaltsam entladen in
Blitzen, die hell, prächtig und schnell versunken sind. Eine
solche Auslösung bedeuten seine ersten, großen Oden nicht,
sie sind rein äußerliche Machwerke im hohlen Pomp und Pathos der Gelehrten- und Hofdichter, wohl aber seine Briefe:
da finden sich schon diese kühnen Bilder, diese dichterischen
Blitze, die in einem Moment einen ganzen Zustand erhellen,
so, wenn er aus Geislingen an seinen Schwager schreibt: „Nie-
dergedrückt von kleinen, undankbaren Geschäften, umringt von
den häßlichen Larven der Unmenschlichkeit, eingekerkert
durch den Despotismus meiner Verwandten bekomme ich eine

solche Nachteulennatur, daß ich allemal blinzle, wenn ich einem so heiteren und lichtvollen Manne ins Ansgesicht sehen soll, wie Sie sind." — Oder: „Und so werden die Wünsche Deines Schubart von seinem grimmigen Schicksal wie Tauben von Stoßvögeln umhergetrieben." — Oder wenn er aus den Wirbeln seines Ludwigsburger Aufenthaltes schreibt: „Mitten unter tausend Zerstreuungen, unter tausend Empfindungen, Ideen und Bildern, die meine Seele wie Blitze durchkreuzen, drängt sich mein Ich wie der Hanswurst im Marionettenspiel hervor und jagt alles vom Schauplatz hinweg."

1764 bekommt er Wielands Shakespeare-Übersetzung in die Hände: „Nun weiß ich, was ein Originalgenie ist, Shakespeare hat es mich gelehrt." Ossian wird ihm bekannt. Und mit diesen Vorbildern des Sturmes und Dranges erfüllt Klopstock sein Herz. Selbst die Bardenpoesie begeistert ihn. Goethes „Götz" wirkt mächtig auf ihn ein, aber mehr auf die Sprache seiner Prosa, seiner „Chronik". Auf seine späteren Gedichte bleibt die Lyrik des jungen Schiller nicht ohne Einfluß, die er in der „Anthologie auf das Jahr 1782" kennen lernte. Schiller war in seinen Jugendgedichten zuerst von Schubart beeinflußt worden und besuchte ihn auf dem Hohenasperg.

Der Tod seines jungen Söhnchens entreißt Schubart die erste unmittelbare, der Mutter in den Mund gelegte, Strophe:

Nun kenn' ich ihn, den tödlichsten der Schmerzen,
Nun weiß auch ich, was Mutterliebe tut:
Denn ach! es fällt aus meinem Herzen
Der erste Tropfen Blut.

Das echte, noch ungeformte Pathos Schubarts findet sich zuerst in den „Empfindungen des Schächers vor dem gnädigen Wort Christi". Aber der erste Blitz, das erste flammende Bild, leuchtet im Einleitungsgedicht seiner „Chronik" auf:

An Chronos.
Wie schnell, o Chronos, rollet dein Wagen,
Von stürmenden Winden getragen,
Durch dein weites Gebiet!
Es rasseln und donnern die Räder
Durch den weichenden Äther,
Daß die Achse glüht.
Hoch stehst du mit herrschendem Blicke,
Das Sandglas in der Hand;
Ein Sturmwind treibt dein Gewand
Und dein Haupthaar wie Wolken zurücke!

Durch die Kerkermauern des Hohenasperg braust „Theons Nachtgesang" mit der Strophe an Mutter Natur:

> Was heult im Sturme?
> Was winselt im Felsengeklüfte?
> Spricht im Donner? Fliegt im Blitze?
> Was wühlt die Erd' auf und schüttelt
> Städt' und Menschen und Hügel weg,
> Wie der Pilger den Staub vom Gewande?

Ähnliche Bilder bringen die Hymnen auf Friedrich den Großen, vor allem „Friedrichs Tod"; ähnliche der Hymnus, der das „Friede, Friede" über Europa ruft:

> Dies hörten von ferne die zornigen Scharen,
> Streiften geronnenes Blut aus den Haaren.

Ein Bild von einer Kürze und Kühnheit, wie es sonst nur Shakespeare schafft. Am gewaltigsten aber zucken die Blitze und Bilder in den religiösen Gedichten:

An Gott.

> Gott, wenn ich dich als Weltenschöpfer denke,
> Am Meere steh, das deiner Faust entrann,
> Und staunend mich hinuntersenke
> In diesen Ozean:
>
> Dann fühl' ich tief der engen Menschheit Schranken,
> Wirst du mein Geist in Strudeln untergehn?
> Wird die zertrümmerten Gedanken
> Dein Sturmwind, Gott, verwehn?
>
> Denk' ich die Myriaden Geister alle,
> Die deine Hand aus Duft und Feuer hob,
> Und hör' wie großer Donner Halle
> Aus ihrem Mund dein Lob,
>
> Und seh die Sonnenmassen, die wie Funken,
> Auf dein Gebot in fürchterlicher Pracht
> Des Lichtthrons letzter Stuf' entsunken,
> Zu leuchten unsrer Nacht,
>
> — — —
>
> Seh wie dein Arm hinwegwirft leichtre Ruten
> Und grimmiger nach unsrem Erdball greift,
> Ihn schüttelt, bis in schwarzen Fluten
> Die Sünderwelt ersäuft;
>
> Und denk' ich dich des letzten Tages Richter,
> Der Frevler all im Sturm zusammentreibt,
> Ausbläst des hohen Himmels Lichter
> Und unsren Ball zerreibt;

> Dann die Empörer mit der hohen Rechte
> Hinunterschleudert in der Hölle Glut,
> Daß durch entsetzenvolle Nächte
> Sie brüllen ihre Wut:

> Dann sink' ich in die tiefsten Tiefen, bebe
> Durch alle Glieder, Schrecken packt den Geist,
> Es tobt mein Herz, daß das Gewebe
> Der Adern schier zerreißt.

Das ist doch eine wahrhaft alttestamentliche Größe der Bilder und Empfindungen. Schubarts vulkanische Natur ist den biblischen Propheten nicht unverwandt. Auch die Propheten suchten wohl ihrem Gotte zu entlaufen, seinem Rufe taub zu bleiben, um sich nachher desto wilder und gewaltsamer wieder vor seine Füße zu stürzen: Man hat vielfach über die religiöse Wandlung gemutmaßt, die Schubart im Kerker erfuhr. Und doch war sie so selbstverständlich. Auf Augenblicke hatte er sie ja schon oft erlebt: „Ich konnte nie einen Leichenzug sehen, ohne zu stutzen." Wenn er den Gott seiner Jugend vergaß, wenn er seiner spottete, so war das der Taumel der Stunde, die Betäubung der Außenwelt. „Sein Geist war immer zu sehr außer sich, sammelte sich zu wenig in sich selbst." (Schubarts Sohn.) Aber die Stunden kommen, wo die Außenwelt ihm feindlich wird. Und sein Geist, der in sich keine Zuflucht und Ruhe findet, fühlt hilflos, „daß ich immer fliehen wollte, ohne zu wissen vor wem und wohin". Was bleibt ihm dann, als in Angst und Zerknirschung vor dem Gott seiner Jugend niederzustürzen? Diese Hilflosigkeit ist seine Frömmigkeit. Ahnungslos spricht das der Kommandant des Hohenasperg aus, da er ihn mit den Worten empfängt: „Sie haben Schiffbruch gelitten, und nur noch ein Brett ist für Sie übrig — die Religion."

> Heiser ist mein Gesang,   Meine Phantasie, der Riese,
> Die geflügelte Rechte lahmt   Zuckt ausgestreckt wie ein Gerippʼ
> Auf den braunen Tasten ...   Im Staube.

Mit allen geistigen und geistlichen Foltern wird Schubart gemartert: „Ich verglich mich oft mit anderen Menschen, um mich in etwas aufzurichten: aber ich entdeckte an all diesen Menschen, selbst an denen, die mit mir gesündigt hatten, noch immer so viel Gutes, an mir hingegen so viel Finsteres und Zurückstoßendes, daß ich vollkommen überzeugt war, ich sei — ein Ungeheuer in der Welt." Selbst sein literarisches Urteil wagt er nicht mehr zu behaupten, er fürchtet, „Gott werde ihn auch für alle abfälligen literarischen Kritiken strafen". — „Und nun ließ ich alles fahren und warf mich ganz in geistliche Übungen hinein." — „Sei mir willkommen, Gedanke vom Absterben der Welt und aller Dinge."

Lange konnte Schubart an dieser mystischen Abgestorbenheit, die Thomas a Kempis, Arndt, Tauler, Spener in ihm bestärkten, nicht festhalten. Die Mystik verlangt spekulative, intellektualistische Naturen. Augenblicke kommen, wo sein Wesen sich empört und aufschreit:

> Singen will ich, Schöpfer, singen
> Dir mit heiterem Gemüt;
> Hell wie Waldgesang erklingen
> Soll vor dir, o Gott, mein Lied.
> Woge Geist in mir, frohlocke
> Und zerfließ in Lobgesang;
> Töne wie die Silberglocke,
> Brause wie der Orgel Klang.
>
> — — —
>
> Aber — weh! wie schmerzt die Wunde —
> Ach! mich Armen traf ein Pfeil;
> Der Gesang erstickt im Munde,
> Wandelt sich und wird Geheul!

Solch ein Aufschrei ist auch das berühmteste von Schubarts Gedichten „Die Fürstengruft". Nach der Angabe des Sohnes „zürnte er es im dritten Jahre seiner Gefangenschaft nieder, als ihm der Herzog auf einen gewissen Termin hin ausdrücklich seine Freiheit versprochen hatte, und dieser Termin ohne Erfüllung vorübergegangen war. Er diktierte das Gedicht einem Fourier in die Feder". Der Ruhm des Gedichtes drang auch zum Herzog, er ließ es sich vorlesen und ergrimmte aufs neue gegen Schubart.

Was bleibt dem Menschen übrig, dessen Aufschrei verhallt, der an den eisernen Gittern des Schicksals umsonst sich müde rüttelt? Kleine Naturen verdumpfen, unreine lästern und hassen, Schubart weiß mit allen edlen Naturen nur Ein Mittel gegen größere Leiden: größere Liebe. Im Kerker bricht die zarte, reine, kindliche, allumfassende Liebe hervor, die seines Wesens Kern, und die doch im Wahn und Wirbel da draußen nicht selbständig und deutlich geworden ist. „Feuer war das Element dieses Geistes", und wo Wärme ist, da ist Liebe. Die

ehrfürchtige, kindliche Liebe des Künstlers ist in ihm, die sich
allem verwandt und darum zugetan, die sich durch alles bereichert und darum dankbar fühlt. „Ich war so gerne auf der
Welt, ich fühlte die Wonne des Daseins bis zum ausgelassensten
Entzücken, ließ mich von den Menschen so willig drängen und
drücken und stoßen; auch weilte die Freude so gerne bei mir;
denn ich koste sie, hielt sie freudig bei der Hand und lächelte
ihr so dankbar unters Auge." Was bleibt ihm nun? Leben und
Weben der Spinne wird ihm bedeutungsvoll. Im Winter heizt
er oft Nächte durch, damit die Fliegen nicht sterben müssen.
Als seine Freiheit größer wird, ist es die Schwalbe auf dem
Dache, die glucksende Henne im Hofe, die schweigende Miene
des Feldwebels, das Spiel der Kinder, das er mit seiner Liebe
begleitet. Alles Große und Schöne, was von draußen zu ihm
hereindringt, verfolgt er mit seiner Liebe. Vaterland und
Menschheit, allen streckt er aus vergitterten Fenstern die Arme
entgegen. Und die er im Taumel des Lebens nicht verstanden
und nicht gewürdigt hat, Frau und Kinder: nun lernt er auf
ihren Herzschlag achten, nun fühlt er Treue und Opfermut
seiner Frau, nun schreibt er ihr Briefe und Gedichte, die nicht
nur voll wilder Sehnsucht, sondern auch voll demütiger Liebe
sind. Aus der milden Ausgeglichenheit leidender Liebe quillt
das einzige seiner Gedichte, das künstlerisch ganz bewältigt ist:

Die Aussicht.

Schön ist's, von des Tränenberges Höhen
Gott auf seiner Erde wandeln sehen,
   Wo sein Odem die Geschöpfe küßt.
Auen sehen, drauf Natur, die treue,
Eingekleidet in des Himmels Bläue
   Schreitet, und wo Milch und Honig fließt,

Schön ist's in des Tränenberges Lüften
Bäume sehn, in silberweißen Düften,
   Die der Käfer wonnesummend trinkt;
Und die Straße sehn im weiten Lande,
Menschenwimmelnd, wie vom Silbersande
   Sie der Milchstraß' gleich am Himmel blinkt.

Und der Neckar blau vorüberziehend,
In dem Gold der Abendsonne glühend,
   Ist dem Späherblicke Himmelslust;
Und den Wein, des siechen Wandres Leben,
Wachsen sehn an mütterlichen Reben,
   Ist Entzücken für des Dichters Brust.

Aber, armer Mann, du bist gefangen;
Kannst du trunken an der Schönheit hangen?
Nichts auf dieser schönen Welt ist dein!
Alles, alles ist in tiefer Trauer
Auf der weiten Erde; denn die Mauer
Meiner Veste schließt mich Armen ein!

Doch herab von meinem Tränenberge
Seh' ich dort den Moderplatz der Särge;
Hinter einer Kirche streckt er sich
Grüner als die andern Plätze alle;
Ach! herab von meinem hohen Walle
Seh' ich keinen schönern Platz für mich!

Als Schubart nach zehn endlosen Jahren endlich erlöst wird,
verspricht der Herzog in der ersten Audienz, ihm das Leben
von nun an leicht zu machen. Und Schubart ist so voll Arglosigkeit und kindlicher Liebe: er vergißt sein zerbrochenes
Leben, vergißt all die Jahre voll Elend und Verzweiflung und
schreibt seinem Freunde, „daß nun aller Groll gegen den Herzog wie Nachtgewölk weggeschwunden ist". Über sein Sterbe-
bett hinübergeworfen sehen wir seine Frau, die Unendliches
um und durch ihn gelitten hat und die doch — gleichfalls geläutert und gewachsen im Leben mit dieser elementaren Persönlichkeit — sein Wesen im edelsten Nachruf zusammenfaßt:
„Du warest Liebe, ganz Liebe. Gott lohne sie dir in Ewigkeit."

CLAUDIUS

Aus der Stille eines ländlichen Pfarrhofes, aus der Regel-
gerechtigkeit einer kleinen Lateinschule trat der neunzehnjäh-
rige Claudius (1740—1815) in das ringende Leben Jenas. Es
war die Zeit, in der sich der lutherische Orthodoxismus, durch
den Pietismus und die Wolffsche Philosophie bereits ge-
schwächt, vergebens seiner Umbildung zum Deismus und Rationalismus zu widersetzen suchte. Claudius, der als Student
der Theologie begonnen, gibt bald sein theologisches Studium auf, um sich den juristischen und Kameralwissenschaften
zu widmen. So wenig die geistigen Strömungen der Zeit seinem Wesen entsprachen, er war zu jung, um sich nicht von
ihnen fortreißen zu lassen. Er verfällt der „Philosophie des
gesunden Menschenverstandes", wenn schon er gegen ihre unfruchtbare Scholastik eifert. In einem und demselben Gedicht

(„Der nützliche Gelehrte"), in dem er die begriffliche Leere
der Aufklärungsphilosophie verspottet, huldigt er ihrer platten
Glückseligkeits- und Nützlichkeitsmoral. In die literarische
Richtung der Zeit gerät er durch seinen Eintritt in die „Teut-
sche Gesellschaft". Ihrem Geiste sind die „Tändeleien" Gerstenbergs, sind — beeinflußt von ihnen — die „Tändeleien
und Erzählungen" Claudius' entsprungen. Die süßen Lippen
der Mädchen, Die Schäfer um den Brunnen, Die Faunen, Der
wohltätige Amor, Amor auf der Schlüsselblume: das sind die
Stoffe, daran der junge Claudius sich abquält. Er, der Sproß
einer ernsten Pastorenfamilie, die seit der Reformation ihr
Pfarramt verwaltet, er, der zähe, nüchterne, ehrliche Friese
hascht nach unwahrer Geziertheit und Künstlichkeit, in Holz-
schuhen läuft er den Schmetterlingen der Anakreontik nach.

Klopstock ist es, der Claudius, da er als Sekretär des Grafen Holstein nach Kopenhagen kommt, von diesen Einflüssen
befreit. Nicht in der Form, wohl aber im Gehalt führt ihn Klopstock zu sich selber, indem er ihm Vaterland, Natur, Religion
als den lebendigen Quell aller Dichtung offenbart. Durch Gerstenberg, der ebenfalls in Kopenhagen lebte und in Klopstock
seine Befreiung gefunden hatte, durch Gerstenberg und Klopstock wird ihm auch die Bardendichtung, die germanische Mythologie, wird ihm Ossian vertraut. Durch Johann Andreas
Cramer tritt ihm — wieder neben Klopstock — die geistliche
Liederdichtung persönlich nahe. Die Enge seiner Sekretärstel-
lung wurde Claudius bald unbehaglich. Das hochfahrende Wesen im Hause verletzte ihn, nach kaum einem Jahre gab er
den Posten auf und kehrte nach seinem „Vaterflecken" Reinfeld zurück. Dort lebt er nun drei stille Jahre: die eigentliche
Zeit seiner Einkehr und Selbstbesinnung. Als er dann ins Leben
hinaustritt, um zuerst die „Adreß-Comtoir-Nachrichten" in
Hamburg, dann den Wandsbecker Boten zu redigieren, steht
seine Art als Mensch und Künstler fest. Die Freundschaft mit
Herder, die ein mehrwöchentlicher Aufenthalt Herders in Hamburg 1770 bringt, kann ihn seine Eigenart nur in weiterer
Beziehungen fühlen lassen. Auch die Freundschaft mit Johann
Heinrich Voß, der 1775 nach Wandsbeck zieht, die ganzen
Beziehungen zum Göttinger Bund können Claudius in man-
chen Anschauungen wohl noch festigen, aber nicht bestimmen.

In der Einsiedelei der drei Heimatjahre hatte sich die Fülle der Eindrücke, die das Universitätsleben, das Leben in Kopenhagen gebracht hatte, geordnet, geklärt und zur Einheit und Einfachheit zusammengeschlossen. Alles Fremdartige war ausgeschieden. Der Rationalismus war bewußt überwunden worden, ja als der eigentliche Gegner erkannt. In Vers und Prosa, in Spott und Zorn zieht Claudius von nun an immer wieder gegen ihn zu Felde. Und was er anfangs nur aus der Notwendigkeit seines Wesens tut, tut er bald, verbunden mit Herder, Hamann, mit den Göttingern auch aus der Notwendigkeit der Zeit. Im Wandsbecker Boten, der am ehesten Schubarts Chronik zu vergleichen ist, werden die großen Forderungen und Erfüllungen der Sturm- und Drangzeit schlicht und herzlich miterlebt und besprochen. Am deutlichsten kommt dies zum Ausdruck in einer Anzeige von Herders „Ältester Urkunde des Menschengeschlechts": „Ein orientalischer Laut ist ein Laut aus Orient, und in Orient waren bekanntermaßen die fünf Pforten am Menschen im vollen Besitz aller ihrer Gerechtsame, und man hatte nicht den Mark aus den Knochen der Sinne und Imagination durch landesübliche Abstraktion herausgezogen; schlug nicht die Natur übern Leisten eines Systems, und reckte sie nicht darüber aus; löste sie nicht zu einem leichten Ätherduft auf, der zwar die Windmühle der allgemeinen Vernunft behende umtreibt, übrigens aber nicht Kraut noch Pflanzen wachsen machen kann; sondern in Orient hielt man unsres lieben Herrn Gotts Natur, wie sie da ist, in Ehren; ließ ihre Eindrücke sanft eingehen und bewegte sie in seinem Herzen; in Orient präsidierten bekanntermaßen über Sonn' und Mond, Morgenrot und Berg und Baum und ihre Eindrücke Geister, die den zarten, einfältigen, unverdorbenen Menschen durchwandelten und lehrten und sein Herz mit süßen Ahndungen füllten, die mehr wert waren als alle Q. E. D.s., die, seitdem jene Geister von der Philosophie ihre Demission in Gnaden erhalten haben, an ihrer Statt wieder Mode geworden sind; in Orient lehrte man durch Bilder." So wird der Idee die Sinnlichkeit, der Reflexion das Gefühl, dem Begriff das Bild entgegengestellt. Ja, all diese Gegensatzpaare werden schon unter dem beliebtesten Gegensatz des Sturmes und Dranges begriffen: Kultur und Natur. Wir glauben die rauhen, unbekümmerten Knüttelverse des jungen Goethe zu hören, wenn Claudius lospoltert:

125

Den griechischen Gesang nachahmen?
Was er auch immer mir gefällt,
Nachahmen nicht. Die Griechen kamen
Auch nur mit einer Nase zur Welt.
Was kümmert mich ihre Kultur?
Ich lasse sie halter dabei,
Und trotze auf Mutter Natur;
Ihr roher, abgebrochener Schrei
Trifft tiefer als die feinste Melodei,
Und fehlt nie seinen Mann,
Videatur Vetter Ossian.

Claudius meinte es von Herzen ernst mit der Rückkehr zur Natur. Es war kein Kunst- oder Kulturprogramm, das er übernahm, es war seine innerste, notwendige Art, zu sein. 1772 heiratet er „ein ungekünsteltes, rohes Bauernmädchen", die Tochter eines Wandsbecker Zimmermeisters. Mit ihr führt er ein patriarchalisch-idyllisches Familienleben, das in der Zahl seiner zwölf Kinder auch die Fruchtbarkeit eines Patriarchen zeigt. „Gibt es was Schöners und Herzlichers in der Natur als 'n Vater in einem Schwarm von Kindern und neben sich das Weib, das sie ihm alle geboren hat?" Hühner, Ziegen, Kühe und mancherlei Getier nehmen an der Eintracht des Haushaltes teil. Wandsbeck in seiner dörflichen Einfalt und Einfachheit ist Claudius' langem Leben der Mutterboden, dem ihn ein Aufenthalt als Oberlandeskommissarius in Darmstadt nur für kurze Zeit entreißen kann. Aus diesem Boden entsprießt seine Kunst. Seine Dichtung ist wie ein stiller, übersonnter Bauerngarten; es sind meist Nutzgewächse, die dem Hause zugute kommen sollen. Aber die Wegeinfassungen und da und dort ein kleines Beet tragen jene altväterlichen, anheimelnden Blumen, die in all ihrer Einfachheit so viel heitere Frische, so viel farbentiefe Buntheit haben, daß das Auge gern auf ihnen ausruht.

Claudius' Gedichte suchen die einfachsten Vorgänge des Menschenlebens, nicht die persönlichen, sondern die Gattungserlebnisse. Aber diese einfachen Vorgänge sind in einer so schlichten Gegenständlichkeit erlebt, in einer so inneren Ehrlichkeit und Redlichkeit erfühlt, daß die deutsche Lyrik in ihnen plötzlich vor einer Einheit, vor einer stillen Ausgeglichenheit steht, die uns erstaunen macht. Idee und Sinnlichkeit, Reflexion und Gefühl, die alten Gegensätze, wir haben sie vergessen, wenn wir die Verse lesen:

Wiegenlied im Mondenschein zu singen.

So schlafe nun du Kleine!
Was weinest du?
Sanft ist im Mondenscheine
Und süß die Ruh.

Auch kommt der Schlaf geschwinder
Und sonder Müh;
Der Mond freut sich der Kinder
Und liebet sie.

— — —

Alt ist er wie ein Rabe,
Sieht manches Land;
Mein Vater hat als Knabe
Ihn schon gekannt.

Und bald nach ihren Wochen
Hat Mutter mal
Mit ihm von mir gesprochen:
Sie saß im Tal.

In einer Abendstunde,
Den Busen bloß,
Ich lag mit offnem Munde
In ihrem Schoß.

— — —

Diese Einheit, Einfalt und Einfachheit zeigen alle Gedichte Claudius'. Morgenlied eines Bauermanns, Abendlied eines Bauermanns, Der glückliche Bauer, Frau Rebekka mit ihren Kindern: Jahrzehnte liegen zwischen ihnen, aber Form und Inhalt sind die gleichen, man kann sie unvermerkt vermischen. Auch Claudius' berühmtes Abendlied „Der Mond ist aufgegangen", das Paul Gerhardts altem Kirchenliede „Nun ruhen alle Wälder" nachempfunden ist, hat dieselbe schlichte Weise. Nur ein Frühlingslied (Heute will ich fröhlich, fröhlich sein) und ein Rheinweinlied (Bekränzt mit Laub den lieben, vollen Becher) klingen lauter auf. Aber diese Einheit ist nicht die einsam errungene der Persönlichkeit. Das zeigt sich schon darin, daß diese Gedichte, ja fast alle Gedichte gar nicht Claudius' unmittelbares Leben aussprechen. Unter den wenigen Gedichten sind fünf Wiegenlieder, und nicht etwa, daß diese dem eigenen Familienleben entstammen: die drei ersten sind von ihm als Junggesellen gedichtet, die zwei letzten sind dänischen Prinzessinen gesungen. Am zahlreichsten unter Claudius' Gedichten sind die Bauernlieder, die den schlichten Gehalt des bäuerlichen Lebens echt und einfältig zum Ausdruck bringen. Selbst „Ein Lied für Schwindsüchtige" finden wir und das Lied eines „Schwarzen in der Zuckerplantage". Vergebens aber suchen wir nach einem Gedicht, darin sich die Persönlichkeit des Lyrikers in ureigenem Lebensgefühl offenbart.

Claudius war aus der ununterbrochenen Tradition einer protestantischen Pfarrerfamilie hervorgewachsen, er war einem Volksstamm entwachsen, der mit besonderer Treue und Schwerfälligkeit an allen Traditionen hing. Das große Werden der Zeit hatte ihn wohl aus sich heraustreiben und beunruhigen können, aber als er in Reinfeld sich und seinen Weg wieder selbst bestimmte, da hatte er nicht die neuen Lebenswerte benutzt, um mit ihnen schöpferisch weiter zu dringen, er hatte den Unruhen in sich nicht zu ihrer letzten Freiheit verholfen, um sie dann zur bewußten Einheit und Harmonie zu zwingen: er war aus den aufringenden Unruhen persönlicher Entwicklungskämpfe zurückgeschritten in die einfache Gemeinschaft des Volkslebens, der Tradition.

„Es gibt zwei Wege, die Bilanz in seinem Kredit und Debet zu erhalten: einer, wenn die Einnahme vermehrt, und der andere, wenn die Ausgabe vermindert wird. Der letztere ist wohltätig und kann den kleinen und großen Kameralisten nicht genug angepriesen werden. So gibt es auch zwei Wege, in seinem Herzen die Bilanz zu erhalten; der eine: wenn man alles hat, was man wünscht, und der andere: wenn man nicht mehr wünscht, als man hat. Jener ist mühsam und mißlich, und dieser probat und in eines jeden Hand." Im Drang der Jugend hatte Claudius seine Ausgaben unbedacht vermehrt, neuen Wünschen Raum gegeben. Als er aber in den Jahren der Sammlung die so gestörte Einheit seines Selbst wieder ausgleichen soll, als er ahnt, wie auch ein solcher Ausgleich immer nur ein augenblicklicher sein, wie eine Ausgabe, eine Sehnsucht immer wieder eine andere hervorrufen würde, da schreckt er vor dem „Mühsamen und Mißlichen" eines solchen Lebenskampfes zurück, da setzt er sich zum Weg- und Wahlspruch: „Besser eng und wohl als weit und weh!", da wählt er den „probaten" Weg, der „in eines jeden Hand" ist: statt in einsamer Sehnsucht um neue Ziele zu ringen, macht er sich treu und bescheiden zum Anwalt der gegebenen. Diese Rückkehr zum Überlieferten, die nicht nur eine Rückkehr zum Volkstümlichen des Sturms und Dranges, sondern zur ganzen Gebundenheit des Volkes bedeutet, vollzieht sich immer bewußter und gesammelter: „Ich bin kein Freund von neuen Meinungen und halte fest am Wort." „Unbesehends ist Anhänglichkeit und Vorurteil an und für das Alte edler als Vorurteil und Anhänglichkeit für und an das Neue." „Da also die heiligen Statuen durch die Vernunft nicht wiederhergestellt werden können, so ist's patriotisch, in einem hohen Sinne des

Worts, die alte Form unverletzt zu erhalten und sich für ein Tüttel des Gesetzes totschlagen zu lassen." Nicht nur auf kirchlichem, auch auf politischem Gebiet, in den Ideen über Königtum und Adel fordert er die Anhänglichkeit an das Alte, Überlieferte als den notwendigen Weg.

So mußten sich auch die großen Probleme der Zeit für Claudius mehr und mehr im Sinne der Überlieferung lösen. Der Gegensatz von Sinnlichkeit und Idee, den er anfangs wohl im Einklang mit den Stürmern und Drängern gedeutet, wird von ihm bald durchaus kirchlich empfunden als der Gegensatz von Fleisch und Geist, den wir nicht aus eigener Kraft, den wir nur durch Glauben und Gnade überwinden können, indem wir mit ihrer Hilfe die fleischliche, sinnliche Natur als die sündige und niedere der höheren, geistigen opfern. „Wenn der Mensch nicht an Gott und göttliche Dinge glauben und sich dadurch den Kopf offenhalten könnte, so würde er seiner sinnlichen Natur anheimfallen und verkommen." Und dieses Opfer der sinnlichen Natur, der Welt und des Fleisches nimmt bei Claudius nicht etwa die persönlichere Gewalt, die verzehrende Sehnsucht der Mystiker an. So oft man Claudius auch einen Mystiker genannt hat, so sehr man sich auf seine Studien und mystischen Schriften berufen könnte: Claudius ist viel zu schollenhaft und schwerfällig, um in die erdentrückte Gewalt mystischen Lebens wirklich einzugehen. Sein Lebensfundament baut er aus den „Backsteinen der Erfahrung". Bei aller konfessionellen Vorurteilslosigkeit und Liebenswürdigkeit bleibt er doch allenthalben in der Sicherheit täglicher Überlieferungen.

Aber da er diesen Überlieferungen, dem Volksglauben und -empfinden nicht in naiver Einheit verbunden geblieben ist, da er von draußen wieder zu ihnen zurückkehrt, so ergibt sich eine heimliche Uneinheitlichkeit seiner Lebensäußerungen: er empfindet in der Einfachheit alles Überlieferten, alles Volks- und Gattungslebens, aber er empfindet nicht naiv und unmittelbar, er empfindet immer in betontem, ja wohl auch selbstgefälligem Gegensatz zu dem individuell aufstrebenden Leben draußen, von dem er sich abgewandt. So kommt ein lehrhafter Ton in seine Gedichte, eine betonte Einfachheit, eine reflektierte Selbstzufriedenheit. Fast keines ist frei davon. Und so besitzen die Gedichte im tiefsten Grunde weder die naive Einheit des Volksliedes, noch die bewußte der individuellen Lyrik.

Mehr als einmal steigt Claudius, in seinem Bestreben, in der
Einfachheit des Volkes aufzugehen, da ihm die Sicherheit des
Naiven fehlt, unter das Volk hinab, so, wenn er im „Morgen-
lied eines Bauermanns" den Bauer zur Sonne sprechen läßt:

Du hast nicht menschliche Gebärde,
Du issest nicht wie wir;
Sonst holt' ich gleich von meiner
Herde
Ein Lamm und gäb es dir.

Und stünd und schmeichelte von
ferne:
„Iß und erquicke dich,
Iß, liebe Sonn', ich geb' es gerne,
Und willst du mehr, so sprich."

Hier wird er unnaiv, im Bestreben, möglichst naiv zu werden, Unnatur, im Bestreben, Natur zu sein. Nur ein einzigmal
gelingt es ihm, sich in unmittelbarer Einheit zu äußern: Als
seine einundzwanzigjährige Tochter Christiane stirbt, da quillt
ihm aus diesem einfachsten und tiefsten aller Menschenerleb-
nisse ein Lied, das aus der Einsamkeit und Bewußtheit der
persönlichen Lyrik zurücktritt und schön und schlicht noch einmal in der naiven Einheit und Allgemeinheit des Volksliedes
aufgeht:

Christiane.

Es stand ein Sternlein am Himmel,
Ein Sternlein guter Art;
Das tät so lieblich scheinen,
So lieblich und so zart!

Ich wußte seine Stelle
Am Himmel, wo es stand;
Trat abends vor die Schwelle
Und suchte, bis ich's fand.

Und blieb dann lange stehen,
Hatt' große Freud in mir
Das Sternlein anzusehen,
Und dankte Gott dafür.

Das Sternlein ist verschwunden;
Ich suche hin und her,
Wo ich es sonst gefunden,
Und find es nun nicht mehr.

BÜRGER

Gottfried August Bürger wurde in der Silvesternacht vom
Jahre 1747 auf 1748 geboren, etwa anderthalb Jahre vor
Goethe. Wir sind der Vollendung der deutschen Lyrik nahe.
Aber wie gerade die Stunden vor Sonnenaufgang unruhiger und
unfaßlicher scheinen als Dunkel, Traum und Sternenlicht, als
Morgenklarheit und Tagestatkraft, so ist auch Bürgers Persönlichkeit uneinheitlich und schwer zugänglich. All seine Vorgänger waren von Einem Punkt aus verständlich und notwendig
gewesen. Wie der Maler ein Bildnis schafft, indem er sein
Modell in hundert Stellungen und Stimmungen seinem Auge,
seinen Skizzen einprägt, und dann aus diesen Hundert Eine

schafft, die alle anderen in sich schließt, so konnten wir bei allen früheren Lyrikern aus der Mannigfaltigkeit ihrer Werke und ihres Lebens Ein Bild gewinnen, das all ihr Leben und Dichten, ihr inneres und äußeres Schicksal in sich versammelt hatte, uns als notwendige Einheit zeigte. Bei Bürger ist es kaum möglich, diesen Einen Punkt zu finden. Unruhig wogen alle Elemente in ihm durcheinander. Und wenn wir uns wieder der alten Gegensätze besinnen, die wohl formelhaft anmuten und doch nur letzte innere Möglichkeiten und Richtungen andeuten wollen: Sinnlichkeit und Idee, Gefühl und Reflexion sind bei Bürger nicht einseitig mächtig. Sie befehden und verwirren einander, ohne daß Eine von ihnen sich durchsetzen, ohne daß alle sich zur Einheit finden könnten. Ungeordnete wilde Sinnlichkeit wechselt mit idealer Sehnsucht, Gefühlsseligkeit des Sturmes und Dranges mit nüchternen Erwägungen, nachtwandlerisches Schaffen mit peinlich klügelnder Theorie. 1773 ist Goethes Götz seine höchste Entzückung, vierzehn Jahre später ist die Kritik der reinen Vernunft sein „tagtägliches Erbauungsbuch, das Buch der Bücher, fast sein täglicher Abend- und Morgensegen". Weglos blicken wir in all diese Unruhe und Unklarheit, und unser Auge bleibt auf Bürgers Zeilen an Goethe haften: „Apropos mein lieber Goethe, schreib mir doch mal bei Gelegenheit, ob Du Dich kennst? Und wie Du's anfängst, Dich kennen zu lernen? Denn ich lerne es nimmer mehr und kenne keinen weniger als mich selbst."

Schon auf der Universität zeigt sich die ganze Unausgeglichenheit und Verworrenheit von Bürgers Wesen. Wie alle Naturen, die nicht einheitlich in sich selber bestimmt sind, ist er äußeren Einflüssen überaus zugänglich. In Halle ist es Geheimrat Klotz, der berüchtigte, gewissenlose Streber und Blender, unter dessen Einfluß er gerät, von dem er fünf Jahre nicht loskommt. Die Theologie hat dieser Einfluß bald von ihm abgestreift, Bürger wendet sich zur klassischen Philologie, auf Klotzens Anregung beginnt er die Nachbildung des Pervigilium Veneris, an der er sein ganzes Leben lang herumfeilt, unter seinen Augen beginnt er die Homerübersetzung; die Übersetzung eines spätgriechischen Romans begleitet Klotzens Teilnahme. Aber tiefer und bedenklicher war der Einfluß, den Klotz auf Bürgers Leben übte. Sein Haus war berüchtigt, frivol und sittenlos war seine Gesellschaft. Bürger verliert sich in

diesem Treiben, bis man ihn nach Hause zurückruft. Und da
er von dort — nun als Jurist — nach Göttingen geht, setzt
er das verworrene Leben fort. Er zieht in das übelberüchtigte
Haus von Klotzens Schwiegermutter. Eine von ihren Töchtern
wird seine Geliebte. „Er war damals in einer Lage, daß man
ihn kennen und schätzen mußte, um mit ihm umzugehen",
sagt Boie, Bürgers nächster Freund, von dieser Zeit. Bürgers
Großvater und Vormund zieht von dem verlorenen Sohne die
Hand zurück. Erst der Tod von Klotzens Schwiegermutter gibt
Bürger die Kraft, sich aufzuraffen, zumal wohlmeinende
Freunde diesen Augenblick für ihn nutzen. Nun schlägt sein
Leben um. Eifrig treibt er seine Fachstudien, er treibt Italie-
nisch und Spanisch, er wird einer der fleißigsten Benutzer der
Bibliothek. Er führt einen „bescheidenen und sittsamen Lebenswandel". Allmählich finden sich die Mitglieder des „Bundes"
in Göttingen zusammen, Bürger tritt ihnen nahe, er gründet
einen Shakespeareklub, er veröffentlicht in Boies Musenalmanach die ersten Gedichte.

Es besteht ein tiefer Zusammenhang zwischen unseren äußeren Schicksalen und unserem inneren Wesen. Unbewußt zieht
das Innere aus der unendlichen Fülle der Außenwelt immer die
ihm verwandten Menschen, Zustände und Schicksale an sich.
Und es ist, als ob die Verworrenheit von Bürgers Innerem
notwendig die Verworrenheit seiner äußeren Schicksale auf-
gesucht hätte. Der absolvierte Jurist übernimmt die Stellung
eines Amtmanns in Altengleichen, die in all ihren Bedingungen
voll grenzenloser Unordnung ist. Von Anfang an lastet diese
Stellung auf ihm, die aufgesummte Arbeit, die seit vielen Jahren unbefriedigten Sollizitanten, die Verwilderung der Untertanen verstimmt und bedrückt ihn. Bis zum Ende steht er unter,
niemals über seiner Aufgabe. „Mein kleines poetisches Talent, wenn daran etwas gelegen ist, verwelkt bei meiner jetzigen
Lage fast völlig; denn der „Actum Gelliehausen" etc., der „In
Sachen" etc., der „Hiemit wird" etc. sind gar zu viel. — —
Ich habe, seitdem ich hier bin, nichts, schlechterdings nichts,
als neulich in einigen glücklichen Stunden einen Lobgesang
gemacht. Mein Homer, mein armer Homer! liegt da bestaubt!
— Hier kann ich ihn mit keiner Zeile fortsetzen. Meine anderen teils projektierten, teils angefangenen und halbvollen-
deten Opera, die herrlichen Opera! — sie liegen zertrümmert

unter anderem alten Papier in einem großen Kasten auf dem Boden unterm Dache."

Aber es brauchte nur ein wenig äußere Gunst, um Bürgers Jugend zu hoffnungsfreudigem Selbst- und Lebensgefühl zu befreien. Der Frühling 1773 blüht in ungekannter Schöne auf und entfesselt allen Sturm und Schöpferdrang in Bürger zur höchsten bildenden Gewalt. Die Leonore entsteht, Des armen Suschens Traum, Minnesold, An Agathe, Gegenliebe, Der Raub-graf, Himmel und Erde, Das Lob Helenens. Unmittelbar nach Vollendung der Lenore wird Der wilde Jäger entworfen. Diese Werdelust begreift und steigert sich am großen Werden der Zeit: Goethes Götz erscheint und begeistert Bürger, Herders Aufsatz „Über Ossian und die Lieder alter Völker" hilft ihm zur frohen, geklärten Selbstbejahung: „Welche Wonne, als ich fand, daß ein Mann wie Herder ebendas von der Lyrik des Volks und mithin der Natur deutlicher und bestimmter lehrte, was ich dunkel davon schon längst gedacht und empfunden hatte. Ich denke, Lenore soll Herders Lehre einigermaßen ent-sprechen."

Aber dieses Jahr steht einsam in Bürgers Leben, ein Mor-genschein, der einen Augenblick sich durchgerungen, über dem bald wieder Wolken und Nebel zusammenschlagen. Im Fe-bruar 1774 verlobt, im November vermählt sich Bürger mit Dorette Leonhart und führt damit den eigentlichen Konflikt seines Lebens herauf. Während der Verlobung beginnt in Bür-ger eine Leidenschaft zur jüngeren Schwester der Braut, zu Molly, aufzuglühen. Aber schon ist Bürger seiner Braut zu nah verbunden — sie fühlt sich Mutter — als daß er den auf-steigenden Konflikt noch vermeiden könnte. So läßt er sich in ihn hineintreiben in der dumpfen Hoffnung, es werde sich irgendein Ausgleich finden. Kaum ein Jahr ist vergangen, da hat die Leidenschaft in ihm Wall und Wehr zerstört, da haben die dunklen Unterströmungen sich offene Bahn gebrochen: die ersten Liebeslieder an Molly entstehen, das „Schwanenlied", die „Abendphantasie eines Liebenden", „Trautel", „Das Mä-del, das ich meine". Molly vermag den Stürmen dieser Leiden-schaft gegenüber sich nicht zu behaupten. Vergebens sucht sie zu fliehen. Auch dazu fehlt ihr, fehlt ihnen die Kraft. So lassen sie sich tragen und treiben. Auch Bürgers Frau weiß sich durch diese Wirbel nicht den Weg zu bahnen: Um ihren

Mann nicht ganz zu verlieren, teilt sie seine Liebe mit ihrer Schwester. Im zehnten Jahre der Ehe scheint endlich ihr Tod den Konflikt zu lösen. Bürger, der inzwischen auch an seinem Amte verzweifelt und sich als Privatdozent in Göttingen niedergelassen hat, heiratet Molly und hofft einem klaren, glücklichen Leben entgegen. Da stirbt Molly nach einem halben Jahre im Wochenbettfieber. Aus diesem entsetzlichen Zusammenbruch sucht sich die Spannkraft Bürgers nach vier Jahren aufzuraffen zu neuem Leben. Aber seine alte Verworrenheit verstrickt ihn wieder. Ein ausgelassenes Gedicht, die übermütige Liebeserklärung eines jungen Mädchens auf das seinen Gedichten vorangestellte Porträt, schmeichelt seiner Eitelkeit, reizt seine Neugier, entzündet seine Phantasie. Er verliebt sich in ein Idealbild, das er sich von der Dichterin macht, und obgleich die Wirklichkeit den geraden Gegensatz enthüllt: er vermag auch diesmal nicht zu handeln, sich einem einmal erwachten Gefühl zu entreißen, auch diesmal läßt er sich treiben: er führt die zwanzigjährige Elise Hahn als Gattin heim. Und kaum zwei Jahre vergehen, da unterzeichnet sie den Revers, in dem sie „gerne" eingesteht, daß sie ihrem Ehemann die schuldige eheliche Treue völlig verletzt, mit einem fremden Manne die Ehe gebrochen habe und sich für unwürdig erklärt, des Prof. Bürgers Ehegattin ferner zu sein und zu heißen. Sie hatte ihn von den ersten Wochen ihrer Ehe an betrogen, sie hatte ihn zum Spott und Skandal der Stadt und der Studenten gemacht.

Fast zu gleicher Zeit erscheint die vernichtende Rezension Schillers über Bürgers Gedichte, über mehr: über seine Persönlichkeit. Mensch und Dichter sind tödlich getroffen. Vergebens sucht Bürger seinen Gedichten den völlig unverstandenen Schillerschen Begriff der Idealität nachträglich einzupfropfen. In seinem Selbstvertrauen erschüttert, von den Professoren der Universität mißachtet, dauernd ohne Professur und Gehalt, ist er schließlich dem nackten Elend und Hunger preisgegeben. Er stirbt an der Schwindsucht am 8. Juni 1794. Seine letzten Verse lauten:

> Ja, o ja, ich bin betrogen
> Wie nur je ein Erdenmann.
> Dennoch sei sich der gewogen,
> Welcher so wie ich betrogen
> Und verraten werden kann!

Wenn wir auf Bürgers Leben zurückschauen, so haben wir die Empfindung, daß nicht er sein Leben, daß sein Leben ihn gelebt hat. Es gibt keine Zeit in seinem Leben, wo er in Sicherheit und Selbstbestimmung selber sein Schicksal formte. Die Unklarheit und Uneinheitlichkeit seiner Natur warf ihn hin und her und ließ ihn nie zur sicheren Einsicht, zum festen Entschluß und Handeln kommen. Er wagte seine inneren und äußeren Zustände weder zu bejahen noch zu verneinen. Er stand nicht über, er stand zwischen ihnen. Statt dem Strom seines Lebens sein Bett zu weisen, ließ er sich von der Willkür seiner Wellen tragen und treiben.

Das Leben gab ihm die große, ungewöhnliche Leidenschaft. Und was kann das Leben wohl einem Dichter Besseres geben! In ihr konnte er seine dunkelsten Tiefen erfahren, seine letzten Kräfte befreien. Einer Welt zum Trotz hätte er sie bejubeln und bejahen können, sich selbst zum Trotz hätte er sie in reiner Entsagung, in heiligem Leid verneinen können. Kampf und Sieg hätten ihn und seine Kunst geläutert und gehoben. Er aber war kleiner als sein Schicksal, er wußte mit diesem Göttergeschenk nichts zu beginnen. Zwischen Wollen und Sollen taumelt er hin und her, weiß weder das Sollen zum Wollen, noch das Wollen zum Sollen zu machen. Hilflose Träume von Flucht und Sterben erschlaffen ihn: „Ist es denn gar nicht möglich, daß wir leben können? — Denn man lebt ja nicht, wenn man nicht so leben kann, wie man zu leben wünschet. Ich sinne und sinne Tag und Nacht, wie ich's anfangen soll, glücklich zu werden; aber ich erschlaffe unter allem Sinnen, ohne daß ich was ersinne. — — Ich befinde mich fast nie in einem Gefühle vollkommener Gesundheit; werde auch wohl nie wieder dazu gelangen, es wäre denn, daß dieser oder jener Traum erfüllt würde. Einer von diesen Träumen ist, befreit von allen meinen Hand- und Beinschellen, als ein vollkommener Hans ohne Sorgen unter den Hirten der Alpen, solange es mir behagte, meinen Aufenthalt aufschlagen zu können. — — Könnte ich nur meiner Frau ein hinlängliches Auskommen anweisen, so ließ ich mir morgen ein Pilgerkleid machen und wanderte cum baculo ac pera immer zum Dorf hinaus. Aber ach — würde ich dem Geier entfliehen, der mir täglich und stündlich das immer wachsende Herz aus dem Leibe hackt? Gott im Himmel! Was soll noch daraus werden? — — Ich darf nicht einmal wünschen,

denn die Wünsche, die allein zu meinem Heil abzwecken könn-
ten, scheinen mir schwarze Sünde, wovor ich zurückschauere."
Immer wieder ist dieser verzweifelte Gedanke an Flucht das
Einzige, darin er Ruhe findet: „Robinson Crusoes Insel. — —
Wie herrlich, wenn wir da wären! Tausend Meilen weit rings-
umher von den Wogen des Weltmeers umströmt! In süßer,
seliger Ruhe und Einsamkeit!" „Ich bin jetzt meistens wie ein
Schlaftrunkener, und es fehlt mir fast an aller Besonnenheit.
Ich kann und darf fast nicht länger in dieser Situation bleiben, wenn ich mich und das Vermögen, welches mir Gott verliehen hat, lieb habe. Ich bin wie in ein dumpfes Grab verschlossen, ich kann nicht atmen, ich ersticke." „Kein Sterblicher
hat wohl seinen Tod eifriger gewünscht als ich."

— — — Im August 1805 schreibt Goethe an Karl Ernst
von Hagen: „Alles, auch das sittlich Abnormste, bietet eine
Seite dar, von wo es als groß erscheinen kann." Und in seiner
„Stella" hat der junge Goethe eine der Bürgerschen verwandte,
sittlich abnorme Situation zu schildern und zu bejahen gewagt.
Fehlte dem Drama auch die letzte tragische Gewalt persönlichen Lebens, um seine abnorme Situation als wahrhaft groß
und notwendig erscheinen zu lassen, so hatte Goethe doch in
ihm mit reiner Seele von dem heiligsten Vorrecht des Künstlers Gebrauch gemacht: das Außerordentliche, Unerhörte, Abnorme eines Zustandes, einer Tat, einer Leidenschaft zu rechtfertigen, indem er außerhalb der gewohnten und geweihten Zusammenhänge der Menschheitswürde die Eigenwurzeln, den
Eigenwert einer Leidenschaft aufgräbt, indem er zeigt, wie die
Leidenschaft das Recht hat, die gewohnten Wertzusammen-
hänge des Menschenlebens zu verlassen, wenn sie in ihnen
nicht mehr Raum hat, wenn sie ein unmittelbares, eigenes, einzelnes Verhältnis zum Ewigen erzwingen kann und muß. Der
Ethiker, dem die Verwirklichung und Rechtfertigung des Allgemeinen obliegt, fordert den notwendigen Zusammenhang der
Werte: will man die Verwirklichung des Sittengesetzes, so bedarf man des Staates, will man den Staat, so bedarf man der
Familie, will man die Familie, so bedarf man der Ehe usw. Der
Ethiker verlangt ein System der Werte. Aber in dieser Geschlossenheit des Systems würden die Werte erstarren, an
Eigenleben verarmen, wenn nicht immer wieder der Künstler
die selbständige Bedeutung der Einzelwerte ins Bewußtsein

riefe. Ihn, den Anwalt und Bewahrer des Individuellen, treibt es, dem einzelnen Wert in seine einsamsten Tiefen zu folgen: um eines einzelnen Wertes, um Einer Leidenschaft willen, so sie nur tief, notwendig, ewig begründet ist, wagt er es, alle anderen Werte in Frage zu stellen. Er fühlt in ihr sich dem Ewigen verbunden, so muß er das Recht haben, sie zu bejahen, sie zu behaupten, und wenn eine Welt darüber zusammenbräche. Gegenüber der Notwendigkeit seines Gefühls kann alles andere nur Zufall sein. Er nimmt das mephistophelische Spottwort auf in Trotz und Jubel: Ja! „So ein verliebter Tor verpufft — Euch Sonne, Mond und alle Sterne — Zum Zeitvertreib dem Liebchen in die Luft!" Und in dieser Heiligung der Leidenschaft, des Außerordentlichen, Abnormen, Sündigen begreift er mit Hafis seine tiefste Offenbarung, seinen göttlichen Stolz:

O wie elend und gemein,   Lerne, von Verbrechen rein,
Sündigend ein Sünder sein!   Sündigend ein Heiliger,
Schäme dich, so tief zu stehn;   Sündigend ein Gott zu sein!

Bürger wagte seine Leidenschaft weder bewußt noch unbewußt unter dieser tiefsten künstlerischen Art und Aufgabe zu bejahen. Ab und zu findet er wohl eine Stunde, wo ihn die kindlich-reine Gläubigkeit des Künstlers an das Leben seinen Zwiespalt vergessen macht. Dann entstehen jene frischen, einfachen Lieder, die — vom Volkslied belebt — die heimliche Gewalt und Liebenswürdigkeit Bürgers ahnen lassen. Lieder wie „Trautel", „Das Mädel, das ich meine", „Mollys Wert" gehören zu den lebendigsten Anfängen der deutschen Lyrik. Aber sobald Bürger sich den Tiefen seines Lebens zuwendet, sobald er künstlerisch einer Leidenschaft Herr zu werden sucht, der er menschlich nicht Herr geworden, versagt er völlig. So wie er das Außerordentliche, Einzelne seiner Leidenschaft nicht dem Ewigen, Allgemeinen verbinden kann, so vermag er ebensowenig diese Einheit anderweit durchzusetzen: Sinnlichkeit und Idee, Gefühl und Reflexion fallen ihm stets auseinander. In dieser inneren Uneinheitlichkeit gründet die Klage des Künstlers: „Ich fühle nicht die lebendige Quelle in mir, die unaufhaltsam und von selbst hervorströmt, sondern ich muß jeden armseligen Tropfen erst mit großer Anstrengung heraufpumpen." In ihr zergehen seine großen lyrischen Bekenntnisse, die tiefen Offenbarungen seiner Leidenschaft: „Elegie.

Als Molly sich losreißen wollte" und „Das Hohe Lied von der Einzigen".

Nie ist in der deutschen Lyrik eine so verzehrende Leidenschaft so ohnmächtig im Ausdruck ihrer selbst gewesen. Wie sie in sich uneinheitlich und unsicher blieb, so bleibt sie auch in ihrer Darstellung. Nirgend weiß sich das Leben einheitlich und unmittelbar auszusprechen. Statt seine Gefühle auszusprechen, spricht der Dichter über seine Gefühle. Statt zu schreien oder zu verstummen, erklärt er uns: „Schreien, aus muß ich ihn schreien ..." oder „Ich erstarre, ich verstumme". Statt das dunkel wühlende Feuer seiner Leidenschaft mit der jähen Gewalt und Notwendigkeit eines vulkanischen Ausbruchs hinauszuschleudern, monologisiert er immer wieder darüber, wie ungeheuer doch die Gluten in ihm seien, und wie schwer es sei, sie zu befreien:

Stolz konnt' ich vor Zeiten wähnen,
Hoch sei ich mit Kraft erfüllt,
Auch das Geistigste mit Tönen
Zu verwandeln in ein Bild.

Doch lebendig darzustellen,
Das was sie und ich gefühlt,
Fühl' ich jetzt mich, wie zum schnellen
Reigen sich der Lahme fühlt.

Die ganze innere Unsicherheit und Uneinheitlichkeit zeigt sich auch sprachlich schon in den vielen undichterischen Konjunktiven, in den häufigen „wenn" und „aber" und „freilich", in der Art, wie immer neuen Fragesätzen sich neue Antworten und Ausrufe reflektierend gegenüberstellen:

Freilich, freilich fühlt, was billig
Und gerecht ist, noch mein Sinn,
Und das beßre Selbst ist willig:
Doch des Herzens Kraft ist hin.
— — —
O so sprich, zu welchem Ziele
Schleudert mich ein solcher Sturm?
Dient denn Gott ein Mensch zum Spiele,
Wie des Buben Hand ein Wurm?
Nimmermehr! Dies nur zu wähnen
Wäre Hochverrat an ihm.
Rühre denn dich meiner Tränen,
Meines Jammers Ungestüm!

Unsicher und uneinheitlich ist denn auch die Lösung des Zwiespaltes, der Ausgang des Gedichtes: Bürger sucht sich und Molly, sucht uns vorzutäuschen, daß er mit Mollys bloßer Gegenwart, mit ihrem Anblick sich begnügen und seine Leidenschaft zügeln werde.

Ebenso ist es mit dem „Hohen Lied von der Einzigen, im Geist und Herzen empfangen am Altare der Vermählung". Als das dunkle Verhängnis zehn langer Jahre von ihm genommen, als Molly vor Gott und Menschen sein eigen geworden, als alles Leben ihm selig entgegenleuchtet, da — ein halbes Jahr nach der Hochzeit — stirbt die Geliebte. Es gibt wenig Schicksale, die eine solch wilde Ironie verraten, ein Keim von Wahnsinn liegt darin. Mußte nicht die Verzweiflung des also Getroffenen in einem Schrei sich Luft machen, der in seiner unmittelbaren Gewalt von sich selbst nichts wußte? „Meine Kraft ist dahin," — schreibt Bürger an Boie — „was mir noch übrig ist, das will ich zur Verherrlichung meiner Unvergeßlichen zusammenraffen. Anders kann ich ihr durch die Leiden, welche ihr meine unglückliche Liebe so viele Jahre hindurch in dem Frühlingsmorgen ihres Lebens verursachte, nicht mehr vergelten." Und nun lesen wir diese 420 Zeilen: mit der Ankündigung eines Bänkelsängers setzen sie ein:

> Hört von meiner Auserwählten,
> Höret an mein schönstes Lied!
> Ha, ein Lied des Neubeseelten
> Von der süßen Anvermählten,
> Die ihm endlich Gott beschied.

Diese selbstgefällige, rhetorische, pomphafte Apostrophe an seine Dichtung und sein Publikum dauert 50 Zeilen. Und noch selbstgefälligere 50 Zeilen schließen das Gedicht:

> Erdentöchter, unbesungen,　　　Ach, nun bist du mir geboren,
> Roher Faunen Spiel und Scherz,　Schön, ein geistiger Adon!
> Seht mit solchen Huldigungen　　Tanzet nun, in Lust verloren,
> Lohnt die treuen Opferungen　　Ihr, der Liebe goldne Horen,
> Des gerechten Sängers Herz! — — —　Tanzt um meinen schönsten Sohn!

Dazwischen prunkt eine Rhetorik, die im Glanz ihrer Sprache die „Elegie, als Molly sich losreißen wollte", weit hinter sich läßt, die den Einfluß Wilhelm von Schlegels deutlich verrät, die der Rhetorik von Schillers Gedichten verwandt ist und von ihm auch gewürdigt wurde. Aber Einheit und Unmittelbarkeit, die erschütternde Gewalt der Schmerzen erleben wir nicht. Das Gefühl vermag sich nur in der Reflexion zu ergreifen. Sie hinkt hinter ihm her und weist mit tönenden Worten darauf hin. Fast alle Strophen setzen sich aus rhetorischen Formen, aus Fragen, Antworten, Ausrufen zusammen.

Es ist begreiflich, daß ein Lyriker von der Lebensfülle Bürgers, dem aber die unmittelbare lyrische Einheit in Leben und Lyrik versagt war, frühzeitig nach anderen Ausdrucksformen umschaute, um sein Innenleben zu befreien. Immer wieder hat er sich mit dem Gedanken an große Epen und Dramen getragen. Aber dazu fehlte es seiner lyrischen Art an Gegenständlichkeit und Menschenkenntnis. Eine andere Form, eine Zwischenform drängte sich ihm auf und gab ihm die Möglichkeit, seine inneren Unruhen dichterisch auszulösen: Die Romanze, die episch-lyrische Ballade.

Gleim, der vielgewandte Dilettant, hatte in die deutsche Lyrik die Romanze eingeführt. Er hatte die Balladen des Spaniers Gongora (1561—1627) kennengelernt, in denen sich neben volksliedartigen, ernsten Gedichten auch schon Parodien auf den Ton der Ballade fanden. In dieser parodierenden, ironischen Behandlung sah Gleim das Wesen der Romanze. Und in dieser Ansicht bestärkten ihn die Romanzen des Franzosen Moncrif (1687—1770), die einen leichten, sangbaren, gleichfalls ironischen Ton anschlugen. Die Flachheit der Gleimschen Kunst- und Lebensanschauung glaubte in den deutschen Bänkelsängerliedern und Moritaten die den spanischen und französischen Romanzen verwandte Dichtart gefunden zu haben. Ihre plumpen Späße, ihre trivialen Burlesken verwechselte er mit der feinen Ironie der Ausländer. Und mit der ihm eigenen, gutmütig-platten Eilfertigkeit stetzt er seine Anschauungen in entsprechende Verse um. Er bringt einen am 11. April 1755 in Berlin aus Eifersucht begangenen Gattenmord in jämmerliche Gassenhauer- und Moritatenreime, er besingt nach einer wahren Begebenheit „Damons und Ismenens zärtliche und getreue Liebe, getrennt durch einen Zweikampf, in welchem Herr Damon von seinem Nebenbuhler am 20. August 1755 auf Auerbachs Hofe in Leipzig mit einem großen Streitdegen durchs Herz gestochen wurde, wovon er seinen Geist jämmerlich aufgeben müssen, zum Trost der herzlich betrübten Ismene gesungen". Gleim dachte sich diese Romanzen auf dem Jahrmarkt von Blänkelsängern vorgetragen, die den Gesang mit dem Hinweis auf entsprechende, grelle Schauerbilder begleiteten. Das schien ihm „Popularität" der Dichtkunst.

Die Nüchternheit des Zeitalters fand an der platten Nüchternheit dieser Komik Gefallen. Zum Humor war man nicht reif, denn Humor ist die feinste Blüte innerer Freiheit. Ein Heer von Romanzendichtern trat auf und parodierte die Wirklichkeit, die Geschichte, die Mythologie, oder gefiel sich in Travestien antiker Gedichte. Auch die Göttinger eiferten diesen monströsen Vorbildern nach. Bürger übernahm die Romanze zuerst so, wie sie ihm geboten wurde. In seiner „Europa" schuf er die übliche parodierte Göttergeschichte mit allen mythologischen und lasziven Anspielungen. Aber die unruhige Lebensfülle Bürgers vermochte sich in dieser niedrigen Zwittergattung nicht auszulösen. Seine Vertrautheit mit dem protestantischen Kirchenlied, seine enge Bekanntschaft mit dem deutschen Volkslied, die bald durch Herder zu einem programmatisch bewußten Anschluß wurde, führten ihn der ernsten Ballade zu. Die ironisierende Schauerromanze vermittelt ihm den Weg zu den ernsthaften Schauern des Volksliedes, zum Aberglauben und Gespensterglauben des niederen Volkes. Ihm fühlten sich die dunklen Unruhen seines Innern vertraut. Schattenhaft, wie sie in ihm wogten, konnte er sie wiedergeben, ohne unmittelbare Klarheit des Ich und der Welt und doch in der unerhörten Gewalt der Bewegung seine persönlichste Offenbarung. Nicht die Gegenständlichkeit eines epischen Vorgangs ist es, die ihn reizt, die ist fern von ihm, feste Umrisse kennt er weder in der Außenwelt noch im eigenen Innern, es ist die gepeitschte Bewegung, die wilde Ruhlosigkeit, in der seine dunkle, unbändige Lebensfülle sich auslösen kann. „Daß Bewegung drinnen ist", wird ihm zum kritischen Maßstab seiner Lenore, wird ihm bald zum kritischen Maßstab überhaupt. In der Poesie, fordert er, müsse alles in Gewimmel und Aufruhr gesetzt und vor den Augen der Phantasie vorbeigejagt werden. Vom „Wilden Jäger" kündet er den Freunden begeistert an: „Um die Ohren soll's euch sausen, als wenn euch hundert Teufel in Sturm, Donner und Wetter durch die Lüfte führten."

Das Volkslied, die alte Ballade der Bauern, Soldaten, fahrenden Schüler, war dieser Lebendigkeit und Bewegung voll, schon der unmittelbare dramatische Dialog, zu dem sich immer wieder seine Erzählung steigert, zeugt davon. Und so schien es Bürger, daß sich aus dem Volksliede „gar herrlich und schier ganz allein" der Vortrag der Romanze und Ballade erlernen lasse. Er schloß sich dem deutschen Volkslied an — erst 1777 lernt er durch Boie Percys Balladensammlung kennen — nicht, um wie Claudius in ihm aufzugehen, sondern, um es in sich aufzunehmen, um mit seinen Mitteln die dunklen Unruhen seines Innern, die eigentümlichen Quellen individueller Entwicklungskämpfe auszulösen. „Ich habe eine herrliche Romanzengeschichte aus einer uralten Ballade aufgestört. Schade nur! daß ich an den Text der Ballade selbst nicht gelangen kann." Das Hausmädchen Christine hatte Bürger den Stoff der Lenore erzählt, von den Versen wußte sie nur: „Der Mond der scheint so helle — Die Toten reiten schnelle" und die Worte des Gesprächs „Graut Liebchen auch?" — „Wie sollte mir grauen? Ich bin ja bei dir." Nach Wilhelm von Schlegel soll Bürger noch die Verse gehört haben, da der Bräutigam in der Nacht an die Tür der Geliebten kommt: „Wo liese, wo lose — Rege hei den Ring!" Die ganzen genialen Anlagen Bürgers, die sich so selten zusammenschlossen, die unbändige Fülle seines inneren Lebens haben in der Lenore Gestalt gewonnen. In der gesamten deutschen Literatur gibt es kein zweites Gedicht von solcher Gewalt der Bewegung. Mit der ersten Zeile setzt die Bewegung ein und wird nicht müde und weiß sich durch 256 Zeilen ununterbrochen zu steigern, immer wilder und gewaltiger bis zum Geheul und Kettentanz der Geister. Die ganze deutsche Sprache ist in Aufruhr gebracht, alle Ausdrücke innerer und äußerer Bewegung wirbeln hier zusammen, wir sehen, hören, fühlen ihre sausende Gewalt. Die Strophen haben keine Zeit, sich immer neuer Wendungen zu besinnen, in atemlosen Wiederholungen jagen sie vorwärts. Nie ist der Refrain zu einem so leidenschaftlichen Mittel geworden.

Kurz nach dem Druck der Lenore entwarf Bürger seine zweite große Ballade: „Meine Meduse ist jetzt hinterm wilden Jäger her und hört im dunkeln, grauenvollen Forst sein Halloh!, seines Hornes Klang, seiner Peitschen Knallen und das Gekläffe seiner losgekoppelten Hunde." Wieder sind es Bewegung und Grausen, die er aufsucht, darin er sich auslöst. Wieder setzt die erste Zeile mit jähem Ansturm ein, wieder können wir erst mit der letzten Atem schöpfen. Aber schon sind die Zwischenstrophen ohne die ununterbrochene Steigerung, die Vorgänge wiederholen sich, schon wiederholen sich bestimmte Wort- und Satzbildungen der Lenore. Und je mehr Bürger in der hilflosen Verworrenheit seiner Lebensleidenschaft sich zerreibt, desto mehr ermatten Drang und Lebensfülle in ihm, die

Bewegung und Lebendigkeit seiner Balladen wird eine gekünstelte, forcierte, ja verzweifelte. Sie wird zum Schematismus der äußeren Form mit Lenore als Muster, sie wird in „Lenardo und Blandine" zur ungewollten Parodie.

Nur einmal noch schließt sich Bürgers inneres Leben zur Gestalt zusammen, ja gewinnt es fast etwas von epischer Gegenständlichkeit. Aus den dunklen Unruhen heben sich leidenschaftlich-bewegte, aber doch fest umrissene Situationen ab. Im Jahre 1781 hatte er einen Prozeß zu führen gegen Katharine Elisabeth Erdmann wegen eines in der Nacht vom 5. auf den 6. Januar verübten Kindsmordes. In den Erschütterungen dieses Prozesses gewann ein Plan Gestalt, den er schon lange in sich trug: Die Kindesmörderin: „Des Pfarrers Tochter von Taubenhain." Die ganzen tragischen Verwicklungen seiner Leidenschaft, Schuld, Schande und Reue nahmen in diesem Prozeß drohendes Leben an, machten ihn zu einem persönlichen Schicksal. Das eigene düstere Innenleben wurde durch ihn in die Wirklichkeit hinausgestellt und der dichterischen Darstellung vergegenständlicht. Die Verführungszene, Weizenfeld und Wachtelsang, Gartenduft und Nachtigall sind mit der gleichen, lebendigen Deutlichkeit gezeichnet wie Verrat, Verzweiflung und Mord. Die letzte Strophe weiß das Unheimliche, Grausige mit unnennbarem Menschenweh zu vereinen und zu verinnerlichen.

Hatte Bürger in jungen Jahren seine Art und Unruhe im Volkslied wiedergefunden und programmatisch im Begriff der „Popularität" gefaßt und gefordert, so äußert sich seine innere Ermattung in rein formalen Forderungen, im Begriff der „Korrektheit", im Streben nach peinlichster grammatischer Richtigkeit. Dahin mißversteht er auch den Schillerschen Begriff der Idealität. Seine ausgefeiltesten Stücke feilt er nun aufs neue, in langen Anmerkungen ergeht er sich über die Änderungen, über den vierzeiligen Refrain seines ältesten größeren Gedichtes „Die Nachtfeier der Venus" schreibt er eine Abhandlung von 40 Seiten. Nur die Französische Revolution weiß ihn noch einmal aufzureißen. Ihr Sturmwind bläst aus seinem verglimmenden Leben die letzten Flammen. Sehnsüchtig horcht er nach der Freiheit, die sie allen verkündet, zu der er sich niemals durchzuringen vermochte.

HÖLTY

Was die Großen in einsamen Kämpfen zu erringen suchten, suchten die Kleineren durchzusetzen, indem sie sich unter
dem Zeichen eines Großen zusammenschlossen. In Göttingen
hatte sich seit 1770 eine Gruppe von jungen Lyrikern zueinander gefunden. Der Göttinger Musenalmanach Christian Heinrich Boies war ihnen zum Mittelpunkt geworden. Boie hatte
Bürger aus seiner Verwahrlosung herübergezogen, er hatte sich
Hölty und den beiden Vettern Miller aus Ulm verbunden. Den
Verlust Bürgers, der seine Amtmannsstelle übernahm, hatte
er durch die Herkunft von Voß auszugleichen gewußt, der
durch seine Bemühungen die Studien in Göttingen aufnehmen
konnte. Unbedeutendere Talente schlossen sich ihnen an. Man
kam wöchentlich zusammen, um sich seine neuentstandenen
dichterischen Versuche vorzulesen, sie zu beurteilen und zu verbessern. „Zu Göttingen keimt ein ganz neuer Parnaß" —
schreibt Bürger am 20. September 1772 an Gleim — „und
wächst so schnell als die Weiden am Bache." Am selben Tage
vollendet Voß einen Brief an einen Freund, in dem er den
Abend des 12. September schildert: „Die beiden Millers, Hahn,
Hölty, Wehrs und ich gingen noch den Abend nach einem
nahegelegenen Dorfe. Der Abend war außerordentlich heiter,
und der Mond voll. Wir überließen uns ganz den Empfindungen der schönen Natur. Wir aßen in einer Bauernhütte eine
Milch und begaben uns darauf ins freie Feld. Hier fanden wir
einen kleinen Eichengrund, und sogleich fiel uns allen ein,
den Bund der Freundschaft unter diesen heiligen Bäumen zu
schwören. Wir umkränzten die Hüte mit Eichenlaub, legten
sie unter den Baum, faßten uns alle bei den Händen, tanzten
so um den eingeschlossenen Stamm herum — riefen den Mond
und die Sterne zu Zeugen unseres Bundes an und versprachen
uns eine ewige Freundschaft. Dann verbündeten wir uns, die
größte Aufrichtigkeit in unseren Urteilen gegeneinander zu
beobachten, und zu diesem Endzwecke die schon gewöhnliche
Versammlung noch genauer und feierlicher zu halten. Ich ward
durchs Los zum Ältesten erwählt. Jeder soll ein Gedicht auf
diesen Abend machen und ihn jährlich begehn."

Dieser sentimentale Vollmondabend war die Geburtsstunde
jener Vereinigung, die unter dem Namen „Bund" oder „Hain"

in der deutschen Literaturgeschichte berühmt wurde. Schon in ihrem Namen deutete sie an, unter wessen Zeichen und Gefolgschaft sie sich zusammenschloß: dem griechischen Parnaß, dem „Hügel", hatte Klopstock als Stätte der deutschen Muse den „Hain" entgegengestellt. Klopstock ist der Patron dieses Bundes. In seinem Sinne fühlt man sich als Barde, gibt man sich Bardennamen, in seinem Sinne gefällt man sich in heiliger Schwärmerei für Tugend, Freundschaft und Vaterland, in heiligem Haß gegen alles Fremde und Frivole, gegen Wieland und die Franzosen. Gleich ihm beschäftigt man sich mit der älteren deutschen Dichtung, man bringt den Minnesang wieder zu Ehren, man sammelt für ein deutsches Wörterbuch. Gleich ihm dürstet man nach Ruhm und Unsterblichkeit. Nur Ein Neues bringt man hinzu: die Naturschwärmerei Rousseaus. Ihr folgt man, indem man auf die Dörfer zieht, indem man sich im Grünen lagert. Es ist nicht die freie, unendliche Natur, es ist die Einfachheit ländlichen Lebens, dörflicher Landschaft, die den Göttingern verwandt und zugänglich ist, der sie ihre besten Lieder danken. Ihr entnehmen sie die Freude und Pflege am einfachen volkstümlichen Lied.

Einen Monat nach der Entstehung des Bundes traten die beiden Grafen Stolberg, Christian und Friedrich Leopold von Stolberg in ihn ein und erhöhten dadurch sein Ansehen nicht wenig. Sie überbringen Klopstock auf einer Ferienreise eine Auswahl aus den Bundesgedichten mit einem begleitenden Brief. 1774 bittet Klopstock zum namenlosen Jubel der Mitglieder selber um seine Aufnahme in den Bund. In seiner „Gelehrtenrepublik" feiert er ihn als die „heilige Kohorte". Unter seinem Einfluß drängen sich die politischen Ideen im Bunde vor. Im Schauer eines nächtlichen Gewitters hält man sich jeder großen Handlung, selbst eines Fürstenmordes für fähig, man nennt sich „Deutscher Bund" oder „Bund fürs Vaterland". Endlich am 30. Juli 1774 erscheint Klopstock unter ihnen auf seiner Reise nach Karlsruhe, sie zur Tugend und Würde, zu glühenden Träumen zu begeistern. Aber dieser Höhepunkt war auch der Endpunkt des Bundes. Die beiden Stolberg waren schon 1773 geschieden, kurz nach Klopstocks Besuch schieden die beiden Miller, Leisewitz, Hahn. Jeder folgte seinem eigenen Weg — eine unklare, selige Jugendbegeisterung, so liegen die Bundesjahre hinter ihnen.

Aber Klopstock hatte ihrer Dichtung sein Zeichen aufgedrückt, er blieb in ihnen mächtig. Johann Heinrich Voß (1751 bis 1826) vermag in seinen Oden niemals schöpferisch aus Klopstock herauszuwachsen, nur die äußeren Formen weiß er zu vollenden. In seiner dörflichen Umwelt, in Wandsbeck, Otterndorf, Eutin hat er einige ländliche Lieder geschrieben, die im klaren, festen, gegenständlichen Erfassen ländlicher Natur, ländlichen Lebens Eigenes geben, die aber gerade in ihrer Gegenständlichkeit aus dem Lyrischen hinaus in sein eigentümliches Gebiet weisen: die Idylle. „Der siebzigste Geburtstag" (1780) ist eine der vorzüglichsten deutschen Idyllen. In der Innigkeit seines Familiengefühls, in der lebendigen, liebevollen Ausmalung des engen häuslichen Lebens, das allen Sinnen gleich treu gegenwärtig wird, weiß dieses Gedicht dem schlichten, begrenzten Dasein „einen allgemeinen Wert, eine unverkennbare Würde" zu verleihen. „Diese gleichsam zauberische Wirkung bringt eine tieffühlende, energische Natur durch treues Anschauen, liebevolles Beharren, durch Absonderung der Zustände, durch Behandlung eines jeden Zustandes in sich als eines Ganzen schaffend hervor." (Goethe.) Friedrich Leopold Stolberg (1750—1819) hat sich aus der Bestimmbarkeit seines Wesens nicht zu einer selbständigen Bedeutung als Lyriker durchzusetzen vermocht. In seiner Jugendfreundschaft mit Goethe stand er vermittelnd zwischen den Göttingern und den Stürmern und Drängern. Und seine Gedichte lehnen sich bald an die eine, bald an die andere Gruppe. Im Liedartigen gelingen ihm einige schlichte, geschlossene Stücke: „Süße, heilige Natur", „Mein Arm ist stark und groß mein Mut", „Sohn, da hast du meinen Speer". Auch die ländliche Natur hat er später gut belauscht. Seine größeren Gedichte bleiben im reflektierten Pathos und Taumel Klopstockscher Oden und Rhythmen, ob er jugendliche Freiheitsoden wettert, dem Meere seine Hymnen singt, oder nach seiner inneren Wandlung in feierlich-hohen Oden Tugend und Erbauung preist. J. M. Miller beschränkt sich auf das Liedartige, schreibt ebenso sentimentale Bauernlieder als Frauenlieder und trägt in den „Minneliedern" seinen Nachdichtungen und Nachahmungen der Minnesänger diese falsche Sentimentalität zu.

Auch Ludwig Heinrich Christoph Hölty (1748—1776) wurde durch Klopstock bestimmt. Bevor er mit den Göttingern zusammentraf, hatte er sich in der burlesken Romanze versucht, hatte er nach den englischen Vorbildern von Gay, Goldsmith, Frau Rowe in schwülstigen Elegien geschwelgt, hatte er in seinen Liedern mit den üblichen Mitteln der Anakreontik getändelt. Dann hatte sich die sanfte Schwermut seines Wesens an Kleist gefunden, gleich ihm war er aus der Anakreontik zur stillen Freude und Betrachtung der Natur emporgewachsen. Aber erst die Verehrung Klopstocks, die ihm Art und Urteil der Bundesgenossen einprägten, hatte ihn künstlerisch ganz gelöst, ihm den freien Weg zu sich selbst gegeben. Klopstock war die stärkere Persönlichkeit, nicht immer wußte sich Hölty ihm gegenüber zu behaupten. Sein Pathos verführt ihn, er dichtet pathetische Oden an Gott, rührselige Freundschaftsoden an Miller, er besingt „die künftige Geliebte", er ahmt „Die beiden Musen" Klopstocks in einer Ode „An Teuthard" nach. Aber im Tiefsten ist Hölty doch niemals gleich seinen Freunden in Klopstock aufgegangen, er hat seine Art in sich aufgenommen und persönlich umgebildet. Wenn ihm Klopstocks Größe mangelt, er übertrifft ihn an Reinheit, Einheit und Wahrheit des Lebens und Dichtens. Und diese innige Lebendigkeit durchdringt auch die Form seiner Oden und macht sie wärmer, beseelter als die Odenmaße Klopstocks.

Als Sohn eines Dorfpastors ist Hölty geboren. Über seine Kindheit fielen die Blattern her, zerstörten sein bildschönes Gesicht und ließen ihn schwach und kränklich zurück.

> Dein eherner Fußtritt hallte mir oft, o Tod,
> In meiner Kindheit werdende Dämmerung,
> Und manche Mutterträne rann mir
> Auf die verblühende Knabenwange.

Als er nach zwei Jahren den Gebrauch seiner Augen wiedererlangt, verdoppelt er seinen Eifer im Lernen. An der Hand seines Vaters widmet er sich lateinischen, griechischen, französischen und hebräischen Studien. Er gönnt sich nicht die Zeit zum Essen, heimlich verbringt er die halbe Nacht über den Büchern. Da man ihm die Lampen verschließt, bedient er sich ausgehöhlter, mit Öl gefüllter Rüben. Im schwärmerischen Hang zur Einsamkeit sucht er mit seinen Büchern gern die stille Wiese, den schweigenden Wald. Ostern 1769 bezieht er die Universität Göttingen zum Studium der Theologie. Dort wird er im zweiten Jahre mit Boie, Bürger, Miller bekannt, er gründet mit ihnen den „Hain". Still und in sich gekehrt nimmt er teil an seinen lauten Zusammenkünften. „Stark von Wuchs, niedergebückt, unbehilflich, von trägem Gange, blaß wie der Tod, stumm und unbekümmert um seine Gesellschaft", so schildert ihn Voß. „Nur in seinen hellblauen Augen schimmerte ein treuherziges, mit etwas Schalkhaftigkeit vermischtes Lächeln, welches sich, wenn er mit Wohlgefallen las, durch eine schöne Gegend ging, oder rücklings unter einem blühenden Baume lag, über sein ganzes Gesicht verbreitete. Dieses behagliche Staunen dauerte einige Zeit, und dann pflegte er manchmal mit voller Herzlichkeit auszurufen: Das ist herrlich! Aber gewöhnlich verschloß er seine Empfindungen in sich selbst. Wenn er sie mitteilte, so geschah es fast immer auf eine besondere Art. Er war mit einigen Freunden bei Hahn, als die Nachricht kam, daß Klopstock durch Göttingen reisen würde. Er hatte sich bisher ganz ruhig mit dem Butterbrot in der Hand auf dem Stuhle gewiegt; mit einmal stand er auf und bewegte sich langsam und stolpernd auf der linken Ferse herum. „Was machst du da?" fragte ihn einer. „Ich freue mich", antwortete er lächelnd. Zweimal hat Voß ihn weinen gesehen: In seinem sechsundzwanzigsten Jahre kam die Schwindsucht zum Ausbruch, er mußte des Morgens Blut aushusten. Eines Tages erzählte er Voß davon, der erschrak und drängte zum Arzt. Hölty sträubte sich lange, fast mit Gewalt brachte ihn Voß endlich dahin. Der Arzt tröstete ihn zwar, aber so, daß Hölty verstand. Als sie zurückgingen, weinte er bitterlich. Das zweitemal war es, als Hölty den Tod seines Vaters erfuhr. Er kam mit verstörtem Gesicht auf Voß' Stube; denn sie aßen zusammen. „Wie geht's, Hölty?" „Recht gut," antwortete er lächelnd, „aber mein Vater ist tot." Und Tränen stürzten über sein bleiches Gesicht.

Was braucht es mehr als diese kleinen, unendlich rührenden Züge, um uns den Wesensunterschied Höltys und Klopstocks anschaulich zu machen: Klopstock, der jede seiner Empfindungen hegt und hätschelt, aufstachelt und überhitzt — Hölty, der in Reinheit und Scham jede Empfindung in sich verschließt, der scheu und hilflos nach den unscheinbarsten Worten greift, wenn er sich äußern muß. Und dieser tiefen Ehrlichkeit und Ehrfurcht vor dem Leben in sich entsprach die gleiche Ehrfurcht vor dem Leben draußen. Auf Klopstock hatte das Leben all seine Güter gehäuft: die Fülle des Ruhms, die gesunde Fülle der Jahre, ein reichliches, sorgloses Auskommen — achtlos hatte er über sie hinweggesehen nach überirdischen Begriffen und Idolen. Hölty hatte das Leben karg, recht karg bedacht. Aber mit welcher Bescheidenheit, Dankbarkeit und Liebe liest er die kleinen Scheidemünzen auf, die es ihm zuwirft. Klopstock wendet sich vom Reichtum seines Lebens zur Überreiztheit seiner Träume, Hölty sucht in seinen Träumen sehnsüchtig das Leben, das sich ihm versagt. Er liebt — und es geht ihm mit der Geliebten wie mit dem Leben: er sieht sie fern vorübergehen, die Apfelbäume umblühen sie, die Abendsonne flimmert auf ihrem Gewand. Aber es ist ein Anderer, zu dem sie geht, den sie beglückt. Sie ahnt nicht einmal, daß in der Ferne ein Jüngling steht, der ihr sehnend nachblickt, der stumm und selig um sie leidet. Wie innerlich und innig, wie ehrfürchtig und dankbar weiß Hölty dieses leise Erlebnis, dieses traumhafte Glück zu gestalten:

Die Liebe.

Eine Schale des Harms, eine der Freuden wog
Gott dem Menschengeschlecht, aber der lastende
Kummer senket die Schale;
Immer hebet die andre sich.

Irr und trauriges Tritts wanken wir unsern Weg
Durch das Leben hinab, bis sich die Liebe naht,
Eine Fülle der Freuden
In die steigende Schale geußt.

Wie dem Pilger der Quell silbern entgegen rinnt,
Wie der Regen des Mai's über die Blüten träuft;
Naht die Liebe: des Jünglings
Seele zittert, und huldigt ihr.

Nähm' er Kronen und Gold, mißte der Liebe? Gold
Ist ihm fliegende Spreu; Kronen ein Flittertand;
Alle Hoheit der Erde,
Sonder herzliche Liebe, Staub!

Los der Engel! Kein Sturm düstert die Seelenruh
Des Beglückten; der Tag hüllt sich in lichters Blau;
Kuß und Flüstern und Lächeln
Flügelt Stunden an Stunden fort!

Herrscher neideten ihn, kosteten sie des Glücks,
Das dem Liebenden ward; würfen den Königsstab
Aus den Händen und suchten
Sich ein friedliches Hüttendach.

Unter Rosengesträuch spielet ein Quell und mischt
Zum begegnenden Bach Silber. So strömen flugs
Seel' und Seele zusammen.
Wann allmächtige Liebe naht.

„Den größten Hang hab' ich zur ländlichen Poesie und
zu süßen, melancholischen Schwärmereien in Gedichten. An
diesen nimmt mein Herz den meisten Anteil." Die einzige
Freundin seiner Jugend, die ländliche Natur, kann er nicht
vergessen. „Mein Hang zum Landleben ist so groß, daß ich
es schwerlich übers Herz bringen würde, alle meine Tage in
der Stadt zu verleben. Wenn ich an das Land denke, so klopft
mir das Herz. Eine Hütte, ein Wald daran, eine Wiese mit
einer Silberquelle, und ein Weib in meiner Hütte ist alles,
was ich auf diesem Erdboden wünsche." Wo er auch weilt,
der Garten seines Vaterhauses blüht und duftet in ihm, seine
lieblichste Erinnerung:

Sehnsuchtstränen rinnen dir oft, die süßen
Sehnsuchtstränen später Erinnrung, werte
Szene meiner goldnen Knabenfreuden,
    Liebster der Gärten!

Deiner Beete blitzende Wechselfarben,
Wo sich Buttervögel im Tau besahen,
Und auf Silberrosen das Bild des schönen
    Frührots sich malte.

Deine Blütenlauben, wo Nachtigallen
Maienlieder flöteten, kleine Bienen
Ihr Entzücken summeten, stehn mir immer,
    Immer vor Augen.

Als die Schwindsucht ihm die theologische Laufbahn unmöglich macht, als er sich daheim von seiner Krankheit erholen muß, sucht er sehnend den Garten, sucht er alle alten
Wege und Wiesen auf. „Ich schlenderte den ganzen Morgen
im Garten oder im nahen Wald herum, oder lag im Grase und
las im Messias oder im Shakespeare." „Wir haben jetzt die
angenehme Heuernte, die Wiesen duften von Heuduft und wim-

meln von Arbeitern. Ich liege oft in der Dämmerung auf einem Heuschober und hänge meinen Phantasien nach, bis der silberne Mond am Himmel hervorgeht." Mit unendlicher Liebe, mit schüchterner Dankbarkeit empfängt er von der Natur ihre leisen Freuden. Alles, was sie gibt, ist ihm lieb und bedeutungsvoll, er singt seine Oden „An ein Veilchen", „An ein Johanniswürmchen", „An die Grille", seine Lieder „An eine Quelle", „An eine Nachtigall, die vor meinem Kammerfenster sang". Seine lieblichsten Lieder singt er dem Frühling, dem Mai: „Der Frühling ist auf dem Lande so schön, dem Sterblichen blühen ihrer so wenige, daß ich keinen hinter den Mauern der Stadt vertrauern möchte." Dann, wenn alles Leben keimt und schwillt und sich erneuert, wenn selbst die geborstene Mauer des Dorfes von Blüten überhangen ist, dann hofft auch sein sieches Leben aufs neue. „Ich werde von Tage zu Tage gesunder und stärker, und es sind nur kleine Reste der Krankheit übrig, die sich allmählich verlieren." Dann steht er mit ausgebreiteten Armen, mit Tränen der Liebe vor jedem Blütenstrauch. Dann ruft er, der Schwindsüchtige, in dauernden Liedern zum Dank an das Leben, zur Daseinsfreude auf: „Rosen auf den Weg gestreut — Und des Harms vergessen!" Dann schimmert aus seinen großen, kranken Augen das liebende Bekenntnis:

O wunderschön ist Gottes Erde
Und wert darauf vergnügt zu sein!
Drum will ich, bis ich Asche werde,
Mich dieser schönen Erde freun!

Dann empfindet er die schlichte Schönheit der Natur so treu und reich und hell, wie sie wenige vor ihm empfunden haben. „Ich schicke dir wieder zwei Stücke. Beide sind im lieblichen Mai, unter blühenden Bäumen und Nachtigallen gesungen, und es würde mich freuen, wenn etwas von der Maienanmut in ihnen atmete, die von allen Seiten auf mich zuströmte, als ich sie sang."

Die Schwalbe fliegt, der Kuckuck ruft
In warmer blauer Maienluft;
Die gelb und weißen Blumen wehn
Wie Gold und Silber auf den Höhn.
Es schwimmet Tal und Busch und Hain
Im Meer von goldnem Sonnenschein.

Zimmermann, der berühmte Arzt, sollte ihn heilen. Hölty unterwirft sich einer langwierigen Kur. Bei genauer Befolgung der Verordnungen hält Zimmermann eine Rettung für möglich. Aufs neue beginnt Hölty zu hoffen: „So wenig ich mich auch vor dem Tode fürchte, so gerne lebt' ich noch ein paar Olympiaden, um mit euch Freunden mich des Lebens zu freuen, und um nicht unerhöht mit der großen Flut hinunterzufließen." Er erholt sich so weit, daß er einen langgehegten Herzenswunsch erfüllen kann: er reist nach Hamburg und verlebt mit Klopstock, Voß und Claudius die acht reichsten Tage seines Lebens. Er trägt sich mit dem Gedanken, in Wandsbeck ein Zimmer zu mieten und mit Voß und Claudius das Idyll ihres ländlichen Lebens zu teilen. Aber in Hannover hält ihn ein neuer Krankheitsanfall fest, sein Arzt rät von jeder Reise ab. Boie, der als Stabssekretär nach Hannover gekommen war, nimmt sich seiner an. Noch einmal besucht er in den letzten Tagen des Mai den blühenden Garten des Vaterhauses. „Ich hörte noch die letzten sterbenden Schläge der Nachtigall; ich saß unter einem vom schönen blauen Himmel durchschimmerten Baume im Grase, oder wandelte einsam im Walde herum." Dann kehrt er nach Hannover zurück, die Leiden werden schlimmer. Einsam, still und bescheiden, wie er lebte, ist er gestorben. An einem Sonntagmorgen ging er zu seiner Hauswirtin und sagte: „Ich bin sehr krank; schicken Sie nach Zimmermann; ich glaube, ich sterbe noch heute." Zimmermann, der in der Nähe wohnte, erschien sogleich und fand Höltys Zustand hoffnungslos. Auch Boie war rasch geholt worden: „Ich fand" — erzählt er — „den Prediger und die Stube voll Menschen, die Wehrs zusammengebracht hatte. Er reichte mir noch die Hand, wollte reden, konnte nicht mehr, legte seinen Kopf in meinen Arm und verschied."

J. P. HEBEL

Unter den Idyllen von Johann Heinrich Voß sind zwei im niederdeutschen Dialekt geschrieben: De Winterawend (1776) und De Geldhapers (1777). Sie regen mehr denn zwanzig Jahre später auf der geraden Gegenseite Deutschlands, an der Schweizer Grenze, Johann Peter Hebel (1760—1826) an zu seinen „Alemannischen Gedichten" (1803), der größten, schöpferischen Leistung, die dem Dialekt in der deutschen Lyrik eigen.

Claudius war der Sohn eines Pfarrers, Voß der Sohn eines Zolleinnehmers, Hebel war das Kind eines Webers, der in buntem Kriegsdienst die Welt durchlaufen, und einer Taglöhnerin. Er brauchte nicht volkstümlich, nicht natürlich zu werden, er war Volk, er war Natur. Und er war es in jenem helleren, gelösteren, wärmeren Sinne, der die süddeutsche Landschaft und Menschlichkeit vor der kargen Herbheit und Verschlossenheit der norddeutschen auszeichnet. Der Vater, aus Simmern im Hunsrück, entstammte dem beweglichen, launigen, fränkischen Volksschlag, die Mutter dem innigen, gemütstiefen Alemannentum. Und wie die Stammes-, so war auch seine Landesart ungewöhnlich reich und glücklich gemischt: jene Landschaft, wo der schwermütige Ernst der Schwarzwaldberge, die einsame quellendurchklungene Innigkeit ihrer Täler überdrängt in die aufatmende Weite, die farbige Freiheit der Rheinebene.

Zur Stammes- und Landes- kam die Mischung der Lebensart: die Eltern hatten sich im Hause des Majors Iselin in Basel gefunden, eines Söldnerführers, unter dem Hebels Vater gefochten, bei dem Hebels Mutter, als Bauernmädchen aus Hausen im Wiesental, in Diensten stand. Auch nach der Hochzeit arbeiteten sie sommers bei Iselin in Haus und Garten um Tagelohn, winters lag der Vater als „Webermeister und Hintersasse" in Hausen seinem Handwerk ob. Schon im zweiten Lebensjahre Hebels starb er. Und nun wechselt der Kleine mit der Mutter halbjährlich zwischen der dörflichen Heimat und dem Baseler Patrizierhause. Dieser Wechsel hebt ihn früh aus der Enge bäuerlicher Gebundenheit und gibt ihm unbefangenen Anteil auch an städtischen Lebensformen und -bildern. „Von armen, aber frommen Eltern geboren", war Hebel welt- und herzensfromm, Kind und Dichter genug, zu schauen und zu lieben, ohne besitzen zu wollen. „Da habe ich frühe gelernt, arm sein und reich sein ... ich habe gelernt, nichts haben und alles haben."

Aber der Baseler Erinnerungen sind wenige gegenüber dem Reichtum des Wiesentäler, Markgräfler, Schwarzwälder Lebens in Hebels Briefen und Gedichten. In ihm wurzelt er. Er spricht vom „Altertum und Urcharakter" seiner Schwarzwälder Bauern, „mit dem sie in ihrem Gleichgewicht dastehen". Dies erdensichere Gleichgewicht gibt seiner Lebens- und Weltanschauung von frühauf jene Festigkeit und Klarheit, die Klopstock, Schiller, Platen, die der ganzen überdrängenden Innerlichkeit eines politisch und wirtschaftlich dürftigen Deutschlands mangelt.

Da Hebel dreizehn Jahre alt war, starb auch die Mutter. Eben um diese Zeit hatte sie ihn aus der Dorfschule in Hausen, wo er einen tüchtigen, stets dankbar verehrten Schulmeister gefunden, in die Lateinschule nach Schopfheim gegeben. Vor seinem vollendeten vierzehnten Jahre wurde er konfirmiert und bezog das Lyzeum in Karlsruhe. 2500 Gulden, von den Eltern tapfer erspart, und Freitische, vom Hofdiakonus Preuschen aus Schopfheim besorgt, öffneten ihm den Studienweg. Zwei Jahre studierte er in Erlangen Theologie, kehrte nach Karlsruhe zurück und bereitete sich auf sein Examen vor. Ende November 1780 wurde er unter die Kandidaten des Pfarramts aufgenommen, ohne jede Aussicht auf Anstellung. Wenige Stunden von seiner Heimat fand er Unterschlupf als Hauslehrer beim Pfarrer von Hertingen. 1782 wurde er ordiniert und stand dem Pfarrer nunmehr auch als Vikar zur Seite, 1783 wurde er zum Präzeptoratsvikar in Lörrach ernannt, wo er am Pädagogium zu unterrichten und gelegentlich zu predigen hatte, acht Jahre lang.

In diesen Jahren verwuchs er mit all seinen Wurzeln dem alemannischen Heimatboden, der Natur wie den Menschen. Sechs Jahre elternlos zur Fremde verwiesen, in demütigenden, stolzen, tapferen Erlebnissen zum Selbstbewußtsein geweckt, wirft er sich jetzt in freiem, freudigem Wiederfinden der Heimat ans Herz: in heller Herzensfreundschaft, in schalkhafter, trinklustiger Geselligkeit, in unermüdlichen, leuchtenden Wanderungen zum Feldberg und Belchen, in tiefer, treuer, verhaltener Liebe zu Gustave Fecht, der Oberländer Pfarrerstochter, in einem Tagewerk, das noch das bescheidene Wort des

Zweiundsechzigjährigen an einen ehemaligen Schüler lebensherrlich deutet: „Ich weiß, Ihnen bloß das Beispiel eines frohen Schulmannes gegeben zu haben." Schon kündet eine humorvolle Naturreligion — Proteuserei oder Belchismus genannt —, die dem Denglegeist, als dem launenhaften Herrscher des Feldbergs, dem Proteus als dem Gebieter des Belchen huldigt, in übermütigen Scherzen von der mythenbildenden Kraft, die Hebels Naturdichtung beseelen wird.

Gesuche um feste Anstellung blieben erfolglos. Ende 1791 erst wurde Hebel die zweite Assistentenstelle am Gymnasium zu Karlsruhe unter dem Titel eines Subdiakonus übertragen; Ende 1792 wurde er zum Hofdiakonus ernannt, 1798 zum Professor extraordinarius der dogmatischen Theologie und hebräischen Sprache, 1805 zum Kirchenrat, 1818 zum Prälaten der evangelischen Landeskirche.

Karlsruhe hatte 1746 in Karl Friedrich einen Fürsten von schöpferischer Freiheit und Bedeutung erhalten, steckte aber noch tief in den Zufälligkeiten und Zwiespältigkeiten einer improvisierten kleinen Residenz. Klopstock, den der Markgraf 1775 an seinen Hof zu fesseln versuchte, flüchtete nach dem ersten Winter. Goethe seufzte 1779 über seinen Karlsruher Aufenthalt: „Die Langeweile hat sich von Stunde zu Stunde verstärkt. Gott im Himmel, was ist Weimar für ein Paradies!" Die Bevölkerung war aus allen Stämmen Deutschlands zusammengeholt, die bezopfte und gepuderte Hof- und Beamtengesellschaft hatte den Ehrgeiz französischer Sprache und Umgangsformen. Lange fühlte Hebel sich hier wurzel- und heimatlos. Er betrachtete seinen Aufenthalt nur als einen vorübergehenden, eine Pfarrei im Oberlande blieb seine Sehnsucht. „Was für ein Fluch mir der Himmel auflegte, daß er mich nach Karlsruh sendete. . . . Die vorige Woche war ich in Rastadt . . . unterhalb Bühl kam ich an der Oberländer Landstraße hinaus. Ach wie es mir da zumute war! Wie alle Freuden des Oberlandes in meiner Seele aufwachten! . . . Jetzt lauf ich wieder in dem Geräusch der Stadt umher, allenthalben umgeben von Häusern und Mauren, die doch noch den Vorteil haben, daß sie meinem Auge die unfreundliche, langweilige Sandfläche, das leere, tote Wesen der ganzen Gegend verbergen." Noch 1812 gesteht er: „Ich bilde mir etwas darauf ein und gelte etwas bei mir, daß ich mich nun bis ins dritte Dezennium hinein als

Fremdling hier ansehe, und ein heimlich mutterndes und brutt-
lendes Heimweh in mir herumtragen, und weinen kann, so
oft ich den ärmsten Teufel auf der Welt, einen Oberländer
Rekruten sehe." „Flugsüchtig, heimwehselig" lebt er sein
eigentliches Leben in heimischen Träumen und Erinnerungen:
„Da hab ich schon 25 Jahre gelebt, da bin ich daheim, da
gehöre ich hin, da sollte und könnte ich vielleicht sein, und
herumhüpfen von Blume zu Blume, wie ein Heustöffel." Heimweh macht ihn zum Dichter: aus der Liebeskraft seines Herzens, aus der Anschauungs- und Formkraft seines Geistes baut
er sich die alte, geliebte, verlorene Welt in seinen Alemannischen Gedichten wieder auf. Ein Jahr lang baut und schafft er,
vom Frühling 1801 bis zum Winter 1802, und dann lebt und
blüht und klingt sie wieder in seinen Gedichten, die Heimatwelt, „wo es immer so schön ist, in dem schönen, einzigen
Tal voll Schmelen und Chettenblumen, lustigen Bächlein und
Sommervögel, wo es immer duftet wie aus einem unsichtbaren
Tempel herausgeweht, und immer tönt, wie letzte Klänge aus-
gelütteter Festtagsglocken mit beginnenden Präludien menge-
liert und verschmolzen, und wo jeder Vogel oberländisch pfeift,
und jeder, selbst der schlechteste Spatz, ein Pfarrer und heiliger Evangelist ist, und jeder Sommervogel ein gemutztes
Chorbüblein, und das Weihwasser träufelt unaufhörlich und
glitzert an jedem Halm."

Nur ein hochdeutsches Gedicht vom Jahre 1781, „Siegeslied der Griechen nach dem Sieg über die Gallier", eine leblose
Nachahmung von Gleims Grenadierliedern, zeugt von früheren
dichterischen Versuchen Hebels, zehn Jahre darauf eine Epistel
an den Pfarrer Günttert zu Weil, ein erster, alemannischer
Gruß in die Heimat, der die übermütige Scherzwelt der Pro-
teuser in saftiger Anschaulichkeit, in strotzender Derbheit der
Sprache — „armsdicki Wort" — und Vorstellung weiterführt.
Erst nach wieder neun Jahren nimmt Hebel im „Statthalter
von Schopfheim" die gleiche Sprache, das gleiche Versmaß
(den Hexameter), die gleiche Anschaulichkeit und Bewegtheit,
nunmehr in bewußter literarischer Absicht auf.

Die Anregungen, die Hebel aus Theokrits und Virgils Idyllen geworden, der Hinweis zur mundartlichen Dichtung, den
ihm die beiden niederdeutschen Idyllen von Voß gegeben, sind
nur allgemeiner Natur. Alle anderen Lyriker von Günther

bis Hölty sind aus der Literatur gewachsen, haben sich erst den Weg zur Natur, ihrer Natur bahnen müssen. Hebel wächst ganz aus der Natur seines Landes und Stammes, die eben die seine ist. Und wenn er den Dialekt für seine Gedichte wählt, so tut er es nicht aus literarischen Überlegungen, sondern weil er zur Atmosphäre der Heimat gehört, weil in ihm erst sie ihm ganz gegenwärtig, tönend lebendig ist. „Lehren Sie", schreibt er 1805 dem Freunde Schneegans in Straßburg, „zuerst die angeborene Muttersprache und am liebsten im häuslichen, heimischen Dialekt sprechen. Mit dem Sprechen empfangen wir in der zarten Kindheit die erste Anregung und Richtung der menschlichen Gefühle in uns, und das erste verständige Anschauen der Dinge außer uns, was den Charakter des Menschen auf immer bestimmen hilft, und es ist nicht gleichgültig, in welcher Sprache es geschieht. Der Charakter jedes Volkes, wie gediegen und körnig oder wie abgeschliffen er sein mag, und sein Geist, wie ruhig oder wie windig er sei, drückt sich lebendig in seiner Sprache aus, die sich nach ihm gebildet hat, und teilt sich unfehlbar in ihr mit."

Der Gebrauch der heimischen Mundart hebt Hebel aus den sprachlichen Bedingtheiten der zeitgenössischen Literatur, ja aus der Ungelenkheit und Schwere aller Schriftsprache; denn die alemannische Mundart lebte in Klang und Rhythmus und Satzbau als gesprochenes Wort. So schafft Hebel als freier Bildner in einem für die deutsche Lyrik ganz neuen Sprachmaterial, schafft in unmittelbarster Einheit mit ihm, Geschaffner und Schöpfer zugleich, ebenso durch die heimische Sprache naturhaft gebildet, wie als erster bewußt sie bildend. Und da er nie aus ihrer gemeinsamen Atmosphäre, ihrer gemeinsamen Natur heraustritt, so kommt eine Treffkraft der Sprache zustande, eine Einheit von Gehalt und Wort, von seelischer und sprachlicher Bewegung, die der deutschen Lyrik völlig neue Werte zuführt.

Dazu kommt eine Grundkraft, die aller Ursprache und der unverbrauchten alemannischen Mundart besonders eignet: die Kraft der Verkörperung. Dies sprachliche Urmittel steigert Hebel zu mythenbildender Gewalt. Die Heimatwelt, die er in Karlsruhe aus Heimweh und Liebe sich neu erschafft, beschreibt er nicht, er gestaltet sie im eigentlichsten Sinne. Alle Naturerscheinungen, -vorgänge und -stimmungen der Heimat

umwandelt er zu körperlichen Gestalten, zu gemütvollen, übermütigen, lebendigsten Heimatmenschen. „Wenn", sagt Goethe
von ihm, „antike oder andere durch plastischen Kunstgeschmack
gebildete Dichter das sogenannte Leblose durch idealische Figuren beleben und höhere, göttergleiche Naturen, als Nymphen,
Dryaden und Hamadryaden, an die Stelle der Felsen, Quellen,
Bäume setzen, so verwandelt der Verfasser diese Naturgegen-
stände zu Landleuten und verbauert, auf die naivste, anmutigste
Weise, durchaus das Universum; so daß die Landschaft, in
der man denn doch den Landmann immer erblickt, mit ihm
in unserer erhöhten und erheiterten Phantasie nur Eins aus-
zumachen scheint." So wird die Sonne zur guten Markgräfler
Mutter, die „gwäschen und gstrehlt" „mit der Strickete füre
hinter de Berge chunnt", sie

> Wandlet ihre Weg hoch an der himmlische Landstroß,
> Strickt und lueget aben, as wie ne fründlichi Mutter
> No de Chindlene luegt; sie lächlet gegen em Chiimli,
> Und es tuet em wohl bis tief ins Würzeli abe:
> „So ne tolli Frau, und doch so güetig und fründli!"
> Aber was sie strickt? He, Gwülch us himmlische Düfte!

Der Abendstern umwandelt den Himmel an der Seite seiner
Mutter, der Sonne, ihr liebstes Sternenkind:

Früeih, wenn sie hinterm Morgerot
Wohl ob em Schwarzwald uufe
           goht,
Sie füehrt ihr Büebli an der Hand,
Sie zeigt em Berg und Strom und
          Land . . .

Sie frogt en: „Hesch bald alles gseh?
Jetzt gang i und wart nümmemeh."
Druf springt er ihrer Hand dervo
Und menggem wiße Wülkli no;
Doch wenn er meint: Jetz han i di,
Verschwunden isch's, weiß Gott,
           wohi . . .

Doch wo sie überm Elsis stoht
Und algmach ehnen abegoht,
Wird notno 's Büebli müed und still,
'S weiß nümme, was es mache will;
'S will nümme goh und will nit goh,
'S frogt hundertmol: „Wie wit isch's
           on?"

Druf, wie sie ob de Berge stoht
Und tiefer sinkt ins Oberot
Und er afange matt und müed
Im rote Schimmer d' Heimet sieht,
Se loßt er sie am Fürtuech goh
Und zottlet alsgmach hinteno.

In d' Heimet wandle Herd und Hirt,
Der Vogel sitzt, der Chäfer schwirrt,
Und's Heimli bettet dört und do
Sii luuten Obesege scho.
Jetz, denkt er, han i hochi Zit;
Gott Lob und Dank, 's isch nümme
           wit.

Und sichtber, wie 'n er nöcher chunnt,
Umstrahlt si au sii Gsichtli rund;
Drum stoht sii Mutter vor em Huus:
„Chumm, weidli chumm, du chleini
           Muus!
Jetz sinkt er freudig niederwärts —
Jetz isch's em wohl am Muetterherz.

Sein Bruder, der Morgenstern, ist ein junger Bursch, der heimliche Liebe zu einem Sternli fühlt; „er möcht em gern e Schmützli gē".

> Doch meint sii Muetter, 's müeß nit sy,
> Und tuet en wie ne Hüenli ii.

Vor Tau und Tag schleicht er davon, aber die Mutter erwacht und ruft nach ihm und „lueget hinter de Berge vor", da wird „mii Bürstli" todesbleich, „er rüeft siim Sternli: Bhüet di Gott!" und flieht.

Der Sonntag wird zum treuherzigen Oberländer Bauern, „mit em Meien uf em Huet", der Januar zum frischen Burschen „roti Backe bis ans Ohr, e heiter Aug und Duft im Hoor", der den Arm in die Hüfte setzt, am Hute rückt und die Sonne zum Raufen herausfordert. Aus dem Käfer, der im Fluge von Lilie zu Lilie der Pflanzenbefruchtung dient, wird ein Oberländer Zechbruder, der unbekümmert um sein Schätzli von Wirtshaus zu Wirtshaus sein Schöppli sucht:

Der Chäfer fliegt der Jilge zue;
Es sitzt e schönen Engel dört.
Er wirtet gwiß mit Bluemesaft,
Und's chostet nit viel, han i ghört.

Der Engel seit: „Was wär der lieb?" —
„Ne Schöppli Alte hätt i gern!"
Der Engel seit: „Sell cha nit sy,
Si henn en alle trunke fern."

„So schenk e Schöppli Neuen ii!" —
„Do hesch eis!" het der Engel gseit.
Der Chäfer trinkt, und 's schmeckt
                    em wohl;
Er frogt: „Was isch mii Schuldigkeit?"

Der Engel seit: „He, 's chostet nüt;
Doch richtsch mer gern e Gfallen uus,
Weisch was, se nimm das Bluememehl
Und trag mer's gschwind ins Nach-
                    bers Huus!" ...

Der Chäfer seit: „Jo fryli, jo!
Vergelt's Gott, wenn de zfriede bisch."
Druf treit er's Mehl ins Nochbers Huus,
Wo wieder so en Engel isch.

Er seit: „I chumm vom Nochber her;
Gott grüeß di, und er schik der do
Au Bluememehl!" Der Engel seit:
„De hättsch nit chönne juster cho."

Er ladet ab; der Engel sckenkt
E Schöppli gueten Neuen ii.
Er seit: „Chumm, trink eis, wenn de
                    magsch!"
Der Chäfer seit: „Sell cha scho sy!"

Druf fliegt er zue siim Schätzli heim;
'S wohnt in der nöchste Haselhurst.
Es balgt und seit: „Wo blibsch so
                    lang?"
Er seit: „Was chan i für mii Durst?"

Über diese Vermenschlichung und Steigerung von Naturwesen, -kräften und -zuständen — die „nicht allein das Sichtbare daran, sondern das Hörbare, Riechbare, Greifbare und die aus allen sinnlichen Eindrücken zusammen entspringende Empfindung" geben (Goethe) — dringt Hebels Liebes- und

Mythenkraft zu den geistigen Mächten, die „Vom Himmel durch die Erde dringen — Harmonisch all' das All durchklingen":

> ... Wo heiligi Engel mit schöne blauen Auge
> In der tiefe Nacht in stille Dörfere wandle,
> An de Fenstere lose und, höre sie lieblichi Rede,
> Gegenenander lächlen und an de Huustüre sitze
> Und die frumme Lüt im Schlof vor Schade verwahre,
> Oder wenn sie selbander und dritt uf Gräbere wandle,
> Und enander sage: „Do schloft e treui Muetter,
> Do en arme Ma, doch het er niemes betroge.
> Schlofet sanft und wohl, mer wenn ich wecke, wenn's Zit isch!"
> Sieht's mii Aug im Sterneliecht und hör i sie rede.
> Mengge chenn i mit Name, und wennmer enander begegne,
> Biete mer is d' Zit und wechsle Reden und Antwort:
> „Grüeß die Gott! Hesch gueti Wacht?" — „Gott dank der, so ziemli."

Kein frommer alter Meister übertrifft diese Engelsgestalten an farbiger Gegenwart und Herzensinnigkeit. Und doch entwächst Hebels Darstellungskraft nicht dem Glauben, sondern der Liebe, die das dogmatisch Überlieferte in reiner Menschlichkeit löst. Sie löst auch die dunklen Mächte des Volksglaubens, die Teufel und Gespenster in die farbige Freiheit des Humors. Dem sensendengelnden Engel, den er auf dem Feldberg trifft, gibt er als Leuchte einen „Puhuh" zur Seite, einen „Marcher", der einst im Leben den nachbarlichen Markstein verschoben und nun am Frevelort im Qualenfeuer den Engeln als lebende Fackel dienen muß. Mit göttlich freier und sicherer Künstlerschaft behandelt Hebel seine einmal erfundenen Fabelwesen als naturhaft gegeben und stellt sie voll sinnlicher Selbstverständlichkeit in das Täglich-Wirkliche, in die nächste Lebensbeziehung:

> ... Sieder rüeft der Engel: „Puhuh!" Ne füürige Ma stoht
> Wie im Wetter do. „Chumm, zünd is abe go Todtnau!"
> Seit's, und vor is her marschiert der Puhuh in Flamme
> Über Stock und Stei und Dorn, e lebigi Fackle.
> „Gell, 's isch chummli so?" seit jetz der Engel: „Was machsch echt?
> Worum schlachsch denn Füür? Und worum zündisch dii Pfiifli
> Nit am Puhuh a? De wirsch en doch öbbe nit förchte?

Mit der gleichen Liebe, mit der Hebel seine Gestalten schafft, nimmt er auch an ihrem Dasein teil. In Leidenschaft, in dramatischen Zurufen, Fragen, Wechselreden folgt er ihnen, folgt jede von ihnen allen anderen, dem Leben des Ganzen.

Diese Welt ist jung in ihrer Sprache, ihrer Liebe, ihrem Mitgefühl.

Seinen Menschen gegenüber geht Hebels Herzensanteil oft ins Didaktische, meist in organischer Volkstümlichkeit, zuweilen lehrhaft und moralisierend.

Alle Sehnsucht, alle Liebes- und Schöpferkraft Hebels, wie sie die Lieder, die Sagen, die Idyllen — die drei Gruppen der alemannischen Gedichte — durchstrahlt und durchjubelt, ist in Einer heimischen Gestalt, in Einem Gedicht, dem menschlich und künstlerisch hinreißendsten Gedichte Hebels, Farbe und Form geworden: in der „Wiese", dem Heimatbach, der auf dem Feldberg entspringt und dem Rheine zueilt:

> Feldbergs lieblichi Tochter, o Wiese . . .
> Los, i will die jetz mit miine Liederen ehre
> Und mit Gsang bigleiten uf diine freudige Wege!

In jenem freien, mannigfaltigen Hexameter Hebels, der echt und mühelos dem Rhythmus der Mundart entquillt, klingt, leuchtet und duftet das Wesen und Werden der „Wiese" auf: die ersten Tage, wo sie „im verschwiegene Schoß der Felse heimli gibore" wird, wo stille Geister sie aufziehn, bis sie mit leisem Tritt ihrem kristallenen Stübli barfuß entschlüpft und mit stillem Lächeln zum Himmel lugt.

> O, wie bisch so nett, wie hesch so heiteri Äugli!
> Gell, do ussen isch's hübsch, und gell, de hesch der's nit vorgstellt?
> Hörsch, wie's Läubli ruuscht, und hörsch, wie d' Vögeli pfiife?
> Jo, de seisch: „I hör's; doch gang i witers und bliib nit
> Freudig isch mii Weg und allewiil schöner, wie witer!"
>
> Nei, se lueg me doch, wie cha mii Meideli springe!
> „Chumsch mi über?" seit's und lacht, „und witt mi, se hol mi!"
> Allewiil en andere Weg und anderi Sprüngli!
> Key mer nit sell Reinli ab! — Do hemmer's, i sag's jo —
> Han i's denn nit gseit? Doch pürzlich witers und witers,
> Groblisch uf alle vieren und stellsch di wieder uf d' Beinli . . .

In gleicher Lebens- und Liebesfülle, in gleich dramatischer Gegenwart eilt der ganze Lebenslauf der Wiese — „üser Töchterli" — vorüber. Grüner färbt sich der Rasen, wo ihr lieblicher Odem weht, in saftigen Trieben stehn Gras und Kräuter auf, frischer stehen die Blumen da, alles will sie sehen, alles will sie begrüßen. Die ganze Heimat ist in ihr Gestalt geworden, ihr Glück, ihr Liebreiz, ihr Lebensjubel. Von Dorf zu

Dorf hüpft, springt, tanzt sie hinunter, spielend schafft sie die Arbeit, bleicht sie das Leinen, dreht sie die Räder. Ihr Mutwill klettert über die Dämme, verwirft das Heu auf den Wiesen und schleppt die Felder voll Steine. Aber auch Stunden der Einkehr kennt sie und innere Kämpfe: in Schönbuch hört sie die heilige Messe; tieferen Blicks, unruhigen Laufs, mit sich selber im Zwiespalt, eilt sie aus dem österreichischen, katholischen Zeller Tal ins protestantische, badische Wiesental: „Und schangschiersch der Glauben und wirsch e luthrische Chetzer!" Endlich ist sie „zitig zuem Manne". Aus den Schweizer Bergen stürmt ihr der Erwählte entgegen, des Gotthards großer Bub, springt in den Bodensee, schwimmt hinunter nach Konstanz und wagt den Todessprung bei Schaffhausen: „I mueß mii Meidli ha, do hilft nüt und batt nüt!" In brausendem Jubel nimmt er sie ans Herz.

Unvermittelt, urgewachsen ist die Sprach-, Bild- und Bewegungsfülle dieser 281 Verse. Was die anderen deutschen Lyriker erst auf langen Umwegen sich wieder erobern, was endlich Herders eindringliche Deutung des Volksliedes Goethe bewußt vermitteln mußte, ist Hebel Natur. Auch die Erzählerkunst des „Rheinischen Hausfreunds", des Volksschriftstellers und Kalendermachers Hebel, ist gleich stark und ursprünglich. Gottfried Keller hat Hebels Idyllen neben Homer gestellt. Wie in Luther, wie in Friedrich Spee wirkten in Hebel die Urkräfte deutschen Volkslebens: die sinnliche Lebendigkeit und Naturfülle der Volkssprache, des Volksliedes und die Innigkeit und Tiefe jener deutschen Mystik, der „Religion eine Sache des verborgenen Gemütes ist" (Hebel). „Es freut mich, daß du einen Mystizismus zum religiösen Glauben für nötig haltest. Nur sollten wir's nicht sagen, wir sollten Mystizismus haben und es nicht wissen" (an Hitzig).

Aber Hebels Religiosität hat nicht nur die Freiheit des Herzens, wie die Luthers und Spees, sondern auch die Freiheit des Geistes; das Jahrhundert der Aufklärung hat auch diese dogmatische Gebundenheit losgelöst.

Wohl ist seine Gesinnung durch die Mutter früh religiös bestimmt worden: „Der Segen ihrer Frömmigkeit hat mich nie verlassen, sie hat mich beten gelehrt, sie hat mich gelehrt, an Gott glauben, auf Gott vertrauen und an seine Allgegenwart denken." Aber nie hat seine Frömmigkeit ihn dem Leben und der Welt entfremdet. Sein Gott ist kein jenseitiger, weltabgewandter Gott, er lebt und wirkt in der Natur: „Die duftende Blume des Feldes verkündet uns deine Allmacht und Güte, die alle Morgen neu ist." „Wohin der Landmann seine Blicke wendet, begegnet ihm sein Gott. Die ganze Natur wird ihm zum Tempel des Vaters aller Wesen, in dessen Händen sein Schicksal ruht. Kein Teil der Schöpfung, der Gott weniger nahe, der nicht in Gott wäre: die Gotteskraft „wirkt zu allen Zeiten und an allen Orten ohne Rast und Wechsel ungeteilt und ungeschwächt von einem fernen Ende der Schöpfung bis zum andern und in jedem Teil derselben, um jeden Menschen her so ganz und innig, als ob sie hier und nirgends sonst zu wirken und zu walten hätte". In dieser Gotteinheit wächst die religiöse Gesinnung über alle dogmatischen und historischen Formen und wird zur freudigen, tätigen Welt- und Naturfrömmigkeit: „Wenn uns des Tages Last und Hitze drückt, und wir von unserer Arbeit in den reinen, blauen Himmel hinaufschauen, der über uns ist, oder wenn ein frisches Wehen in der Mittagszeit unsere Stirn kühlt, so wollen wir an dich denken und uns freuen, daß du auf unseren Fleiß mit Wohlgefallen herabschaust, und daß dein Wohlgefallen Segen für uns ist." Und wir dürfen, wir müssen bei diesem Aufblick zum Himmel mit festen, markigen Knochen auf der Erde bleiben; das „ist uns allen natürlicher und gedeihlicher, als uns dem Himmel entgegenzuschrauben und, ohne ihn zu erreichen, in der leeren, kalten, wenn auch noch so reinen Luft zu schweben. Wir sind Pflanzen, die mit den Wurzeln aus der Erde steigen müssen, um im Äther blühen und Früchte tragen zu können". Diesem Blüten- und Werdedrang ist Raum und Verheißung gegeben: es „hat der ewige Schöpfer dem Menschen die Gnade verliehen, daß er in allen seinen Geschäften unten anfangen und sie durch eigenes Nachdenken, durch eigenen Fleiß und Übung bis nahe an die Vollkommenheit der göttlichen Werke selber bringen kann, wenn schon nie ganz. Das ist seine Ehre und sein Ruhm". So besteht „eine nahe Verbindung der Erde mit dem Himmel". Stolz und freudig dürfen wir unseres Menschentums denken. Auch „Jesus war ein Mensch und unseres Geschlechts", war „als Menschensohn dem Schöpfer, was wir ihm alle sein sollten", „ein sichtbares Bild des unsichtbaren Gottes"; „kein Engel hätte uns das ersetzen können, was Jesus von Nazareth uns durch seine reine Menschlichkeit ist". Goethes Wort klingt an von der „reinen Menschlichkeit", die „alle menschlichen Gebrechen sühnet".

In dieser Einheit und Reinheit, dieser Natur- und Weltfrömmigkeit wird Hebel die Welt zum Kunstwerk, „Gott selbst" — wird ihm — „der erste und größte Dichter, ποιητης in beiderlei Sinn des Worts. Die ganze Idee des Weltalls mit allen seinen Teilen und Entwicklungen war in Gott, ehe sie realisiert wurde, ein großes, harmoniereiches Gedicht, herausgegeben Anno Mundi 1 und bis jetzt noch nicht nachgedruckt, nicht einmal in Reutlingen". Und ihm und jedem Erdensohn bleibt nichts Größeres in dieser Welt der Schönheit, Liebe und Harmonie, als daß er „einem stillen Wasser gleichen kann, nicht einem Strudel, damit sich der Licht- und Freudenstrahl aus allen Gesichtern und Sternen in ihm abbilden kann, ohne ein Wort zu sagen".

So ist die Persönlichkeit Hebels menschlich wie dichterisch rein und vollendet. In ihrer engeren Eigenart steht sie selbst Goethe nah, dem sie, dem „der unschätzbare Hebel", „den angenehmen Eindruck gaben, den wir bei Annäherung von Stammverwandten immer empfinden". (Goethe, Annalen 1811).

Nur daß Goethe inzwischen im geschlossenen Entwicklungszusammenhang unserer Dichtung die Aufgabe durchführte, die natürliche Einheit und Reinheit engerer Stammesart zum Weltbewußtsein zu vertiefen und zu erweitern.

GOETHE

Das Werden und Wachsen der deutschen Lyrik war ein Vorgang, der über die nationale Bedeutung hinauswies. Es war die Entwicklung der gesamten neueren Lyrik, um die in der deutschen Lyrik gerungen wurde. Die dramatische und epische Dichtung hatten in der Renaissance ihre Freiheit und Vollendung gefunden. Die Lyrik war noch allenthalben gebunden. Die eigentümliche Gewalt der Lyrik ruht in der unmittelbaren Einheit, in der das innere Erlebnis hervorbricht. Das Eigentliche ihres Stoffes liegt nicht draußen, ist so wenig gegenständlich und faßbar. Es ist der unmittelbare innere Zustand des Dichters, der ebenso ungetrennt erlebt wie ausgesprochen werden will. Das ist nur möglich, wenn die Einheit des Selbst- und Weltbewußtseins das ganze Erleben des Lyrikers durchdrungen hat, so sehr durchdrungen hat, daß der Prozeß der lyrischen Gestaltung nur eine Erneuerung, eine Steigerung dieser Einheit bedeutet.

Aber Sinnlichkeit und Idee, Gefühl und Reflexion waren Gegensätze von solcher Unrast und Weite, waren so vielen Versuchen und Ansätzen gegenüber zwiespältig geblieben, daß es den Anschein gewann, als könne ihre Freiheit und Einheit nie gegeben, immer nur aufgegeben sein. Und doch war ein Wunderliches in dieser Ohnmacht: waren es nicht Künstler, die um diese Harmonie rangen? Und liegt nicht gerade in ihr das Wesen aller Kunst? Worin besteht denn die Vollendung eines Kunstwerks anders, als daß sich in ihm Form und Gehalt, Idee und Sinnlichkeit restlos durchdringen? Worin besteht denn die Wirkung eines Kunstwerks anders, als daß es im Genießenden Gefühl und Reflexion zur harmonischen Einheit und Ruhe bringt? Was aber im Genießenden vorgeht, muß doch ursprünglicher und mächtiger im Schöpfer vor sich gegangen sein. Es war also nur notwendig, daß die künstlerische Tätigkeit über den einzelnen schöpferischen Akt hinausgriff. Der Lyriker mußte den Mut haben, die künstlerische Anschauung zur Lebensanschauung zu machen. Die höchste Vollendung konnte und mußte dem werden, der es wagte, das Dasein überhaupt, Leben und Welt als Kunstwerk, als künstlerische Aufgabe zu begreifen. Es war die universale künstlerische Gewalt Goethes, die diese ungeheure Aufgabe auf sich nahm:

„Das ganze Weltwesen liegt vor uns, wie ein großer Steinbruch vor dem Baumeister, der nur dann den Namen verdient, wenn er aus den zufälligen Naturmassen ein in seinem Geiste entsprungenes Urbild mit der größten Ökonomie, Zweckmäßigkeit und Festigkeit zusammenstellt. Alles außer uns ist nur Element, ja ich darf wohl sagen auch alles an uns; aber tief in uns liegt diese schöpferische Kraft." (Wilhelm Meisters Lehrjahre.)

1776 zeichnet der junge Goethe in seinem Aufsatz „Nach Falconet und über Falconet" das Wesen des Künstlers: „Die Welt liegt vor ihm wie vor ihrem Schöpfer, der in dem Augenblick, da er sich des Geschaffenen freut, auch alle die Harmonien genießt, durch die er sie hervorbrachte und in denen sie besteht." Was der 27jährige Goethe hier dem Wesen des Künstlers zuspricht, das ist sein Wesen. Er begreift und genießt die Harmonie der Welt, indem er „nicht allein die Wirkungen fühlt, sondern bis in die Ursachen hineindringt", indem er die Welt neu erschafft, nacherschafft: „Dadurch, daß Sie ihn [den Menschen] der Natur gleichsam nacherschaffen, suchen Sie in seine verborgene Technik einzudringen. Eine große und wahrhaft heldenmäßige Idee . . ." (Schiller in seinem berühmten Brief an Goethe.) Es ist die scientia intuitiva Spinozas, unter der Goethe diese, seine Art, sich der Welt zu bemächtigen, begreift. Es ist der intellectus archetypus Kants, den er sich zuerkennt — der intellectus archetypus, der die Welt als einheitliches Ganze zu begreifen vermag, weil er sie selber schuf: der göttliche Intellekt. Aber Goethe zieht nur die Summe seiner Existenz, da er es wagt, ihn für sich in Anspruch zu nehmen: „Zwar scheint der Verfasser hier auf einen göttlichen Verstand zu deuten, allein, wenn wir ja im Sittlichen durch Glauben an Gott, Tugend und Unsterblichkeit uns in eine obere Region erheben und an das erste Wesen annähern sollen, so dürfte es wohl im Intellektuellen derselbe Fall sein, daß wir uns durch das Anschauen einer immer schaffenden Natur zur geistigen Teilnahme an ihren Produktionen würdig machten." Die Welt als Einheit zu begreifen, indem er sie nacherschafft, indem er sein eigenes Sein zum Sein der Welt erweitert, das ist Goethes universales Lebenswerk. In ihm finden sich Mensch, Künstler und Forscher zusammen, in ihm wurzelt seine Stellung: die des größten lyrischen Genies aller Zeit.

Auch das Genie kann seine Art und Aufgabe nur aus den Zuständen und Forderungen seiner Zeit her%führen. Seine Entwicklung mündet im Zeitlosen, aber sie quillt aus Zeit und Geschichte. Goethes Jugend fiel in die großen Befreiungskämpfe der Menschheit. Sinnlichkeit und Idee, Gefühl und Reflexion suchten die Ketten tausendjähriger Überlieferung abzuschütteln. Im Rationalismus hatte sich der Geist, im Pietismus das Gefühl die Freiheit erstritten. Aber es war eine einseitige, noch unharmonische Freiheit. Zwischen beiden Polen wogten die Kämpfe.

Schon Goethes Elternhaus stand unter diesem Gegensatze: der Vater war der Typus des Rationalisten, der seinen Sohn durch systematische Regelmäßigkeit, durch rationalistische Gründlichkeit zu bilden suchte, die Mutter, dem Pietismus vertraut, war in ihrer jubelnden Frische und Unmittelbarkeit ganz auf das Gefühl gestellt. Das Leben des Knaben wurde sich dieser Gegensätze noch nicht bewußt. Aber kaum verläßt er den Heimatboden, da wird er auch in sie hineingezogen. Leipzig stand im Zeichen des Rationalismus, seine Poesie unter Gottscheds französischen Mustern, seine Lyrik im tändelnden Formalismus der Anakreontik. Mit der Energie seines Wesens paßt sich Goethe dem Leipziger Geiste an. In Kleidung und Bewegung übernimmt er die berechnete Zierlichkeit des Leipziger Geschmacks. Selbst seine Sprache modelt er nach ihm. In Leipzig herrschte die obersächsische, durch Gottsched, Gellert, Weiße geschaffene Schriftsprache, die nach dem Muster Boileaus unter rationalistisch zweckmäßigen Gesichtspunkten gebildet war. Nach Frankfurt war deren Regiment noch nicht gedrungen, dort war der oberdeutsche Dialekt zu Hause. All seine naiven Eigenheiten, die Goethe lieb gewesen, die Anspielung auf biblische Kernstellen, die Benutzung treuherziger Chronikenausdrücke, den Gebrauch der Sprichwörter gab er nun auf, um sich der Leipziger Korrektheit anzupassen. Seine Dichtungen aus der Frankfurter Zeit verbrannte er, nur die „Poetischen Gedanken über die Höllenfahrt Jesu Christi. Auf Verlangen entworfen" sind uns erhalten, sechzehn Strophen im heroisch-religiösen Pathos Klopstocks, im Stil der geistlichen Oden J. A. Cramers und J. A. Schlegels. „Das Gedicht

ist voll orthodoxer Borniertheit und wird mir als herrlicher Paß
in den Himmel dienen", meinte der alte Goethe, als es ihm
1826 wieder zu Gesicht kam. Die neuen Leipziger Dichtungen,
die uns lyrisch im Leipziger Liederbuch vorliegen, sind ganz
aus dem Geschmack des literarischen Leipzig geschaffen. Die
anakreontische Lyrik, Hagedorn, Gleim, Uz, Götz sind ihre Vorbilder, Wielands Einfluß ist deutlich, aus Leipzig haben Weißes
Singspiele mit ihren zahlreich eingestreuten Liedern mitgewirkt. Sie liegen vor in den handschriftlichen Sammlungen:
„Annette", der 1767 von Behrisch getuschten Prachthand-
schrift (19 Gedichten), den „Liedern mit Melodien Mademoi-
selle Friederiken Oeser gewidmet" (10 Gedichten), die Goethe
der Freundin kurz vor oder bei seinem Abschied überreichte,
und in der ersten — anonym — gedruckten Sammlung „Neue
Lieder in Melodien gesetzt von Bernhard Theodor Breitkopf"
— dem eigentlichen „Leipziger Liederbuch" —, die Michaelis
1769 erschienen und zum Teil schon wieder in Frankfurt gedichtet sind. Sie bringen in überlieferten Formen überlieferte
Stoffe und Situationen, sie enden in einer moralisierenden Nutz-
anwendung oder nach dem Muster des französischen Madrigals
in einer epigrammatischen Spitze. Aber in einzelnen Gedichten
siegt schon der schaffende Geist und erfüllt und beseelt die
leeren, verbrauchten Formen: Im „Hochzeitslied. An meinen
Freund" werden die alten plumpen oder lüsternen Späße des
Hochzeitscarmens in klare sinnliche Anmut gewandelt. In den
beiden Liebesstrophen „Die Nacht" wird ein Naturbild mit fein-
ster künstlerischer Bewußtheit zu seiner letzten Ausdruckstiefe
geführt: „Und durchstreich mit leisem Tritte — Diesen ausgestorbnen Wald" wird zu: „Wandle mit verhülltem Tritte —
Durch den ausgestorbnen Wald." Und ein Gedicht „An den
Mond" bringt die schwermutsüße, schwingende Strophe:

Schwester von dem ersten Licht,   Deines leisen Fusses Lauf
Bild der Zärtlichkeit in Trauer!   Weckt aus tagverschlossnen Höhlen
Nebel schwimmt mit Silberschauer   Traurig abgeschiedne Seelen,
Um dein reizendes Gesicht.   Mich und nächt'ge Vögel auf.

Unmittelbarer, ungebändigt brechen Gefühl und Sinnlichkeit Goethes in den Briefen dieser Zeit hervor und verraten so
den Zwiespalt zwischen dem Goethe der Leipziger Gesellschaft
und dem lebensbeglückten, lebensbedrängten Studenten. Da

ist alles Überschwang, brausende Jugend, da lacht der liebens-
würdigste Übermut, jubelt die selbstgewisse Lebensfreude,
stammelt, rast und jauchzt junge Eifersucht und junge Liebe.
Kurze, eilige Sätze, die übereinander stürzen, leidenschaftliche
Ausrufe, Machtworte und Bilder von rauher Natürlichkeit. Und
die Verse, die ihnen eingestreut sind — ohne literarischen Anspruch, gereimte Briefstellen — sind frischer und wahrer als
die noch gar zu literarischen Leipziger Lieder.

Alle Entwicklung, zumal alle künstlerische Entwicklung besteht in der wechselnden Hingabe an die Außenwelt und der
Rückkehr zu sich selbst. In Goethes Leben ist dieser Rhythmus besonders deutlich und fruchtbar. Er gibt sich ihm hin
mit der instinktiven Sicherheit des Genies. Die erste Hingabe
an die Außenwelt, die ihm Leipzig brachte, und die im Rausch
der ersten Freiheit besonders gewaltsam und taumelnd wurde,
verlangte eine ebenso leidenschaftliche innere Rückkehr. Und
die Natur gab sie ihm in jener gefährlichen, für seine Entwicklung so bedeutsamen Krankheit. Die Einsamkeit und Stille der
Krankenstube, der Anschluß an seine mütterliche Freundin
führte ihn zur Selbstprüfung, zur Selbstbesinnung. Vom unruh-
vollen Außen seines Lebens ging er zurück in den tiefsten, un-
bewegten Kern seines Innern, beide aneinander zu prüfen und
zu klären. Es trieb ihn, alle Außenwelt auf ein Innerstes zurückzuführen, sein Erlebnis als ein Welterlebnis zu begreifen.
Hier begann er langsam und unbewußt, die Welt nach seinem
Bilde zu schaffen. Das leblose Vernunftchristentum, mit dem
er sich in Leipzig begnügt hatte, fällt von ihm ab. Der Herrn-
hutische Pietismus Fräulein von Klettenbergs führt ihn den
mystischen Schriften zu. Georg von Welling, Parcelsus, Ba-
silius Valentinus, van Helmont, die Aurea catena Homeri beschäftigen ihn. Und wenn er in ihnen das Göttliche in der Idee
erkennt, so will die künstlerische Einheit seines Wesens es
sich gleichzeitig im Sinnlichen zur Anschauung bringen: er
beginnt alchimistisch-kabbalistische Studien und Experimente.
Er legt sich ein kleines Laboratorium an, er operiert an seinem
Windofen mit Kolben und Retorten, unter Anleitung des che-
mischen Kompendiums von Boerhave sucht er methodisch in
die Chemie einzudringen. So drängt er allenthalben über den
engen Rationalismus der Leipziger Zeit hinaus, in der eigenen
Verinnerlichung ahnt er die Innerlichkeit des Seins. Und sein

Wesen wartet darauf, diese Ahnung in größeren Zusammenhängen zu ergreifen, zu bestätigen, sich in der Welt, die Welt in sich nun tiefer, reicher und lebendiger zu verstehen, zu erschaffen.

Soeben ist Goethe in Straßburg angekommen. Er sitzt im Wirtshaus zum Geist, in Unruhe und Zweifel über seine Zukunft schlägt er das Denkbüchlein auf, das man ihm mit auf den Weg gegeben. Da liest er den Bibelvers: „Mache den Raum deiner Hütte weit und breite aus die Teppiche deiner Wohnung, spare seiner nicht. Dehne deine Seile lang und stecke deine Nägel fest. Denn du wirst ausbrechen zur Rechten und zur Linken." Das ist Deutung und Bedeutung der Straßburger Zeit: hier bricht er aus allen fremden Schranken, in denen ihn seine Zeit, der Rationalismus, die Anakreontik, die französische Dichtung und Mode gehalten, aus seinen eigenen Schranken bricht er, um, was er in stiller Krankenstube begonnen, bewußt und stürmisch durchzuführen: sein Selbstbewußtsein zum Weltbewußtsein zu erweitern.

Herder war es, dem die historische Aufgabe wurde, Goethe zu dieser Selbstbefreiung zu verhelfen. Ihre Gemeinsamkeit führt in Deutschland eine neue Zeit herauf, die eigentliche Zeit des Sturmes und Dranges. Dem Rationalismus stellte sich die Natur, der Reflexion das Gefühl, dem Allgemeinen das Individuelle gegenüber. Es war die Jugend, die diesen Kampf aufnahm, sie mußte es sein dem Wesen des Kampfes nach. Was Wunder, daß er mit jugendlicher Einseitigkeit und Überhitzung geführt wurde. Wenn einst Descartes in den Befreiungskämpfen des Intellekts als unumstößlichste Gewißheit sein „cogito, ergo sum", hingestellt hatte, so klang nun Herders letzter Satz: „Ich fühle mich, ich bin." Wenn bisher der Rationalismus geglaubt hatte, das Wesen der Welt im Intellekt ergreifen zu können, aus den Gesetzen der Logik die Gesetze der Welt ableiten zu können, so rief man nun die Allmacht des Gefühles aus: „Der empfindende Mensch fühlt sich in alles und fühlt alles aus sich heraus." (Herder.) „Aus dem in sich und durch sich lebenden und wirkenden Herzen" will man die Welt begreifen: „Unter allen Besitzungen auf Erden ist ein eigen Herz die kostbarste und unter tausend haben sie keine zween." (Goethe.) „Überlegung ist eine Krankheit der Seele." (Goethe.) Und wie man im Menschen das Gefühl der Reflexion gegenüberstellt, so in der Welt die Sinnlichkeit der Idee, die Natur dem Geiste. „Natur! Natur!" das wird der Schlachtruf, unter dem man sich zusammenfindet. Mit ihm wendet man sich gegen die eigene Zeit, dieses Produkt des Intellekts, dieses Gemengsel von dürren Regeln und toten Gesetzen, dessen Wesen man als „Kultur" begreift und verleugnet: „Unser verdorbener Geschmack umnebelt dergestalt unsere Augen, daß wir fast eine neue Schöpfung nötig haben, um uns aus dieser Finsternis zu entwickeln ... und was will sich unser Jahrhundert unterstehen, von Natur zu urteilen? Wo sollten wir sie her kennen, die wir von Jugend auf alles geschnürt und geziert an uns fühlen und an anderen sehen?" (Goethe.)

Das waren Anschauungen, die Rousseau Voltaire gegenüber aufgestellt, die Herder übernommen hatte. Aber Herders schöpferische Tat ist, daß er diese Anschauungen und Forderungen, die Rousseau nur auf Staat und Gesellschaft bezogen, in die Betrachtung und Erforschung der Poesie, Religion und Geschichte trug. Erst dadurch wurden sie fruchtbar. Auch in der Poesie weist er über die Produkte des Intellekts, über festgesetzte und überlieferte Regeln zurück zum Ursprünglichen, Gefühlten, Sinnlichen, zum Natürlichen. Auch in der Poesie stellt er der Kultur die Natur gegenüber, geht er in die Anfänge der Menschheit zurück. „Poesie ist die Muttersprache des menschlichen Geschlechts." Hamann hatte diesen Satz aufgestellt, Herder begründete und erweiterte ihn: „Was war die erste Sprache als eine Sammlung von Elementen der Poesie? Nachahmung der tönenden, handelnden, sich regenden Natur... Die Natursprache aller Geschöpfe, vom Verstande in Laute gedichtet, in Bilder von Handlung, Leidenschaft und lebender Einwirkung! ... eine beständige Fabeldichtung voll Leidenschaft und Interesse! Was ist Poesie anders?" Erst die Entfernung von der Natur, erst die verständige Nützlichkeit bildete die Poesie zur Prosa um, opferte die sinnliche Schönheit der Sprache ihrer „Reinigkeit und Richtigkeit". Wie aber jede Sprache in der Eigentümlichkeit ihres Volkes gegründet war, in dessen Charakter und Geschichte, so konnte und durfte auch die Dichtung eines Volkes nur in seiner Eigenart gegründet sein und bleiben. Und darum war es ein Abfall und ein Verderben für die Poesie eines Volkes, sich fremde Nationen zum

Muster zu setzen. Das Höchste, was ein Volk erreichen kann, ist, sich in seinem Charakter und seiner Geschichte zu begreifen und dieser seiner Eigenart den dichterischen Ausdruck zu geben. Dieses höchste Gefühl seiner selbst, seinen höchsten Ausdruck, findet ein Volk in seinen genialen Individuen: Homer, Pindar, Äschylus, Sophokles, Shakespeare schufen aus der gesteigerten Eigenart ihres Volkes, sprachen und schufen ihr Volk, da sie ihr eigenstes Wesen schufen und aussprachen. Volk und Individuum vollenden und finden sich, indem sie sich auf sich selbst besinnen.

Anschaulich und lebendig führte Herder Goethe in diese Erkenntnisse ein, die Poesien aller Völker, ihre ersten unmittelbaren Laute, ihre persönlichen Offenbarungen schlug er vor ihm auf: Homer, Pindar, Äschylus, Sophokles, Shakespeare, Ossian machte er ihm vertraut. Und Goethe begriff die Einheit seines Wesens mit seinem Volke, deutsche Vergangenheit und deutsche Kunst lebten in ihm, er glaubte in der Gotik den echten deutschen Stil zu sehen, mit Begeisterung taufte er gotisch in deutsch um und kündete sich und seinem Vaterlande in seinem Aufsatz über das Straßburger Münster „von deutscher Baukunst“. Er begriff die letzte Einheit, in der der höchste Ausdruck der Völker, ihre genialen Individuen, sich zusammenfinden zu einer Menschheitsfamilie. Durch alle Zeiten und Zonen sucht er nach diesen großen persönlichsten Offenbarungen der Völker, seinen Verwandten, seinen „Brüdern“, um sein Wollen und Wesen an dem ihren zu läutern und zu erweitern. Am gewaltigsten drängt es ihn zu Shakespeare. Shakespeare, „dem das Leben ganzer Jahrhunderte durch die Seele bebte“, löste im Künstler und Menschen unermeßliches Lebensgefühl: „Die erste Seite, die ich in ihm las, machte mich auf Zeitlebens ihm zu eigen, und wie ich mit dem ersten Stücke fertig war, stund ich wie ein Blindgeborener, dem eine Wunderhand das Gesicht in einem Augenblicke schenkt. Ich erkannte, ich fühlte aufs lebhafteste meine Existenz um eine Unendlichkeit erweitert... Ich sprang in die freie Luft und fühlte erst, daß ich Hände und Füße hatte.“

Auch der Lyrik Goethes half Herder unmittelbar zur Befreiung und Eigenart. Seine Untersuchungen über die Anfänge der Poesie hatten ihn auf die ursprünglichsten und allgemeinsten dichterischen Äußerungen der Völker geführt: das Volkslied. Als Äußerungen eines einfachen ungetrennten Volkslebens besaßen sie die Einfachheit, Unmittelbarkeit und Sinnlichkeit alles Naiven. In ihnen war sich der Mensch noch nicht der Gegensätze in und um sich bewußt geworden, er lebte noch mit der Natur, er äußerte sich sinnlich und unmittelbar wie die Natur. Er klärte und bemächtigte sich seiner Gefühle nicht, indem er sie im Begriff verallgemeinerte, sondern indem er sie sich im Bilde veranschaulichte. Daher das Sprunghafte des Volksliedes, das nur Bild neben Bild stellen, aber seinen inneren Vorgang noch nicht in der Reflexion zur Einheit läutern kann. Mit Begeisterung sammelte und übersetzte Herder Volkslieder aus allen Sprachen und Zeiten. Er trieb Goethe an, im Elsaß nach Volksliedern zu suchen. Auch sie empfand er als Natur, auch sie stellte er (in seinem „Auszug aus einem Briefwechsel über Ossian und die Lieder alter Völker", der, 1773 veröffentlicht, doch in frühere Zeiten zurückreicht) einem dürren Kulturprodukt der Zeit, der Reflexionslyrik, gegenüber: „Je wilder, d. i. je lebendiger, je freiwirkender ein Volk ist (denn mehr heißt dies Wort doch nicht!), desto wilder, d. i. desto lebendiger, freier, sinnlicher, lyrisch handelnder müssen auch seine Lieder sein. Je entfernter von künstlicher, wissenschaftlicher Denkart, Sprache und Letternart das Volk ist, desto weniger müssen auch seine Lieder fürs Papier gemacht und tote Letternverse sein: vom Lebendigen und gleichsam Tanzmäßigen des Gesanges, von lebendiger Gegenwart der Bilder, vom Zusammenhang und gleichsam Notdrange des Inhalts, der Empfindungen ... davon allein hängt ... die ganze wundertätige Kraft ab, die diese Lieder haben ... Wir sehen und fühlen kaum mehr, sondern denken und grübeln nur; wir dichten nicht über und in lebendiger Welt, im Sturm und im Zusammenstrom solcher Gegenstücke, solcher Empfindungen, sondern erkünsteln uns entweder Thema oder Art, das Thema zu behandeln, oder gar beides ... Sie glauben, daß auch wir Deutschen wohl mehr solche Gedicht hätten, als ich mit der schottischen Romanze angeführet; ich glaube nicht allein, sondern ich weiß es. In mehr als einer Provinz sind mir Volkslieder, Provinziallieder, Bauernlieder bekannt, die an Lebhaftigkeit und Rhythmus, und Naivität und Stärke der Sprache vielen derselben gewiß nicht nachgeben würden; nur wer ist, der sie sammle? der sich um sie kümmere? auf Straßen und Gassen

und Fischmärkten? im ungelehrten Rundgesange des Land-
volks? um Lieder, die oft nicht skandiert und oft schlecht ge-
reimt sind? wer wollte sie sammlen?"

In dieses Werden, Wandeln und Wachsen tritt Goethes
Liebe zu Friederike. Sie gibt ihm das Sondererlebnis, in dem
sich all dies neue Leben durchdringt. Auf zahlreichen Aus-
flügen hatte Goethe das Elsaß durchwandert und durchritten,
das er schon am ersten Tage hoch vom Münster aus mit trunkenen Blicken umfaßt und begrüßt hatte, „mein Schicksal segnend, das mir für einige Zeit einen so schönen Wohnplatz bestimmt hatte". Befreit und beglückt erlebte er das Land, das
Volk, die Natur. „Aus den Kehlen der ältesten Mütterchen"
hascht er deutsche Volkslieder auf, Herder und Ossian schöpferisch nah. Und wie eine Verkörperung der elsässischen Landschaft, ein menschgewordenes Volkslied, erscheint ihm Friederike Brion, die Pfarrerstochter des nahen Sesenheim. In seli-
gem Werdedrang fühlt sein Leben, sein Lieben, sein Dichten
den neuen Morgen. Das Gedicht „Kleine Blumen, kleine Blätter" vollendet und überwindet die Anakreontik. Und dann
bricht die drängende Fülle neuen Lebens, neuer Formen durch:

Es schlug mein Herz geschwind zu
      Pferde!
Und fort, wild wie ein Held zur
      Schlacht!
Der Abend wiegte schon die Erde,
Und an den Bergen hing die Nacht.
Schon stund im Nebelkleid die Eiche
Wie ein getürmter Riese da,
Wo Finsternis aus dem Gesträuche
Mit hundert schwarzen Augen sah.

Der Mond von seinem Wolkenhügel
Schien schläfrig aus dem Duft her-
      vor;
Die Winde schwangen leise Flügel,
Umsausten schauerlich mein Ohr;
Die Nacht schuf tausend Ungeheuer —
Doch tausendfacher war mein Mut;
Mein Geist war ein verzehrend
      Feuer,
Mein ganzes Herz zerfloß in Glut...

„Über das menchliche Herz läßt sich nichts sagen, als mit
dem Feuerblick des Moments", schreibt Goethe später einmal
an Gustchen Stolberg. Dies ist das erste der großen Goetheschen Gedichte, das mit dem Feuerblick des Moments gestaltet
ist. Zum ersten Male empfinden wir die unerhörte Gewalt des
Gelegenheitsgedichtes im Goetheschen Sinne. Nie in der gesamten deutschen Lyrik war diese lyrische Plötzlichkeit, die
doch des Lyrikers größte Kunst ist. Hier war es nicht mehr
die Reflexion, die hinter dem Gefühle herlief, um es in die
Gefängniszelle der Strophe zu sperren. Das Übermaß der inneren Erregung, die nicht länger Raum und Ruhe im Künstler

findet, schleudert die erste Zeile wie einen Aufschrei aus sich hinaus. Und im Augenblick seiner Entstehung nimmt dieser Schrei rhythmische Form an. Gehalt und Form, Gefühl und Reflexion sind eins. „Und so begann diejenige Richtung, von der ich mein ganzes Leben über nicht abweichen konnte, nämlich dasjenige, was mich erfreute oder quälte oder sonst beschäftigte, in ein Lied, ein Gedicht zu verwandeln und darüber mit mir selbst abzuschließen, in mir sowohl meine Begriffe von den äußeren Dingen zu berichtigen, als mich im Innern deshalb zu beruhigen. Die Gabe hierzu war wohl niemand nötiger als mir, den seine Natur immerfort aus einem Extrem in das andere warf."

Der seelischen entspricht die sprachliche Form. Überall ist Herders befreiender Einfluß deutlich: keine Reflexion, keine Beschreibung, keine Zustände mehr wie in den Leipziger Liedern, alles ist Leidenschaft, Handlung, Bewegung. Ein Ritt durch Wald und Nacht zur Geliebten — volksliedhaft setzt es ein, nur leidenschaftlicher, dramatischer, dem Lebensgefühl des jungen Genius eins. Und wie sein eigenes, so dramatisch bewegt ist das Leben der Natur. Herders Wort erfüllt sich: „Indem die ganze Natur tönt, so ist einem sinnlichen Menschen nichts natürlicher, als daß sie lebt, sie spricht, sie handelt. Jener Wilde sahe den hohen Baum mit seinem prächtigen Gipfel und bewunderte: der Gipfel rauschte! das ist webende Gottheit! der Wilde fällt nieder und betet an! ... Was sich beweget, lebt, was da tönet, spricht — und da es für oder wider dich tönt, so ist's Freund oder Feind: Gott oder Göttin: es handelt aus Leidenschaften wie du." (Abhandlung über den Ursprung der Sprache.) Der Abend wiegt die Erde, wie ein getürmter Riese steht die Eiche im Nebelkleid, mit hundert schwarzen Augen sieht die Finsternis aus dem Gesträuch: überall reckt sich das Leben auf, die Natur ist erstanden, die Welt ist mythenvoll wie im Anfang der Zeit, aber nicht mehr aus naiver, unbewußter, sondern aus bewußter Schöpferkraft.

Ein gleicher befreiender Aufschrei, ein einziger Jubelschrei ist das „Mailied":

Wie herrlich leuchtet
Mir die Natur!
Wie glänzt die Sonne!
Wie lacht die Flur!

Es dringen Blüten
Aus jedem Zweig,
Und tausend Stimmen
Aus dem Gesträuch,

Und Freud und Wonne
Aus jeder Brust.
O Erd, o Sonne,
O Glück, o Lust!

O Lieb, o Liebe
So golden schön,
Wie Morgenwolken
Auf jenen Höhn;

Du segnest herrlich
Das frische Feld,
Im Blütendampfe
Die volle Welt . . .

Wir beginnen zu ahnen, was hinter der literarhistorischen
Formel steckt, daß Goethe der deutschen Lyrik das Naturgefühl
gewonnen habe:

Der epische und dramatische Dichter kann seinen inneren
Zustand in der Mannigfaltigkeit seiner Personen herausstellen
und ihn so begreifen. Er kann ihn in seinen Personen in Tat
und Handlung sich entwickeln lassen, in ihnen kann er Folge
und Vollendung dieses Zustandes erfahren, die er in sich selber noch nicht begreift. Welt und Menschen in der unerschöpf-
lichen Fülle ihrer Beziehungen sind ihm gegeben, sich in ihnen
zu spiegeln und auszusprechen. Dem Lyriker, diesem indivi-
duellsten Künstler, ist die Außenwelt, die Welt der Objekte nur
gegeben, soweit er sie restlos in Subjektivität, in sein innerstes
Selbst umwandeln kann. Er will seine individuellen Zustände
nicht in anderen Individuen aussprechen. Sie würden an Reinheit und Unmittelbarkeit verlieren. Er kann sie nicht in anderen Individuen aussprechen, denn er kann nicht in ein anderes Individuum eindringen, er ist in seine Individualität ge-
bannt. Wo aber ist die Welt der Objekte, die sich einer restlosen Subjektivierung fügt, die nicht in ihrer freien Selbständigkeit dem Eigenwillen des Lyrikers Hohn spricht? Wo ist
die Welt der Objekte, an die sich das lyrische Individuum
verlieren kann, ohne an reiner Eigenheit und Unmittelbarkeit
zu verlieren, weil es sich in ihr an sich selbst verliert? Beides gewährt die Natur. Sie geht willig in uns ein, willig nimmt
sie uns auf. Sie drängt sich in uns, in unserem Herzschlag
zu leben, sie ruft uns zu sich, in dem Leben, das sie von uns
empfangen, uns unser Leben begreifen zu lassen. Dieses ge-
heimnisvolle Subjekt-Objekt-Verhältnis der Natur spricht
Goethe selber am klarsten aus in seinem Briefe vom 8. Januar
1819: „Ganz eigen ist es, daß ich wirklich nach Art des Ence-
ladus, die Urgebirge berührend, ein neuer Mensch werde, und
immer wieder frisch gewahre, in wie schönem und doch wie

seltsamem Verhältnis wir zur Natur stehen. Jeder spricht sich nur selbst aus, indem er von der Natur spricht, und doch darf niemand die Anmaßung aufgeben, wirklich von der Welt zu sprechen."

So erschafft der Lyriker die Natur, gibt ihr Leben und Gestalt, um sich selbst erschaffen und gestalten zu können. War also nicht die Lyrik erst erobert, als ihr die Natur erobert war? Hatte nicht erst in ihr der Lyriker sich erobert? „Wenn einem der Genius nicht aus Steinen und Bäumen Kinder erweckte, man möchte das Leben nicht." (Goethe an Roederer.) Jetzt begreifen wir, warum Goethes Dankgebet im Faust beginnt:

> Erhabener Geist, du gabst mir, gabst mir alles,
> Warum ich bat. Du hast mir nicht umsonst
> Dein Angesicht im Feuer zugewendet.
> Gabst mir die herrliche Natur zum Königreich,
> Kraft, sie zu fühlen, zu genießen. Nicht
> Kalt staunenden Besuch erlaubst du nur,—
> Vergönnest mir, in ihre tiefe Brust,
> Wie in den Busen eines Freunds zu schauen.
> Du führst die Reihe der Lebendigen
> Vor mir vorbei und lehrst mich meine Brüder
> Im stillen Busch, in Luft und Wasser kennen.

Es war die Einheit von Natur und Geist, die der Lyriker so erfuhr, die ihm die eigene Einheit ermöglichte. Aber er mußte sie so erfahren, daß dem Mißtrauen seines Intellekts vorgebeugt war, der ihm zurufen konnte, daß es nur sein eigener Geist sei, den er erfahre. Er mußte diese Einheit als eine selbständige begreifen, als eine, die seiner eigenen entsprach und verwandt war. Nicht sein Geist und die Natur waren eins, das hätte ihn nicht aus seiner Einsamkeit befreit, es war der Geist und die Natur, deren Einheit ihm offenbar wurde. Der Lyriker mußte sich aus einer Lebensanschauung zur Weltanschauung erheben: er mußte den Pantheismus als seine notwendige Religion begreifen.

Naturgefühl im naiven Sinne hatte auch der ursprüngliche Mensch, der Wilde gehabt. Und darum konnte Herder auch hierin auf ihn deuten. Aber es war ein dumpfes, hilfloses Gefühl gewesen, das ihn nicht befreit, sondern beengt hatte. Er hatte die Natur beseelt, aber diese Beseelung brachte ihm nicht die Einheit, sondern den Zwiespalt. Die beseelte Natur war ihm ein Feindliches, Furchtbares, Schreckenerregendes, vor dem er in sich zurückbebte. Erst indem dieser naive Prozeß bewußt und selbstherrlich aufgenommen wurde, indem das Bewußtsein des Lyrikers nicht in Furcht, sondern in Liebe die Natur begriff, indem er in ihr nicht dämonische Individuen, sondern ein Allgemeines wirksam wußte, war die Natur sein Besitz geworden, hatte er in der Einheit der Welt seine eigene Einheit erobert.

So ist es mehr als bedeutsam, ist es notwendig, daß Goethe um dieselbe Zeit, da er in seiner Lyrik die Einheit von Geist und Natur ergreift, auch in seiner Weltanschauung ihre Einheit fordert. In seine Tageshefte notiert er: „Getrennt von Gott und Natur zu handeln, ist schwierig und gefährlich. Denn wir erkennen Gott nur durch die Natur. Alles was ist, gehört notwendig zum Wesen Gottes, da Gott das einzige Daseiende ist." Als er dieses Bekenntnis niederschrieb, bekreuzte er sich noch vor dem Philosophen, dem er wesensverwandt war und den er bisher nur in der Entstellung von Bayles Dictionnaire kannte. Als er aber im Sommer 1773 zu dessen Schriften vordringt, erkennt er, daß hier in großen, letzten Zusammenhängen, in notwendiger Folge ausgesprochen wurde, was den Kern seines Wesens ausmachte: in Spinoza fand Goethe seinen Philosophen. Was er als „seine angeborene Anschauungsweise, als den Grund seiner ganzen Existenz" empfand, „Gott in der Natur, die Natur in Gott zu sehen", das war von Spinoza als die einzige, allgemeine, notwendige Erkenntnis erwiesen und auseinandergesetzt.

Der Straßburger Aufenthalt, der Goethe die Freiheit und Einheit seines Wesens begründet hatte, geht zu Ende. Der Abschied von Friederike erschüttert sein tiefstes Herz. In aller Lebensfülle erfährt er zum ersten Male die Tragik allen Lebens. Die kaum gewonnene Einheit will vertieft und behauptet werden. Aber im Drang und Reichtum seines schöpferischen Lebens fühlt er bald, daß er recht gehandelt. Er fühlt, daß er sich nicht dauernd hingeben dürfe, da er nicht sich selbst gehöre, daß er einer höheren Gewalt zu eigen, die über ihm walte, die durch ihn walte. Sie führt und bestimmt ihn, ihr kann er sich willenlos überlassen.

So wächst er über seine Straßburger Freunde, über Stürmer und Dränger wie Wagner, Klinger, Jakob Michael Reinhold

Lenz hinaus. Lenz (1751—1792), der allein von ihnen als Lyriker in Betracht kommt, war eine durchaus künstlerische, aber zarte, unwirkliche, morbid empfindliche Natur, die zu ihrem Verhängnis aus der pietistisch-asketischen Gebundenheit des livländischen Pfarr- und Vaterhauses in die ungebundene Leidenschaftlichkeit, die titanische Lebensfülle des Goethekreises, der Sturm- und Drangzeit geraten war. Schnell war seine künstlerische Empfänglichkeit hingerissen; aus seiner heftigen Empfindlichkeit wuchsen in drängender Folge Manifeste, Dramen, Gedichte, die in ihrem Geist, ihrer impressionistisch farbigen, bewegten Darstellung Goethe nahestanden. Gedichte wie das volksliedhafte „Ein Mädele jung ein Würfel ist", wie die Strophen an Friederike „Wo bist du itzt, mein unvergeßlich Mädchen" und wie vor allem jenes ergreifende Gedicht, das die verlassene Friederike und ihre leidende Liebe um Goethe schildert, sind Goethisch zu nennen und zu werten. Aber dieser Empfänglichkeit und Empfindlichkeit, die sich in moderne Klagen verliert („Das ewige Zerstreuen und Vermannigfaltigen der Konkupiszenz auf hunderttausend Gegenstände, das ewige Klavierspielen auf unsern armen Nerven ohne Zweck, ohne Ganzes, das uns in einen immerwährenden, abnutzenden Traum erhält"), entspricht keine gleiche, dauernde Formkraft. Nur das Momentane, das Bild, die Strophe, die Szene, nur das Impressionistische gelingt ihr. Ein zweiter, noch ruheloser, morbiderer Werther sucht Lenz immer wieder umsonst den Ausweg aus der Welt seiner Imagination in die Wirklichkeit, umsonst Weg und Rettung durch Frauenherzen; denn gefühlsblinder als Werther („so ein zartes Maulwurfsgefühl und so ein neblichter Blick" sagt Wieland von ihm) verliebt er sich nur in Frauen, die seine Liebe nie erwidern; und rührend ist es, wie er dabei hilflos hinter Goethe hertappt: er verliebt sich — und bekennt diese Liebe in heißen Gedichten — ohne Erwiderung in Friederike, in Goethes Schwester Cornelia (damals Schlossers Gattin in Emmendingen), in Frau von Stein. Ein Lebensschicksal klagt aus seinem Aufschrei: „O mein Goethe! mein Goethe, daß Du mich nie gekannt hättest. Das Schicksal stellt mich auf eine Nadelspitze, wo ich immer nur schwankend Dich sehen — Dir nichts erwidern kann." Im November 1777 traf ihn der erste Wahnsinnsanfall. — — —

Das Selbstvertrauen des Genies wird stärker denn je in

12*

Goethe. Stolz und selbstverständlich bekennt er: „Ich bin von jeher gewohnt, nur nach meinem Instinkt zu handeln." Instinktiv zu handeln, in der blinden Sicherheit des Genius wird ihm Aufgabe im Leben, wie in der Kunst, er hat die Einheit von Geist und Natur begriffen, sie mag in ihm wirken: „Drein greifen, packen ist das Wesen jeder Meisterschaft ... Jetzt versteh' ich's, tue die Augen zu und tappe. Es muß gehen oder brechen. Seht, was ist das für ein Musikus, der auf sein Instrument sieht ... Ich möchte beten wie Moses im Koran: Herr mache mir Raum in meiner engen Brust!"

Hätte Goethe nur den Typus der Lyrik, nicht ihren Gipfel, ihre letzte Möglichkeit darstellen sollen, er hätte mit der Eroberung der Natur, des Naturgefühls genug getan. Bedeutende Lyriker, die Goethes Erbe antraten, haben sich damit begnügt, darin sich restlos ausgesprochen. Aber wenn schon alle Künste sich in ihren höchsten Äußerungen einander nähern, um wieviel mehr die Unterarten einer Kunst: die höchste Vollendung der Lyrik mußte versuchen, aus ihrer Eigenart heraus die anderen Dichtarten, Epos und Drama, mit zu umfassen, sie, soweit ihre Eigenart zuließ, in sich hineinzuziehen. Nur so konnte die Lyrik über Stunde und Stimmung hinaus die Universalität eines Genies restlos ausbilden und aussprechen. Es galt, das Naturgefühl zum Weltgefühl, zum Weltbewußtsein zu erweitern. Dies erst war der Weg zur Vollendung, daß er in seinen Geist den geistigen Erwerb der Menschheit aufnahm, seinen Geist zum Geist der Menschheit erweiterte, daß er damit auch die Natur, seine Natur aus bloß erfühlter, subjektiv-zufälliger Wesenheit zu möglichst objektiv-erkannter Deutlichkeit und Selbständigkeit emporhob, und erst indem er diese, den Geist der Menschheit in sich, die deutlich erkannte Natur in sich als Einheit erlebte, die allnotwendige Einheit der Welt, die Welt als Kunstwerk schuf.

Im Götz von Berlichingen wendet sich Goethe dem Drama zu. Von der Eroberung der Natur schreitet er fort zur Eroberung des Menschen. Aber den Lyriker interessiert nicht der Mensch an sich, es reizt ihn nicht, eine fremde Individualität in ihrer Eigentümlichkeit zu erleben und im Kunstwerk zu erneuern, zu erhöhen, zu vernotwendigen. Er hatte in der Natur nur sich gesucht, sich sucht er im Menschen: „Die Existenz fremder Menschen sind die besten Spiegel, darin wir die uns-

rige erkennen können." Und wie er die Natur zuerst sich füh-
lend aneignete — der Richtung seiner Zeit, seinem Alter ge-
mäß —, so ist es auch zuerst sein Gefühl, aus dem heraus
er die Menschen ergreift und in sich hineinzieht. Er steigert
und erweitert sein Lebensgefühl, indem er das Lebensgefühl
aller genialen Individuen sich schöpferisch zueignet. Das Leben
aller großen Lebendigen reißt er an sich, er lebt mit Prometheus, Sokrates, Cäsar, Mohammed, Faust. Allen will er im
Drama Gestalt geben. Aber nur ein Punkt ist es, in dem er
sie, in dem er sich fühlt. Ihre selbständige Eigenart, ihre
Eigenwelt will er nicht ergreifen, kann er nicht ergreifen. In
dieser Erweiterung seines Lebensgefühls, in dieser stürmenden Lebenseinheit, in die er auch die großen Künstler aller
Zeiten hineinzieht, begreift er das ewige Leben und Weben
des Geistes: „So ist das Wort der Menschen mir Gottes Wort,
es mögen's Pfaffen oder Huren gesammelt und zum Kanon ge-
rollt oder als Fragmente hingestreut haben. Und mit inniger
Seele falle ich dem Bruder um den Hals: Moses! Prophet!
Evangelist! Apostel, Spinoza oder Macchiavell! Darf aber auch
zu jedem sagen: Lieber Freund, geht dir's doch wie mir. Im
einzelnen sentierst du kräftig und herrlich, das Ganze ging in
euren Kopf so wenig als in meinen."

Der Aufenthalt in Wetzlar kam, die Liebe zu Lotte, die
Nähe Maximilianens von la Roche. Im „Werther" zieht Goethe
auch die letzte, epische, Dichtungsart in sich hinein. Ein Punkt
im Leben eines anderen, der Selbstmord Jerusalems, leuchtet
ihm blitzartig in das eigene Leben. Von ihm aus begreift er eine
ganze Richtung seines Daseins, ergreift er sich.

Der Erfolg des Werther macht Goethe zum literarischen
Mittelpunkt Deutschlands. Aus allen Lagern kommen jubelnde
Zurufe, Schreiben voll Dank und Begeisterung. Das Frank-
furter Haus wird zu einem Durchgangspunkt aller literarischen
Berühmtheiten. Unaufhaltsam strömt die Fülle des Lebens.
Stürmend greift ein Tag nach der Hand des anderen: „Mein
nisus vorwärts ist so stark, daß ich selten mich zwingen kann,
Atem zu holen und rückwärts zu sehen." Jetzt lebt er nicht nur
sein Leben mehr, er lebt, er schafft das Leben mit, das seine
Kunst in tausend Herzen weckt; „O, ihr Ungläubigen, ihr Klein-
gläubigen" — schreibt er an Kestner —, „könntet ihr den
tausendsten Teil fühlen, was Werther tausend Herzen ist." Aus

dieser Lebensgewalt — „mein Busen war so voll und bang, von tausend Welten trächtig" — aus diesem sieghaften Selbstgefühl entstehen alle Gedichte der letzten Frankfurter Zeit:

Wen du nicht verlässest, o Ge-
nius,
Nicht der Regen, nicht der Sturm
Haucht ihm Schauer übers Herz.
Wen du nicht verlässest, o Genius,

Wird der Regenwolke,
Wird dem Schloßensturm
Entgegensingen wie die
Lerche, du da droben.
Wen du nicht verlässest, Genius!

Alle alten Formen sind gesprengt von der unerhörten Gewalt dieses Lebens, Reim und Strophe liegen zertrümmert, in freien, fessellosen Rhythmen rauschen und jagen die Metren. Pindar hatte sie vorgebildet, in der deutschen Lyrik Klopstock. Aber was bei Klopstock vielfach noch theoretische Übertragung antiker Formen geblieben war, hier war es herrlichste Notwendigkeit. Wer darf in der Kunst sich vermessen, die Form zu sprengen, als der, dessen Lebensgewalt in ihr keinen Raum hat! So lang war in der deutschen Lyrik die Schwierigkeit gewesen, die üblichen Formen auszufüllen, sie schlotterten um das magere Leben des Lyrikers, nun war das Genie emporgewachsen, das sie nicht nur erfüllte, das sie zerriß. Auch in der Lyrik wirft die Natur die Kultur zurück. Die ungebändigte Gewalt der Naturäußerungen pulst in diesen Rhythmen, stürmende Wolken, jagende Ströme, windgepeitschte Wälder. In seligstolzer Schöpferkraft und Schöpfertrunkenheit erlebt der junge Goethe seine bildende Gewalt. So wie Michelangelo in den Marmorbrüchen von Carrara träumt, wie er die ganzen Marmorberge zu einem einzigen unerhörten Denkmal seiner Kraft und seines Genius gestalten will, so steht der junge Goethe stolz und sehnsüchtig vor der Allheit des Lebens, zitternd vor Verlangen, sie restlos seiner Schöpferkraft zu unterwerfen. Was ist göttlicher, denn Leben zu schaffen, was ist einziger, denn Schöpfer zu sein! Er ist aus der Demut des Erschaffenen hinausgewachsen, nicht mehr Bildwerk, nur mehr Bildner:

Ich kenne nichts Ärmeres
Unter der Sonne als euch Götter.
Ihr nähret kümmerlich
Von Opfersteuern und Gebetshauch
Eure Majestät und darbtet, wären
Nicht Kinder und Bettler
Hoffungsvolle Toren . . .

Hier sitz' ich, forme Menschen
Nach meinem Bilde,
Ein Geschlecht, das mir gleich sei,
Zu leiden, zu weinen,
Zu genießen und zu freuen sich
Und dein nicht zu achten
Wie ich!

Nichts zeichnet den Goethe dieser Tage besser und — ungewollt — gewaltiger, als eine Äußerung Friedrich Leopold Stolbergs: „Goethe ist nicht bloß ein Genie, sondern er hat auch ein wahrhaft gutes Herz, aber es ergriff mich ein Grausen, als er mir an einem der letzten Tage von Riesengeistern sprach, die sich auch den ewigen, geoffenbarten Wahrheiten nicht beugen. Dieser unbeugsame Trotz wird, wenn er in ihm weiter wuchert, auch sein Herz kalt machen. Armer Erdenwurm! Sich den ewigen geoffenbarten Wahrheiten nicht beugen, gleichsam rechten wollen mit Gott."

Der „arme Erdenwurm", dem Stolberg Herzenskälte voraussagt, schreibt Mahomets Gesang, schreibt den Ganymed. Wenn im Prometheus sich das Individuum in ihm gegen die Übergewalt göttlicher Individuen aufgelehnt hatte: im Ganymed gibt sich das Individuum der göttlichen Allgemeinheit, dem Geist, der nicht über, nicht gegen, sondern in der Natur wirkt, sehnsüchtig hin. Dasselbe Individuum, dessen titanischem Trotz kein Himmel zu hoch ist, kein Gott da draußen, erahnt das Göttliche in sich voll Demut und Ergriffenheit, geschüttelt von Schauern der Sehnsucht und Liebe:

> Könnt' ich doch ausgefüllt einmal
> Von dir, o Ew'ger, werden —
> Ach, diese lange, tiefe Qual
> Wie dauert sie auf Erden.

Gott ist nur in der Natur zu ergreifen, das war Goethes Evangelium, Teil an der ewigen Liebe gewinnen wir nur in der irdischen. Die Hingabe an das Allgemeine mußte flüchtig und leer werden, ging sie nicht durch die Hingabe an das Besondere hindurch. Dieser Notwendigkeit entquellen die immer neuen Liebesneigungen des jungen Goethe: Gretchen, Friederike, Lotte — und nun kam Lili mit neuer Liebe, neuen Liedern (Herz, mein Herz, was soll das geben? — Warum ziehst du mich unwiderstehlich — Lilis Park) und bringt ihm die „zerstreutesten, verworrensten, ganzesten, vollsten, leersten, kräftigsten und läppischsten Dreivierteljahre, die ich in meinem Leben gelebt habe"

> Wie soll ich fliehen,   Krone des Lebens,
> Wälderwärts ziehen?   Glück ohne Ruh,
> Alles vergebens,   Liebe, bist du!

Den Jüngling drängte es, in einer dieser Neigungen aufzugehen, der Künstler wußte, daß die Liebe zum Besonderen
ihm nur Symbol der ewigen Liebe sein dürfe. Den Jüngling
verlangte es, aus diesen Stürmen und Unruhen heraus in einem
dieser Erlebnisse sich einzuschließen, sich abzuschließen, Boden, Heimat und Ruhe zu finden, der Künstler wußte, daß
er das drängende Leben in sich nicht in der Enge besonderen
Lebens ein- und abschließen dürfe, daß er dies ruhlose Selbst
erst beruhigen dürfe, wenn es zum Selbst der Menschheit erweitert sei, daß nur die Welt seine Heimat werden dürfe. So
geraten Mensch und Künstler in immer neuen, leidenschaftlichen, qualvollen Zwiespalt, um in immer höherer Einheit sich
zu verbinden, um immer wieder demütig-dankbar zu fühlen,
„daß mitten in dem Nichts sich doch wieder so viele Häute
an meinem Herzen lösen, so die konvulsiven Spannungen meiner kleinen närrischen Komposition nachlassen, mein Blick heiterer über die Welt, mein Umgang mit den Menschen sicherer, fester, weiter wird, und doch mein Innerstes immer ewig
allein der heiligen Liebe gewidmet bleibt, die nach und nach
das Fremde durch den Geist der Reinheit, der sie selbst ist,
ausstößt und so endlich lauter werden wird, wie gesponnen
Gold."
    Aber wie alle Kämpfe des jungen Goethe, so waren auch
diese, seine leidenschaftlichsten, nur Kämpfe in ihm. Ein Teil
seiner selbst kämpft gegen den anderen. Dem Außen, der Geliebten, die den Kampf veranlaßt, wurde entsagt, und der Sie-
ger stand wieder einsam im unendlichen Gefühl seines Ich.
Schließlich überkommt es ihn wie Verzweiflung, ob er ewig
in diesen Wirbeln umhertreiben, sich in sich selber zerreiben
solle: „Wird mein Herz endlich einmal in ergreifendem, wah-
rem Genuß und Leiden die Seligkeit, die Menschen gegönnt
ward, empfinden und nicht immer auf den Wogen der Einbildungskraft und überspannten Sinnlichkeit Himmel auf und
Höllen ab getrieben werden?"
    Es liegt im Wesen des Lyrikers, daß er gern in sich, in
allgemeinen, unbestimmten Zuständen verharrt. Wenn irgend-
wem, so gilt ihm das Wort Hegels von der „Zärtlichkeit des
Gemüts, welches weiß, daß im Bestimmten es sich mit der
Endlichkeit einläßt, sich eine Schranke setzt und die Unendlichkeit aufgibt: es will aber nicht der Totalität entsagen, die

es beabsichtigt." In dieser Sehnsucht nach Totalität hatte Goethe bisher sich bestimmten Lebensverhältnissen und Beschäftigungen entzogen. Seinen juristischen Studien, seinem Advokatenberuf in Frankfurt hatte er wenig Zeit gegönnt. Gewiß, er hatte erfahren, daß Gott sich nur in der Natur, das Innen nur im Außen, der Mensch sich nur in der Welt ergreifen könne. Aber die Welt um ihn war so eng, so formelhaft-kleinbürgerlich, daß sein Geist sie sprengen mußte — wie sein Lebensgefühl die alten lyrischen Formen gesprengt hatte —, wenn er versuchen wollte, in sie einzugehen, sich in ihr zu entwickeln. Es wäre denn, daß sein Geist sich eingeengt, sich verkleinert, sich ihnen angepaßt hätte. Und das war diesem Geiste fremd. Er bedurfte einer Welt, die ihm weite, unübersehbare Möglichkeiten bot, die ihn aufnehmen konnte, um mit ihm zu wachsen, um mit ihm sich zu weiten. „Goethe wäre ein herrliches, handelndes Wesen bei einem Fürsten. Dahin gehört er. Er könnte König sein", hatte Lavater geäußert. Das Schicksal beugte sich dieser Einsicht: es rief Goethe nach Weimar.

Nichts kann den Gegensatz des alten und neuen Lebens innerlicher darstellen, als Goethes Brief aus dem Jahre 1781 an seine Mutter: „Sie erinnern sich der letzten Zeiten, die ich bei Ihnen, ehe ich hierher ging, zubrachte, unter solchen fortwährenden Umständen würde ich gewiß zugrunde gegangen sein. Das Unverhältnis des engen und langsam bewegten bürgerlichen Kreises zu der Weite und Geschwindigkeit meines Wesens hätte mich rasend gemacht. Bei der lebhaften Einbildung und Ahndung menschlicher Dinge wäre ich doch immer unbekannt mit der Welt und in einer ewigen Kindheit geblieben, welche meist durch Eigendünkel und alle verwandten Fehler sich und anderen unerträglich wird. Wieviel glücklicher war es, mich in ein Verhältnis gesetzt zu sehen, dem ich von keiner Seite gewachsen war, wo ich durch manche Fehler des Übergriffs und der Übereilung, mich und andere kennen zu lernen, Gelegenheit genug hatte, wo ich mir selbst und dem Schicksal überlassen, durch so viele Prüfungen ging, die vielen hundert Menschen nicht nötig sein mögen, deren ich aber zu meiner Ausbildung äußerst bedürftig war. Und noch jetzt, wie könnte ich mir, nach meiner Art zu sein, einen glücklicheren Zustand wünschen, als einen, der für mich etwas Unendliches hat.

Denn wenn sich auch in mir täglich Fähigkeiten entwickelten, meine Begriffe sich immer aufhellten, meine Kraft sich vermehrte, meine Kenntnisse sich erweiterten, meine Unterscheidung sich berichtigte und mein Mut lebhafter würde, so fände ich doch täglich Gelegenheit, alle diese Eigenschaften, bald im großen, bald im kleinen anzuwenden."

Es war nur eine kurze Übergangzeit, in der Goethe mit dem jungen Herzog kraftgenialisch weiterbrauste — „treu dem Zweck, auch auf dem schiefen Wege". Dann schreibt er an Kestner: „Meine Schriftstellerei subordiniert sich dem Leben", dann schreibt er an Lavater: „Das Tagewerk, das mir aufgetragen ist, das mir täglich leichter und schwerer wird, erfordert wachend und träumend meine Gegenwart. Diese Pflicht wird mir täglich teurer, und darin wünscht' ich's den größten Menschen gleichzutun, und in nichts Größerem." Dann wird als sein „Motto immer wieder über eine neue Expeditionsstube geschrieben: Hic est aut nusquam, quod quaerimus". Wie der biblische Geist über den Wassern, so hatte er über der Allgemeinheit, der Formlosigkeit des Lebens geschwebt, schöpferischer Kräfte voll, aber im Tiefsten einsam und unbefriedigt. Nun warteten alle sechs Tagewerke auf ihn. Er mußte seine Welt erschaffen, um sich in ihr darzustellen. Und mit der allumfassenden Ehrfurcht und Liebe des Schöpfers schuf er das Kleinste und Größte, das Nächste und Fernste, erschuf er sich in ihm. Wie ein Programm hatte er sein großes Gedicht über Hans Sachsens Poetische Sendung an den Anfang seiner Weimarer Zeit gestellt. Die enge Schusterstube Sachsens war ihm zum ehrfürchtigen Symbol geworden, wie nur im Begrenzten das Grenzenlose, im Nächsten das Fernste, im Sinnlichen die Idee sich darstellen und begreifen kann. Die Rhythmen, von der Fülle des Gegenständlichen belastet, haben den schweren, stoßweisen Schritt hartarbeitender Menschen. Wie aus deren Augen, blickt aus ihnen die treue Zufriedenheit täglicher Mühen und Erfolge. Die Bilder des Gedichts sind wie der Hausrat einer Werkelstube, wie mit einem Messer in Holz geschnitzt. Goethe hatte von Hans Sachs nicht mehr nur Reim und Rhythmus, er hatte das Dauernde, das Beschränkt-Tüchtige-Tätige in ihm ergriffen und in sich aufgenommen.

Natur und Menschen warteten auf Goethe. Beide hatte er in ihrer Allgemeinheit erahnt, erfühlt, beide sollte er sich nun in ihrer Besonderheit zu eigen machen. Zunächst waren es die Menschen, die er ergriff. Hof und Gesellschaft, Feste und Jagden, Besuche bei den benachbarten Herrschaften und Fürsten, der Hof von Braunschweig, Friedrichs des Großen Hof und Residenz, Generale, Staatsmänner, hohe und niedere Beamte, Gelehrte, Künstler, Musiker, Schauspieler, Tänzer, Kurierritte mit dem Herzog zur Leipziger Messe, ins preußische Heerlager, Landfahrten zu bürgerlichen und bäuerlichen Festen, Inspektion und Leben zwischen Bauern, Hirten, Gärtnern, Jägern, Bergleuten — alle Schichten der Bevölkerung erlebte er, mit allen war er durch einen Punkt seines Amtes, seines Wesens verbunden. Nicht mehr ein allgemeines Gefühl, sondern stets die besondere Aufgabe verband sie mit ihm. Im Anfang empfand er das Besondere dieses Menschenmaterials als überhartes Material, als gar zu widerspenstigen Stoff. Er zweifelte an der Möglichkeit, ihn zu formen, sich in ihm durchzusetzen. Er zog sich in sich selbst zurück. Im ersten Halbjahr sagt er: „Freilich habe ich was auszustehen gehabt, dadurch bin ich nun ganz in mich gekehrt", im Herbst des zweiten Jahres hat er ein „tiefes Gefühl des Alleinseins, findet sich entfremdet von viel Welt und, wo er doch noch Band geglaubt, in Entfremdung bestimmt", im Anfang des dritten: „Stille und Vorahndung der Weisheit, immer fortwährende Freude an Wirtschaft, Ersparnis, Auskommen, fortwährende reine Entfremdung von den Menschen." Wie in seinem ersten Verhältnis zu den Menschen, in seinen Liebesleidenschaften, Jüngling und Dichter in ihm gestritten hatten, so stritten jetzt der Geheimrat und Dichter in ihm. Jüngling und Geheimrat hatten in Neigung oder Pflicht das Besondere als Besonderes erfaßt, der Dichter durfte nicht weiter in das Besondere eingehen, als es ein Allgemeines darstellte, vom Allgemeinen durchdrungen werden konnte. Er erkennt, daß er Geheimrat und Dichter zugleich nur gerecht werden kann, indem er sie gegeneinander abgrenzt, 1782 schreibt er an Knebel: „Wie ich mir in meinem väterlichen Hause nicht einfallen ließ, die Erscheinungen der Geister und die juristische Praxis zu verbinden, ebenso getrennt laß ich jetzt den Geheimrat und mein anderes Selbst, ohne das ein Geh. R. sehr gut bestehen kann. Nur im Innersten meiner Pläne und Vorsätze und Unternehmungen bleib ich mir geheimnisvoll selbst getreu und knüpfe so wieder mein gesellschaftliches, politisches, moralisches und poetisches Leben in einem verborgenen Knoten zusammen."

Dieser innere Ausgleich ermächtigte Goethe, sich den Menschen erst wahrhaft zu nähern, sie wahrhaft zu ergreifen. Was er ein Jahr vorher gefühlt, ist nun vollendet: „Ich lerne endlich die Welt zu gebrauchen." Das Mangelhafte und Unvollkommene, dem er als Beamter widerstreiten muß, weil er es nur in seinem Verhältnis zu den besonderen Zuständen betrachten darf, als Dichter kann er es aus diesen besonderen Verhältnissen herausheben, als solcher sieht er nicht mehr den einzelnen Menschen, das Einzelne im Menschen, er begreift den großen inneren Zusammenhang alles Menschheitslebens. Er begreift, daß auch der einzeln Unvollkommene nützlich und nötig werde, an der Vollkommenheit des Ganzen mitwirke, sobald man ihn nicht mehr in seiner Vereinzelung, sondern in seiner Stellung zum Ganzen sehe, ihm seine Stelle im Ganzen gebe. Er begreift die Menschheit als Kunstwerk, indem er sie in ihrem Zusammenhang, in der notwendigen Bedingtheit und Wechselwirkung ihrer Teile begreift. Und jetzt erst, da er s i c h in den Menschen gefunden, hat er die Menschen gefunden. Nun wird ihm jeder einzelne merkwürdig, seine Bedeutung für das Ganze interessiert ihn. Was er über sich selber an Frau von Stein ausgesagt hatte: „Sie wissen, wie symbolisch mein Dasein ist", das konnte er nun von allen Menschen sagen: aller Dasein ist ihm symbolisch geworden.

Die schönsten Früchte dieser inneren Befreiung und Erweiterung sind zwei der bedeutsamsten Schöpfungen von Goethes Lyrik: Auf Miedings Tod (1782) und Ilmenau (1783). Mieding, dessen geschickte Hand der höfischen Dilettantenbühne Weimars diente, dessen erfinderischer Kopf unermüdlich mit den bescheidensten Mitteln das Gebotene durchsetzte, ein Theaterschreiner war es, dessen Tod Goethe im Innersten ergriff, der ihm zum Symbol wurde, in dem er sein eigenes Mühen, Wirken und Leiden wiederfand:

> Der Gute wie der Böse müht sich viel,
> Und beide bleiben weit von ihrem Ziel.
> Dir gab ein Gott in holder, steter Kraft
> Zu deiner Kunst die ew'ge Leidenschaft.
> Sie war's, die dich zur bösen Zeit erhielt,
> Mit der du krank, als wie ein Kind gespielt,
> Die auf den blassen Mund ein Lächeln rief,
> In deren Arm dein müdes Haupt entschlief.

Nirgend geht dieses Gedicht über die besonderen Umstände hinaus, nirgend verallgemeinert, entkörpert es sich zu einer Sentenz, überall steht das Einzelne, das Gegenständliche vor uns, farbig und faßbar. Wir sehen das Getümmel der Theaterarbeiter, wir sehen den Trödeljuden, der noch in letzter Stunde dem Garderobier seine bunten Reste bietet, wir sehen den Dichter als Regisseur beobachtend zwischen ihnen, wir sehen, wie sein Blick unruhig wird, wie die Frage nach Mieding sich auf seine Lippen drängt, wie die Kunde von Miedings Tod das Haus erfüllt, die Arbeit stocken macht. Und nun taucht das dürftige Leben dieses Mannes vor uns auf, seine Umgebung zuerst, der Boden seiner Tätigkeit, Weimar lebt vor uns. Keiner hat in diesem fürstlichen Gewirr des stillen Manns geachtet. Und doch hat er für das Ganze gewirkt, so wie der Höchstgestellte: „Du Staatsmann, tritt herbei! Hier liegt der Mann — Der so wie du ein schwer Geschäft begann." Alle Einzelheiten dieses Geschäfts entstehen vor uns, Seile, Nägel, Hämmer, Zindel, Blech, gefärbt Papier und Glas sind tätig. Zeile für Zeile lebt die nächste Wirklichkeit. Aber während das Besondere ausgesprochen wird, nur das Besondere ausgesprochen wird, ist uns das Allgemeine gegenwärtig. Wir sehen, fühlen, hören den einzelnen Vorgang, wir erleben ein ewig Bedeutsames.

Vom Theaterschreiner zum Herzog scheint ein weiter Weg. Dem Dichter, der die Menschen in ihrer symbolischen Bedeutung begriffen, rücken sie nah zusammen. Das war das Umfassende, das Goethe in seiner Stellung geworden war: das niedere Volk war von den Stürmern und Drängern vielfach erlebt, es war ihnen innerlich und äußerlich zugänglich gewesen, sie hatten es als unverderbte Natur der Kultur der höheren Kreise gegenübergestellt, und auch der junge Goethe hatte daran teilgehabt. Inzwischen hatte er die Pole des Menschenlebens umspannt, er hatte die Symbolik des menschlichen Daseins und Wirkens begriffen, Schreiner und Herzog waren ihm bedeutsam geworden. Wie erst Mieding, so zeigt er uns nun den Herzog in seiner Umgebung. Und in dieser Umgebung zeigt er sich. Wir erleben ein seltsames Doppelspiel, eine unerhörte lyrisch-epische Verschmelzung, die Trennung von Subjekt und Objekt zugleich innerhalb und außerhalb des Dichters. Gegenwart und Vergangenheit treten zusammen vor uns hin.

Voll genialer Anschaulichkeit erleben wir Goethes Zweifel und Sieg, die jugendlichen Wirren des Herzogs und seine, in der Freundschaft Goethes geläuterte Männlichkeit in einem Moment. Und während wir Mieding zuerst tätig, dann ruhend gesehen haben, sehen wir den Herzog zuerst in Ruhe und Dunkel und dann in heller, sicherer Tätigkeit. Beide vereint das Wort des Prometheus: „Wie Vieles ist denn dein? — Der Kreis, den meine Wirksamkeit erfüllt! Nichts drunter und nichts drüber!"

In diesem tiefsten, allumfassenden Erleben menschlichen Daseins hatte Goethe zugleich das Bedingte und Unbedingte im Menschen begriffen. Er hatte sich in den „Grenzen der Menschheit" demütig vor dem Ewigen gebeugt, er hatte im „Göttlichen" sich sehnsüchtig zu ihm erhoben, im tätig schaffenden Leben hatte er des Menschen Höchstes erfahren: „Er kann dem Augenblick Dauer verleihen."

Wie den Menschen, so sollte Goethe in Weimar auch die Natur zum Dasein seiner Seele schaffen. Er war ihr näher gewesen als den Menschen, in ihre reine Sinnlichkeit hatte er widerstandslos eindringen können. Er hatte sie in „jeder krüpplichen Kartoffel geehrt", er hatte „im Stengelglas wohl eine Welt gefunden". Aber es war doch immer nur ein dunkles, leidenschaftliches Fühlen um sie gewesen, er hatte sich in ihr dunkel und leidenschaftlich gefühlt, es galt sie, es galt sich in ihr klar zu ergreifen.

Bald nach Goethes Ankunft in Weimar hatte der Herzog ihm ein Gartenhaus an der Ilm geschenkt, vor den Toren der Stadt. Hier fand er täglich Sammlung, Ruhe und Reinheit nach den Wirren des Hofs und der Geschäfte, hier lebte er in schlichter Einheit mit der Natur, im Wechsel der Tages- und Jahreszeiten. Er selber fühlte sich als das Erdkülin (Erdkühlein) des elsässischen Märchens, das, nur von Mutter Natur ernährt, ganz einsam in einem „kleinen Häuslin" lebt und die guten Menschen erquickt. „Nachts 10 Uhr in meinem Garten. Ich habe meinen Philipp nach Hause geschickt und will allein hier zum ersten Male schlafen ... Es ist eine herrliche Empfindung, da haußen im Feld allein zu sitzen. Morgen frühe wie schön: Alles ist so still. Ich höre nur meine Uhr ticken und den Wind und das Wehr von ferne."

Ich geh' meinen alten Gang
Meine liebe Wiese entlang,
Tauche mich in die Sonne früh,
Bad' ab im Monde des Tages Müh'.

Diese läuternde Stille, diese reine Weite bringen Goethes Naturgefühl seinen zarten, innigsten Ausdruck in den Versen „An den Mond". Hier ist die Natur ganz zum Dasein der Seele geworden. Die persönliche Empfindung ist aufgegangen in der allempfindenden Weite, aufgelöst vom rieselnden Licht des Monds. Die Menschen waren Goethe oft noch fremd in der ersten Weimarer Zeit, um so näher, sehnsüchtiger suchte er die Natur. „Im tiefen Gefühl des Alleinseins, entfremdet von viel Welt" fand er in ihr Vertraute, Schwester und Mutter, sah er in ihrem „Freundesauge" sein beruhigtes Bild.

Was er in der Einsamkeit seines Gartens fühlte, durfte er in der umfassenden Tätigkeit seiner Geschäfte täglich bewußter ergreifen. Weg- und Wasserbauten, landwirtschaftliche Anlagen, vor allem aber der Bergbau in Ilmenau, den er erneuerte, brachten ihn mit dem Urbau der Natur, mit Gestein und Wasser, Boden und Gewächs in immer breitere, tiefere Beziehungen. Mit der ganzen Gründlichkeit seiner Natur drang er auch hier auf die letzten Bedingungen, er vertiefte sich in das Studium der elementaren und organischen Naturgestaltung. Beim „Knochenbau der Erde", den Felsen, begann er, Mineralogie und Geologie trieb und verwandte er im Ilm- und Saalgrund, auf dem Thüringer Wald, in den Gebirgen und Gruben der Nachbarschaft. Schon 1782 kann er an Frau v. Stein schreiben: „Es ist ein erhabenes Schauspiel, wenn ich nun über Berge und Felder reite, da mir die Entstehung und Oberfläche unserer Erde und die Nahrung, welche die Menschen daraus ziehen, zu gleicher Zeit deutlich und anschaulich wird; erlaube, wenn ich zurückkomme, daß ich Dich nach meiner Art auf den Gipfel des Felsens führe und Dir die Reiche der Welt und ihre Herrlichkeit zeige." Von den Knochen der Erde führten ihn seine eigenen Versuche in der bildenden Kunst, seine Vorlesungen in der Zeichenakademie zu den Knochen des Menschen, „denn die Knochen sind die Grundfesten der Bildung, umfassen die Eigenschaften eines Geschöpfs, die beweglichen Teile formen sich nach ihnen, eigentlich zu sagen mit ihnen". Schon in Straßburg hatte sich Goethe anatomischen Studien gewidmet, die

Mitarbeit an Lavaters Physiognomischen Fragmenten hatte ihn zur Osteologie gedrängt. Aus seinen Beiträgen über Tierschädel (1776) stammen die eben angeführten Sätze für die Bedeutung der Knochen. So war er wohlvorbereitet, als ihm im Herbste 1781 Loder in Jena Osteologie und Myologie zu demonstrieren begann. Mündlicher und schriftlicher Verkehr mit den gelehrtesten Anatomen der Zeit förderten ihn weiter. Im Frühjahr 1784 gelingt ihm die Entdeckung des Zwischenkieferknochens, die ihm solche Freude macht, daß sich ihm „alle Eingeweide bewegen". — Was war das Wesen und die Bedeutung dieser Entdeckung?

In Straßburg hatte sich Goethes Gefühl von der Einheit der Welt begründet, es hatte sich in der flüchtigen Beschäftigung mit Spinoza zur Weltanschauung gefestigt. Was er als allgemeines Gefühl erfahren hatte, galt es im besonderen zu erkennen. Da sich ihm nun in Weimar die Besonderheit der Natur aufdrängte, was war ihm selbstverständlicher, als daß er in der einzelnen Erscheinung die Bestätigung des Ganzen suchte, daß er die organische Einheit der Natur in jeder ihrer Erscheinungen wiederfinden wollte! Er begann die Menschheit als ein Ganzes zu fassen und aus dieser Ganzheit heraus den einzelnen Menschen zu begreifen, er mußte auch das Wesen der Natur erst recht verstehen, wenn er aus ihrem Ganzen heraus ihre Teile ergriff, wenn er das Ganze in ihren Teilen suchte. In seinem Aufsatz „Die Natur" (1780) hatte er es zuerst hymnisch ausgesprochen: „Jedes ihrer Werke hat ein eigenes Wesen, jede ihrer Erscheinungen den isoliertesten Begriff, und doch macht alles Eins aus . . . Sie verbirgt sich in tausend Namen und Termen und ist immer dieselbe." Goethes eigenstes Wollen und Wesen wird zum Wollen und Wesen der Natur. Sich erkennen, sich widerspiegeln, sich ergreifen in jeder einzelnen Erscheinung, das will auch sie: „Sie ist die einzige Künstlerin." Auch sie „hat sich auseinandergesetzt, um sich selbst zu genießen". Die Welt als Kunstwerk, das ist ihr Verlangen, wie es Goethes tiefstes Verlangen ist. Dann aber konnten sich Mensch und Natur nirgend mehr gegenüberstehen, die Einheit von Natur und Geist mußte auch den Menschen restlos umfassen, in ihm konnte sich die Natur nicht untreu werden. Aus der Einheit der Natur stieg notwendig der Gedanke, „daß der Mensch aufs nächste mit den Tieren verwandt sei". Von dieser Überzeugung aus mußte jedes wesentliche Unterscheidungsmerkmal zwischen Mensch und Tier geleugnet werden. Das Fehlen des Zwischenkieferknochens, das von den Anatomen als solches gedeutet wurde, konnte nicht zugegeben werden, die Übereinstimmung des Ganzen erforderte ihn. Wie Goethe aus der Totalanschauung des Straßburger Münsters die fehlende Krone rekonstruiert, so entdeckt er aus der Totalanschauung der Natur, aus der Wesenheit des Menschen den Zwischenkieferknochen. „Übereinstimmung des Ganzen macht ein jedes Geschöpf zu dem, was es ist, und der Mensch ist so gut durch die Gestalt und Natur seiner oberen Kinnlade als durch Gestalt und Natur seines letzten Gliedes seiner kleinen Zehe Mensch. Und so ist wieder jede Kreatur nur ein Ton, eine Schattierung einer großen Harmonie."

„Dadurch, daß Sie ihn [den Menschen] der Natur gleichsam nacherschaffen, suchen Sie in seine verborgene Technik einzudringen" (Schiller). Goethe hatte nicht nur seine individuelle Natur, er hatte die ganze Natur in sich zur Übereinstimmung gebracht, er hatte sich zur höchsten Einheit erhoben: zur Welteinheit als Weltschöpfung. Und wie einst in Straßburg das erste, unbestimmte Erfassen von Natur und Menschheit sich in der Beschäftigung mit Spinoza vollendet hatte, so finden sich nun die großen Erlebnisse und Ergebnisse der Weimarer Zeit in der erneuten und vertieften Beschäftigung mit Spinoza zusammen. Damals war es „nur unvollständig und wie auf den Raub" gewesen, daß Goethe sich Spinoza zugewandt hatte, er hatte ihm nur eine allgemeine, unbestimmte Bestätigung seines allgemeinen und unbestimmten Weltgefühls entnommen, jetzt, wo er die ganze Besonderheit des Natur- und Menschenlebens schöpferisch durchdrungen, zum Ausdruck seiner selbst gestaltet hatte, wo er die ewigen, seelenvollen Zusammenhänge alles Daseins, die allgegenwärtige Einheit von Natur und Geist immer bewußter ergriff, jetzt (nach dem anregenden Besuch Jacobis 1784) drängt es ihn, die Lehre Spinozas in all ihren Gründen und Folgen zu ergreifen, in ihr sein Weltbild zusammenzuschließen. „Du [Jacobi] erkennst die höchste Realität an, welche der Grund des ganzen Spinozismus ist, worauf alles übrige ruht, woraus alles übrige fließt. Er beweist nicht das Dasein Gottes, das Dasein ist Gott. Und wenn ihn andere deshalb Atheum schelten, so möchte ich ihn theissimum und christianissimum nennen und preisen." „Ich halte mich fest und fester an die Gottesverehrung des Atheisten und überlasse Euch alles, was Ihr Religion heißt und heißen müßt. Wenn Du sagst, man könne von Gott nur glauben, so sage ich Dir, ich halte viel aufs Schauen, und wenn Spinoza von der Scientia intuitiva spricht und sagt: Hoc cognoscendi genus procedit ab adaequata idea essentiae formalis quorundam dei attributorum ad adaequatam cognitionem essentiae rerum: so geben mir die wenigen Worte Mut, mein ganzes Leben der Betrachtung der Dinge zu widmen, die ich reichen und von deren „essentia formali" ich mir eine adäquate Idee zu bilden hoffen kann, ohne mich weiter im mindesten zu bekümmern, wie weit ich kommen werde und was mir zugeschnitten ist."

Aber je mehr Goethe in der Wissenschaft eine Welt fand, die seinen Ideen nachgab, zum Ausdruck seines Weltgefühls wurde, desto unbefriedigter mußte er erfahren, daß die Welt seiner Geschäfte seinem Schöpferwillen immer stärkeren Widerstand leistete. Der Herzog hatte sich mehr und mehr von der inneren Verwaltung zurückgezogen, seine militärischen Interessen zogen ihn immer wieder vom Lande ab in die großen Truppenlager der Nachbarschaft. So stand er den großen Reformplänen Goethes, der von der Durcharbeitung und Erneuerung des Einzelnen im Staatshaushalt nun zur Reformierung des Ganzen drängte, kühl gegenüber. Goethe sieht sich in seinem Schöpferwillen aufs empfindlichste gehemmt: „Wie eingeschränkt ist der Mensch, bald an Verstand, bald an Kraft, bald an Gewalt, bald an Willen." „Wer sich mit der Administration abgibt, ohne regierender Herr zu sein, der muß entweder ein Philister oder ein Schelm oder ein Narr sein." Vergebens sucht er sich zu beschränken: „Indessen begießt man einen Garten, da man dem Lande keinen Regen verschaffen kann." Er erkennt immer deutlicher, daß die Einheitlichkeit und Einfachheit seines schöpferischen Lebens- und Weltgefühls sich hier unbefriedigt zerreiben wird. Was ihm noch an Sonderheit, an Mannigfaltigkeit des Einzelnen, Gegebenen nötig ist, das ist ihm nun in der wissenschaftlichen Naturforschung zugänglich. Ohne Gefährdung seiner Entwicklung darf er die Welt der Geschäfte, die seinen Schöpferwillen einengt, nun verlassen. Am 2. September 1786 „stiehlt er sich von Karlsbad weg" und fliegt im Eilwagen Italien zu.

„Wem die Natur ihr offenes Geheimnis zu enthüllen anfängt, der empfindet eine unwiderstehliche Sehnsucht nach ihrer würdigsten Auslegerin: der Kunst."

In der Natur hatte Goethe die Einheit der Welt als ein Ewig-Werdendes begriffen. So wie er ein Werdender gewesen war in Weimar, der im harten Material täglicher Geschäfte sich darstellte, so hatte sich ihm der Geist in der Natur dargestellt, ein ewig werdender, nie gewordener, ein stets offenbarender, nie offenbarter. Er war müde geworden in diesem Ringen, der Künstler in ihm sehnte sich über diese Unruhe hinweg nach der Ruhe des Seins. Die Einheit der Welt, die in der Natur wird, ist in der Kunst.

In diesem Wesen der Kunst war Goethes Sehnsucht nach Italien begründet. Die Kunstwelt Italiens war es, die ihn zog. Er sehnte sich aus der Welt des Werdenden in die Welt des Seins, um endlich selber zu sein. Schon 1780 war diese Sehnsucht in ihm aufgetaucht, aber sein Werdegang war noch nicht vollendet: „Um den höchsten Begriff dessen, was die Menschen geleistet haben, in sich aufzunehmen, muß die Seele erst zur vollkommenen Freiheit gelangen." Gegen Mitte der 80 er Jahre aber bricht diese Sehnsucht immer gewaltsamer durch, im Liede Mignons hat sie ihren ergreifendsten Ausdruck gefunden. Nun reist er in stürmischer Eile durch Süddeutschland, über die Alpen, durch Norditalien. All sein Wesen ist Erregung, Erwartung, Erfüllung. Schon in Venedig weiß er: „Die Revolution, die ich voraussah und die jetzt in mir vorgeht, ist die in jedem Künstler entstand, der lang emsig der Natur treu gewesen und nun die Überbleibsel des alten großen Geists erblickte; die Seele quoll auf und er fühlte eine innere Art von Verklärung sein selbst, ein Gefühl von freierem Leben, höherer Existenz, Leichtigkeit und Grazie." Am 29. Oktober erreicht er Rom, in tiefster Erregung schreibt er in sein Tagebuch: „Ich kann nun nichts sagen, als ich bin hier; ich habe nach Tischbeinen geschickt — Nachts: Tischbein war bei mir. Ein köstlich guter Mensch. Ich fange nun erst an zu leben und verehre meinen Genius." — „Ich zähle einen zweiten Geburtstag, eine wahre Wiedergeburt von dem Tage, wo ich Rom betrat." „Ich lebe eine neue Jugend." „Alle Tage ein neuer merkwürdiger Gegenstand, täglich neue, große, seltsame Bilder und ein Ganzes, das man sich lange denkt und träumt,

13*

nie mit der Einbildungskraft erreicht." „Ob ich gleich immer noch derselbe bin, so meine ich, bis ins innerste Knochenmark verändert zu sein. Ich habe keinen ganz neuen Eindruck gehabt, nichts ganz fremd gefunden, aber die alten sind so bestimmt, so lebendig, so zusammenhängend geworden, daß sie für neue gelten können."

In Rom erlebt Goethe die Kunst, in Neapel erfährt er neuer, herrlicher, in ungeahnter Fülle die Natur. Hier erscheint sie ihm nicht mehr in der ringenden Unrast des Werdens, auch sie erscheint ihm als Sein und Vollendung: „Man sage, erzähle, male, was man will, hier ist mehr als alles." Hier erscheint die Natur als „das einzige Buch, das auf allen Blättern großen Gehalt bietet". Mineralogie, Geologie, Zoologie und Botanik beschäftigen ihn. Jener Gedanke, der ihm schon in den letzten Weimarer Tagen damals „unter der sinnlichen Form einer übersinnlichen Pflanze vorschwebte", der ihn im botanischen Garten Paduas „in der neu entgegentretenden Mannigfaltigkeit südlicher Flora immer lebendiger" geworden war, „daß man sich alle Pflanzengestalten vielleicht aus einer entwickeln könne", der Gedanke der Metamorphose der Pflanzen tritt ihm klar vor Seele und Sinn. Er hatte den Menschen in seinem Werden belauscht, ihn nachgeschaffen, nun ging er dem Werden und Wachsen der Pflanze nach von „ihrer Entwicklung aus dem Samenkorn bis zur neuen Bildung desselben", und sein Schöpferblick erkannte, daß Samenblatt, Stengelblatt, Kelchblatt, Blumenblatt, Staubfäden auf ein Grundorgan zurückzuführen seien, das er Blatt nennt. In einer Entdeckung, die die Botanik erst zum Range einer Wissenschaft emporhob, bestätigte er aufs neue und großartigste sein innerstes Weltgefühl von der Einheit und Einfachheit alles Seins. Und doch ahnt er in dieser Entdeckung nur einen Anfang, im Begriff der Metamorphose ahnt er das ἓν καὶ πᾶν gefunden, den Leitfaden durch das Labyrinth der ganzen organischen Welt: „Dasselbe Gesetz wird sich auf alles übrige Lebendige anwenden lassen."

In Rom erlebte Goethe die Kunst, in Neapel die Natur. Und da er nun nach Rom zurückkehrt, vollzieht sich in ihm die Verbindung, die die Höhe des Goetheschen Seins bedeutet: „Wie ich die Natur behandle, so behandle ich Rom ... Wie ich die Natur betrachte, betrachte ich nun die Kunst." Schon vor seiner Abreise nach Neapel hatte er so geschrieben, damals war er noch „auf dem Wege zu erforschen, wie jene unvergleichlichen Künstler verfuhren, um aus der menschlichen Gestalt den Kreis göttlicher Bildung zu entwickeln, welcher vollkommen abgeschlossen ist und worin kein Hauptcharakter, so wenig als die Übergänge und Vermittlungen fehlen. Ich habe eine Vermutung, daß sie nach eben den Gesetzen verfuhren, nach welchen die Natur verfährt und denen ich auf der Spur bin. Nur ist noch etwas anderes dabei, das ich nicht auszusprechen wüßte". Jetzt erst, da die neuen Offenbarungen, „da die großen Szenen der Natur sein Gemüt ausgeweitet und alle Falten herausgeglättet", ward ihm die letzte Einheit von Natur und Kunst klar: „Diese hohen Kunstwerke sind zugleich als die höchsten Naturwerke von Menschen nach wahren und natürlichen Gesetzen hervorgebracht worden; alles Willkürliche, Eingebildete fällt da zusammen; da ist die Notwendigkeit, da ist Gott."

„Das Schöne ist eine Manifestation geheimer Naturgesetze, die uns ohne dessen Erscheinung ewig verborgen geblieben." Es ist da vorhanden, wo wir „das gesetzmäßig Lebendige in seiner größten Tätigkeit und Vollkommenheit schauen." So ruht alle Kunstbetätigung, aller künstlerische Stil „auf den tiefsten Grundfesten der Erkenntnis, auf dem Wesen der Dinge, insofern es erlaubt ist, es in sichtbaren und greifbaren Gestalten zu erkennen".

Goethe steht auf der Mittagshöhe des Lebens. In dieser Erkenntnis haben sich der Mensch und der Künstler zur restlosen Einheit gefunden: „In Rom habe ich mich selbst zuerst gefunden. Ich bin zuerst übereinstimmend mit mir selbst, gründlich und vernünftig geworden." Von unendlicher Bedeutung ist sein Wort an den Herzog: „Ich darf wohl sagen: ich habe mich in dieser $1^1/_2$jährigen Einsamkeit selbst wiedergefunden; aber als was? — als Künstler?" Aus dem Werdenden ist er ein Seiender geworden. Alle Unrast ist aus ihm geschwunden, alle Spannung ist gelöst, wie das Meer am Mittag ist seine Seele, Meer und Himmel sind eins: „Ich bin ein Kind des Friedens und will Frieden halten für und für mit der ganzen Welt, da ich ihn einmal mit mir selbst geschlossen habe."

Als Goethe in der letzten Weimarer Zeit bei Göschen die erste Sammlung seiner Schriften herausgab, hatte er sich schon entschlossen, Egmont, Iphigenie, Tasso als Fragmente drucken zu lassen. Nun in der großen Befreiung und Erneuerung seines

Wesens vollendet er die Iphigenie und den Egmont, gießt er Erwin und Claudine völlig um, führt er den Tasso erneuert vorwärts, greift er in kühner Schöpferlust selbst nach dem Faust, den er seit 12 Jahren nicht angerührt, und vermißt sich, ihn in Rom zu Ende zu bringen. Die Mittagshöhe seiner Lyrik aber erreicht er in den Römischen Elegien, die nicht in Rom vollendet, doch dort empfangen sind.

Schon in Weimar hatte sich die Lyrik Goethes in seiner eigenen Klärung, Vertiefung und Beruhigung zu einem neuen, geläuterten Stil entwickelt. Miedings Tod und Ilmenau hatten in ihren Stil die edle Einfachheit und Sicherheit des vollendeten Staatsmannes hinübergenommen. Die „Grenzen der Menschheit" und „Das Göttliche" hatten die freien Rhythmen der Jugend reiner und ruhiger erneuert. Damals waren diese Rhythmen wie Pfeile gewesen, die sich nicht in eigenem Flug, die sich nur durch die Gewalt ihrer Bewegung in den Lüften halten, jetzt schweben sie im sicheren Gleichgewicht der Perioden, in schönem, freiem Selbstgefühl. Dann waren neue Gedichte entstanden im Distichenversmaß, in den „Nachtgedanken", im „Becher", im Gedicht „An Lida" hatte sich Goethe antiken Maßen genähert. Es waren die seltenen, aber edelsten lyrischen Blüten, die aus Goethes Liebe zu Frau von Stein entsprossen. Sie atmen das liebliche Wohlmaß, den reinen Ausgleich, die zarte Besonnenheit, die er in den Kämpfen seines Amtes und seiner Entwicklung immer wieder bei ihr gefunden und die ihm das tiefste Glück der zehn Jahre bedeutet hatten. Aber auch diese Liebe war mehr ein Sehnen als ein Sein gewesen, sie war in der Gemeinsamkeit der äußeren Welt nicht ohne sinnliche Grundlagen, aber doch ohne die letzte, selbstverständliche, ruhige Einheit und Einfachheit alles Sinnlichen gewesen. Nun hatte Goethe in Rom seine Befreiung und Vollendung erlebt, er hatte in sich und der Welt die restlose Einheit von Natur und Geist geschaffen, er bedurfte nicht mehr eines Beichtigers, der Schwester und Liebsten nicht mehr, um erst in ihr sich zu klären, aus ihren Händen sich rein und versöhnt zurückzuerhalten. Sein in sich selber ruhender, reiner Geist verlangte seinen Gegenpol, die reine Sinnlichkeit, die einfache Natur. Auch seinem Sinnenleben war durch Italiens Volk, Natur und Kunst eine neue Freiheit, Fülle, Größe kund und eigen geworden. Bunt und offen war hier das Volk in seinem Handel und Wandel, seinem Schreien, Singen und Schäkern, seinem unaufhörlichen Sich-Balgen, Jauchzen und Lachen unter den milden, freien Himmel gestellt. Goethe hat „einen unsäglichen Spaß" an seiner „Natürlichkeit", er kleidet sich wie sie, stellt sich unter sie auf den Markt, redet über jeden Anlaß und ahmt ihre Gebärden nach. „Die Haupt-Idee" — schreibt er aus Venedig — „die sich mir wieder hier aufdringt, ist Volk. Große Masse! und ein notwendiges unwillkürliches Dasein." „Das Volk interessiert mich unendlich." „Wie moralisch heilsam ist es mir dann auch, unter einem ganz sinnlichen Volke zu leben" (aus Rom). In der sinnlichen Fülle dieses Volkslebens taucht er unter, strömt er hin. „Ich kann Dir nicht sagen, was ich schon die kurze Zeit an Menschlichkeit gewonnen habe. Wie ich aber auch fühle, was wir in den kleinen souveränen Staaten für elende, einsame Menschen sein müssen, weil man, und besonders in meiner Lage, fast mit niemand reden darf, der nicht was wollte und mögte." Und wie er das Volk als Natur erlebt, so erlebt er die Natur selber in neuer, freier, freudiger Bewußtheit, in klarer, sicherer, sinnlicher Anschaulichkeit: „Meine Übung, alle Dinge, wie sie sind, zu sehen, meine Treue, das Auge Licht sein zu lassen, machen mich hier höchst im Stillen glücklich." „Ich überließ mich gelassen den sinnlichen Eindrücken" vor der Natur wie der Kunst, der sinnennahen, sinnenfrohen Kunst der Antike. Ihre klare, sichtbare Gegenwart, die Schönheit und Ewigkeit der Erscheinung ist es, die er „mit frisch gewaschenen Augen" sucht. Die christliche Kunst des Mittelalters wie der Neuzeit wird ihm immer bedeutungsloser. Und als Krone dieser Sinnen- und Lebensfülle, als höchste Augenweide wird ihm in Natur und Kunst zuletzt die Gestalt des Menschen deutlich: „Die Menschengestalt zog nunmehr meine Blicke auf sich, und wie ich vorher, gleichsam wie von dem Glanz der Sonne, meine Augen von ihr weggewendet, so konnte ich nun mit Entzücken sie betrachten und auf ihr verweilen. Ich begab mich in die Schule, lernte den Kopf mit seinen Teilen zeichnen, und nun fing ich erst an, die Antiken zu verstehen" (Rom 22. Januar 1788).

> ... Hier befolg ich den Rat, durchblättre die Werke der Alten
> Mit geschäftiger Hand, täglich mit neuem Genuß.
> Aber die Nächte hindurch hält Amor mich anders beschäftigt;
> Werd ich auch halb nur gelehrt, bin ich doch doppelt beglückt.

> Und belehr ich mich nicht, indem ich des lieblichen Busens
> Formen spähe, die Hand leite die Hüften hinab?
> Dann versteh ich den Marmor erst recht: ich denk und vergleiche,
> Sehe mit fühlendem Aug', fühle mit sehender Hand.

Jeder neue Lebensabschnitt Goethes verkörpert sich ihm in einer Frauengestalt, in der er sein neues Lebensgefühl persönlich schaut und liebt. Die Tochter eines Osteriabesitzers, Faustina Annunziata Lucia di Giovanni, die nach halbjähriger Ehe mit Domenico Antonini Witwe geworden, wird das Sinnbild der italienischen Erneuerung, der Erlebnisanlaß der Römischen Elegien:

> Eine Welt zwar bist du, o Rom; doch ohne die Liebe
> Wäre die Welt nicht die Welt, wäre denn Rom auch nicht Rom.

Erst in dieser Liebe vollendet sich Rom, erst durch Rom vollendet sich diese Liebe. In ihr wird die Sinnenfreude und -schönheit der Antike, beseelt und vergeistigt, lebendige Gegenwart; zeitlos heben die Liebenden sich zu den großen Gestalten der Geschichte, zu den Helden des Mythos:

> Diese Formen, wie groß! wie edel gewendet die Glieder!
> Schlief Ariadne so schön: Theseus du konntest entfliehn?
> Diesen Lippen ein einziger Kuß! O Theseus, nun scheide!
> Blick ihr ins Auge! Sie wacht! — Ewig nun hält sie dich fest.

Nach der Welt des Fühlbaren, des inneren Erlebnisses gibt Goethes Lyrik in den Elegien die Welt des Sichtbaren, der bildhaften Anschauung. Alle Seele ist in ihnen Leib geworden, wie in der eben vollendeten „Iphigenie" aller Leib Seele geworden ist. Beide umfaßt die gleiche „reine Menschlichkeit". Leib und Seele, Natur und Geist finden ihre tiefste Einheit und Verschmelzung. Catull, Tibull, Properz haben auf die Form der Römischen Elegien gewirkt, die gleich dem griechischen Mythos zum ersten Male im deutschen Gedicht auch den griechischen Hexameter wahr und lebendig erneuert; aber sie sind die Einheit vor dem Zwiespalt, den erst das Christentum zwischen Geist und Natur gesetzt hat. Die Einheit nach dem Zwiespalt, die bewußte, reine Einheit des Menschen hat erst Goethe in sich erschaffen, in sich uns gegeben. Das Wort, das Napoleon 1808 bei Goethes Anblick entfuhr und von dem Goethe selber einmal mit leiser Ironie sagt, daß die „Naivität des Herrn der Welt das Ecce homo auf ihn im umgekehrten Sinne angewendet" habe, das Wort steht als der höchste Ausdruck des Goetheschen Daseins vor uns: „Voilà un homme!" Da ist ein Mensch!

Als Goethe von Italien sich losriß, war sein Entschluß gefaßt, nicht mehr in die ringende Unrast der Geschäfte zurückzukehren. Die Reinheit und Einheit, die er erkämpft hatte, wollte er keinen Trübungen aussetzen: „Ich möchte mich nur mit dem beschäftigen, was bleibende Verhältnisse sind und so nach der Lehre des ††† [Spinoza] meinem Geist erst die Ewigkeit erschaffen." Im freien Dienst, zumal in der Oberaufsicht über die Anstalten für Kunst und Wissenschaft blieb er dem Herzog verbunden. Er sah sich einsam, da er zurückkam. Seinen Weimarer Freunden war er entwachsen. In sich selber ruhend, im Gleichmaß seines Wesens, stieg er in ihre Unruhe nicht mehr hinab: „Er macht seine Existenz wohltätig kund, aber nur wie ein Gott, ohne sich selbst zu geben." (Schiller.) Nur der einfachen, unbewußten, reinen Natur verband er sich wieder: in Christiane Vulpius, die ihm zur dauernden Lebensgefährtin wurde. Er war aus der natürlichen Gemeinschaft in individuellem Ringen hinausgeschritten, er hatte sich zu seiner Sonderart geklärt und befreit, er hatte das menschheitlich Höchste erreicht: durch Zwiespalt und Sonderung hindurch die angeborene, gegebene Einheit mit der Natur und Gattung in Ehrfurcht und Bewußtheit neu zu gewinnen. Wo war ein Weib, das diesen Weg vollendet hätte? Die bedeutendsten Frauen waren bis zum Selbst- und Sonderbewußtsein gelangt, sie hätten durch ihren unausgeglichenen Zwiespalt Goethes Einheit ständig beunruhigt. Nur in der Einheit vor dem Zwiespalt, im Unbewußten konnte er das lebendige Symbol seiner Einheit finden, in der reinen Natur: in Christiane. Sie erfüllte ihn bei der Ausarbeitung der Römischen Elegien, sie gab ihm die neuen Gedichte „Der Besuch" und „Morgenklagen", die voll heiterer Gegenwart sind.

Goethe sehnte sich, seiner Lebens- und Welteinheit immer neu und froh bewußt zu werden, sie zu genießen. Im Studium der Naturwissenschaft gelang es ihm. Die Metamorphose der Pflanzen fand ihre endgültige Fassung, die Metamorphose der Tiere enthüllte sich ihm und bestätigte seine Überzeugung vom ἓν καὶ πᾶν dieses Weltbegriffs, es schien ihm, daß sämtliche Schädelknochen nur aus der Umwandlung der Wirbelknochen hervorgegangen seien. Er trug sich mit der Absicht, eine allgemeine Wissenschaftslehre der organischen Natur zu verfassen. 1791 tritt die Optik und Farbenlehre in den Kreis seiner wissenschaftlichen Studien.

Aber dieser wissenschaftliche Selbstgenuß erfüllt ihn nicht, Weimar genügt ihm nicht, immer aufs neue treibt es ihn in den nächsten sieben Jahren, in ausgedehnten Reisen seine Lebens- und Welteinheit zu bestätigen, zu genießen. Im Frühjahr 1790 bricht er aufs neue nach Italien auf, um in Venedig mit der Herzogin Amalie zusammenzutreffen. Die Frucht dieser Reise sind die Venetianischen Epigramme. Auch an ihnen hat Christiane teil wie an den Römischen Elegien. Einige Epigramme, die ihr gelten, hätten ebensogut dort Platz gefunden. „Ich gestehe gern, daß ich das Mädchen leidenschaftlich liebe. Wie sehr ich an sie geknüpft bin, habe ich erst auf dieser Reise gefühlt. Sehnlich verlange ich nach Hause."

> Ach, ich verstehe mich wohl: es ist mein Körper auf Reisen
> Und es ruhet mein Geist stets der Geliebten im Schoß.

Vom „Bettschatz" (wie Frau Rat sie anfangs in ihren Briefen an Goethe nennt) wächst Christiane zum „guten Hausschatz", der treulich waltend der Wirtschaft vorsteht. „Meine Gesinnungen sind häuslicher als Sie denken" — schreibt Goethe aus Venedig an Caroline Herder —

> Weit und schön ist die Welt! Doch o wie dank ich dem Himmel,
> Daß ein Gärtchen, beschränkt, zierlich, mir eigen gehört.
> Bringt mich wieder nach Hause! Was hat ein Gärtner zu reisen?
> Ehre bringt's ihm und Glück, wenn er sein Gärtchen besorgt."

Schon hat ihn sein „kleines Naturwesen" aus häuslichem Behagen zu heiligen Tiefen des Lebens geführt, den letzten, die seiner reinen Menschlichkeit fehlen:

> Wonniglich ist's, die Geliebte verlangend im Arme zu halten,
> Wenn ihr klopfendes Herz Liebe zuerst dir gesteht.
> Wonniglicher, das Pochen des Neulebendigen fühlen,
> Das in dem lieblichen Schoß immer sich nährend bewegt.
> Schon versucht es die Sprünge der raschen Jugend; es klopfet
> Ungeduldig schon an, sehnt sich nach himmlischem Licht.
> Harre noch wenige Tage! Auf allen Pfaden des Lebens
> Führen die Horen dich streng, wie es das Schicksal gebeut.
> Widerfahre dir, was dir auch will, du wachsender Liebling —
> Liebe bildete dich: werde dir Liebe zu teil!

Gegenüber diesen Distichen, die Christiane, dem kleinen August und jenen dankbaren, die dem Herzog gelten (,,Klein ist unter den Fürsten Germaniens freilich der meine"), sind die eigentlich venetianischen Verse antithetischer und kritischer. Goethe erlebt Venedig nicht, wie er Rom erlebt hatte, als ein Ergriffener, sondern von außen als ein Beobachter, und zwar ein sehr scharfsichtiger, „intoleranter gegen das Sauleben dieser Nation als das vorige Mal". „Die erste Blüte der Neigung und Neugierde ist abgefallen." Beobachtungen und Lehren über Staat, Gesellschaft und Kultur Venedigs, über Herrscher und Volk, Freiheit und Ordnung, über Christen-, Pfaffen- und Menschentum (Randglossen zur Französischen Revolution) werden im Widerspiel von Gefühl und Verstand, von Anschauung und Begriff epigrammatisch zugespitzt. Aber das Begriffliche ist auch hier „gegenständliches Denken", anschauungs- und erlebnisreich, und so erhält selbst diese reflektierte, didaktische Gattung Goethesche Bildlichkeit.

Kaum aus Venedig zurück, folgt Goethe einer Einladung des Herzogs nach Schlesien ins preußische Lager. Er macht Abstecher nach Oberschlesien und Galizien, er säumt auf der Rückreise im Riesen- und Isergebirge, in Dresden. Daheim nimmt ihn die Gründung und Leitung des Hoftheaters in Anspruch, „das Licht- und Farbwesen verschlang meine Gedankenfähigkeit". Dann beginnt die Campagne gegen das revolutionäre Frankreich. Der Herzog lädt ihn zur Teilnahme am Feldzug ein. Goethe folgt. Die Rückreise dehnt sich über Düsseldorf zu Jacobi, über Münster zur Fürstin Gallitzin aus. Das kommende Frühjahr bringt neue Reisen: zur Belagerung von Mainz. Erst im August 1793 setzt Goethe seiner siebenjährigen Reiseperiode ein Ende.

Die Jahre seit der ersten italienischen Reise waren künstlerisch nicht sehr ergiebig gewesen. Nach der großen inneren Befreiung und Vollendung, in der harmonischen Einheit und Allheit seines Wesens, hatte Goethe sein eigenes Sein als Kunstwerk genossen. Sein Selbstbesitz war zum Selbstgenuß, zu einer in sich ruhenden Selbstbeschaulichkeit geworden. Aber nur das Kunstwerk darf seine Einheit als ruhende Einheit begreifen, der Künstler kann sich nur als tätige Einheit erhalten. Schiller war es, der die Einheit Goethes zur höchsten künstlerischen Äußerung rief. Schillers tiefstes Wesen war im dauernden erhabenen Kampf zwischen Natur und Geist, Sinnlichkeit und Idee, Gefühl und Reflexion bestimmt. Mit welcher Ehrfurcht und Sehnsucht mußte ihm die organische Einheit des Goethe-schen Seins bewußt werden: „In Ihrer richtigen Intuition liegt alles und weit vollständiger, was die Analysis mühsam sucht, und nur, weil es als ein Ganzes in Ihnen liegt, ist Ihnen Ihr eigener Reichtum verborgen; denn leider wissen wir nur das, was wir scheiden. Geister Ihrer Art wissen daher nur selten, wie weit sie gedrungen sind." In diesem berühmten Geburts-tagsbriefe sah Goethe „die Summe seiner Existenz" gezogen. Er sah sich herausgerissen aus seiner einsamen Selbstbeschau-lichkeit, er brauchte sich nicht mehr nur in sich, er konnte sich in einem andern klar und ganz beschauen. Wieviel bewußter, freudiger und tätiger mußte sein Selbstgefühl, die Gewißheit seiner Einheit und Ganzheit werden! Noch mehr: durch Schiller erhielt Goethe wieder ein Verhältnis zur Mitwelt, er sah, wie wertvoll seine Art und Äußerung selbst ihren genialsten Ver-tretern war, wie man auf ihn wartete, in ihm sich klärte, durch ihn wurde. In Italien hatte er sich ganz gefunden, er hatte sich nicht mehr künstlerisch auszusprechen brauchen, um sich zu gewinnen. Jetzt erfuhr er, daß er sich aussprechen müsse — nicht mehr, damit er, sondern damit in ihm die Welt sich gewinne.

Es war ja nicht Schiller allein, der in fruchtbare Wechsel-wirkung zu Goethe trat. Neben ihm lebten die bedeutendsten Köpfe der Zeit: Jena wurde der Mittelpunkt des deutschen geistigen Lebens. Fichte, Schelling, Hegel, die beiden Hum-boldt, die beiden Schlegel, Brentano, Tieck, Voß leben, wirken und wachsen dort im nächsten Jahrzehnt. Tüchtige Fachmän-ner ergänzen sie: der Anatom Loder, der Botaniker Batsch, der Jurist und der Mediziner Hufeland, die Theologen Paulus und Griesbach, der Philosoph Niethammer. Neben ihnen be-wegen sich die liebenswürdigen, feinsinnigen Frauengestalten der Dorothea und Karoline Schlegel, Karoline Wolzogen, Karo-line Paulus, Sophie Mereau. Und aller Augen sind nach Goethe gewandt, alle warten auf seine Worte.

In den letzten Jahren hatte Goethe sich gefunden, jetzt durfte er sich offenbaren.

Eine unerhörte künstlerische Fruchtbarkeit beginnt. Goethe scheint sich erst des Reichtums und der Gewalt seines Lebens bewußt zu werden: „Während die andern" — schreibt Schiller an Heinrich Meyer — „mühselig sammeln und prüfen müssen, um etwas Leidliches langsam hervorzubringen, darf er nur leis an dem Baum schütteln, um sich die schönsten Früchte reif und schwer zufallen zu lassen. Es ist unglaublich, mit welcher Leichtigkeit er jetzt die Früchte eines wohlangewandten Lebens und einer anhaltenden Bildung an sich einerntet, wie bedeutend und sicher jetzt all seine Schritte sind, wie ihn die Klarheit über sich selbst und über die Gegenstände vor jedem eitlen Streben und Herumtappen bewahrt." Alle Gebiete der Dichtung lösen einander ab: Wilhelm Meisters Lehrjahre und der I. Teil des Faust werden umgestaltet und vollendet, die Helena-Dichtung des II. Teils, die natürliche Tochter, Hermann und Dorothea entstehen. Im Jahre 1782 hatte Goethe sich in seiner dramatisch-epischen Tätigkeit doch als lyrisch bedingt begriffen, da er an Frau von Stein schrieb: „Wenn unsereins seine Eigenheiten und Albernheiten einem Helden aufflickt und nennt ihn Egmont, Werther, Tasso, wie Du willst, gibt es aber am Ende für nichts, als was es ist, so geht's hin, und das Publikum nimmt insofern Anteil daran, als die Existenz des Verfassers reich oder arm, merkwürdig oder schal ist." Jetzt hatte sich die Existenz des Verfassers zur Existenz der Welt erweitert. Indem Goethe jetzt sich ausspricht, spricht er die Welt aus, indem er die Welt ausspricht, spricht er sich aus. So finden sich im Lyriker Epos, Drama und Lyrik zur höchsten dichterischen Einheit zusammen. So entsteht Hermann und Dorothea, „der Gipfel seiner und unserer ganzen neueren Kunst". (Schiller.)

Diese subjektiv-objektive, lyrisch-episch-dramatische Einheit zeigen auch die neuen Gedichte. Früher strebte Goethe, immer mehr die Welt auszusprechen, indem er sich aussprach, jetzt spricht er sich aus, indem er die Welt ausspricht. Gedichte wie: Nähe des Geliebten, An die Erwählte, Schäfers Klagelied, Trost in Tränen, Nachtgesang entstehen, wie der Literaturhistoriker enttäuscht bemerkt, „ohne jeden persönlichen Anlaß". Die Römischen Elegien finden ihre Fortsetzung in den großen elegischen Gedichten: Alexis und Dora, Amyntas, Der neue Pausias und sein Blumenmädchen, Euphrosyne. Aber auch hier: in den Römischen Elegien sprach er die Welt aus, indem er sich aussprach, hier spricht er sich aus, indem er die Welt ausspricht. Die Römischen Elegien waren lyrisch-unmittelbar, in den neuen Elegien gibt sich die Lyrik, wie in Alexis und

Dora, episch, wie im Neuen Pausias und sein Blumenmädchen dramatisch. Und was uns hier in der antiken Gemessenheit der Distichen begegnet, begegnet uns gleichzeitig in den lebhafteren Rhythmen der gereimten Gedichte: Der Edelknabe und die Müllerin, Der Junggesell und der Mühlbach, Der Müllerin Reue, Die erste Walpurgisnacht, Wanderer und Pächterin geben sich uns dramatisch, Die Legende vom Hufeisen, Das Hochzeitslied, Der Zauberlehrling, Die Braut von Korinth, Der Gott und die Bajadere geben sich uns episch. Jahrzehntelang hatte Goethe manchen dieser Stoffe in sich herumgetragen. Der Lyriker hatte nicht zum Epiker werden können. Er hatte diese Stoffe nicht als fremdes Leben gestalten können. Erst jetzt, da ihm kein Leben mehr fremd war, konnte er sie aussprechen, um sich auszusprechen. In diesen Balladen wird die Einheit von Welt und Ich restlos anschaulich. Ein weltgeschichtlicher Vorgang ist es, den die Braut von Korinth darstellt, der Zusammenstoß von Heidentum und Christentum, es ist mehr, es ist der Kampf von Sinnlichkeit und Idee überhaupt. In reiner Gegenständlichkeit setzt die Handlung ein, in reifster Gegenständlichkeit entwickelt und vollendet sie sich. Die epische Schilderung löst sich immer wieder auf in Zwiegespräche von leidenschaftlichster dramatischer Gewalt. Vorgänge und Personen stehen in episch-dramatischer Reinheit vor uns. Nirgends drängt sich eine Beobachtung, ein Gefühl, ein Wort des Dichters vor. Und doch fühlen wir hinter aller Handlung, hinter aller Rede, hinter Reim und Rhythmus die lyrische Selbstoffenbarung, aus jeder Zeile spricht Goethes Persönlichkeit. Die gleiche, hohe Einheit zeigt uns die Form. Goethe darf es wagen, die Mannigfaltigkeit dieser Situationen, dieser Reden und Empfindungen in eine immer gleiche Strophe zu bannen. So wie er alle Dichtarten in sich zur Einheit verschmolzen, so schmilzt hier, so schmilzt in den anderen Balladen Eine Strophe die Formen lyrischer, epischer, dramatischer Schilderung in sich restlos auf.

Am Schluß dieser lyrischen Epoche steht ein Gedicht („Weltseele"), das die Einheit von Subjekt und Objekt nicht mehr gegenständlich zu geben vermag, in dem sie sich als unmittelbare Welteinheit dithyrambisch Bahn bricht, ein Gesellschaftslied, ein Tischlied, das uns zu kosmischer Lyrik emporreißt.

Am 9. Mai 1805 stirbt Schiller, eben als Goethe sich selber

von schwerer Krankheit erholt: „Ich dachte mich selbst zu verlieren und verliere nun einen Freund und in demselben die Hälfte meines Daseins." Im Epilog zur Glocke zwingt Goethe die Erhabenheit von Schillers Wesen in ewige Stanzen. Er rettet sich vor der Gegenwart seiner Schmerzen im Verkehr mit Friedrich August Wolf in die Vollkommenheit und Unvergänglichkeit des griechischen Altertums.

Truppenbewegungen und kriegerischer Lärm füllen die letzten Monde des Jahres, unter kriegerischem Lärm beginnt das neue. Das unglückliche Treffen bei Saalfeld treibt den weimarischen Hof zur Flucht. Goethe bleibt und erlebt die Schlacht bei Jena. Der Sonderfriede vermag die gedrückte Stimmung im Herzogtum, das schwer an den Kontributionen zu tragen hat, nicht zu heben. Zudem stirbt die Herzogin Amalie. Goethe sucht die widrigen Erlebnisse durch vermehrte Arbeit und Geselligkeit zu überwinden. In Karlsbad, das ihm schon im vorigen Jahr seine volle Genesung gebracht hat, wird ihm froher und freier, er arbeitet wieder an Wilhelm Meisters Wanderjahren. Inzwischen wird der Friede mit Preußen geschlossen. Goethe findet bei seiner Rückkehr eine allgemeine Beruhigung. Er begibt sich zu ungestörtem Schaffen nach Jena. Im Hause des Buchhändlers Frommann begegnet er dessen lieblicher Pflegetochter Minna Herzlieb. In zärtlicher Neigung zu ihr hält es ihn über einen Monat in Jena fest.

Am Abend des 1. Dezember war Zacharias Werner nach Jena gekommen. Er hatte ein bewegtes Leben in dem kleinen Jenaischen Kreise hervorgerufen, er hatte einen poetischen Wettstreit inszeniert, der in der Form des Sonetts, der beliebten Form der Romantiker, die Dame des Hauses feierte. Riemer, Knebel, wer nur in diesem Kreise die Reime zwingen konnte, beteiligten sich an diesem Sonettenkrieg. Auch Goethe überwand seine lange Abneigung gegen diese Form und begann seinen Sonettenzyklus, der sich mit einigen an Bettina Brentano gerichteten Versen auf siebzehn Nummern steigerte.

Die Form des Sonetts in ihrer strengen Gebundenheit, in der architektonischen Klarheit und Festigkeit ihrer Gliederung dient dazu, einen inneren Vorgang zu einer klaren, alldurchsichtigen Folge zu ordnen. Da das Wesen der Leidenschaft aber gerade in ihrer Dunkelheit und Tiefe gründet, so ist es entweder das Gefühl, das sich in der Reflexion ergreifen läßt, oder es ist ein rein gedanklicher Vorgang, der sich im Sonett zur klaren Anschaulichkeit durchsetzt. Immer muß der innere Vorgang so beherrscht, so wenig unmittelbar und eruptiv sein, daß er der kühlen Überlegung und Eigenwilligkeit dieser Form zugänglich bleibt.

Es ist selbstverständlich, daß die hohe Einheit und Fülle des Goetheschen Lebens auch diese Form zu einer größeren Einheit und Lebendigkeit, zu einer reicheren Bildkraft und Anschaulichkeit hob, als ihr, vor allem in der deutschen Lyrik, je geworden war. Er vermag das, indem er das Gefühl weniger in Reflexion als in Bild und Handlung umsetzt. Aber es ist doch immer eine kühle bewußte Verarbeitung des Gefühls, er dichtet nicht sein Erlebnis, er dichtet über sein Erlebnis. In verschiedenen Sonetten dichtet er sogar über sein Dichten. Wie mag die Art des inneren Erlebens gewesen sein, die dieser ungoetheschen Dichtweise entsprach?

Durch Schillers Tod war Goethe der einzige Mensch, der die Weite und Unvergleichlichkeit seines Wesens zu fassen, zu spiegeln vermochte, entrissen. Das war nicht alles: 1803 war Herder gestorben, der Goethe schon längere Zeit entfremdet war; sechs der angesehensten Professoren in Jena, darunter Schelling, dem sich Goethe in der Naturphilosophie verwandt fühlte, waren Rufen nach auswärts gefolgt. „Ich sitze hier auf den Trümmern von Jena", schreibt er an Reinhardt. Goethe empfindet die Höheneinsamkeit seines Daseins. Da erlebt er die schlichte warme Geselligkeit des Frommannschen Hauses. Etwas wie Heimweh nach dem einfachen Glück, der einfachen Verbundenheit dieser Menschen überkommt ihn. Er merkt, daß seine Arbeit unter dieser Stimmung leidet, und hält sich längere Zeit zurück. Aber „die langen Abende sind hier fast unüberwindlich". „Es ist hier so stille, daß es mir selbst zu still scheint, der ich um der Stille willen herübergekommen bin." Zacharias Werner erscheint; als er mit der stürmenden Unruhe seines Wesens alle zu reicher, lebendiger Geselligkeit zusammenholt, da lockt es auch Goethe, sich aus der Einsamkeit seines Daseins in die holde Enge des bürgerlichen Lebens hinabzubegeben. In liebenswürdigem Scherz beginnen die Huldigungen und Sonette an Minna. Aber je mehr Goethe sich in Gefühl und Dasein dieser Kreise einläßt, desto tiefer fühlt er die stille Lieblichkeit ihres einfachen Lebens. Erinnerungen werden in ihm wach, das schmerzliche Glück seiner jungen Leidenschaften, in denen er versucht hatte, in die Einfachheit solcher Lebenskreise einzugehen, lebt in ihm auf. Der reife Goethe ruht von der Einsamkeit seiner Höhen aus, indem er sich von vergangenen Stimmungen und Empfindungen tragen und treiben läßt. So erklärt sich die wunderliche Mischung von Ernst und Getändel in den Sonetten, dieses zugleich Beteiligtsein und Nichtbeteiligtsein, dieses gleichzeitige Darin- und Darüberstehen:

> Sollt ich mich denn so ganz an sie gewöhnen?
> Das wäre mir zuletzt doch reine Plage.
> Darum versuch ich's gleich am heutgen Tage
> Und nahe nicht dem vielgewohnten Schönen.
>
> Wie aber mag ich dich, mein Herz, versöhnen,
> Daß ich im wichtgen Fall dich nicht befrage?
> Wohlan! Komm her! Wir äußern unsre Klage
> In liebevollen, traurig heitren Tönen.
>
> Siehst du, es geht! Des Dichters Wink gewärtig,
> Melodisch klingt die durchgespielte Leier,
> Ein Liebesopfer traulich darzubringen.
>
> Du denkst es kaum, und sieh, das Lied ist fertig!
> Allein was nun? — Ich dächt: im ersten Feuer
> Wir eilten hin, es vor ihr selbst zu singen.

Aber dieses Erlebnis scheint der Anlaß zu einem weit allgemeineren, tieferen, schmerzlichen geworden zu sein: es ließ Goethe die Lebenseinsamkeit begreifen, in die er nun verwiesen war. Seit Schillers Tode war kein Mensch mehr da, der ihn umfassen, in den er ganz eingehen konnte. Das tiefste Glück allen Daseins würde ihm von nun an fehlen. Was jedem Geringsten gegeben war, ihm würde es versagt bleiben. Indem er dies erkannte, erlitt und bejahte, übte er jene höchste Entsagung, die er an Spinoza rühmte, aus der heraus ihm das Recht wurde, immer wieder im Interesse des Ganzen die Entsagung des Einzelnen zu verlangen.

Die großen politischen Ereignisse gingen ihren Gang. Der Erfurter Kongreß läßt Goethe die glänzendste aller Fürstenversammlungen erleben, er bringt die Audienz mit Napoleon. Napoleons Persönlichkeit macht auf ihn den gewaltigsten Eindruck. Die Liebenswürdigkeit, mit der der Herrscher der politischen Welt in ihm den Herrscher der geistigen anerkennt, läßt ihn den Moment seines höchsten Selbstbewußtseins erleben: „Napoleon habe ihm das Tüpfelchen auf das I (seines Lebens) gesetzt." In diesem Moment beginnt jene überpersönliche Betrachtung seiner selbst, in der er sich historisch wird, in der er den „Begriff" seiner Erscheinung sucht. Er beginnt an eine Beschreibung und Deutung seines Lebens, an „Dichtung und Wahrheit" heranzutreten.

1810 gelingt es Goethe nach zwanzigjährigem Ringen endlich die Farbenlehre abzuschließen. „Das Auge war vor allem andern das Organ, womit ich die Welt faßte." 1796 schreibt Goethe an Schiller, der mit Leidenschaft den Fortschritten der Farbenlehre folgt: „Die Naturbetrachtungen freuen mich sehr. Es scheint eigen und doch ist es natürlich, daß zuletzt eine Art von subjektivem Ganzen herauskommen muß. Es wird, wenn Sie wollen, eigentlich die Welt des Auges, die durch Gestalt und Farbe erschöpft wird. Denn wenn ich recht acht gebe, so brauche ich die Hilfsmittel anderer Sinne nur sparsam, und alles Räsonnement verwandelt sich in eine Art von Darstellung." Auch in dieser seiner eigensten Welt, der Welt des Auges, finden sich Goethe Kunst und Natur zusammen. Das malerische Kolorit ist es, davon er ausgeht. Das Gesetz der Kunstharmonie, der Farbenharmonie will er finden. Und auch in dieser Welt gibt sein Verlangen nach Einheit seinem Forschen die Richtung. Newton glaubte, im Prisma das Licht in seine verschiedenen Lichtarten, seine Farben, zerlegt zu sehen, die Farben sind im Licht enthalten, das weiße Licht ist ihm aus verschiedenen Lichtarten zusammengesetzt, deren jede daher, als Teil des Ganzen, dunkler ist als das Licht. Dagegen wendet sich die Einheit von Goethes Selbstbewußtsein. Er hatte überall die Einheit des Daseins erlebt, und in seiner eigensten Welt, der Welt des Auges, sollte er sie vermissen? Kann es einen ungeschickteren Irrtum geben als den: das klare, reine, ewig ungetrübte Licht sei aus dunklen Lichtern zusammengesetzt? Das Licht ist „das einfachste, unzerlegteste, homogenste Wesen, das wir kennen". Die Farben entstehen vielmehr aus Schwächung, aus Mäßigung des Lichts, zu der als spezifische Ursache die „trüben Mittel" treten.

Das Jahr 1812 stieg herauf und brachte den französisch-russischen Feldzug. Goethes Tagebuch, das über die großen Kriegsereignisse der letzten zwanzig Jahre schweigend hinweggegangen war, notiert mit Spannung: „Nachricht von den Fortschritten Napoleons", „Nachricht von dem Übergang über die Düna", „Zeitungen, die die Einnahme von Smolensk berichten", „Nachricht von der Einnahme von Moskau". Dann wird es still. Plötzlich am 15. Dezember erscheint der französische Gesandtschaftssekretär bei Goethe und meldet, Napoleon habe soeben im Schlitten die Stadt passiert und beim Umspannen sich nach ihm erkundigt. Noch einmal von Erfurt aus läßt der Kaiser dem erlauchten deutschen Dichter „schöne Grüße" senden. Es ist begreiflich, daß Goethe, der sich diesem Genie einsam verbunden fühlte, mehr an seinem Schicksal teilnahm, als an dem des Volkes, das sich gegen ihn erhob. Die Lage in Weimar, das so recht zwischen zwei Feuern stand, war hochgespannt. Das weimarische Bataillon wird von den Preußen gefangen genommen. Preußen und Russen besetzen die Höhen bei Weimar. Goethe flüchtet nach Teplitz. Er ist kaum zurück, als die Völkerschlacht bei Leipzig losbricht. Die Franzosen ziehen sich über Weimar zurück, immer neue Truppendurchzüge und Scharmützel beunruhigen die Stadt, Weimar wird zur Lazarettstation für das Erfurter Belagerungskorps, Ruhr und Typhus werden aus den Lazaretten in die Häuser verschleppt. Während die Verbündeten die Eroberung Frankreichs durch die Einnahme von Paris besiegeln, erobert sich der Genius Goethes, abseits von den Wirren der Gegenwart, eine neue Welt: die Welt des Ostens.

Seit früher Jugend hatte sich Goethe mit der Poesie und Geschichte des Orients beschäftigt. Das stete Studium der Bibel, die hebräischen Sprachstudien des Knaben, die biblischen Dichtungen Klopstocks, Miltons, Geßners, die Mystik der Propheten, in die er sich mit dem Fräulein von Klettenberg versenkt hatte, haben seine ganze Jugend durchzogen. Die Beschäftigung mit dem Koran, aus der sein Mahomet emporstieg, hatte ihn aus der hebräischen in die arabische Urzeit geführt. Am Ende der ersten Weimarer Zeit begann er im Verein mit Herder vorislamische, altarabische Heldengedichte zu übertragen: die Muallaquât. Nach der Rückkehr aus Italien tönte ihm Indiens Meisterdrama Sakuntala „wie ein Einklang Himmels und der Erde". Aus einer indischen Erzählung keimte der Gott und die Bajadere, aus Szenen indischer Dramen das Vorspiel auf dem Theater im Faust. In der Neuschöpfung Herderscher Distichen wird ihm die Lehr- und Liebespoesie der Perser zuerst vertraut. Während die politischen Kämpfe Europa erschüttern, während das Genie der Tat, gehetzt von den Verbündeten, durch die Länder flüchtet, während die Erde dröhnt vom Fußtritt der Armeen, vertieft sich Goethe bewußter und gesammelter in die Welt des Orients. Der persische Liebesroman Dschamis „Medschnun und Leila" macht ihm die persischen Gedichte von Jussuph und Suleika, von der Liebe Salomos zur Königin von Saba vertraut. In den Tagen der Völkerschlacht liest er Marko Polos Reisen nach China und Indien. Russische Mohammedaner, Baschkiren, ziehen durch Weimar, im Hörsaale des protestantischen Gymnasiums wird mohammedanischer Gottesdienst gehalten. Vor seinen eigenen Augen wirren Osten und Westen in wunderlicher Gemeinsamkeit. In diese Stunden und Stimmungen tritt Hammers Übertragung des Hafis und weiß das ganze Dasein Goethes zu erweitern und zu erneuern.

Freiheit und Reinheit seines Wesens hatte Goethe in Italien gefunden, im Erleben des klassischen Altertums. Die Antike hatte ihn vollendet, so hatte er alle Vollendung in ihr begründet. „Jeder sei auf seine Art ein Grieche, aber er sei's." In den 25 Jahren seit der italienischen Reise hatte seine Kunst sich zum reinen Klassizismus geläutert. In der Freundschaft mit Schiller, mit Meyer war dieses Ideal gefestigt, begrifflich bestimmt und allnotwendig gefordert worden. Was er in ihm an Lebensfreiheit und -einheit gewonnen, konnte nicht mehr vertieft, nur mehr erweitert werden. Diese Erweiterung brachte ihm nach mannigfacher Berührung und Beschäftigung mit dem Orient die Poesie des Hafis, des größten orientalischen Lyrikers. In diesen Versen offenbarte sich ihm ein Leben, das dem seinen zu innerst verwandt war, Leben, das er gelebt hatte: eine Natur, die mit unendlicher Freiheit und Freude vor der Gegenständlichkeit des Daseins stand, die gleich ihm ihrer Zeit die „größere Wohltat" erwiesen, „sie nach der Erde zurückzuführen", die dem Orthodoxismus einen lebendig-mystischen Pantheismus entgegengestellt hatte, eine Natur, die, „während rund umher Reiche zusammenstürzten und Ursupatoren dauernd emporschossen, mit ungestörtem Frohsinn von Nachtigall und Rose, von Wein und Liebe sang" (Hammer), eine Natur, die mit der Selbstverständlichkeit des künstlerischen Genies vor dem politischen Genie, dem Welteroberer Timur, gestanden hatte. Sein Leben war es, das ihm entgegenklang, aus den entlegensten Nationen tönte es wieder, sein Dasein pulste in Fernen, von denen er kaum gewußt hatte. Eine ungeheure Erweiterung seines Lebensgefühls durchschüttelte ihn. „Bis Nationen sich erkennen, dazu bedarf es immer Zeit, und wenn es geschieht, geschieht es durch beiderseitige Talente, die einander eher als der große Haufen gewahr werden." Er war sich der Bedeutung des Momentes bewußt, in dem er, in dem über die Verwirrung der Zeit hinweg ein Genie dem anderen die Hand reichte. In diesem Händedruck hatte der Westen und Osten sich in „reiner Menschlichkeit" gefunden.

Wie verkleinerten sich nun vor seinem Blick die Stürme der Tage. Ein Erdteil stand in Waffen, gewiß, er konnte darüber hinwegsehen: er lebte in einer Welt. Zwei Jahrzehnte rangen um ihren Abschluß — Jahrtausende rangen in ihm: „Wer nicht von dreitausend Jahren — Sich weiß Rechenschaft zu geben — Bleib im Dunkeln unerfahren — Mag von Tag zu Tage leben!" Krieg und Getümmel unerhört beunruhigten die Länder — seiner ewigen Anschauung waren sie nicht mehr denn ein Wind, der die Oberfläche des Wassers kräuselt, die Tiefe bleibt unbewegt:

> Gottes ist der Orient!
> Gottes ist der Occident!
> Nord- und südliches Gelände
> Ruht im Frieden seiner Hände.

Zeit und Raum, alle Schranken scheinen ihm gefallen, das Unendliche wogt und rauscht in ihm, und in der trunkenen Herrlichkeit dieser Erweiterung wird ihm, dem Griechen, auch die Form zu einer Schranke, einer Beengung. Er, der „Plastiker", kennt kein höheres Daseinsgefühl, als seine bildende Hand in die ewigen Wasser zu tauchen:

> Mag der Grieche seinen Ton   Aber uns ist wonnereich,
> Zu Gestalten drücken,   In den Euphrat greifen
> An der eignen Hände Sohn,   Und im flüß'gen Element
> Steigern sein Entzücken.   Hin und wieder schweifen.

In dieser Unendlichkeit seines Lebensgefühls vermag es den Dichter in Weimar nicht zu halten. Die unruhige Wanderlust, der „Freisinn" des Arabers lebt in ihm auf:

> Laßt mich nur auf meinem Sattel gelten,
> Bleibt in euren Hütten, euren Zelten!
> Und ich reite froh in alle Ferne,
> Über meiner Mütze nur die Sterne.

Nur die Sterne, die Grenzenlosigkeit des Alls über sich, in sich bricht er von Weimar auf. Erfurt fliegt an ihm vorüber, die alten Bekannten, die Frauen aus den Buden nicken ihm freundlich zu — „und ich schien nach vielen Jahren wohl empfangen, wohl gelitten". Die Wartburg taucht vor ihm auf, mit allen alten Erinnerungen, mit Jagd und Jugend, mit Liebe und Leidenschaft:

> Und da duftet's wie vor alters,
> Da wir noch von Liebe litten,
> Und die Saiten meines Psalters
> Mit dem Morgenstrahl sich stritten ...

In Hünfeld mischt er sich unter die Jahrmarktsbesucher; die schlichte bunte Mannigfaltigkeit des Lebens ergötzt ihn wieder. In jungem Übermut, in derbem Witz greift er wieder zu dem Knittelvers Hans Sachsens. Wie in der Geschichte ihm alle Zeiten zusammengeflossen, ihm tausend Jahre wie ein Tag erscheinen, so hat sein eigenes Leben sich in einen Punkt zusammengedrängt, nichts ist gestern, nichts ist morgen, all sein Dasein ist um ihn versammelt, ist ihm zum Heute geworden. Frankfurt tut sich vor ihm auf, er grüßt die Stätte seiner Kindheit und Jugend, Wiesbadens warme Lebensquellen umsprudeln ihn. Und wieder Frankfurt. Er wohnt bei Schlosser, dem Neffen seines Schwagers. Die Schlossers waren vom romantischen Zuge der Zeit, von der Begeisterung für die Kunst und Religion des Mittelalters erfaßt. Der eine Bruder war schon übergetreten, der andere stand davor. Zu ihnen kam Sulpiz Boisserée, der den Ausbau des Kölner Doms, die Sammlung und Würdigung mittelalterlich deutscher Malerei zu seiner Lebensaufgabe gemacht hatte. Er weiß Goethe, den Griechen, für die Gotik des Kölner Domes so weit zu gewinnen, daß er sie als eine historisch bedeutsame Erscheinung gelten läßt, der man gebührende Teilnahme zu schenken habe. Nun führt ihn Sulpiz auf vierzehn Tage nach Heidelberg, um ihn dort auch mit seiner Sammlung altniederrheinischer und niederländischer Meister vertraut zu machen. Goethe vertieft sich mit Ernst und Eifer in das Studium der Galerie. Jeden Morgen um 8 Uhr ist er auf dem Saale und weicht bis Mittag nicht von der Stelle. Er, der das Fernste sich verwandt gefühlt, in sich aufgenommen, erweitert auch in dieser Kunst sein Ich: „Nun tritt da mit einem Male vor mich hin eine ganz neue und bisher mir ganz unbekannte Welt von Farben und Gestalten, die mich aus dem alten Gleise meiner Anschauungen und Empfindungen herauszwingt — eine neue, ewige Jugend." „Die wollen wir gelten lassen, die wollen wir loben und abermals loben." Ihm ist so frei und weit zu Mut, daß er nun in allen Formen der Kunst und des Lebens das Rein-Menschliche, Typische anerkennt. Rückhaltloser, umfassender denn je, wird ihm die Einheit und Einfachheit allen Lebens bewußt: „Alles ist Metamorphose im Leben, bei den Pflanzen und bei den Tieren, bis zum Menschen und bei diesem auch. . . . Ach Gott, es ist alles so einfach und immer dasselbe, es ist wahrhaftig keine Kunst, unser Herrgott zu sein, es gehört nur ein einziger Gedanke dazu, wenn die Schöpfung da ist" (zu Sulpiz Boisserée).

Auf der Rückreise in Frankfurt, und Herbst 1815 in der Gerbermühle und in Heidelberg erlebt er Marianne von Willemer und in ihr die Suleika seines Divans, den Mittelpunkt seines neuen Lebens- und Kunstgefühls. Die große Freiheit und Heiterkeit der Goetheschen Erneuerung liegt über dieser Liebe. Beide waren in ihrem persönlichen Dasein gebunden, beide dachten nicht daran, an diesen Banden zu reißen. Nicht die Sehnsucht nach dem Besitz, die reine Freude am Dasein des anderen, am Göttlichen in ihm verbindet sie. Marianne ist selig ergriffen, daß Goethes Übermenschlichkeit durch sie beglückt wird, Goethe fühlt seine innerste Verjüngung aufs schönste bestätigt darin, daß eine so junge, anmutige, menschlich und dichterisch begabte Frau vor ihm, dem Fünfundsechzigjährigen, aufglüht. In dieser seligen, gelösten Leidenschaft findet Goethe die lebendigsten Lieder des Divans:

Locken haltet mich gefangen
In dem Kreise des Gesichts!
Euch geliebten, braunen Schlangen
Zu erwidern hab' ich nichts.

Nur dies Herz, es ist von Dauer,
Schwillt in jugendlichstem Flor;
Unter Schnee und Nebelschauer
Rast ein Ätna dir hervor.

Du beschämst wie Morgenröte
Jener Gipfel ernste Wand,
Und noch einmal fühlet Goethe
Frühlingshauch und Sommerbrand.

Am 12. September 1815, in Willemers Stadtwohnung, schrieb Goethe das erste Marianne gewidmete Gedicht, das den Reigen des Zwiegesangs zwischen Hatem und Suleika beginnt: „Nicht Gelegenheit macht Diebe", am 16. antwortet

Marianne: „Hochbeglückt in deiner Liebe." Am 20. September trifft Goethe in Heidelberg ein, bis zum 7. Oktober dichtet er hier fünfzehn seiner schönsten Divanlieder. Die Natur Heidelbergs, die südliche milde, verschwenderische löst, begleitet und steigert seine Empfindungen, seine Dichtungen. Täglich steigt er auf zum Schlosse, seinen efeuumkränzten, himmeldurchblauten, großen Ruinen, seinem reichen, volldurchrauschten Park, seinen sonnenfrohen Alleen und Terrassen. Am 23. erscheint Marianne. Unterwegs hat sie das Sehnsuchtslied an den Ostwind gedichtet: „Was bedeutet die Bewegung?" Unvergeßliche Tage blühen auf, Tage, die noch über Goethes ganzen Lebensabend ihren Schimmer werfen. Am Morgen nach Mariannens Ankunft singt Goethe jenes metaphysische Jubellied des Wiederfindens („Ist es möglich! Stern der Sterne, — Drück ich wieder dich ans Herz!"), darin er Mariannens Eintritt in sein Dasein nur einem Weltvorgang zu vergleichen weiß: dem schöpferisch ordnenden, farbig belebenden Eintritt des Lichtes in das einsame Chaos der kosmischen Welt. In diesem Gedicht wird Welt und Weisheit des Alternden, Neuverjüngten noch einmal bis zum Wesenskern durchglüht, einmal noch das Leben „mit dem Feuerblick des Moments" geschaut und gestaltet.

Neben dem Buch Suleika, dem Buch Hafis und — in weiterem Abstand — dem Schenkenbuch, die aus unmittelbarem Erleben quellen, um einen Erlebniskern sich zusammenschließen, wachsen die anderen Bücher des Divan aus der Erkenntnis, der Altersweisheit Goethes — die doch wieder die Frucht seiner Erlebnisse ist — und prägen allgemeinere Erfahrungen, Betrachtungen, Urgedanken aus. In hellerer, unpersönlicher Geistigkeit entsprechen so den Erlebnis- und Bekenntnisbüchern Suleika und Hafis das Buch der Liebe und das Buch des Sängers. Als reine Spruch- und Lehrbücher folgen das Buch der Betrachtungen, das Buch des Unmuts, das Buch der Sprüche, das Buch der Parabeln, während das Buch des Parsen und das Buch des Paradieses die Welt der Erlebnisse und Erkenntnisse in kultischen Symbolen und gläubigen Mythen überwölben. Im „Vermächtnis altpersischen Glaubens" deutet der arme, sterbende Parse von Lebenshöhen, die schon das Morgenrot der Ewigkeit verklärt und erhellt, segnend seinen Brüdern den heiligen Sinn des Lebens: Weltfrömmigkeit, die in ehrfürchtigem Allgefühl und unablässiger Tätigkeit das Irdische ewigt:

Wenn die Sonne sich auf Morgenflügeln
Darnawends unzähl'gen Gipfelhügeln
Bogenhaft hervorhob — Wer enthielte
Sich des Blicks dahin? Ich fühlte, fühlte
Tausendmal in soviel Lebenstagen
Mich mit ihr, der kommenden, getragen,
Gott auf seinem Throne zu erkennen,
Ihn den Herrn des Lebensquells zu nennen,
Jenes hohen Anblicks wert zu handeln
Und in seinem Lichte fortzuwandeln . . .
Und nun sei ein heiliges Vermächtnis
Brüderlichem Wollen und Gedächtnis:
Schwerer Dienste tägliche Bewahrung,
Sonst bedarf es keiner Offenbarung.

Die Wesenserneuerung, die Goethe erfahren, findet ihren
ewigen, mystischen Ausdruck im tiefsten der Divangedichte,
der „Seligen Sehnsucht". Goethe, der Grieche, hatte in der
Form, der Gestalt, das Höchste begriffen, der Goethe des Divan findet sich in den Zeilen des Hafis: „Wie die Kerze brennt
die Seele — Hell an Liebesflammen — Und mit reinem Sinne
hab' ich — Meinen Leib geopfert. — Bis du nicht wie Schmet-
terlinge — Aus Begier verbrennest — Kannst du nimmer Rettung finden — Von dem Gram der Liebe." Aber es ist nicht
die mystische Sehnsucht nach dem Tode, die ihn verzehrt; lebendiger, fruchtbarer, diesseitsgewaltiger deutet er das Bild:
es wird ihm zum Symbol der wunderbaren Erneuerung, die er
eben erlebt. War er nicht ein anderer, denn er gewesen? Hatte
er nicht sein Leben, sein fünfundzwanzigjähriges Leben im
Ideal der Antike, „aufgegeben, um zu sein"? Nie hatte er eine
so ungeahnte Steigerung, Erweiterung, Erneuerung erfahren.
In ihr begreift er unser ewiges Vergehen und Werden, die Unendlichkeit unseres Weges:

Und so lang du das nicht hast,
Dieses: Stirb und Werde!
Bist du nur ein trüber Gast
Auf der dunklen Erde.

Auch in der Form des Divan erleben wir die Erweiterung
des Goetheschen Wesens. Herder und Hammer hatten persische
Poesie da und dort noch in Distichen übersetzt — nicht so
Goethe: „Wir sind vielleicht zu antik gewesen — Nun wollen
wir es moderner lesen." Die Ungebundenheit seines neuen Lebensgefühls verlangte die Ungebundenheit der Form. So kam

er auf die Formen seiner Jugenddichtung zurück, wie seine Jugend sind sie ihm Gegenwart. Das Symbol der Schlange, die sich in einem Reif abschließt, wird ihm zum Gleichnis einer glücklichen Zeitlichkeit: „Was kann der Mensch mehr wünschen, als daß ihm erlaubt sei, das Ende an den Anfang anzuschließen." Die Knittelverse des Hans Sachs tönen wieder, die freien Rhythmen der Geniezeit leben auf. Volkstümliche, mundartliche Wortformen, burschikose, vulgäre Ausdrücke drängen sich vor, gewagte Wortbildungen, kühne Neuerungen. Überall eine freie Beweglichkeit, eine universale Vieltönigkeit, die sich gerade in den didaktischen, allegorisierenden Teilen glücklich der östlichen Bildersprache bedient. Aber die Kunstlosigkeit dieser Formen ist gehalten durch den sicheren Rhythmus des Goetheschen Lebens, die orientalische Formlosigkeit, das „flüssige Element des Euphrat", ist gefaßt von der ewigbildenden Hand des plastischen Dichters: „Schöpft des Dichters reine Hand — Wasser wird sich ballen." Wenn wir Gedichte wie Selige Sehnsucht, Wiederfinden und das erst 1820 hinzugefügte Einlaß (Heute steh' ich meine Wache — Vor des Paradieses Tor) lesen, dann empfinden wir mit Sulpiz Boisserée die „Bildung und Bildlichkeit", die Goethe von den Alten mitbringt, und über die er selber sich stolz zu ihm ausspricht. „Insofern sei er so eitel und übertrieben zu sagen, daß er darüberstehe und das Alte und Neue verbinde."

In der orientalischen Poesie hatte sich Goethes Kunst dem Urgrund und Mutterlande der Menschheit zugewandt, in den gleichen Jahren beginnen seine Naturstudien sich wieder dem Urgrund der Erde zu nähern, Goethe widmet sich aufs neue seinen geologischen Arbeiten und beginnt sie von 1820 ab zu veröffentlichen. Daneben wendet er sich nach der Bekanntschaft mit Howard (1815) stärker metereologischen Studien zu. Er, der von seltener Feinfühligkeit gegen die Veränderungen des atmosphärischen Zustandes war, der zu „den wenigen Menschen gehörte, die den Barometerstand unmittelbar empfinden", hatte schon früh vergleichende Witterungskunde getrieben. Nun sucht er auch hier nach den großen Zusammenhängen und Problemen, er stellt seine Hypothese auf über die Schwankungen des Luftdrucks, er veranlaßt die Errichtung metereologischer Stationen im Großherzogtum Weimar, für die er selbst die Instruktionen ausarbeitet.

Auch in diesen Jahren tröstet er sich so „in der Konsequenz der Natur über die Inkonsequenz der Menschen". Die mannigfachen politischen Unruhen, die nach den Freiheitskriegen nicht aufhören wollen, liberale und reaktionäre Unduldsamkeiten „bewegen mich oft dergestalt, daß ich alle Gesellschaft meide". Freiheit war für ihn die Selbstbefreiung des Menschen zu einem vernünftigen Dasein. In dieser Freiheit, die ihm die letzten Jahre in so ungeahnter Erneuerung und Erweiterung gebracht hatten, atmete er. Die Poesie des Orients, die er in den Noten und Abhandlungen zum Divan sich systematisch vertraut machte, geologische, metereologische Studien — die fernsten Fernen waren ihm aufgetan, sein Geist durchschritt das Unbegrenzte:

> Im Namen dessen, der sich selbst erschuf
> Vor Ewigkeit in schaffendem Beruf,
> In seinem Namen, der den Glauben schafft,
> Vertrauen, Liebe, Tätigkeit und Kraft;
> In jenes Namen, der so oft genannt,
> Dem Wesen nach blieb immer unbekannt,
> So weit das Ohr, so weit das Auge reicht,
> Du findest nur Bekanntes, das ihm gleicht,
> Und deines Geistes höchster Feuerflug
> Hat schon am Gleichnis, hat am Bild genug;
> Es zieht dich an, es reißt dich heiter fort,
> Und wo du wandelst, schmückt sich Weg und Ort;
> Du zählst nicht mehr, du rechnest keine Zeit,
> Und jeder Schritt ist Unermeßlichkeit.

In dieser Unendlichkeit des Lebensgefühls bleibt ihm die Divan-Stimmung gegenwärtig. 1820 dichtet er die schönsten Stücke zum „Buch des Paradieses".

1821 begegnet er in Marienbad der Frau von Levetzow mit ihren drei Töchtern, darunter der siebzehnjährigen Ulrike. Goethe findet Gefallen an der Lieblichkeit ihrer Jugend, er neigt sich ihr zu in der freien Heiterkeit des Divan, in Divan-Versen scherzt er über sich selbst. Aber das nächste Jahr findet ihn wieder an Ulrikens Seite, ernster, leidenschaftlicher, bedrängter, und das dritte, lange Zusammensein im Sommer 1823 steigert seine Neigung zu jener Gewalt, die den einzigen tragischen Konflikt seines Lebens heraufführt.

Im Februar 1818 hatte Goethe in den Divan die Verse gestellt:

> Die Jahre nahmen dir, so sagst du, vieles,
> Die eigentliche Lust des Sinnespieles,

Erinnerung des allerliebsten Tandes
Von gestern, weit und breiten Landes
Durchschweifen frommt nicht mehr; selbst nicht von oben
Der Ehren anerkannte Zier, das Loben,
Erfreulich sonst. Aus eignem Tun Behagen
Quillt nicht mehr auf, dir fehlt ein dreistes Wagen!
Nun wüßt' ich nicht, was dir Besondres bliebe?
Mir bleibt genug! Es bleibt Idee und Liebe.

Goethe hatte geglaubt, den Übergang vom Mann zum Greise
in der einfachen Folge des Lebens schon ausgeführt zu haben.
Scherzend hatte er sich in den Briefen öfter als „Großpapa"
bezeichnet, er hatte an Zelter von der Reflexion geschrieben,
die am meisten im Divan walte, und die ja auch den Jahren
des Dichters zieme, er hatte an Müller geschrieben: „Ich
bin so alt, daß ich alles, was begegnet, nur historisch betrachten mag", er hatte zu Riemer über sich selbst geäußert, „daß
nur die Jugend die Varietät und Spezifikation, das Alter aber
die Genera, ja die Familias habe." Aber dieser Übergang vom
Gefühl zur Reflexion, von der Varietät zu den Genera war zu
bedeutsam für Goethe, als daß er ohne Kampf hätte vorübergehen können. Ihm war die unmittelbare Einheit von Gefühl
und Reflexion, von Sinnlichkeit und Idee der höchste Ausdruck seines Wesens und Weltgefühls geworden. In vollendeter
Reife und Männlichkeit hatte er beide in sich zu nie geahnter
Harmonie verbunden. Und nun kam das Greisenalter, um ihn
unmerklich aus dieser Harmonie herauszuziehen, um ihm wenigstens die unmittelbare Einheit mit der Sinnlichkeit des Lebens, der Welt zu nehmen. Eine unbewußte Sehnsucht und
Unruhe beginnt in ihm zu wühlen. Kaum ist er 1823 in Marienbad, so schreibt er an Schultz: „Wie lange mein hiesiger
Aufenthalt dauern mag, seh' ich nicht voraus; meine Absicht
wäre, bis Anfang August hier zu verbleiben, alsdann von Eger
aus Gebirg und Land und mancherlei menschliche Zustände
unmittelbar zu schauen. Denn mir scheint nichts nötiger als
äußere sinnliche Anregung, damit ich mich nicht ins Ab-
strakte oder wohl gar Absolute verliere." In dieser Stimmung
begegnet er aufs neue Ulriken. Und nun drängt alles sinnliche
Leben in ihm mit verzweifelter Sehnsucht zu ihr. Der Mann
in ihm stemmt sich gegen die Schwelle des Greisenalters zurück. Mit rückgewandtem Gesicht schaut er in die blühende
Jugend Ulrikens und fühlt in ihr die ganze Schönheit und Har-

monie des Lebens, dem er nun entsagen soll. In ihrer Nähe fühlt er sich „heiter, wie ins Leben zurückkehrend, so wohl, als ich mich lange Zeit nicht gefühlt". — Die Trennung kommt. Aber Goethe weiß, daß diese Trennung auch die Trennung von der Einheit seines Lebensgefühls, von der seligsten Harmonie seines Wesens ist.

> Mir ist das All, ich bin mir selbst verloren,
> Der ich noch erst den Göttern Liebling war;
> Sie prüften mich, verliehen mir Pandoren,
> So reich an Gütern, reicher an Gefahr;
> Sie drängten mich zum gabeseligen Munde,
> Sie trennen mich und richten mich zu Grunde.

In den wunderbaren Stanzen der Marienbader Elegie, darin die Idee noch einmal alle sinnliche Schönheit zu sich ruft, darin Altersstil und -bewußtheit die letzte Lebensleidenschaft in jugendlicher Sprach- und Bildkraft zu bändigen suchen, hat Goethe die tragische Seligkeit und Verlorenheit dieser Gipfelstunden offenbart:

„Dreimal will er aus dieser Qual der Gegenwart, des tödlichen Augenblicks sich erheben, entfliehen in die Zeit, in den Raum, in die Ewigkeit, sich aus dem Drang des Gefühls lindernd ausbreiten in Weite und Ferne durch Betrachtung und Weisheit und Wille, einmal durch Rückschau auf sein Glück, einmal durch Umschau in seiner Natur und einmal durch Aufschau zu seinem, auch von der Geliebten verwirklichten Gott, und dreimal wird er nur tiefer zu sich zurückgeführt, auf sein Ich, das er verloren hat, und auf sie, die er nicht gewonnen hat. Dreimal kämpft seine Weisheit mit all ihren Waffen, diesen immer bewährten Waffen — der erlösenden Bildkraft seiner Erinnerung, der beruhigenden Schaukraft seiner Naturforschung und der erhebenden Glaubenskraft seines Gottwissens — gegen die Gewalt des Allerschütterers, Allzerstörers Eros, und dreimal sinken sie ihm stumpf, wehrlos und wertlos aus der Hand: dreimal ist die Leidenschaft stärker als die Weisheit, der Verlust unermeßlicher als der Besitz; der schmerzliche Augenblick wirklicher als die heilige Ewigkeit. Mit einer hemmungslosen Unterwerfung der Weisheit unter den Schmerz, mit einer bedingungslosen Anerkennung seiner Allmacht und mit einer trostlosen Hingabe des Allbesitzers an den Allberauber endet der Kampf. Seine Weisheit dient nur noch dazu, das Trümmerfeld zu überschauen, und sich selbst hell und grausam, mitten in Tränen, Öde und Sehnen, zu bekennen, was er besaß und was er verlor: den weiten Wert der eingebüßten Welt, und sein nächstes Glück." (Gundolf.)

In dieser tragischen Zerissenheit — und nur in ihr! — wird Goethe das innerste, dionysische Wesen der Musik deutlich und tröstlich. Er, der in Beethoven nur eine „ganz ungebändigte Persönlichkeit" gefunden hatte, der von der Musik bekannte, „er habe sich ihr mehr durch Nachdenken als durch Genuß genähert", der eben in diesen Tagen Eckermann gegenüber betont, daß er auf seiner dritten Schweizer Reise für alles und jedes Blick und Wort gefunden habe, „aber kein Wort über Musik, weil das nicht in meinem Kreise lag", er schreibt jetzt an Zelter: „Nun aber doch das eigentlich Wunderbarste! Die ungeheure Gewalt der Musik auf mich in diesen Tagen! Die Stimme der Milder, das Klangreiche der Szymanowska falten mich auseinander, wie man eine geballte Faust freundlich flach läßt. . . . Nun fällt die Himmlische auf einmal über mich her, durch Vermittlung großer Talente, übt ihre ganze Macht über mich aus, tritt in all ihre Rechte. . . . Ich bin völlig überzeugt, daß ich im ersten Takte deiner Singakademie den Saal verlassen müßte. . . . So begreift man erst, was das heißt, einen solchen Genuß zu entbehren, der wie alle höheren Genüsse, den Menschen aus und über sich selber, zugleich auch aus der Welt und über sie hinaus hebt." In diesem Erlebnis ist die Einheit des Goetheschen Seins eine Weile gesprengt. Der Plastiker „entbehrt" die Musik, der Welt- und Diesseitsmensch verlangt danach, „aus der Welt und über sie hinaus gehoben" zu werden, sehnt sich, „alle Woche einmal eine Oper zu hören, einen ‚Don Juan‘, die ‚Heimliche Heirat‘ in sich zu erneuern und diese Stimmung in die übrigen eines tätigen Lebens aufzunehmen". Bevor der unlösbare Widerstreit, die tragische Verlorenheit seiner Liebe in der „Elegie" Klang und Klage geworden, geben die Strophen an Madame Szymanowska, die schöne polnische Pianistin, Dank und Zeugnis von der erlösenden Macht der Musik auf ihn in diesen Schicksalstagen, wo er auf der Grenz- und Gipfelscheide in zwei gegensätzliche Welten, die apollinische und dionysische, zugleich hinuntersieht. Diese Strophen werden später — indes ein Weisheitswort an Werthers

Schatten zum Vortakt wird — der dunklen Erschütterung der Elegie zum leidgelösten, versöhnten Ausklang.

In der tragischen Hilflosigkeit dieses Kampfes, in der Furcht vor der unausweichlichen Verarmung seines Seins keimt der wahnsinnige Entschluß in Goethe, seine vierundsiebzig Jahre Ulrikens neunzehn Jahren zu verbinden, sie zum Weibe zu nehmen. Der Großherzog Karl August fragt bei Frau von Levetzow für ihn an; er geht von Marienbad fort mit der unruhigen Hoffnung auf Ulrikens Jawort.

Über drei Monate wühlt die grausame, die fast vernichtende Krisis in ihm. Erfürchtig, erschüttert schauen die Weimarer Freunde zu: „Wie schmerzlich ist es doch" — schreibt der Kanzler Müller —, „solch eines Mannes innere Zerissenheit zu gewahren, zu sehen, wie das verlorene Gleichgewicht seiner Seele sich durch keine Wissenschaft, keine Kunst wiederherstellen läßt, ohne die gewaltigsten Kämpfe, und wie die reichsten Lebenserfahrungen, die hellste Würdigung der Weltverhältnisse ihn davor nicht schützen konnten."

Noch einmal nimmt die wesensfremde Welt der Musik ihn tröstend auf: vom 24. Oktober bis zum 5. November weilt Madame Szymanowska in Weimar, in täglichem Beisammensein spürt er die erlösende, entrückende Macht ihres seelenvollen Spiels. In der Nacht auf den Abschied, der voll tiefsten Schmerzes, voll hilfloser Tränen, voll langer, sprachloser Nachschau ist, überfällt ihn eine schwere, fünf Wochen während Krankheit und zieht auch seinen Körper in die tragische Krisis ein. Am 24. November kommt Zelter nach Weimar und findet in Goethe „einen, der aussieht, als hätte er Liebe, die ganze Liebe mit aller Qual der Jugend im Leibe". Die Tragik des Kampfes scheint Goethe zu zerbrechen, „die weimarischen Ärzte erwarten Goethes Tod". Und nun die kurze Tagebuchnotiz Zelters, die alle Größe des Augenblicks ahnen läßt: „Schon zweimal hatte ich den Freund in ähnlichem, dem Tode nahem Zustand angetroffen und ihn unter meinen Augen gleichsam wieder aufleben sehen. Diesmal seine Genesung sozusagen befehligend, sah ich ihn von Stund' an zur Verwunderung der Ärzte so schnell sich erholen, daß ich ihn in der Mitte des Dezembers in völliger Munterkeit verlassen durfte." Goethe hatte überwunden, er hatte den Lauf der Natur anerkannt, er wandte sich bewußt der Reflexion, den Genera zu, er sucht im Sinnlichen nur mehr den Ausdruck der Idee.

Der Sieg, den Goethe in diesem tragischen Konflikt erzwungen, war nicht ein einzelner, die Entsagung, zu der er sich befreit, keine teilweise: „Nur wenige Menschen gibt es, die, um allen partiellen Resignationen auszuweichen, sich ein für allemal im ganzen resignieren. Diese überzeugen sich von dem Ewigen, Notwendigen, Gesetzlichen und suchen sich solche Begriffe zu bilden, welche unverwüstlich sind, ja durch die Betrachtung des Vergänglichen nicht aufgehoben, sondern vielmehr bestätigt werden." Mit bewußter Einseitigkeit sucht sich Goethe zu dieser vollkommenen Resignation Spinozas durchzusetzen. Hatte er in der Liebe zu Ulrike der ewigjungen Mannigfaltigkeit und Unmittelbarkeit der sinnlichen Welt entsagen müssen, so wollte er einem ähnlichen Konflikt ein für allemal vorbeugen, er zwingt sich, diese Entsagung rückhaltlos durchzuführen. Von nun an meidet er alles Reisen, jahrelang geht er nicht über das Weichbild Weimars hinaus, ja er besucht vier Jahre lang selbst Jena nicht, wo er sonst Wochen und Monate zugebracht, und wo die ihm unterstellten Bildungsanstalten seiner Gegenwart wohl bedurft hätten. Am Hofe erscheint er nur noch bei außerordentlichen Gelegenheiten. Er schließt sich in sein Haus, sein „Kloster" ein, um „das Ewige, Notwendige, Gesetzliche" dort in ungestörter Schaffenslust zu verfolgen und sich anzueignen, um das ideelle Leben der Welt hier in gewaltiger Einheit zusammenzuzwingen und durch sich hindurchzuleiten. Umgeben von der anschaulichen Fülle seiner Stiche, Radierungen, Handzeichnungen, Autographen, Münzen, Medaillen, Plaketten, Majoliken, Abgüsse, Mineralien, Pflanzen, Fossilien, Skelette, arbeitet er weiter an der Eroberung der Welt. „Da mich Gott und seine Natur so viele Jahre mir selbst gelassen haben, so weiß ich nichts Beßres zu tun, als meine dankbare Anerkennung durch jugendliche Tätigkeit auszudrükken. Ich will des mir gegönnten Glücks, solange es mir auch gewährt sein mag, mich würdig erzeigen, und ich verwende Tag und Nacht auf Denken und Tun, wie und damit es möglich sei." Das gesamte geistige Leben Europas verfolgt und durchdringt er. Naturwissenschaft und Kunst, Philosophie, Theologie, Geschichte, Geographie und Volkswirtschaft beschäftigen ihn. Sein Arbeitszimmer wird zur Herzkammer der

Welt, in das alles Leben einströmt, das alles Leben erneuert weiter treibt. Gedanken gehen ihm auf, „welche zu verfolgen und in Ausübung zu bringen eine Wiederholung des Lebens gar wohl wert wäre".

Seine Schöpfergewalt kann im Tode keine Schranke ihrer Tätigkeit erkennen: hat sein strebender Geist in tragischem Ringen der Mannigfaltigkeit des Sinnlichen entsagt, er vermag auch seiner eigenen sinnlichen Form zu entsagen, um in anderen Formen und Gestalten weiterzuleben, weiterzuwirken: „Ich habe die feste Überzeugung, daß unser Geist ein Wesen ist ganz unzerstörbarer Natur, es ist ein fortwirkendes von Ewigkeit zu Ewigkeit, es ist der Sonne ähnlich, die bloß unseren irdischen Augen unterzugehen scheint, die aber eigentlich nie untergeht, sondern unaufhörlich fortleuchtet." „Wenn ich bis an mein Ende rastlos wirke, so ist die Natur verpflichtet, mir eine andere Form des Daseins anzuweisen, wenn die jetzige meinen Geist nicht ferner auszuhalten vermag." Aus dem Begriffe der Tätigkeit entspringt Goethe die Überzeugung von der persönlichen Fortdauer. Hatte er früher im Gefühl seiner restlosen Welteinheit die Verse geschrieben: „Denn alles muß in nichts zerfallen — Wenn es im Sein beharren will", so setzt er ihnen jetzt sein „Vermächtnis" entgegen: „Kein Wesen kann zu nichts zerfallen! — Das Ew'ge regt sich fort in allen, — Am Sein erhalte dich beglückt." War ihm früher in seiner Formel ἒν καὶ πᾶν das πᾶν das Wesentliche und Bedeutsame gewesen, so wird ihm nun das ἒν betonter und selbständiger. Der Philosophie Spinozas tritt die Philosophie von Leibniz ergänzend zur Seite. „Kannst du dich in der Mitte dieser ewig lebendigen Ordnung auch nur denken, sobald sich nicht gleichfalls in dir ein beharrlich Bewegtes um einen reinen Mittelpunkt kreisend hervortut?" „Das Höchste, was wir von Gott und der Natur erhalten haben, ist die rotierende Bewegung der Monas um sich selbst, welche weder Rast noch Ruhe kennt." Mitten im umfassenden Getriebe, in den mannigfaltigsten Einwirkungen bewährt die Persönlichkeit ein in sich selbst ruhendes, dauerndes Gesetz. Die gegebene Individualität gilt es zur Persönlichkeit zu bilden. In der harmonischen Befreiung und Ausgleichung all ihrer Kräfte hat sie sich ihre Gestalt, ihre Notwendigkeit, ihr Recht auf Dauer zu erwerben. Jedes Kunstwerk ist in sich vollendet, ewig in sich, so muß das Leben, die Persönlichkeit zum Kunstwerk werden, um unzerstörbar zu sein, um „ein Stück Ewigkeit" zu werden. Darum ist die Unsterblichkeit nur eine bedingte: wer sich nicht aus dem Ungeformten zur eigenen Form befreit und vollendet, sinkt ins Ungeformte zurück: „Um künftig sich als große Entelechie zu manifestieren, muß man auch eine sein." „Wer keinen Namen sich erwarb, noch Edles will, gehört den Elementen an."

In einsamer Allheit arbeitet Goethe an der Verewigung seiner Persönlichkeit. „Fremde Zustände zu vergegenwärtigen, will mir nicht mehr gefallen." „Was euch nicht angehört, — Müsset ihr meiden, — Was euch das Innere stört, — Dürft ihr nicht leiden." Seine eigene Vergangenheit ist ihm versunken, er mag „ins längst Vergangene nicht zurückschauen". „Über Gräber vorwärts!" Herder, Schiller, Wieland sind gegangen, Frau von Stein ist gestorben. Am 14. Juni 1828 stirbt der älteste, tiefste Freund seines Lebens, Karl August, der Großherzog. Goethe ist so erschüttert, daß er sich in den ersten Tagen nicht fähig fühlt, der Großherzogin mündlich oder schriftlich sein Beileid auszusprechen. Sein Schmerz treibt ihn aus seiner erhabenen Einsamkeit heraus. Noch einmal rettet er sich in die Ewigkeit der Natur, um in ihr zu überwinden. Er sucht das hochgelegene, von Blumen und Weingärten umrankte Schloß Dornburg auf. Von seinen stillen Höhen schaut er in das blühende Saaltal hinunter. Er sieht den Frieden der Dörfer, er sieht am vielgewundenen Fluß die Mahd der Wiesen, die heiteren Reihen der Fruchtbäume, er sieht die Berge im Weinlaub stehen. „Das alles zeigt sich mir wie vor fünfzig Jahren, und zwar in gesteigertem Wohlsein, wenn schon diese Gegend von dem größten Unheil mannigfach und wiederholt heimgesucht worden. Keine Spur von Verderben ist zu sehen, schritt auch die Weltgeschichte hart auftretend gewaltsam über die Täler." Aufs neue beschäftigt er sich hier mit den Naturwissenschaften, Botanik und Meteorologie, er hält „Zwiesprache mit den Ranken der Weinreben, die ihm gute Gedanken sagten". Vor Morgengrauen tritt er ans Fenster, die seltene Gegenwart der drei Planeten zu genießen.

Dem hohen Frieden dieser Tage öffnet sich sein Wesen, wie die Blüte der Sonne. Aus der stillen Ewigkeit dieser Nächte tönen alle Stimmen seines Lebens laut und liebend wieder. Der aufgehende Vollmond ruft ihm die Verabredung mit Marianne von Willemer zurück, beim Vollmond sich des anderen zu erinnern. „Zeugest mir, daß ich geliebt bin." Es ist nicht ihre Liebe allein, die Liebe der Welt ist es, die er bezeugt fühlt: Im Silberlichte dehnt sich das Land, die Wolken, die sein Auge gemessen, die Felsen, die sein Hammer betastet, die Pflanzen, die er in ihrer Entwicklung belauscht. Alle wurden ihm zum Dasein seiner Seele. Natur und Menschheit nahmen Leben aus seiner Hand. Ist ein Land, dessen Edelste nicht in ihm geworden und gewachsen? Frankreich, England, Rußland, Italien haben seine Dichtungen übersetzt. In seinen wissenschaftlichen Schriften darf er sich endlich „mit nahen und fernen, ernsten, tätigen Forschern glücklich im Einklang fühlen." Selbst sein Schmerzenskind, die Farbenlehre, ist von Hegel aufgenommen und in den großen Gang seiner Philosophie hineingestellt. Er sieht die Welt vor sich liegen als sein Dasein, sein Werk.

Ich blick' in die Ferne, So seh' ich in allen
Ich seh' in der Näh Die ewige Zier,
Den Mond und die Sterne, Und wie mir's gefallen,
Den Wald und das Reh. Gefall' ich auch mir.

Ihr glücklichen Augen,
Was je ihr gesehn,
Es sei, wie es wolle,
Es war doch so schön!

Was er ehemals geahnt, es ist ihm erfüllt: „Die Welt liegt vor ihm wie vor ihrem Schöpfer, der in dem Augenblick, da er sich des Geschaffenen freut, auch alle die Harmonien genießt, durch die er sie hervorbrachte, und in denen sie besteht." Und wie Gott am Abende des sechsten Tages, überkommt ihn die große schöpferische Erfüllung und Befriedigung: „Und sah an alles, was er gemacht hatte, und siehe da, es war sehr gut." Mit rückhaltloser Gebärde spricht er die letzte Bejahung alles Daseins aus:

Wie es auch sei, das Leben, es ist gut!

SCHILLER

Das Genie ist eine Intelligenz, die als Natur wirkt — es wird immer der tiefste Beweis für die unergründliche Verbundenheit aller genialen Persönlichkeiten sein, wie Kant hiermit, ohne von Goethe zu wissen, das Geheimnis seiner Art und Kunst begrifflich aussprach. Gibt es doch kein dichterisches Genie, dessen Sein und Wirken so ganz als Natur erscheint wie Goethe. Wohl ist sein Leben die eigenste Schöpfung, sein innerstes Kunstwerk, aber es scheint uns, als habe sein Wille immer nur verlangt, was sein Wesen forderte, als sei all seine Entwicklung wie die eines Baumes gewesen, vom ersten Keim bis zur allüberschattenden Wipfelweite einheitlich und notwendig. So stand die harmonische Einheit seines Lebens und seiner Kunst wie ein Wunder in seiner Zeit, zu dem man nur sehnend hinaufsehen konnte, aber zu dem man keinen Weg wußte. Damit Goethes Weltbedeutung wahrhaft begriffen, von der ringenden Menschheit tätig ergriffen werden konnte, mußte erst ein Dichter aufstehen, der jene Einheit, die Goethe als Natur besaß, aus Zwiespalt und Sehnsucht der Menschheit heraus kämpfend begriff und sich und der Menschheit bewußt zur Aufgabe machte. Dieser Dichter ist Friedrich Schiller.

Schillers gesamtes Denken kreist seit dem ersten Erwachen seines Geistes um dieses Problem, um Zwiespalt und Einheit in Mensch und Welt, um jene letzten Gegensätze, die er bald als Sinnlichkeit und Idee, bald als Natur und Vernunft, als Stoff und Form, bald als Gefühl und Reflexion, als naiv und sentimentalisch begreift. Schon in seinen medizinischen Aufsätzen, in der „Philosophie der Physiologie", in der Arbeit „Über den Zusammenhang der tierischen Natur des Menschen mit seiner geistigen" tauchen diese Gegensätze auf, die Frage nach der getrennten, selbständigen Bedeutung ihrer Glieder, nach ihrer notwendigen Verbindung. Schiller zuerst ist sich klar geworden über die kulturelle Bedeutung dieser Gegensätze, darüber, daß ihre Entwicklung die Entwicklung der Menschheit in sich schloß. Er zuerst begriff, daß diese Entwicklung nur durch Trennung und Zwiespalt zur freien Einheit führe: „Die mannigfaltigen Anlagen im Menschen zu entwickeln war kein anderes Mittel, als sie einander entgegenzusetzen. Dieser

Antagonismus der Kräfte ist das große Instrument der Kultur, aber auch nur das Instrument; denn solange derselbe dauert, ist man erst auf dem Wege zu dieser. Dadurch allein, daß in dem Menschen einzelne Kräfte sich isolieren und einer ausschließenden Gesetzgebung anmaßen, geraten sie in Widerstreit mit der Wahrheit der Dinge und nötigen den Gemeinsinn, der sonst mit träger Genügsamkeit auf der äußeren Erscheinung ruht, in die Tiefen der Objekte zu dringen."

Diese innere Entzweiung im Entwicklungsgang der Menschheit, ihre Bedeutung und Aufgabe, konnte Schiller nur deshalb so bewußt werden, weil er sie in sich selber unvergleichlich heftig und bewußt erlebte. Aus der unbewußten Einheit der Kinderjahre wird er früh und gewaltsam in die unruhige Gefühlsseligkeit und Sinnlichkeit des Sturmes und Dranges gerissen, aus ihr hebt er sich ringend und bewußt in die kühle Welt der Kantischen Begriffe, um endlich an Goethe die hohe Einheit beider Gegensätze zu erleben und ihr sehnsüchtig nachzustreben.

Mit 14 Jahren kam Schiller in die Militärakademie nach Stuttgart. Hatte schon die militärisch strenge Erziehung seines Vaters ihn oft in sich zurückgescheucht, hier wurden ihm alle freien Beziehungen zum Leben genommen. Sein Gefühl — die wesentliche Macht der Jugend, sich der Welt zu bemächtigen —, das sich nicht nach draußen ausbreiten, ausgleichen konnte, drängte sich in ihm zusammen und steigerte sich in seiner dumpfen Ungelöstheit zu einseitiger Gewalt. Was bleibt einem jungen Feuergeiste, der der Welt bedarf, um sich in ihr zu ergreifen, und dem sich doch die Welt verschließt, was bleibt ihm, als sich selber eine Welt zu schaffen! Und Schiller schafft sie sich. Den Stoff dazu, den ihm die Wirklichkeit verweigert, entnimmt er den Büchern, der Dichtung, der Philosophie. Die wildesten Gefühlsdichtungen des Sturmes und Dranges liebt und lebt er nach: Gerstenbergs Ugolino, Leisewitz' Julius von Tarent, Goethes Götz und Werther, Shakespeare, Klopstock, Milton, Ossian, Young nehmen das dunkle Übermaß seiner Gefühle auf. Alle Ideale des Sturmes und Dranges erfüllen ihn: Leben, Natur, das freie Gefühl, die sinnliche Mannigfaltigkeit, sie sind sein Sehnsuchtsruf, wie sie der Ruf seiner Dichter sind: „Mir ekelt vor diesem tintenklecksenden Säkulum." „Da verrammeln sie die gesunde Natur mit abgeschmackten Konventionen." „Das Gesetz hat noch keinen großen Mann gebildet, aber die Freiheit brütet Kolosse und Extremitäten aus." In wilder Auflehnung gegen die Schranken, mit denen man ihn eingeengt hat, in Auflehnung gegen alle Schranken, schafft er aus seiner stürmenden Sehnsucht nach Leben, aus dem Leben seiner Lektüre in den „Räubern" (1780), in der „Anthologie" (1782) seine Welt.

Da sich ihm die nächste Wirklichkeit versagt, die begrenzte Gegenständlichkeit des Lebens, so verliert sich sein ruheloses Gefühl ins Grenzenlose: da sich ihm die Menschen versagen, sucht er die Menschheit; da er den Reichtum der Stunde nicht kennt, sucht er die Ewigkeit; da ihm der Reiz der Umwelt fremd bleibt, schweift er Sonnen und Planeten zu. Überall drängt sein Ungestüm zu der Gattung, dem Begriff, dem Allgemeinen, da ihm kein einzelnes Leben entgegentritt, um es aufzuhalten, aufzunehmen. So werden seine Menschen zu Typen, seine Gefühle zu Reflexionen. Denn nur im Individuellen kann sich das Gefühl behaupten. Je mehr es sich verallgemeinert, desto mehr nähert es sich dem Begriff. Die Liebe, von der fast alle Gedichte der Anthologie durchflammt sind, ist keine persönliche Erfahrung, kein lebendig unmittelbares Erlebnis: Laura, die gutmütige Hauswirtin, die unscheinbare Hauptmannswitwe, ist nur der dürftige Anlaß, nur der feste Punkt, von dem aus Gefühl und Einbildungskraft sich flügelbreitend erheben ins Grenzenlose, ins Allgemeine:

Meine Laura! Nenne mir den Wirbel,
Der an Körper Körper mächtig reißt.
Nenne, meine Laura, mir den Zauber,
Der zum Geist monarchisch zwingt den Geist.

Sieh! er lehrt die schwebenden Planeten
Ew'gen Ringgangs um die Sonne fliehn,
Und gleich Kindern um die Mutter hüpfend
Bunte Zirkel um die Fürstin ziehn.

— — —

Sonnenstäubchen paart mit Sonnenstäubchen
Sich in trauter Harmonie,
Sphären ineinander lenkt die Liebe,
Weltsysteme dauern nur durch sie.

Tilge sie vom Uhrwerk der Naturen —
Trümmernd auseinander springt das All,
In das Chaos donnern eure Welten,
Weint, Newtone, ihren Riesenfall!

In jäher Plötzlichkeit springt die Anschauung vom kaum genannten Einzelnen und Nächsten zum Allgemeinsten und Fernsten, keine Brücke führt von einer zur anderen, kein vermittelndes Erlebnis, sie sind willkürlich zusammengestellt. Und wir vermuten mit Recht, daß diese Anschauung in ihrer Unbestimmtheit und Allgemeinheit nicht erlebt, sondern übernommen worden ist. Es ist eine Analogie, die Hutcheson gegeben, die Ferguson Schiller überliefert hat und deren er sich immer wieder bedient: wie die Gravitation die Teile des Weltalls aneinander kettet, so verbindet der Geselligkeitstrieb die Menschen einander. Ein Gesetz herrscht in Natur- und Menschenwelt, schreibt den Gestirnen ihre Bahnen und den Menschen ihr geselliges Verhalten vor. In dieser Liebesharmonie, der Leibnizens prästabilierte Harmonie den allgemeinen Grund gibt, mündet die Weltanschauung des jungen Schiller. Was hat er denn, das ihn mit Welt und Leben verbindet, als seine Liebe und Sehnsucht zu ihnen! Und was er in sich so übermächtig empfindet, den Kern des eignenen Daseins, setzt er unbedenklich als Kern allen Daseins. Was er später Dalberg gesteht, das gilt im allerweitesten Sinne: „Seine Aufmerksamkeit habe sich meist auf sich selbst beschränkt, und nur aus diesen Anschauungen seiner inneren Empfindungen abstrahiere er die anderen Wesen."

Aber dieser Liebesruf, den er der Welt schickt, bleibt antwortlos. Und je einsamer ihm seine Stimme zurückschallt, desto lauter ruft er, um die Schauer der Einsamkeit zu übertönen. Empfindung und Sprache jagen sich zu immer heißeren Gewaltsamkeiten:

> Wenn dann, wie gehoben aus den Achsen
> Zwei Gestirn, in Körper Körper wachsen,
> Mund an Mund gewurzelt brennt,
> Wollustfunken aus den Augen regnen,
> Seelen wie entbunden sich begegnen
> In des Atems Flammenwind —
>
> — — —
>
> Eine Pause drohet hier den Sinnen,
> Schwarzes Dunkel jagt den Tag von hinnen,
> Nacht verschlingt den Quell des Lichts —
> Leises . . . Murmeln . . . dumpfer . . . hin . . . verloren . . .
> Stirbt . . . allmählich . . . in den trunknen . . . Ohren
> Und die Welt . . . ist Nichts . . .

231

Ach vielleicht verpraßte tausend Monde
Laura, die Elysiumssekunde,
All begraben in dem schmalen Raum:
Weggewirbelt von der Todeswonne,
Landen wir an einer andren Sonne,
Laura! und es war ein Traum.

In immer neuen, immer wilderen Phantasien suchte sich
Schiller seiner Einsamkeit zu entreißen, er mußte es, wenn er
nicht an ihr zugrunde gehen wollte. So übergewaltig stürmte
das Gefühl in ihm, daß es das Unbelebteste durchdringen und
sich verbinden mußte:

Stünd' im All der Schöpfung ich alleine
Seelen träumt' ich in die Felsensteine,
Und umarmend küßt' ich sie —

Es riß ihn zur letzten Höhe der Möglichkeiten: er machte seine
Einsamkeit und Sehnsucht zum Ur-Erlebnis des Geistes, der
Gottheit:

Freundlos war der große Weltenmeister,
Fühlte Mangel — darum schuf er Geister,
Sel'ge Spiegel seiner Seligkeit.

Aber je ungeheurer der Rausch dieser Phantasien war, desto
unausbleiblicher war die Ernüchterung. Das Gefühl, das sich
in dieser maßlosen Überspannung nicht lange halten kann, sinkt
ermüdet zurück. Je ungestümer es vorher über alle Natur hin-
ausdrängte, desto tiefer sinkt es nun unter die Natur hinunter:
in Melancholie und Todessehnsucht. „Ich bin noch nicht
21 Jahre alt, aber — die Welt hat keinen Reiz für mich mehr —
je mehr ich mich dem reiferen Alter nähere, desto mehr
wünscht' ich, als Kind gestorben zu sein." „Das Leben war und
ist mir eine Last worden." Und derselbe Augenblick, der dem
Gefühl seine Lebendigkeit nimmt, nimmt sie auch den Menschen und Welten draußen, denen es sie verliehen: den Er-
müdeten umstarrt eine tote Welt. In dieser immer neuen Enttäuschung und Ernüchterung wurzelt Schillers zwiespältiges
Verhältnis zur Welt, zur Natur, seine Sehnsucht und seine
schmerzliche Entfremdung. „Ich erinnere mich" — schreibt
Conz aus späteren Jahren — „in einem Garten vor der Stadt
ihn gesehen zu haben, wie er auf einmal, von dem Kegel-
spiel sich wegwendend, die Augen zum schönen Abendhimmel
emporhob, und auf die Bemerkung eines der Mitspielenden:

‚Ein trefflicher Abend!' — wehmütig entgegnete: ‚Ach, man muß doch das Schöne in die Natur erst hineintragen.' — —"

„Nur durch das, was wir ihr leihen" — schreibt Schiller als Bräutigam an Lotte — „reizt und entzückt uns die Natur. Die Anmut, in die sie sich kleidet, ist nur der Widerschein der inneren Anmut in der Seele ihres Beschauers, und großmütig küssen wir den Spiegel, der uns mit unsrem eignen Bilde überrascht. Wer würde auch sonst das ewige Einerlei ihrer Erscheinungen ertragen, die ewige Nachahmung ihrer selbst. Nur durch den Menschen wird sie mannigfaltig. — — Ein einziger und immer derselbe Feuerball hängt über uns — und er wird millionenfach verschieden gesehen von Millionen Geschöpfen, und von demselben Geschöpf wieder tausendfach anders. Er darf ruhen, weil der menschliche Geist sich statt seiner bewegt — und so liegt alles in toter Ruhe um uns herum, und nichts lebt als unsre Seele."

In diesen Stunden tiefster Enttäuschung und Verlassenheit, in denen das Gefühl allen Glauben, alle Hoffnung, alle Liebe preisgibt und nur noch einen Wunsch kennt: die Ruhe der Vernichtung, da ist es die Reflexion, die sich zu behaupten wagt. Sie ist es, die über das zusammengebrochene Gefühl hinwegschreitet, um den Platz am Steuer einzunehmen. Sie ist es, die, je öfter dieser Zusammenbruch sich wiederholt, unmerklich aus der früheren Einheit und Verbundenheit mit dem Gefühl heraustritt, um zu einem Wächter, einem Beaufsichtiger des Gefühls zu werden.

Schillers Eintritt in die Welt war nicht danach angetan, dieses gefährliche Mißverhältnis zwischen seinem Gefühl und seiner Reflexion zu heben. Auch jetzt war sein Leben von Anfang an auf Kampf, Enttäuschung und Selbstbehauptung gestellt. Auch jetzt verlor er sich in idealem Glauben, um desto härter in sich zurückgeworfen zu werden. Hatte er sich früher mehr an die allgemeine Welt, die Natur verloren, so verlor er sich jetzt an die Menschen, um ebenso leidvoll zu erfahren, daß er seine Seele in sie hineingeträumt habe: „Leiden, Fehlschlüsse über Menschen, hintergangene Erwartungen haben mich schüchtern und mißtrauisch gemacht." Was ihm zum ersten Male in seiner Jugendfreundschaft mit Scharffenstein schmerzlich bewußt geworden, erfuhr er stets aufs neue: „Der, den ich liebe, war nur in meinem Herzen. Gott im Himmel weiß, wie er darin geboren wurde; aber er war nur in meinem Herzen, und ich betete ihn an in Dir, seinem ungleichen Abbilde!" So drängte sich auch in seinem Verhältnis zu den Menschen die Reflexion in den Vordergrund.

Unruhig fühlte Schiller, wie diese Vorherrschaft, diese Oberaufsicht der Reflexion von seinem Leben in sein Schaffen hinübergriff: „Ich sehe mich jetzt erschaffen und bilden, ich beobachte das Spiel der Begeisterung, und meine Einbildungskraft beträgt sich mit minder Freiheit, seitdem sie sich nicht mehr ohne Zeugen weiß." Die Gewalt seines Schöpferwillens verlangt über diesen hemmenden Zwiespalt hinweg, auch ihn will er überwinden, indem er ihn begreift, indem er seinen persönlichen Zwiespalt als einen allgemeinen, notwendigen versteht. So wie er früher seine ideale Einheit mit der Welt im Evangelium der Liebesharmonie als Welterlebnis begriffen hat, wie er sie seit der Freundschaft mit Körner im „Lied an die Freude" und in den „Philosophischen Briefen" noch einmal letztlich ausgesprochen hat, so faßt er auch seinen Zwiespalt jetzt als einen Menschheitszwiespalt allgemein und notwendig: „Die mannigfachen Anlagen im Menschen zu entwickeln war kein andres Mittel, als sie einander entgegenzusetzen. Dieser Antagonismus der Kräfte ist das große Instrument der Kultur." Noch einmal kehrt sich in den „Göttern Griechenlands" sein Blick sehnsüchtig zu jener glücklichen Zeit, da der Mensch in sich, da er mit der Natur eins und einig war. Aber diese Einheit war eine naive, unbewußte; wie die Einheit seiner Kinderjahre mußte sie sich in Trennung und Zwiespalt scheiden, um sich reicher und freier wiederzugewinnen. In dem großen Gedicht „Die Künstler" formuliert sich zuerst das neue Programm. Wann war es denn gewesen, daß er sich, daß er die Welt als Einheit gefühlt, daß er Zwiespalt, Mißtrauen, Enttäuschung und Selbstbeobachtung überwunden? Es waren die Stunden künstlerischen Schaffens und Genießens. Sehnsüchtig tritt in ihm der Mensch dem Künstler, dem Dichter gegenüber und begreift: „Der Dichter ist der einzig wahre Mensch." Und wieder drängt es ihn, was er für sich erkannt hat, als wesenhaft und allgemein, als Erkenntnis für die Menschheit zu begreifen. Langsam klären sich seine Überzeugungen von der Bedeutung der Kunst im Entwicklungsgang der Menschheit: sie nur kann es sein, die den Zwiespalt des Menschen, der

Menschheit überwindet, die sie zur neuen, höheren Einheit führt.

Schiller hatte den Zwiespalt in sich geprüft, ihn in seinen letzten, menschheitlichen Zusammenhängen begriffen, er hatte über ihn hinweg das neue Ziel gedeutet. Nun erhob sich die erhabene Energie seines Wesens und Wollens, zu diesem Ziel, zur bewußten menschlichen und künstlerischen Einheit in sich emporzudringen. „Alle andren Dinge müssen; der Mensch ist das Wesen, welches will." „Es ist gewiß von keinem sterblichen Menschen ein größeres Wort noch gesprochen worden als dieses kantische: Bestimme dich aus dir selbst." Mit der rücksichtslosen Kühnheit seines Wesens suchte Schiller den Sinn dieser späteren Formulierungen auf sich anzuwenden. Er trug kein Bedenken, den Willen über sein eigenstes Machtgebiet, das ethische hinauszutreiben und ihm auch das ästhetische zu unterstellen. Es hat Genies des Willens gegeben, die sich bewußt als Ziel setzten, ein Held, ein Heiliger zu werden: das sind ethische Ziele, sie sind dem Willen unterworfen. Aber ein Künstler zu werden — denn es galt eine völlige Erneuerung seines Künstlertums —, kann darüber der Wille bestimmen? Schiller wagt es, das zu bejahen. „Ich habe viel Arbeit vor mir, um zu meinem Ziele zu gelangen, aber ich scheue sie nicht mehr. Mich dahin zu führen, soll kein Weg zu außerordentlich, zu seltsam für mich sein." Immer wieder drängt sich ihm der Zwiespalt seines Wesens qualvoll auf: „Herz und Kopf jagen sich bei mir immer und ewig, ich kann keinen Moment sagen, daß ich glücklich bin." „So schwebe ich als eine Zwitterart zwischen dem Begriff und der Anschauung, zwischen der Regel und der Empfindung, zwischen dem technischen Kopf und dem Genie — dies ist es, was mir in früheren Jahren, sowohl auf dem Felde der Spekulation als der Dichtkunst ein ziemlich linkisches Ansehen gegeben; denn gewöhnlich übereilte mich der Poet, wo ich philosophieren sollte, und der philosophische Geist, wo ich dichten sollte. Auch jetzt begegnet es mir häufig genug, daß die Einbildungskraft meine Abstraktionen und der kalte Verstand meine Dichtungen stört." Aber der Zwiespalt wird ihm nie mehr bewußt, ohne daß ihm zugleich die Möglichkeit und Notwendigkeit seiner Überwindung, seiner höheren Einheit bewußt würde: „Kann ich dieser beiden Kräfte insoweit Meister werden, daß ich einer jeden durch meine Freiheit ihre Grenzen bestimmen kann, so erwartet mich noch ein schönes Los."

Mit unerhörter Bewußtheit geht er an diese Aufgabe, Sinnlichkeit und Idee, Gefühl und Reflexion in sich zuerst gegeneinander abzugrenzen, zu vereinzeln, jede in sich zu klären und zu befreien, um sie dann zur höchsten, bewußten Einheit zusammenzuführen. Zur Klärung der Sinnenwelt dient ihm das fünfjährige Studium der Geschichte, zur Klärung der ideellen das drei bis vierjährige Studium der Philosophie Kants. Im April 1786 schreibt er an Körner: „Täglich wird mir die Geschichte teurer ... Ich wollte, daß ich zehn Jahre hintereinander nichts als Geschichte studiert hätte. Ich glaube, ich würde ein ganz anderer Kerl sein. Meinst Du, daß ich es noch werde nachholen können?" Im Juli 1788 schreibt er an ihn: „So ist dieses gewiß, daß die Historie das Magazin sein wird, woraus ich schöpfe, oder mir die Gegenstände geben wird, in denen ich meine Feder und zuweilen auch meinen Geist übe." Und im Dezember desselben Jahres schreibt er an Caroline von Beulwitz: „Die Geschichte ist überhaupt nur ein Magazin für meine Phantasie, und die Gegenstände müssen sich gefallen lassen, was sie unter meinen Händen werden." 1797 endlich über der Arbeit am „Wallenstein" erklärt er Körner: „Ich suche absichtlich in den Geschichtsquellen eine Begrenzung, um meine Ideen durch die Umgebung der Umstände streng zu bestimmen und zu verwirklichen." Die Geschichte sollte seine Sinnlichkeit aus der Schattenwelt überreizter, haltloser Empfindungen und Anschauungen in die klare, feste Welt der Wirklichkeit führen, sie an sicheren, gegebenen Zuständen läutern und beruhigen.

Nach einer fünfjährigen Beschäftigung mit der Geschichte glaubt Schiller sich der Sinnenwelt bemächtigt zu haben. Es drängt ihn zu ihrem Gegenpol, zur Welt der Ideen. Kaum hat ihm die Unterstützung des Herzogs von Augustenburg die freie Bestimmung über seine Zeit und Beschäftigung gegeben, da schreibt er an Körner: „Ich treibe jetzt mit großem Eifer Kantische Philosophie. Mein Entschluß ist unwiderruflich gefaßt, sie nicht eher zu verlassen, bis ich sie ergründet habe, wenn mich dieses auch drei Jahre kosten könnte." Auch die Welt der Ideen war ihm bis dahin schattenhaft und ungeklärt geblieben, seine Reflexion war durch sein Gefühl bestimmt und abgeleitet worden. So wie sein Gefühl durch die Reflexion, so war auch seine Reflexion durch das Gefühl getrübt und gehemmt worden. Auch sie wollte befreit und damit sicher und mächtig werden: „So viel habe ich nun aus gewisser Erfahrung" — schreibt er am Ende dieser Epoche an Goethe —, „daß nur strenge Bestimmtheit der Gedanken zu einer Leichtigkeit verhilft. Sonst glaubte ich das Gegenteil und fürchtete Härte und Rauhigkeit. Ich bin jetzt in der Tat froh, daß ich es mir nicht habe verdrießen lassen, einen sauren Weg einzuschlagen, den ich oft für die poetisierende Einbildungskraft verderblich hielt." In der Kantischen Philosophie gelang es ihm, sich selbst zu begreifen. Mit ihr hat er im Theoretischen und Ethischen Sinnlichkeit und Idee, Natur und Vernunft zu letzten Gegensätzen auseinandergerissen, mit ihr, über sie hinaus hat er im Ästhetischen die Einheit beider ersehnt und begründet. Ja, er hat selbst ins ethische Gebiet dieses Ideal als das der „schönen Seele" hineingetragen.

Schon zu Beginn seiner philosophischen Studien war Schiller der Plan zum „Wallenstein" aufgetaucht. Aber er hatte ihn bewußt zurückgedrängt: seine Stunde war noch nicht gekommen. Mit der Vollendung seiner philosophischen Jahre, seiner ideellen Selbstbesinnung und Selbstbefreiung beginnt er sich ihm ernsthaft zuzuwenden. Aber die langen Jahre seiner inneren Sonderung, seiner bewußten Selbstentzweiung haben ihn unsicher gemacht: kann er sich aus diesen Gegensätzen wirklich wieder zur schöpferischen Einheit zusammenschließen? „Vor dieser Arbeit ist mir ordentlich angst und bange, denn ich glaube mit jedem Tag mehr zu finden, daß ich nichts weniger vorstellen kann als einen Dichter, und daß höchstens da, wo ich philosophieren will, der poetische Geist mich überrascht. Was soll ich tun? Ich wage an diese Unternehmung 7 bis 8 Monate von meinem Leben, das ich Ursache habe, sehr zu Rate zu halten, und setze mich der Gefahr aus, ein verunglücktes Produkt zu erzeugen. Was ich je im Dramatischen zur Welt gebracht habe, ist nicht sehr geschickt, mir Mut zu machen, und ein Machwerk wie der Carlos ekelt mich nunmehr an. ... Im eigentlichsten Sinne des Wortes betrete ich eine mir ganz unbekannte, wenigstens unversuchte Bahn."

Als er diese zweifelnden Sätze schrieb, war ihm schon seit einigen Wochen das Erlebnis geworden, das ihn zur neuen, höheren schöpferischen Einheit emporführen sollte: die Freundschaft Goethes. Seitdem er Weimar betreten hatte, seit sieben Jahren hatte er um sie gerungen. Er hatte gewußt, was sie für ihn bedeuten würde. Mit der Leidenschaftlichkeit eines verschmähten Liebhabers hatte er sich in seinen Briefen nach draußen über Goethes Zurückhaltung ausgesprochen, in Zorn, in Schmerz, in Geringschätzung: „Eine ganz besondere Mischung von Haß und Liebe ist es, die er in mir erweckt hat, eine Empfindung, die derjenigen nicht ganz unähnlich ist, die Brutus und Cassius gegen Cäsar gehabt haben müssen." „Dieser Mensch, dieser Goethe ist mir einmal im Wege, er erinnert mich so oft, daß das Schicksal mich hart behandelt hat. Wie leicht ward sein Genie von seinem Schicksal getragen und wie muß ich bis auf diese Minute noch kämpfen!" Kaum aber hatte sich die erste Beziehung geknüpft, als er alles daran setzte, ihr Notwendigkeit und Dauer zu geben. Er schrieb jene tiefste Charakteristik Goethes, die nur jemand schreiben konnte, dessen Sehnsucht ausgefüllt war von seinem Bilde, dessen zwiespältiges, ruhloses Wesen sich jahrelang nach der sicheren, allumfassenden Einheit Goethes verzehrt hatte. „Ihr beobachtender Blick, der so still und rein auf den Dingen ruht, setzt Sie nie in Gefahr, auf den Abweg zu geraten, in den sowohl die Spekulation als die willkürliche und bloß sich selbst gehorchende Einbildungskraft sich so leicht verirrt." Die tiefe Demut, die sehnsüchtige Aufrichtigkeit des Liebenden spricht aus den ersten Briefen, und wie aus aller Liebe, so keimt auch aus dieser die Hoffnung, die Sicherheit auf eine Erneuerung, eine Vollendung des eigenen Seins, dem nun im Geliebten das Ideal lebendig und gegenwärtig ist. Vor seiner Verheiratung hatte Schiller an Körner geschrieben: „Du weißt nicht, wie verwüstet mein Gemüt, wie verfinstert mein Kopf ist — und alles dieses nicht durch äußeres Schicksal, sondern durch inneres Abarbeiten meiner Empfindung. — — Ich bedarf eines Mediums ..." Aber ein Weib konnte nicht das Medium werden, in dem sich die auseinandergerissenen Kräfte des Schillerschen Wesens wieder zur Einheit fanden, sie konnte wohl das Stück unbewußter Natur, die Vergangenheit sein, darin der ringende Geist ausruhte, aber nicht die Zukunft, die höhere Einheit, die ihm Aufgabe war. Dieses Medium konnte Schiller nur in der Welteinheit Goethes werden. Mit Bewußtheit sieht und erlebt er nunmehr die Welt durch Goethe hindurch. „Diese ganze Woche lebte ich im Wilhelm Meister, den ich nun in seinem ganzen Zusammenhange lese und studiere. Ich bin entschlossen, mir die Beurteilung desselben zu einem ordentlichen Geschäft zu machen, wenn es mich auch die nächsten drei Monate ganz kosten sollte. Ohnehin weiß ich für mein eigenes Interesse jetzt nichts Besseres zu tun. Es kann mich weiter führen als jedes andere und eigene Produkt, was ich in dieser Zeit ausführen könnte; es wird meine Empfänglichkeit mit meiner Selbsttätigkeit wieder in Harmonie bringen und mich auf eine heilsame Art zu den Objekten zurückführen." (An Körner.) „Ich empfinde es ganz erstaunlich, was Ihr näheres Einwirken auf mich in mir verändert hat, und obgleich an der Art und dem Vermögen selbst nichts anders gemacht werden kann, so ist doch eine große Läuterung mit mir vorgegangen." (An Goethe.) So konnte er nach Beendigung des „Wallensteins" an Goethe schreiben: „Ich finde augenscheinlich, daß ich über mich selbst hinausgegangen bin, welches die Frucht unseres Umgangs ist; denn nur der vielmalige, kontinuierliche Verkehr mit einer so objektiv mir entgegenstehenden Natur, mein lebhaftes Hinstreben danach und die vereinigte Bemühung, sie anzuschauen und zu denken, konnte mich fähig machen, meine subjektiven Grenzen soweit auseinanderzurücken."

Das Unerhörte war Schiller gelungen: sein gewaltiger Wille hatte das Kantische „Bestimme dich aus dir selbst" nicht nur in seinem ethischen, sondern auch in seinem ästhetischen Leben durchgesetzt, er hatte die jugendliche Gegebenheit seines Talentes bewußt vernichtet, in Zwiespalt und Gegensatz auseinandergedrängt, um es in freier Selbstbestimmung reiner und reicher zu erwerben. Er hatte den Kampf des modernen Menschen um seine Persönlichkeit in seinen letzten Gründen und Abgründen aufgenommen und zum Siege geführt.

Aber künstlerisch war dieser Sieg nur möglich gewesen in einer Dichtart, der Wille und Handlung ihr eigentlicher Gegenstand sind, der nicht das organische Sein, sondern das Ringen und Werden angehört. „Wenn der Philosoph seine Einbildungskraft und der Dichter seine Abstraktionskraft ruhen lassen darf, so muß ich diese beiden Kräfte immer in gleicher Anspannung erhalten, und nur durch eine ewige Bewegung in mir kann ich die zwei heterogenen Elemente in einer Art von Solution erhalten." Im Drama konnte er diese „ewige Bewegung" künstlerisch ausdrücken, er konnte Gefühl und Reflexion, Sinnlichkeit und Idee gegeneinander führen, siegend und unterliegend sich finden und verbinden lassen. In der Lyrik war das nicht möglich. Die Lyrik verlangt die unmittelbare Einheit von Gefühl und Reflexion, von Stoff und Form, von Mensch und Künstler. Vergebens sucht Schiller sich darüber hinwegzutäuschen. Was er über Haller und Klopstock sagt, gilt auch von ihm, er selber empfand es für den sentimentalischen Dichter typisch und notwendig: „Unwillkürlich drängt sich die Phantasie der Anschauung, die Denkkraft der Empfindung zuvor, und man verschließt Auge und Ohr, um betrachtend in sich selbst zu versinken. Das Gemüt kann keinen Eindruck erleiden, ohne sogleich seinem eigenen Spiel zuzusehen, und, was es in sich hat, durch Reflexion sich gegenüber und aus sich heraus zu stellen. Wir erhalten auf diese Art nie den Gegenstand, nur, was der reflektierende Verstand des Dichters aus dem Gegenstand machte, und selbst dann, wenn der Dichter selbst dieser Gegenstand ist, wenn er uns seine Empfindungen darstellen will, erfahren wir nicht seinen Zustand unmittelbar und aus der ersten Hand, sondern, wie sich derselbe in seinem Gemüt reflektiert, was er als Zuschauer seiner selbst darüber gedacht hat." Es ist niemals das Erlebnis, das uns Schiller gibt, sondern das Ergebnis seines Erlebnisses. In seiner Kritik von Bürgers Gedichten verlangt er vom Lyriker, „seine Individualität so sehr als möglich zu veredeln, zur reinsten, herrlichsten Menschheit hinaufzuläutern, ehe er es unternehmen darf, die Vortrefflichen zu rühren". Er begreift nicht die tiefste Einheit des Lyrikers, in dem der Augenblick der menschlichen und künstlerischen Befreiung zusammenfällt. Der Lyriker überwindet nicht zuerst seine inneren Unruhen und spricht sie dann aus, sondern, indem er sie ausspricht, überwindet er sie; er läutert nicht zuerst seine Individualität und stellt sie dann dar, sondern, indem er sie darstellt, läutert er sie. „Ein Dichter nehme sich ja in acht, mitten im Schmerz den Schmerz zu besingen." Nein! gerade im Wirbel der Schmerzen, wenn die Wellen über ihm zusammenschlagen, wenn er zu versinken droht, dann hebt er sich in der künstlerischen Gestaltung über seinen Zustand hinaus zum Unerschütterten, Ewigen in sich zurück.

„Die Poesie" — schreibt Goethe an Schiller — „ist doch eigentlich auf die Darstellung des empirisch-pathologischen Zustandes des Menschen gegründet, und wer gesteht denn das jetzt wohl unter unsern fürtrefflichen Kennern und sogenannten Poeten? Hat ein Mann wie Garve, der doch auch zeitlebens gedacht haben will und für eine Art von Philosophen galt, denn auch nur die geringste Ahnung eines solchen Axioms? Hält er Sie nicht darum nur für einen würdigen Dichter, weil Sie sich den Spaß gemacht haben, die Aussprüche der Vernunft mit dichterischem Munde vorzutragen, was wohl zu erlauben, aber nicht zu loben ist?"

Die Jugendgedichte Schillers sind trotz ihrer Lebensfremde aus dem Erlebnis erwachsen und wissen oft durch die kühne Gewalt der Bilder — wie in der „Größe der Welt", in der „Schlacht" — den Mangel an unmittelbarer Wirklichkeit zu ersetzen. Selbst der Abschluß, das weltanschauliche Ergebnis dieser Epoche, das „Lied an die Freude" quillt aus einer solch jugendlich trunknen Erregung, daß seine Reflexionen vom Ungestüm des inneren Erlebnisses getragen und getrieben werden. Und gleich lebendig sind auch noch die wehmütigen Rückblicke auf diese Zeit: „die Ideale" und „die Götter Griechenlands". Mit den „Künstlern" beginnt die neue Lyrik Schillers, die aus dem bewußten Zwiespalt hervorwächst. Er selber findet dieses Gedicht später „durchaus unvollkommen, es hat nur einzelne glückliche Stellen". Es ist der erste Versuch Schillers, Art und Aufgabe der Kunst für seine Entwicklung als ihre Art und Aufgabe für die Entwicklung der Menschheit zu begreifen und darzustellen. Er mußte unvollkommen bleiben, da die beiden Welten der Geschichte und der Idee, in denen er sich darstellt, noch von Schiller betreten werden sollten. Erst, als sie von ihm durchwandert waren, erst in „Ideal und Leben" konnte dieser Versuch gelingen. Es gibt eine logische Anschaulichkeit, die nicht ohne ästhetischen Wert ist, die uns einen gedanklichen Vorgang in seiner letzten Klarheit, im unmittelbar übersichtlichen Verhältnis aller seiner Teile vorführt. Diese logische Anschaulichkeit ist dem Gedichte eigen. Dazu kommt die Gewalt des Rhythmus und die Größe der Bilder. Soweit es möglich ist, nicht das Erleben, sondern das Erkennen der Welt zum Inhalt der Lyrik zu machen, ist es hier gelungen — soweit es möglich ist: im Grunde kann solch ein Versuch, „die

Aussprüche der Vernunft mit dichterischem Munde vorzutragen", nur zu einem rhetorischen, aber nicht dichterischen Meisterwerk führen.

Die Freundschaft Goethes hob Schiller auch hier über sich selber hinaus. 1795 suchte er aufs neue dem Entwicklungsgang der Menschheit in einem Gedicht Gestalt zu geben, und nun gelang ihm der „Spaziergang", mit dem verglichen ihm selber Ideal und Leben „bloß ein Lehrgedicht" schien. „Mein eigenes Dichtertalent" — schreibt er freudig an Humboldt — „hat sich in diesem Gedicht erweitert: noch in keinem ist der Gedanke selbst so poetisch gewesen und geblieben, in keinem hat das Gemüt so sehr als Eine Kraft gewirkt." Neben Goethe hatte er begriffen, daß die Welt dem Lyriker aufgegeben ist, nicht, insofern er sie erkennt, nur insofern er sie erlebt. Im Erlebnis finden sich Gefühl und Reflexion zusammen. Es ist ein unvergleichliches Zeugnis von Schillers bewußtem Schöpferwillen, wie er hier eine Erkenntnis — seine tiefste Erkenntnis — künstlerisch in ein Erlebnis umsetzt. In die sinnliche Welt ist er hinausgeeilt. Freudig, dem Zimmer, dem Gespräch, der Reflexion entronnen zu sein, sucht sein Auge ihre farbige Gegenständlichkeit. Durstig und dankbar verliert er sich in der Fülle ihrer Erscheinungen. Aber, ohne daß er es merkt, wächst ihm aus ihnen der Gedanke entgegen, fast gegen seinen Willen ist ihm die Natur zum Ausdruck der Idee geworden. Und nicht etwa, daß er nun die Natur zurückläßt und der Idee nacheilt: nur in der Folge ihrer Erscheinungen folgen sich die Gedanken, sie, nicht der Dichter scheinen den gedanklichen Prozeß zu entwickeln.

Der „Spaziergang" war in Distichen geschrieben, eine Form, der Schiller sich immer wieder zuwandte, in größeren epigrammatischen Gedichten und in der Fülle seiner Epigramme. Hier, wo es galt, einen Gedankengang zur letzten, anschaulichen Klarheit zu führen und den logisch durchformten Gedanken einem entsprechenden sinnlichen Bilde zu verschmelzen, wo also die Einheit von Sinnlichkeit und Idee mittelbar und bewußt war, oder, wo es galt, zwei Gedanken gegeneinander zu stellen und den einen im anderen sich spiegeln zu lassen, hier erreicht der antithetische Geist Schillers die Vollendung. Seine Xenien des Jahres 1796, zumal die Votivtafeln sind unübertrefflich.

Dem Xenienjahre folgte das Balladenjahr: Der Taucher, der Handschuh, der Ring des Polykrates, die Nadowessische Totenklage, der Ritter Toggenburg, die bedeutendste der Schillerschen Balladen: Die Kraniche des Ibykus entstehen. Bei den Balladen empfinden wir aufs neue die tiefe Verschiedenheit von Goethes und Schillers Wesen: Goethes Balladen zeigen uns die höchste Einheit von Ich und Welt, eine unerhörte subjektivobjektive Verschmelzung, unmittelbar spricht Goethe im fremden Leben das eigene aus. Von Schillers Balladen gilt Goethes Wort über Schiller: „Er griff in einen großen Gegenstand kühn hinein und betrachtete und wendete ihn hin und her, und sah ihn so an und so und handhabte ihn so und so. Er sah seinen Gegenstand gleichsam nur von außen an, eine stille Entwicklung aus dem Innern war nicht seine Sache." Schillers Balladen gestalten Anekdoten, Erzählungen, Stoffe, die ihm von außen entgegentreten, die er sich notiert, nach denen er suchen geht: sie sind rein gegenständliche, epische Dichtungen. Was er über seine Dramen an Goethe schrieb, hätte er auch von den Balladen schreiben können: „Ich werde es mir gesagt sein lassen, keine anderen als historischen Stoffe zu wählen, frei erfundene würden meine Klippe sein. Es ist eine ganz andere Operation, das Realistische zu idealisieren, als das Ideale zu realisieren, und letzteres ist der eigentliche Fall bei freien Fiktionen. Es steht in meinem Vermögen, eine gegebene, bestimmte und beschränkte Materie zu beleben, zu erwärmen und gleichsam aufquellen zu machen, während daß die objektive Bestimmtheit eines solchen Stoffs meine Phantasie zügelt und meiner Willkür widersteht."

Bewußte gegenständliche Begrenzung, objektive Anschaulichkeit sucht Schiller jetzt all seinen Gedichten, auch den nicht unmittelbar epischen als Lebenskern zu geben. Noch einmal geht er im „Eleusischen Fest" dem Entwicklungsgang der Menschheit nach, nunmehr ganz objektiv, ganz geschichtlich, ganz in Geschehnis und Handlung. Und endlich singt er im „Lied von der Glocke" sein Menschheitslied. Neben dem „Spaziergang", der die Entwicklung der Gesamtheit darstellt, tritt es, um die typische Entwicklung des Einzelnen aufzurollen. Wie im „Spaziergang" ist es ein fortschreitender Vorgang, an den sich diese Entwicklung knüpft. Nur sind es nicht mehr Ideen, die durch diesen Vorgang zusammengehalten werden, es sind groß gezeichnete Bilder, typische Menschheitsvorgänge, die in Lebendigkeit an uns vorüberziehen. Hier hat sich Schiller unter dem Einfluß der langjährigen Goetheschen Freundschaft zur Allgemeingültigkeit, nicht des Gedankens, sondern der Anschauung erhoben. Nie vorher hat Schiller eine solche Lebendigkeit der Schilderung erreicht, die Feuersbrunst ist der Gipfel seiner erzählenden Darstellung, und nie vorher besaß Schiller eine so sichere Freiheit des Rhythmus. Eine ungekannte Leichtigkeit und Beweglichkeit, Natürlichkeit und Einfachheit setzt sich in Bild und Rhythmus um, so daß wir zum ersten Male in Schillers Gedichten den Hauch der Goetheschen Lyrik fühlen.

Über Schillers letzten vierzehn Lebensjahren stand der Tod. Jedes seiner großen Werke hat er ihm aus der Hand gerungen. Auch seiner empirischen Person war nicht jene sichere Einheit von Geist und Sinnlichkeit beschieden, die Goethe beglückte. Immer wieder sieht er sich gezwungen, die ohnmächtige Gebundenheit seines siechen Körpers zu verleugnen und „in die heilige Freiheit der Geister zu flüchten". Er muß „ertragen, was er nicht ändern, mit Würde preisgeben, was er nicht retten kann". Die Notwehr zwingt ihn, dem Goetheschen Ideal des Schönen das Unabwendbare des Erhabenen zur Seite zu stellen. An ihm entzündet sich die Flamme eines jüngeren Lyrikers, der dieses Ideal in seiner tiefsten weltanschaulichen Bedeutung, in seiner tragischen Notwendigkeit verkörpern sollte: Hölderlin.

HÖLDERLIN

In der Kunst hat die Dichtung und in ihr vor allem die Lyrik noch eine zweite innere Richtung. Wenn sie sich ganz erfüllen sollte, mußte sie auch dieser ihren letzten Ausdruck geben. Durch die Sprache ist sie der bildenden Kunst verwandt, die Sprache hilft ihr, die Welt zu gestalten, in immer neuen Bildern Gefühle und Handlungen plastisch darzustellen. Aber wie die Lyrik in ihren letzten Tiefen unabhängig ist von aller Außenwelt, von allen Gegenständen und Tatsachen, wie ihre letzte Wahrheit in der freien Innerlichkeit des individuellen Künstlers gründet, so hat auch die Sprache des Lyrikers reicher und notwendiger als die anderer Dichtarten ein Moment, das über alle Sonderung und Vereinzelung der Bilder und Gestalten hinausdrängt in das Ewig-Eine, Schrankenlose: den Rhythmus. In ihm ist die Lyrik der Musik verwandt.

Goethe ist der vollendete Typus des plastischen Dichters, er ist der bildenden Kunst zu innerst verwandt. „Ich bin ein Plastiker", erklärt er Boisserée, im Zorn gegen die romantischen Symboliker auf die Büste der Juno Ludovisi zeigend. Wir brauchen uns nicht erst seiner ringenden Liebe zur Malerei zu erinnern, seiner jahrzehntelangen Zweifel, ob die Natur ihn zum Dichter oder Maler bestimmt habe: seine ganze menschliche und künstlerische Art, sich der Welt zu bemächtigen, war sinnliche Anschauung, gegenständliches Denken: „Das Auge war vor allem anderen das Organ, womit ich die Welt faßte." Er war „zum Sehen geboren, zum Schauen bestellt". In Schillers Worten empfinden wir ihn: „Ihr beobachtender Blick, der so still und rein auf den Dingen ruht . . ." Schon in frühen Jahren, erzählt uns Goethe, erblickte er ein Bild, wo er hinsah. Das ist seine bildende Kraft, die einzelne Erscheinung, den einzelnen Vorgang in ihrer Sonderung zu fassen, zu umgrenzen und sie doch im höchsten Sinne bedeutsam, in sich vollendet zu zeigen, indem er sie als Symbol, als eigenartigen Träger des Allgemeinen zeigt. „Wer nur das Besondere lebendig auffaßt, erhält zugleich das Allgemeine mit." Das Besondere ist ja die Erscheinung des Allgemeinen: „Und es ist das Ewig-Eine, das sich vielfach offenbart." „Das Ewige regt sich fort in allem." In allgegenwärtiger Offenbarung schaut das klare Auge die Einheit der Welt. Idee und Sinnlichkeit, das Besondere und das Allgemeine haben sich im Schönen ruhevoll durchdrungen und versöhnt.

Aber diese harmonische Auffassung des Lebens ist nicht möglich ohne eine, im höchsten Sinne zu deutende, Einseitigkeit ihres Trägers. Diese Einseitigkeit besteht eben darin, daß er allüberall das Positive, das Versöhnungsmögliche an sich heranzieht, in sich aufnimmt, daß er einen ewig widerspruchsvollen, irrationalen Rest unbeachtet läßt: „Ich habe mich auf Widersprüche nie eingelassen", gesteht Goethe und: „Ich war eigentlich stets eine konziliante Natur", und: „Ich kenne mich zwar nicht selbst genug, um zu wissen, ob ich eine wahre Tragödie schreiben könnte; ich erschrecke aber bloß vor dem Unternehmen und bin beinahe überzeugt, daß ich mich durch den bloßen Versuch zerstören könnte." Er selbst ist sich dessen bewußt, daß seine Weltanschauung „eine Beruhigung an den Grenzen der Menschheit" ist. Im Grunde ist eben keine letzte Weltauffassung möglich ohne Einseitigkeit, und der Versöhnung des ewigen Gegensatzes von Geist und Natur, Idee und Wirklichkeit muß notwendig Kampf und Trennung beider gegenübertreten: Hat der bildende Künstler — und ihm verwandt Goethe — das Besondere bejaht, weil es das Allgemeine verwirklicht, die Musik — und in der Lyrik Hölderlin, der Typus des musikalischen Lyrikers — muß das Besondere verneinen. Weil das Besondere das Allgemeine immer nur unvollkommen darstellen kann, weil es den Fluch aller Individuation trägt: das Allgemeine, das sich verwirklichen will, wird durch die bloße Berührung mit der Materie, durch den Widerstand des Besonderen gehindert, sich ganz und rein zu verwirklichen. Die Schwere des Stoffes kann die ideale Reinheit der Form nur getrübt offenbaren. In dieser erhabenen, tragischen Erkenntnis drängt die Musik über alles Besondere hinaus, um das ewige Leben jenseits aller Erscheinung zu suchen und zu verkünden. Jenseits aller Gestalt, jenseits von Bild und Begriff sucht sie die „unendliche Melodie", die über alle Erscheinung und vor aller Erscheinung ist. Die Musik, „welche einzig dadurch zu uns spricht, daß sie den allerallgemeinsten Begriff des an sich dunklen Gefühles in den erdenklichsten Abstufungen mit bestimmtester Deutlichkeit uns belebt" (Richard Wagner), weiß die Außenwelt nicht mehr, sie sieht mit dem inneren Auge, „ihr Reich ist nicht von dieser Welt". Als ihre erhabenste Verkörperung tritt uns Beethoven vor die Seele, wie ihn Richard Wagner zeichnet: „Die Welt der Erscheinung hatte einen dürftigen Zugang zu ihm. Sein fast unheimlich stechendes Auge gewahrte in der Außenwelt nichts wie belästigende Störungen seiner inneren Welt, welche sich abzuhalten fast seinen einzigen Rapport mit dieser Welt ausmachte. . . . Gewiß konnten die inneren Willensaffekte dieses Menschen nie oder nur undeutlich seine Auffassung der Außenwelt bestimmen; sie waren zu heftig und zugleich zu zart, um an einer der Erscheinungen haften zu können, welche sein Blick nur mit scheuer Hast, endlich mit jenem Mißtrauen des stets Unbefriedigten streifte."

Wir wissen, daß Goethe über ein allgemeines, liebenswürdiges Verhältnis zur Musik nicht hinauskam, daß er nur in

Einem tragischen Moment ihr unterworfen war, wir wissen, daß Hölderlin von Jugend auf der Musik zuneigte. Er spielte Geige, Klavier, besonders Flöte. Musik ist jede Seite, die er schrieb. Jede Zeile quillt aus einem inneren, allumfassenden Rhythmus. Ob er ein Gedicht, einen Brief, Roman oder Drama schreibt, immer drängen die Worte aus der Sonderung ihres bildlichen, begrifflichen Daseins in die ruhelose Einheit des Rhythmus, in die Allheit der unendlichen Melodie. Goethes Strophenbau ist figural oder architektonisch, Strophe auf Strophe ist in sich geschlossen und in schöngegliederter Harmonie den anderen verbunden. Hölderlin kennt die geschlossene Strophe, die figurale Gliederung kaum. Seine Strophen greifen ineinander über, Welle auf Welle überstürzt sich, steigert sich oder beruhigt sich. Es ist nicht wie bei Goethe das einzelne Erlebnis, die einzelne Stunde, die sich loslöst und gestaltet, es ist immer das Ganze, das beunruhigt wird. Selbst die äußere Gliederung wird schließlich zum Hemmnis, die letzten Gedichte geben jede strophische, endlich jede rhythmisch gebundene Gliederung auf, um sich in der Unermeßlichkeit freier Rhythmen zu verlieren.

Diese innere Verwandtschaft mit der Musik konnte nur in einem dem musikalischen verwandten Lebensgefühl begründet sein. Beethovens Lebensgefühl, wie es Wagner schildert, ist dem Hölderlins zutiefst verwandt. Gewiß ist das Lebensgefühl Beethovens gewaltiger, es ist sicherer und schöpferischer, eben weil es der musikalischen Kunst eigen und notwendig ist; das Hölderlins ist hilfloser, schmerzlicher, ringender, weil es seinen Grund und Ausdruck nicht in der ihm eigensten Kunst finden kann, sondern immer wieder den zwiespältigen Gesetzen einer anderen Kunst gehorchen muß.

„Es ist nur ein Streit in der Welt, was nämlich mehr sei, das Ganze oder das Einzelne", so ist Hölderlins tiefstes Geständnis. Dieser Streit ist unversöhnlich. Es geht nicht an, sich an das Einzelne zu verlieren, nichts ist gefährlicher als „seine ganze Seele, sei es in Liebe oder Arbeit, der zerstörenden Wirklichkeit auszusetzen". Es geht ebensowenig an, das Einzelne ganz zu verneinen und sich rücksichtslos in die Freiheit des Allgemeinen zu flüchten: „Das Reine kann sich nur darstellen im Unreinen, und versuchst Du das Edle zu geben ohne Gemeines, so wird es als das Allerunnatürlichste, Ungereimteste dastehen, und zwar darum, weil das Edle selber, so wie es zur Äußerung kommt, die Farbe des Schicksals trägt, unter dem es entstand, weil das Schöne, so wie es sich in der Wirklichkeit darstellt, von den Umständen, unter denen es hervorgeht, notwendig eine Form annimmt, die ihm nicht natürlich ist." So bleibt er notwendig dem furchtbaren Zwiespalt alles Daseins unterworfen; das Wort Diotimas gilt von ihm: „Du wirst in einem Tage siebzigmal vom Himmel auf die Erde geworfen." Immer aufs neue treibt es ihn, das Allgemeine im Besonderen zu suchen oder zu verwirklichen, immer aufs neue muß er empfinden, daß das Allgemeine im Besonderen sich nur unvollkommen verwirklichen kann, daß es den Fluch der Endlichkeit als Erbsünde ins Dasein mitbringt. In tragischer Deutlichkeit enthüllt der erste Entwurf zum Empedokles uns diesen Zustand, diesen Urgrund und Abgrund von Hölderlins Leben: „Empedokles, durch sein Gemüt und seine Philosophie schon längst sehr zu Kulturhaß gestimmt, zur Verachtung alles bestimmten Geschäfts, alles nach verschiedenen Gegenständen gerichteten Interesses, ein Todfeind aller einseitigen Existenz und deswegen auch in wirklich schönen Verhältnissen unbefriedigt, unstet, leidend, bloß weil sie besondere Verhältnisse sind und nur im großen Akkord mit allem Lebendigen empfunden, ganz ihn erfüllen, bloß weil er nicht mit allgegenwärtigem Herzen innig wie ein Gott und frei ausgebreitet wie ein Gott in ihnen leben und lieben kann, bloß weil er, sobald sein Herz und sein Gedanke das Vorhandene umfaßt, ans Gesetz der Sukzession gebunden ist." So zerreibt sich dieses Leben in letzten Gegensätzen, gegenüber der harmonischen Schönheit des Goetheschen offenbart es uns die erhabene Tragik des Menschlichen, der schönen, schlichten Botschaft Goethes: „Wie es auch sei, das Leben, es ist gut", tritt die erhabene stille Erkenntnis gegenüber: „Es nährt das Leben vom Leide sich."

Der Keim dieser Lebensauffassung liegt in Hölderlin von Anfang an begründet — wie denn jedes letzte große Lebensgefühl ursprünglich ist, nur die Naivität glaubt, es aus den Zufällen des persönlichen Lebens zusammenholen zu können:

Ein Rätsel ist Reinentsprungenes.
Denn
Wie Du anfingst, wirst Du bleiben,
So viel auch wirket die Not

Und die Zucht, das meiste nämlich
Vermag die Geburt
Und der Lichtstrahl, der
Dem Neugebornen begegnet.

Aber die besonderen Lebensumstände Hölderlins wußten viel zu tun, um den inneren Zwiespalt zu vertiefen, um ihn zu tragischer Gewalt zu steigern.

Als Hölderlin zwei Jahre alt war, starb sein Vater, als er neun Jahre zählte, sein Stiefvater. Um so inniger schlossen sich Mutter und Kinder aneinander, die Kindertage Hölderlins waren voll Reinheit, Einheit und Liebe. Gerade die weibliche Umgebung, Mutter und Schwester, ließen in der Tiefe und Reinheit ihres Gemütes, in der liebevollen Einheitlichkeit allen weiblichen Wesens ihn Welt und Leben harmonisch empfinden. Dazu kamen die Harmonien der Landschaft, die sanften Linien der Neckarberge, die wie eine lösende Melodie seine Tage durchzogen, der dämmernde Frieden der Wälder, die blaue Sehnsucht der Wellen. Natur und Mensch, Seele und Welt waren eins, im Gleichtakt klopfte ihr Herz. Alles war Frieden, Schönheit, Stille:

> Mich erzog der Wohllaut
> Des säuselnden Hains,
> Und lieben lernt' ich
> Unter den Blumen.

Diese Jahre sind Hölderlins sehnsüchtigster Lebensbesitz. In ihnen sucht er Ruhe, da ihm der Zwiespalt des Daseins offen und qualvoll geworden. Sie sind das einzige Asyl seines zerrissenen Lebens: „Wohin könnt' ich mir entfliehen, hätt' ich nicht die lieben Tage meiner Jugend?" Sie und die Seinen werden ihm wie „eine Melodie, zu der man seine Zuflucht nimmt, wenn einen der böse Dämon überwältigen will."

Mit vierzehn Jahren mußte er die Klosterschule in Denkendorf beziehen. Das Studium des wenig Bemittelten war in Württemberg so vorgezeichnet. War ihm bislang der Zwiespalt des Lebens nur in unbestimmter Wehmut bewußt geworden, hier stößt seine zarte Seele an die harte Gegenständlichkeit des Tages. Eine schwarze ärmellose Kutte, gehäufte Chorandachten, biblische Lektionen selbst während des Mittags- und Nachtessens, ein unfreundlich hartes Strafsystem zeichnen die neue Welt. Für die „Rekreation" waren 1 bis 1½ Stunden nach dem Mittag- und Nachtessen offen, die im Winter auf dem Hausgang, im Sommer auf dem Klosterhofe verbracht werden sollen. Die „Erquickung im Feld" gilt zwar „dem Leib und Gemüt eines Studierenden als unfehlbar gut und heilsam", aber nur, „wenn sie mit Maß und bescheidentlich gebraucht werde: einmal, selten zweimal, in der Woche auf ein bis zwei Stunden. Es sollen dabei zum wenigsten zwei, drei oder auch mehrere miteinander gehen. Wer allein gehend sich finden läßt, soll geahndet werden". So wird die Einheit und Beruhigung, die er bis dahin gekannt, sein Vertrauen an das Leben früh zerstört. Die zarte Liebe der Mutter soll eine pedantische Zucht ersetzen, eine Zucht, über die Hyperions Wort gilt: „Wie haß' ich all die Barbaren, die sich einbilden, sie seien weise, weil sie kein Herz mehr haben, die tausendfältig die jugendliche Schönheit töten und zerstören mit ihrer kleinen, unvernünftigen Manneszucht." Die tiefe Liebe zur Natur, die stille gläubige Einheit mit ihren Erscheinungen soll sich an der vorschriftsmäßigen „Erquickung im Feld" genug tun. Hier wird Hölderlin aus allen seinen zarten Beziehungen zur Außenwelt herausgerissen und in die Einsamkeit seines Innenlebens, in die Qual aufringender Ideale zurückgestoßen. Jene Weltentfremdung beginnt — sie nährt sich in der höheren Klosterschule zu Maulbronn und im Tübinger Stift — die später Goethe von ihm sagen läßt, daß er die Welt „nur durch Überlieferung" kenne: „Ich habe einen Ansatz von meinen Knabenjahren, von meinem damaligen Herzen — und der ist mir noch der liebste —, aber eben dieser Teil meines Herzens wurde am ärgsten mißhandelt, so lang ich im Kloster bin. Selbst der lustige Bilfinger kann mich ob einer ein wenig schwärmerischen Rede geradehin einen Narren schelten, und daher habe ich nebenbei einen traurigen Ansatz von Roheit, daß ich oft in Wut gerate, ohne zu wissen warum, und gegen meinen Bruder auffahre, wann kaum ein Schein von Beleidigung da ist. ... Mein Herz, es ist so bös, ich habe ehemalen ein besseres gehabt, aber das haben sie mir genommen. ... Hier mag mich keine Seele, izt fang ich an, bei den Kindern Freundschaft zu suchen, aber die ist freilich auch sehr unbefriedigend."

In qualvollen Spannungen wird Hölderlin zwischen seinen Träumen und den täglichen Schranken, zwischen Ideal und Wirklichkeit hin und her geworfen. Seine wunde Seele sucht nach Rettung und Ruhe. Und da die Gegenwart ihr die Verwirklichung der Ideale nicht geben kann, heischt sie Hilfe bei der Vergangenheit und bei der Zukunft: das Reich der Ideale ist nicht, aber es war und wird sein. Seine persönlichsten Empfindungen überträgt er auf Welt und Menschheit. So wie es eine Zeit in seinem Leben gab, wo Ideal und Wirklichkeit, Geist und Natur einfach und unbewußt geeint, in lebendiger Harmonie verbunden waren, die dämmernde Knospenzeit der Kindertage, so muß es auch im Leben der Menschheit eine glückliche Kindheit gegeben haben, eine Zeit der Einheit und Unschuld, wo Mensch und Natur, Idee und Wirklichkeit sich liebend durchdrangen, sich innig ergänzten: „Von Kinderharmonie sind einst die Völker ausgegangen. Von Pflanzenglück begannen die Menschen und wuchsen auf." Die Renaissance des Griechentums, die in Winckelmann, Lessing, Wieland, Goethe, Schiller begründet war, hatte Hölderlin früh beschäftigt. In Maulbronn, in Tübingen fand er Lehrer, die seine griechischen Studien im Tiefsten förderten, der Repetent Philipp Conz, der von Winckelmann und Heyne ausgegangen war, ein Jugendfreund Schillers, machte ihm den Grundgedanken des neuen Humanismus aufs Innerste lebendig — Hegel und Schelling, die ihm das Tübinger Stift als Freunde gebracht, nahmen begeistert an ihm teil — den Gedanken, daß Menschlichkeit und Schönheit in den Griechen in vollendeter Harmonie vorbildlich lebendig gewesen. Das war die Kinderharmonie, die Frühlingszeit der Menschheit, in der Natur und Geist, Menschen und Götter verwandt und einig waren. Das war der glückliche Naturzustand Rousseaus, das verlorene Ideal, nach dem die Gegenwart seufzte: „Sie waren einmal dagewesen, die er suchte, die zu schaffen, seine Kunst zu arm war, das erkannte er deutlich. Wo sie dagewesen, wußte er auch. Da wollte er hin und unter dem Schutt nach ihrem Genius fragen, mit diesem sich die einsamen Tage zu verkürzen. Er kam nach Griechenland."

Und wie Hölderlin über seine jetzige Umgebung hinaus für sein eigenes Leben ein Draußen seiner warten glaubte, einen Kampf- und Schauplatz der Ideale, ein Dasein, das reifer und bewußter das Glück seiner Kindheit erneuern würde, so mußte auch der Menschheit über ihren jetzigen Mangel und Zwiespalt hinaus eine neue Zeit warten, die ihre ursprüngliche Einheit und Harmonie größer und gereifter, bewußter wieder heraufführen würde, in der, „was nur Gabe der Natur war, wieder aufblühe als errungenes Eigentum der Menschheit". Die Französische Revolution hatte den Glauben an eine neue Ordnung der Dinge, eine neue Menschheit allenthalben geweckt. Von ihr erwartete man, zusammen mit der geistigen, der philosophischen und dichterischen Revolution Kants und der Klassiker, die Befreiung, Steigerung und Vollendung der Menschheit: „Sie werden kommen deine Menschen, Natur! Ein verjüngtes Volk wird dich auch wieder verjüngen, und du wirst werden wie seine Braut, und der alte Bund der Geister wird sich erneuen mit dir. Es wird nur Eine Schönheit sein, und Mensch und Natur wird sich vereinen in eine allumfassende Gottheit." In Schillers Pathos und Rhythmus, in erhabenen Hymnen an die Menschheit, die Freiheit, die Kühnheit, die Schönheit, die Freundschaft, feiert Hölderlin die Ideale der neuen Menschheit. Diese achtzeiligen gereimten Strophen sind — nach den anempfundenen, pathetischen Versuchen im Stile Klopstocks und Schubarts, die Denkendorf und Maulbronn gezeitigt — die ersten reifen Früchte Hölderlins.

Aber Hölderlin war zu jung, um sich mit den Idealen der Vergangenheit und Zukunft zufrieden zu geben, um nicht immer wieder sehnsüchtig die Vergegenwärtigung des Ideals zu fordern. Seine Natur bediente sich des alten liebenswürdigen Truges, diese Forderung zu erfüllen: in der Tochter des Klosterverwalters zu Maulbronn glaubt seine junge Liebe diese Erfüllung gefunden zu haben. Sie gibt ihm die Möglichkeit, sich selbst zu entrinnen, sich einem Außen zu verbinden. In ruhelosem Glück und Sehnen begreift er die versöhnende Macht der Liebe, die Zuflucht aller zwiespältigen Seelen, die Brücken schlägt vom Besonderen zum Allgemeinen, von der Wirklichkeit zur Idee. Dieser Glaube wächst bald über das dürftige Erlebnis hinaus, in immer gewaltigerer Steigerung, in religiöser Ergriffenheit. Schillers Einfluß hilft, ihn weltanschaulich zu begründen, seine philosophischen Briefe verbinden sich mit Anschauungen von Shaftesbury und Leibniz, um Hölderlin die Liebe als den innersten, ewig lebendigen Zusammenhang des Universums begreifen zu lassen. In dieser kosmischen Kraft, in der Liebeseinheit schwindet der Schmerz der Vereinzelung, findet sich alles Getrennte wieder. Sie ist der ewige Ozean, aus dem unser Tropfendasein sich löst, in den es sehnend zurückkehrt. In ihr ist Geist und Materie, Idee und Wirklichkeit versöhnt und verbunden. Es ist das alte Evangelium aller Dichter und Liebenden. Stammelnd spricht es sich aus im „Lied der Liebe":

„Steigt hinauf am Rebenhügel,
Blickt hinab ins Schattental!
Überall der Liebe Flügel,
Wonnerauschend überall!"

In jauchzender Gewalt braust es aus der Hymne an die Göttin
der Harmonie:

Thronend auf des alten Chaos Wogen,
Majestätisch lächelnd winktest du,
Und die wilden Elemente flogen
Liebend sich auf deine Winke zu.
Froh der seligen Vermählungsstunde
Schlangen Wesen nun um Wesen sich.
In den Himmeln, auf dem Erdenrunde
Sahst du, Meisterin, im Bilde dich. —

Ausgegossen ist des Lebens Schale,
Bächlein, Sonnen treten in die Bahn,
Liebetrunken schmiegen junge Tale
Sich den liebetrunknen Hügeln an.
Schön und stolz wie Göttersöhne hangen
Felsen an der mütterlichen Brust,
Von der Meere wildem Arm umfangen,
Bebt das Land in niegefühlter Lust.

Warm und leise wehen nun die Lüfte,
Liebend sinkt der holde Lenz ins Tal,
Haine sprossen an dem Felsgeklüfte,
Gras und Blumen zeugt der junge Strahl.
Siehe, siehe, vom empörten Meere,
Von den Hügeln, von der Tale Schoß
Winden sich die ungezählten Heere
Freudetaumelnder Geschöpfe los.

Griechenland, die neue Menschheit, die harmonische Gewalt der Liebe, das waren die drei Kräfte, die seine wunde
Seele bis zum Ende seiner Studien geschützt und gewappnet
hatten. Mit ihnen gerüstet, trat er nun ins Leben hinaus. Es
war eine schwache Rüstung. Die Verbindung von Ideal und
Wirklichkeit gab sie ihm für die Vergangenheit, gab sie ihm
für die Zukunft, für die Gegenwart gab sie ihm in jenem Glauben an die Liebeseinheit eine Kraft, die gewiß dem Leben
entsprungen, aber sich längst zu einer Idee verallgemeinert
hatte. Er hatte sich schon gefährlich weit ins Reich der Ideen
verloren. Ein Brief an seinen Bruder kurz vor dem Verlassen
der Universität enthüllt es: „Ich hange nicht mehr so warm an
einzelnen Menschen. Meine Liebe ist das Menschengeschlecht,

freilich nicht das verdorbene, knechtische, träge, wie wir es nur zu oft finden, auch in der eingeschränktesten Erfahrung. ...
Ich liebe das Geschlecht der kommenden Jahrhunderte.... Ich möchte ins Allgemeine wirken, das Allgemeine läßt uns das Einzelne nicht gerade hintansetzen, aber doch leben wir nicht so mit ganzer Seele für das Einzelne, wenn das Allgemeine einmal ein Gegenstand unserer Wünsche geworden ist."

Das Leben mühte sich, Hölderlin für sich zu gewinnen. Unmittelbar nach der Staatsprüfung erhielt er durch Vermittlung Schillers eine Hofmeisterstelle in Waltershausen bei der Frau von Kalb. Charlotte von Kalb war bedeutend und lieblich genug, um Hölderlins Anlagen zu erkennen und mit allen Mitteln zu fördern. Sie nimmt an seinen geistigen, künstlerischen und gemütlichen Interessen teil, sie schreibt an seine Mutter verwendet sich bei Schiller. Hölderlin selber hofft: „Die seltene Energie des Geistes, die ich an der Frau von Kalb bewundere, soll, wie ich hoffe, dem meinigen aushelfen, um so mehr, da alles beiträgt, mich zu heiterer Tätigkeit zu stimmen." Aber kaum tritt die Wirklichkeit hart an ihn heran, da schrickt er zurück. Sein Zögling, der ihn durch seine Schönheit sofort gewonnen, den er wie ein werdendes Ideal geliebt hatte, verrät bald Mängel in seiner Geistes- und Herzensbildung, besondere unglückliche Veranlagungen, gegen die Hölderlin vergebens kämpft, die ihn zerrütten und mutlos machen und ihn schließlich von seinem Posten zurückdrängen. Frau von Kalb unterstützt ihn, daß er noch eine Zeitlang in Jena seinen literarischen Plänen und Studien leben kann, sie setzt ihren ganzen Einfluß ein, ihm dort die Dozentenlaufbahn zu ebnen. Hölderlin tritt mit Schiller in nähere persönliche Beziehung, er lernt Goethe kennen. Schiller gilt seine Liebe, Goethe seine Bewunderung: „Goethe habe ich gesprochen, Bruder! Es ist der schönste Genuß unseres Lebens, soviel Menschlichkeit zu finden bei soviel Größe." (An Hegel.) Aber die unmittelbare Nähe der großen Geister verwirrt und bedrückt ihn. Sie sind auf der Höhe ihres Schaffens und Lebens, er ist der Tastende, Ungewurzelte. Wie sollte er sich gegenüber diesen Gewalten behaupten, wie in organischer, langsam reifender Entwicklung verharren können. Unruhig fühlt er, daß er in eine jener gefährlichen Situationen geraten ist, „die uns oft zu viel aus uns entfernen, die für uns das sind, was der Rübsamen für die

Äcker, die zu viel Kraft aus uns ziehen und uns für die Folgezeit unbrauchbar machen". Gerade für eine Natur wie Hölderlin mußte die Zeit Goethes und Schillers, die Höhe ihrer künstlerischen Kultur zu einer Gefahr werden. Die großen Erscheinungen der Kunst traten schon an den Knaben heran. Im Ringen mit ihnen verlor er das einfache Verhältnis zur Wirklichkeit, er versuchte das Leben nicht aus sich, sondern aus den großen Kunstwerken und Persönlichkeiten heraus zu betrachten. Diese Betrachtung des Lebens aber mußte den organischen Gang der Entwicklung frühzeitig sprengen. Es war die große Gefahr, daß er die Idee des Vortrefflichen früher erhielt, als die Kraft, es zu gestalten. In einem Selbstbekenntnis Goethes und Hölderlins finden wir den tragischen Gegensatz: „Da hatte ich" — sagte Goethe zu Eckermann — „es freilich in meinem lieben Deutschland besser. Ich konnte mich sehr bald mit dem Vorhandenen abfinden, es konnte mir nicht lange imponieren und mich nicht sehr aufhalten. Ich ließ die deutsche Literatur und das Studium derselben sehr bald hinter mir und wendete mich zum Leben und zur Produktion. So nach und nach vorschreitend, ging ich in meiner natürlichen Entwicklung fort und bildete mich nach und nach zu den Produktionen heran, die mir von Epoche zu Epoche gelangen. Und meine Idee vom Vortrefflichen war auf jeder meiner Lebens- und Entwicklungsstufen nie viel größer, als was ich auch auf jeder Stufe zu machen imstande war." Hölderlin aber, der immer wieder mit erschütternder Klarheit sich und seine Bedingungen zu formulieren weiß, schreibt an Schiller: „Ich begreife sehr gut, warum es schwerer ist, die Natur zur rechten Äußerung zu bringen in einer Periode, wo schon Meisterwerke nah um einen liegen, als in einer anderen, wo der Künstler fast allein ist mit der lebendigen Welt. Von dieser unterscheidet er sich zu wenig, mit dieser ist er zu vertraut, als daß er sich stemmen müßte gegen ihre Autorität, oder sich ihr gefangen geben. Aber diese schlimme Alternative ist fast unvermeidlich, wo gewaltiger und verständlicher als die Natur, aber deswegen auch unterjochender und positiver, der reife Genius der Meister auf den jüngeren Künstler wirkt." So verstehen wir Hölderlins Wort: „Die Nähe der wahrhaft großen Geister schlägt mich nieder und erhebt mich wechselweise."

Neben Goethe und Schiller war es Fichte, der Hölderlin

mächtig anzog, er besuchte Fichtes Vorlesungen: „Er hört Fichte" — schreibt Hegel an Schelling — „und spricht mit Begeisterung von ihm als einem Titanen, der für die Menschheit kämpfe und dessen Wirkungskreis nicht innerhalb der Wände des Auditoriums bleiben werde." Aber so begeistert er sich auch anfangs in Fichtes Wissenschaftslehre vertiefte, auf die Dauer mußte diese Philosophie, der das Streben ins Unendliche die letzte Aufgabe war, seine innere Ruhelosigkeit nur verstärken. Er sucht dem Widerstreit des Fichteschen Ich und Nicht-Ich zu entfliehen, indem er die dichterische Anschauung des Universums als die Grundlage für das objektive Verständnis des Weltzusammenhangs proklamiert, indem er die Vereinigung von Subjekt und Objekt, die bei Fichte nur in unendlicher Annäherung erreichbar scheint, in einem idealischen Sein, in der Wirklichkeit der Schönheit im Universum als vollendet zeigt. Unruhig fühlt er, daß die Philosophie ihn „im höheren Grade als es nötig wäre, von seiner eigentümlichen Neigung entferne".

Es war natürlich, daß Hölderlin sich der großen philosophischen Bewegung seines Zeitalters lebendig zuwandte. Je mehr ihm in den Klosterschulen und im Tübinger Stift das Besondere verschlossen blieb, je mehr ihn alles Besondere, das er erfuhr, quälte und zurückstieß, desto notwendiger wurde ihm die Philosophie, um sich ins Allgemeine zu flüchten und dort Ruhe und Freiheit zu finden. Im Stift war das Studium Kants allüblich gewesen. Hölderlin hatte es Seite an Seite mit Hegel gründlicher und ernstlicher getrieben. Es hatte ihn von der Enge theologischer Dogmatik befreit und ihm zur geistigen Selbstbestimmung verholfen. Er hatte auch Plato mit Hegel gelesen und Jacobis Briefe über Spinoza. Alle hatten ihm dazu verholfen, seine eigene dichterische Lebensanschauung schärfer zu bestimmen und im großen Zusammenhang zu begreifen. Darüber hinaus bedeutete die Philosophie eine Gefahr für ihn, erwies sich die Zuflucht, die sie ihm gewährte, als eine Flucht: „Vergiß dich in Ideen", rät er seinem leidenden Bruder. „Jetzt habe ich wieder zu Kant meine Zuflucht genommen, wie immer, wenn ich mich nicht leiden kann", schreibt er an Neuffer und an denselben: „Ach, die Welt hat meinen Geist von früher Jugend an in sich zurückgescheucht und daran leid' ich noch immer. Es gibt zwar einen Hospital, worin sich jeder auf meine Art

verunglückte Poet mit Ehren flüchten kann — die Philosophie."
Seiner Mutter gesteht er: „Ich wußte nicht, warum das Studium
der Philosophie, das sonst den hartnäckigen Fleiß, den es erfordert, mit Ruhe belohnt, mich, je uneingeschränkter ich mich
ihm hingab, nur immer um so friedensloser und selbst leidenschaftlich machte."

Im Frühsommer 1795 verließ Hölderlin Jena, um sich in
der Stille seiner Heimat in der Liebe seiner Verwandten zu
sammeln und zu sich zurückzufinden. Aber auch diese Flucht
in die Vergangenheit, an die Stätten seiner Kindheit konnte ihm
keine Ruhe bringen. Er sieht seine Angehörigen eins und einfach in und mit der alten Umgebung, in der Sicherheit täglicher Beschäftigung, er sieht sie still und organisch aus einem
festen Boden wachsen und fühlt nur deutlicher, daß er noch
immer keinen Grund und Boden kennt, darin er wurzeln könne.
Er fühlt sich wie eine Pflanze, die jung aus dem Boden gerissen wurde, die sehr wohl weiß, wie viel an Trieben, Blüten
und Früchten in ihr wartet, aber der Sturmwind wirbelt sie
umher, sie findet den Boden nicht, in dem sie haften, wurzeln
und reifen würde. „Das Unbestimmte meiner Lage, meine Einsamkeit und der Gedanke, daß ich hier allmählich ein lästiger
Gast werden möchte, drückt mich nieder." „Das Mißfallen an
mir selbst und dem, was mich umgibt, hat mich in die Abstraktion hineingetrieben." „Ich friere und starre in den Winter, der
mich umgibt. So eisern mein Himmel ist, so steinern bin ich."

Da ruft ihn eine neue Hofmeisterstelle nach Frankfurt ins
Haus des Bankiers Gontard, und hier erwartet ihn in der Liebe
zur Herrin des Hauses Frau Susette Gontard sein erstes und
einziges Erlebnis. Geist und Natur, Idee und Wirklichkeit, das
Allgemeine und das Besondere, hier schließt sich ihm alles
zusammen, der Zwiespalt, der durch alle Erscheinung geht,
der sein eigenes Wesen zerrissen und friedlos gemacht, hier
scheint er überwunden. Vollkommen und makellos hat hier das
Ewige Gestalt gewonnen. Wie hatte sein Geist nach diesem
Erlebnis gehungert! Er hatte wohl geahnt, daß nur auf diesem
Wege sich ihm der Zwiespalt lösen würde. Seine frühe Jugendliebe, seine Liebe zu einer Tübinger Professorentochter,
in die er, „ohne sie zu kennen, mein Ideal übertrug und über
meine Unwürdigkeit trauerte", waren die knabenhaften Versuche
gewesen, diesen Weg zu finden. In Waltershausen hatte er

dann in seiner ersten Bearbeitung des „Hyperion", in seiner Dichtung aufs neue nach diesem Erlebnis gesucht, er hatte seinem Glauben an die welterlösende Kraft der Liebe ideale Gestalt gegeben in der Zeichnung Melites, die er später Diotima nannte. Und dennoch unbefriedigt, hatte er an Neuffer, den glücklichen Bräutigam, nach Jena geschrieben: „Ich soll wahrscheinlich nie lieben als im Traum. War das nicht bisher mein Fall?" Nun aber waren alle Träume Wahrheit. In vollendeter Harmonie, in edlem Ebenmaß von Geist und Körper stand Melite-Diotima vor ihm. Aller Zwiespalt war in ihr gebunden. Aus der tiefen Einheit ihrer Seele floß jede Äußerung, jede Bewegung: „Unter den Blumen war ihr Herz zu Hause, als wär es eine von ihnen." „Lieber Freund! Es gibt ein Wesen auf der Welt, woran mein Geist Jahrtausende verweilen kann und wird und dann noch sehen, wie schülerhaft all unser Denken vor der Natur sich gegenüber findet. Lieblichkeit und Hoheit und Ruh und Leben und Geist und Gemüt und Gestalt ist ein seliges Eins in diesem Wesen. Du kannst mir glauben, auf mein Wort, daß selten so etwas geahndet und schwerlich wiedergefunden wird in dieser Welt. Du weißt ja, wie ich ohne Glauben lebte, wie ich so karg geworden war mit meinem Herzen und darum so elend; konnt' ich werden, wie ich jetzt bin, froh wie ein Adler, wenn mir nicht dies, dies eine erschienen wäre und mir das Leben, das mir nichts mehr wert war, verjüngt, gestärkt, erheitert hätte mit seinem Frühlingslichte? Ich habe Augenblicke, wo all meine alten Sorgen mir so durchaus töricht scheinen so unbegreiflich, wie den Kindern."

„Was sind Jahrhunderte gegen den Augenblick, wo zwei Menschen so sich ahnen und nahen?" — „Was ist alles, was in Jahrtausenden die Menschen taten und dachten, gegen einen Augenblick der Liebe?" Zeit und Ewigkeit waren für Hölderlin in Eins geflossen. Seine Seele hatte Boden gefunden, Wurzel geschlagen, die Blüten trieben: zum erstenmal findet er in seinen Gedichten den eigenen Ton, entdeckt er die Melodie seines Wesens. Die großen Hymnen an die Ideale der Menschheit waren von Schillers Rhythmen getragen, ihr idealer Gehalt aus allgemeinen Empfindungen und Anschauungen entlehnt, durch übergesetzte Zitate aus Kant, Rousseau, dem „Ardinghello" bezeichnet. Noch einmal rauschen die achtzeiligen Reimstrophen Schillers auf:

Diotima, selig Wesen!
Herrliche, durch die mein Geist,
Von des Lebens Angst genesen,
Götterjugend sich verheißt,

Unser Himmel wird bestehen!
Unergründlich sich verwandt
Hat sich, eh' wir uns gesehen,
Unser Innerstes gekannt.

Aber unter dem milden Strahl der neuen Liebe beruhigen sich die Rhythmen. Nun werden sie nicht mehr vom Strom der Unruhe gejagt, von der Überspannung des Augenblicks, nun ruhen sie in sich selber, im edlen Ebenmaß, in der „himmlischen Genügsamkeit", der klaren Gegenwart, die der neue Genius ihm offenbart. Nun hat auch in der Lyrik Hölderlins das Allgemeine und das Besondere, Form und Stoff sich lebendig durchdrungen. Die griechischen Versmaße sind es, die in ihrem edlen Gleichmaß, ihrer gelösten Harmonie, in ihrem musikalischen Auf- und Niederwogen zu seinen Maßen werden. Die alkäischen und asklepiadäischen Metren finden in ihm eine Vollendung, die kein deutscher Dichter jemals und je wieder erreicht. Alle anderen, Klopstock, Hölty, Platen, haben diese Versmaße übernommen. Hölderlin hat sie geschaffen, schaffen müssen als ursprünglichen Ausbruch und Ausdruck seines Wesens. Das Griechentum, das ihm früher Vergangenheit, Sehnsucht und Rückschau gewesen, in der Geliebten wird es ihm Gegenwart und Gestalt. Susette Gontard wird die Diotima des „Hyperion", sie wird die „Athenerin", die Bürgerin der unvergänglichen, ihm eingeborenen griechischen Welt. „Fromm wie der Grieche war", allbeseelt und vergottet erlebt und umfaßt er jetzt „die heilige Natur": Vater Helios, Mutter Erde, alle griechischen Götter und Mythen glühen morgendlich neu in ihm auf. Schöpferisch, liebend-unmittelbar druchdringen sich ihm die Urkräfte der Natur und die Urbilder des griechischen Mythos zu einer pantheistisch einigen, verschwisterten, gestaltenvollen Welt.

„Ich dichte wenig und philosophiere beinahe gar nicht mehr. Aber was ich dichte, hat mehr Leben und Form; meine Phantasie ist williger, die Gestalten der Welt in sich aufzunehmen, mein Herz ist voll von Lust." Die beiden ersten Bücher des „Hyperion" entstehen und in ihnen die zeitlose Geschichte dieser Liebe. Solange die letzten Schranken der Wirklichkeit noch nicht berührt werden, solange beide nur die wachsende innere Einheit fühlen, wächst Hölderlins Kraft, weitet sich sein Lebensgefühl. Eine nie geahnte Befreiung kommt über ihn.

17*

Er sieht Welt und Leben, sich selber sieht er zum erstenmal gegenständlich und rein. Liebend begreift er die frühere Unrast seines Wesens, die Weltflucht, die metaphysische Stimmung, er bejaht sie als die notwendige Vorbereitung zu seinem jetzigen Lebenswillen und Lebensanteil: „Ich betrachte jetzt die metaphysische Stimmung wie eine gewisse Jungfräulichkeit des Geistes und glaube, daß die Scheue vor dem Stoffe so unnatürlich sie an sich ist, doch als Lebensperiode sehr natürlich und auf eine Zeit so zuträglich ist, wie alle Flucht bestimmter Verhältnisse, weil sie die Kraft in sich zurückhält, weil sie das verschwenderische jugendliche Leben sparsam macht, solange bis ein reifer Überfluß es treibt, sich in die mannigfaltigen Objekte zu teilen. Ich glaube auch, daß eine allgemeinere Tätigkeit des Geistes und Lebens, nicht bloß dem Gehalte, dem Wesen nach vor den bestimmteren Handlungen und Vorstellungen, sondern daß auch wirklich der Zeit nach in der historischen Entwicklung der Menschennatur die Idee vor dem Begriffe ist, so wie die Tendenz vor der (bestimmten, regelmäßigen) Tat." (An Schiller.)

In immer größeren Kreisen fühlt sich Hölderlin dem Leben verbunden, immer siegender fühlt er die Verwandtschaft alles Lebendigen. Die kosmische Kraft der Liebe ist kein Traum mehr, keine bloße Idee, sie ist Tat und Wirklichkeit, sonnenhaft leuchtet sie ihm, staunen muß er, daß er ihr Licht erträgt.

> Und ausgeglichen
> Ist eine Weile das Schicksal.

Aber „je glücklicher du bist, um so weniger kostet es, dich zugrunde zu richten." Die Stunde kommt, da die strebende Einheit und Liebe ihre letzte Steigerung erreicht hat, da immer unerbittlicher sich die Schranken zeigen, die der Tag errichtet, die Wirklichkeit und Besonderheit der idealen Sehnsucht nach immer tieferer Vereinigung gesetzt haben. Früh schon hat es ihn gequält, daß er sein heiligstes und herrlichstes Erlebnis wie etwas Verbotenes verhüllen soll: „Ich habe schon oft genug geweint und gezürnt über unsere Welt, wo das Beste nicht einmal in einem Papiere, das man einem Freunde schickt, sich nennen darf." Immer brutaler legt die Alltäglichkeit ihre Faust auf ihn. Was hilft es ihm, daß er sein ideales Recht auf diese Liebe mit heiligstem Stolze verteidigt: „Wo ist das Wesen, das wie meines sie erkannte? In welchem Spiegel sammelten sich so wie in mir die Strahlen dieses Lichts? Erschrak sie freudig nicht vor ihrer eigenen Herrlichkeit, da sie zuerst in meiner Freude sich gewahr ward? Ach! wo ist das Herz, das so wie meines sie erfüllte und von ihr erfüllt war, das so einzig da war, ihres zu umfangen, wie die Wimper für das Auge da ist." Furchtbarer denn je zuvor tut sich hier die Kluft zwischen dem Besonderen und Allgemeinen, dem Wirklichen und Ideellen auf. Konnte Hölderlin Liebe und Ehe anders begreifen und bedeuten, als den platonischen Eros, als die lebendige Gegenwart des Ideals, die unser Glauben und Streben zur Idee täglich neu begründet und steigert? Das allein konnte ihm das Recht sein, das jeder Ehe zugrunde liegt. Und auf wessen Seite war dann das Recht? Konnte jemals ein Liebender reiner und stolzer auftreten denn er? Und doch mußte er verlegen zur Seite gehen, wenn dieser Gatte kam, der die Unerwachte, Unbewußte als Siebzehnjährige geehelicht und dessen wesentlicher Lebensinhalt war, daß er „den Börsenkurs aufs Haar verstand". Er war der Rechtlose vor ihm, der heimlich Schuldige.

Er war rechtlos hier, er schien auch würdelos zu werden: Immer bitterer trat ihm die Abhängigkeit seiner Stellung ins Bewußtsein. Frankfurter Kaufleute waren nicht die Menschen, ihn nach seinem inneren Wert zu begreifen und zu achten, ihnen war er der bezahlte Hofmeister, ein Bedienter wie andere: „Die geflissentliche tägliche Herabwürdigung aller Wissenschaft und aller Bildung, die Äußerungen, daß die Hofmeister auch Bedienten wären, daß sie nichts Besonderes für sich fordern könnten, weil man sie für das bezahlte, was sie täten usw. . . ., das kränkte mich, so sehr ich suchte, mich darüber hinwegzusetzen, doch immer mehr." Wie der jähe Ausbruch langgesammelter zerstörender Glut, bricht es in einem Brief an Neuffer hervor: „O Freund! Ich schweige und schweige und so häuft sich eine Last auf mir, die mich am Ende fast erdrücken, die wenigstens den Sinn unwiderstehlich mir verfinstern muß . . . O gib mir meine Jugend wieder, ich bin zerrissen von Liebe und Haß." Immer gebieterischer taucht die Notwendigkeit der Trennung vor ihm auf, immer verzweifelter wehrt er sich dagegen. In Rhythmen voll dunkelsten Lebens, voll gewaltigster Tragik ringt er nach Rettung:

Trennen wollten wir uns? wähnten es gut und klug?
Da wir's taten, warum schreckte, wie Mord, die Tat?
    Ach! wir kennen uns wenig,
    Denn es waltet ein Gott in uns.

Den verraten? ach ihn, welcher uns alles erst,
Sinn und Leben erschuf, ihn, den beseelenden
    Schutzgott unserer Liebe,
    Dies, dies Eine vermag ich nicht.

Aber anderen Fehl denket der Menschen Sinn,
Andern ehernen Dienst übt er und anders Recht,
    Und es fordert die Seele
    Tag für Tag der Gebrauch uns ab.

Weh! Ich wußt' es zuvor. Seit der gewurzelte
Allentzweiende Haß Götter und Menschen trennt,
    Muß, mit Blut sie zu sühnen,
    Muß der Liebenden Herz vergehn.

Laß mich schweigen! o laß nimmer von nun an mich
Dieses Tödliche sehn, daß ich im Frieden doch
    Hin ins Einsame ziehe,
    Und noch unser der Abschied sei!

Reich' die Schale mir selbst, daß ich des rettenden
Heil'gen Giftes genug, daß ich des Lethetranks
    Mit dir trinke, daß alles,
    Haß und Liebe vergessen sei!

Im Herbst 1798 verließ Hölderlin das Haus Gontard und
Frankfurt nach furchtbaren inneren Kämpfen, die um so zerstörender gewesen, weil er um Diotimas willen, um die Geliebte
zu schonen, die bittersten Kränkungen schweigend ertragen:
„Immer hab' ich die Memme gespielt, um Dich zu schonen,
habe immer getan, als könnt' ich mich in alles schicken, als
wäre ich so recht zum Spielball der Menschen und der Umstände gemacht und hätte kein festes Herz in mir, das treu und
frei in seinem Rechte für sein Bestes schlüge." Er erfährt das
furchtbare Weh aller glücklos Liebenden, daß er nicht mehr
allein ist mit seinem Leiden, daß er dem Leiden eines Anderen,
des Anderen, des einzigen Anderen, von dem er weiß, — und
damit dem Leiden der Welt — unlösbar verbunden ist. Er
begibt sich nach Homburg. Eine bescheidene Wohnung am
Eingang eines stillen Wiesentales birgt ihn. Wie nach einer
großen Katastrophe, einem Erdbeben, die Menschen lange verstört umherfliehen und erst spät sich ihres Besitzes erinnern und
zu den Trümmern kehren, so kommt eine Zeit, da er vor der

eigenen inneren Verwüstung flieht in die stille Einfalt der Natur. Was bleibt ihm noch? Die einzige Verbindung mit dem Leben, die er gefunden — gefunden, als er schon an ihrer Möglichkeit verzweifelt — ist zerrissen, vom einzigen Platz, der seiner müden Seele Ruhe gegeben, ist er vertrieben. Gibt es noch Ruhe für ihn? „Du wirst in einem Tage siebzigmal vom Himmel auf die Erde geworfen." Das ist der Fluch alles Menschlichen, dieses unvollkommenen Zwischenstandes zwischen dem Endlichen und Unendlichen:

Uns ist gegeben
Auf keiner Stätte zu ruhn,
Es schwinden, es fallen
Die leidenden Menschen
Blindlings von einer
Stunde zur andern,
Wie Wasser von Klippe
Zu Klippe geworfen
Jahrlang ins Ungwisse hinab.

Nur Eines hält ihn aufrecht: auszusprechen, was in ihm lebt, der Welt in ihm Gestalt zu geben, sie als einen ewigen Protest in die Täglichkeit dieser Welt hineinzustellen.

Zu diesem Kampfe reckt und rüstet sich alles aufs neue in ihm. Kann denn das Besondere siegen? Kann sich trennen, was sich im Ewigen gefunden, sich entfremden, was sich verwandt ist? „Diotima! Diotima! wann sehn wir uns wieder? Es ist unmöglich, und mein innerstes Leben empört sich, wenn ich denken will, als verlören wir uns. Ich würde jahrtausendelang die Sterne durchwandern, in alle Formen mich kleiden, in alle Sprachen des Lebens, um dir einmal wieder zu begegnen." Diese höhere Lebenseinheit ist nun seine Heimat, von ihr zu künden, seine Aufgabe. Sie vernimmt sein Ohr im Frieden seines Tals, aus allen Büschen weht ihr Hauch ihn an, im heiligen Licht, dem allumfassenden, dem allauflösenden begreift er sie. Die Tage seiner Kindheit kehren wieder. Was er damals in Einfalt fühlte, was ihn immer sehnend leitete, die Einheit alles Lebendigen, jetzt geht sie ihm in schmerzlicher Erkenntnis, in Sehnsucht und Liebe, reiner, größer, bewußter auf: „O Eigensinn der Menschen! wie ein Bettler hab' ich den Nacken gesenkt und es sahn die schweigenden Götter der Natur mit allen ihren Gaben mich an." „Ich habe mich des Stückwerks überhoben, das die Menschenhände gemacht, ich hab' es gefühlt das Leben der Natur, das höher ist, denn alle Gedanken." In frühen Tagen war ihm diese Einheit als gegeben, als Erfüllung erschienen, als Dasein und Gegenwart, ein Spinozistisch-Goethescher Hauch war scheu hindurchgeweht: im sternenlosen Dunkel seines letzten Erlebnisses hatte er sie tiefer, schmerzlicher begriffen als mystische Forderung, als ewige Sehnsucht: „Wie sollt' ich mich verlieren aus der Sphäre des Lebens, worin die ewige Liebe, die allen gemein ist, die Naturen alle zusammenhält? Wie sollt' ich scheiden aus dem Bunde, der die Wesen alle verknüpft? Wir trennen uns nur, um inniger einig zu sein, göttlicherfriedlich mit allem, mit uns. Wir sterben, um zu leben."

Dieses Lebens- und Weltgefühl gibt das Thema zu „Menons Klage um Diotima", neben Goethes Marienbader Elegie die wundervollste Liebesklage, die unsere Lyrik kennt, sie gibt das Thema seines Hyperion, dessen zweiten Band er nun vollendet. Schon in Tübingen hatte er den Roman begonnen, in vielfachen Umarbeitungen hatte er in Waltershausen, in Jena, in Frankfurt mit ihm gerungen. Es war kein Wunder, daß er sich müde rang. Die Zwiespältigkeit seines künstlerischen Lebensgefühls wird hier Verhängnis: Hölderlin wollte ein episches Kunstwerk schaffen. Aber sein Wesen war mächtiger als sein Wille, ihm entsprach das musikalische Kunstwerk. Und nie ist in der deutschen Literatur ein Roman, ein scheinbares Prosawerk geschaffen, das so ganz und gar Musik ist. Nichts von epischer Gegenständlichkeit — woher hätte sie Hölderlin holen sollen, da ihm alles Besondere fremd und feind war? — nichts von scharfumrissenen Schauplätzen, individuell gezeichneten Charakteren! Sinnlichkeit, Deutlichkeit, alle Besonderheit fehlen im Grunde. Landschaften, Menschen, Empfindungen, Handlungen bleiben in einer musikalischen Allgemeinheit. Gewiß sind Adamas, Alabanda, Hyperion, Diotima verschieden gezeichnet, aber sie sind keine Gestalten, die in individueller Lebenskraft, in epischer Deutlichkeit vor uns wandeln und handeln, sie haben nur die Wirklichkeit und Selbständigkeit musikalischer Themen, die aus der unendlichen Melodie sich lösen, vereinzeln, verbinden und rauschend versinken. Diese unendliche Melodie aber ist die Lebensmelodie Hölderlins, die Sehnsucht des Einzelnen und Getrennten nach der Rückkehr in die Ewigkeit des All und Einen. Das Sehnsuchts-

und Liebesmotiv des „Tristan" erschüttern diese Seiten. Wie ein Wind, der von unbekannten Meeren kommt, braust es über sie hin. — — „Ich habe nichts, wovon ich sagen möchte, es sei mein eigen. Fern und tot sind meine Geliebten, und ich vernehme durch keine Stimme von ihnen nichts mehr. Mein Geschäft auf Erden ist aus." So beginnt es wie das klagende Lied eines Einsamen durch die Nacht. Zaghaft lösen sich aus diesem dunklen Unterton, diesen tragischen Schauern des Vorspiels die ersten hellen Klänge des neuen Lebens: „Aber du scheinst noch, Sonne des Himmels! du grünst noch, heilige Erde ... o selige Natur! ... Verloren ins weite Blau, blick' ich oft hinauf an den Äther und hinein ins heilige Meer, und mir ist, als öffnet ein verwandter Geist mir die Arme, als löste der Schmerz der Einsamkeit sich auf ins Leben der Gottheit. Eines zu sein mit allem, das ist Leben der Gottheit." Das Thema ist angekündet, nun schwillt es auf — anfangs noch scheu und zagend, ganz Sehnsucht und Hoffnung, immer wieder von den tragischen Schauern des Vorspiels durchbrochen. Aber Diotima erscheint, die dunklen Klänge zerstieben, mit einem plötzlichen, jauchzenden Auftakt setzt die rauschende Erfüllung ein: „O ihr, die ihr das Höchste und Beste sucht, in der Tiefe des Wissens, im Getümmel des Handelns, im Labyrinthe der Zukunft, in den Gräbern oder über den Sternen! wißt ihr seinen Namen? den Namen des, das Eins ist und Alles? Sein Name ist Schönheit." Und nun beginnt die unendliche Melodie der Lust, das Wellenspiel auf dem Meere des Ewigen. Diotima, die Natur, Griechenland, Religion, Schönheit, Dichtung, sie alle sind Verkünder des Ewigen, sie haben den Zwiespalt gelöst, einig ist alles: „Schwinde, schwinde, sterbliches Leben ... wir sind zur Freude der Gottheit alle berufen."

Der zweite Teil ist zu Ende, der dritte Teil, der nach der Frankfurter Katastrophe geschrieben wurde, beginnt. Der Brief Alabandas kommt an: die Endlichkeit klopft an die Pforten. In den dunklen Schauern der alten Melodie quillt die Ahnung auf, daß im Endlichen keine letzte Einheit möglich ist, daß wir als endliche Wesen dem Unendlichen nicht dauernd angehören können. Und mit der Rückkehr zum Endlichen bricht die Verwirrung, die Vereinzelung, die Auflösung herein. Was im Ewigen einig war, wird zerstreut in das Endliche; die Forderungen der Außenwelt, die Versuche zu handeln, zu vermitteln zwischen

Ideal und Wirklichkeit, reißen jeden einzeln in Trennung, Zwiespalt und Verlassenheit. Was sind die Geschehnisse hier, die das bewirken? Sie sind nur Symbole, nur das dunkle Auf- und Niederwogen, der alte ringende Kampf zwischen dem Endlichen und Ewigen. Aus der namenlosen Trauer des Einsamsten ringt sich die Urmelodie des Schicksalliedes: „Ihr wandelt droben im Licht, selige Genien . . . Doch uns ist gegeben, auf keiner Stätte zu ruhn." Alabanda, der Freund, geht seinem Verhängnis zu, Diotima stirbt: „Ein Feuer in mir hat mählich mich verzehrt . . . ein inneres Leben, vor dem das Leben der Erd' erblaßt und schwand wie Nachtlampen im Morgenrot."

Die Wellen sind verrauscht, einsam und unbewegt liegt das ewige Meer in der ewigen Nacht. Musikalisch ist es hier, wie eine Pause, eine jener Pausen, die abgründiger ist, denn alle Musik. Aber aus diesem tiefsten Abgrund quillt die Erkenntnis, eine fremde Melodie, der man anmerkt, welchen weiten, dunklen Weg sie hergekommen: „Muß nicht alles leiden? Und je trefflicher es ist, desto tiefer! Leidet nicht die heilige Natur? O, meine Gottheit! daß du trauern konntest, wie du selig bist, das konnt' ich lang' nicht fassen. Aber die Wonne, die nicht leidet, ist Schlaf, und ohne Tod ist kein Leben."

Der Urschmerz alles Lebens ist ausgesprochen, die Urmelodie bejaht; bewußter, andächtiger, ergebener kehren die tragischen Schauer des Vorspiels wieder. Kein einzelnes Thema erhebt sich mehr aus ihnen, sie hüllen alles ein. Nur wie ein heilig Symbol dieser Allheit, werden Sonne und Lüfte, Quellen und Blumen angerufen und das brüderliche Licht: „Auch wir sind nicht geschieden, Diotima, und die Tränen um dich verstehen es nicht. Lebendige Töne sind wir, stimmen zusammen in deinem Wohllaut, Natur! wer reißt den? wer mag die Liebenden scheiden? Wie der Zwist der Liebenden sind die Dissonanzen der Welt. Versöhnung ist mitten im Streit und alles Getrennte findet sich wieder."

Der „Hyperion" hatte Hölderlins tiefste Sehnsucht einmal gestillt: „in der Erzeugung eines großen Kunstwerks meine nach Vollendung dürstende Seele zu sättigen." Das wachsende Gefühl seiner Berufung tröstet und rüstet ihn. Er deutet Alabandas Wort auf sich: „Was lebt ist unvertilgbar, und wenn Du es zerreißest bis auf den Grund, und wenn Du bis ins Mark es zerschlägst, doch bleibt es eigentlich unverwundet, und sein

Wesen entfliegt Dir siegend unter den Händen." Tiefer versenkt er sich in die göttlich-eine und -reine Welt seines pantheistischen Griechentums. Im „Archipelagus" wird sie leuchtend Gestalt:

> Kreta steht und Salamis grünt, umdämmert von Lorbeern,
> Rings von Strahlen umblüht, erhebt zur Stunde des Aufgangs
> Delos ihr begeistertes Haupt, und Tenos und Chios
> Haben der purpurnen Früchte genug, von trunkenen Hügeln
> Quillt der Cypriertrank, und von Kalauria fallen
> Silberne Bäche wie einst in die alten Wasser des Vaters . . .

Zwar ist der delphische Gott verstummt, „die edlen Lieblinge" sind dahin, die mit schönen Tempeln und Städten die Gestade bekränzt.

> Es wandelt in Nacht, es wohnt wie im Orkus
> Ohne Göttliches unser Geschlecht. Ans eigene Treiben
> Sind sie geschmiedet allein, und sich in der tosenden Werkstatt
> Höret jeglicher nur, und viel arbeiten die Wilden
> Mit gewaltigem Arm, rastlos, doch immer und immer
> Unfruchtbar, wie die Furien, bleibt die Mühe der Armen.

Aber die Natur lebt wie einst: „Droben das Licht, es spricht noch heute zu Menschen — Schöner Deutungen voll", und der griechische Geist ist unsterblich: das Göttliche kann nicht untergehen; wie es in ihm, dem Dichter, lebt und wirkt, so wird es in der Menschheit wiederkehren und wirken, in Zukunft, in naher Zukunft:

> Schon hör ich ferne des Festtags
> Chorgesang auf grünem Gebirg und das Echo der Haine,
> Wo der Jünglinge Brust sich hebt, wo die Seele des Volks sich
> Still vereint im freieren Lied zur Ehre des Gottes.

Bald wird alles Leben wieder voll göttlichen Sinnes sein, „vollendend wie sonst erscheinst du wieder den Kindern überall, o Natur!"

Zum erstenmal blitzt über die dunkle Zeit die Vision von der Rückkehr der Götter. Sie nimmt ganz von Hölderlin Besitz, in ihr wird dem Heimatlosen Heimat und Halt. Immer tiefer, immer gewaltiger, immer überpersönlicher wird er zu ihrem Seher und Verkünder. Der Dichter wird zum Priester und Propheten; nicht mehr das eigene Schicksal kümmert ihn, das Geschick der Menschheit, die schreckhaft große Vision der

Zeitenwende brennt in ihm und schlägt als Flamme aus seinem Munde. In den Hymnen, die rhythmisch ohne Zwang und Folge, im Sprung der Daktylen, im Sturm der Anapäste, im Kommen und Gehen, Steigen und Fallen, Andrängen und Gehemmtwerden der Bewegungsvorstellungen sich ekstatisch jagen, wird die Dichtung zur religiösen Offenbarung, zur Gottesverkündung. Wie der antike Dichter, Pindar zumal, „die Götter und Menschen gegenseitig näherbringen durfte", so sind in dieser dürftigen Zeit die Dichter „wie des Weingotts heilige Priester — Welche von Lande zu Land zogen in heiliger Nacht". Indes die Völker noch schlafen und dämmern, ist in ihrer Seele schon „ein Feuer angezündet von neuem Zeichen". In der Dichtung zuerst kehrt die Gottheit wieder zur Erde ein:

> Uns gebührt es, unter Gottes Gewittern
> Ihr Dichter! mit entblößtem Haupte zu stehen,
> Des Vaters Strahl, ihn selbst, mit eigner Hand
> Zu fassen und dem Volk ins Lied
> Gehüllt die himmlische Gabe zu reichen.

Demütig, opferwillig nimmt Hölderlin die Tragik dieser Berufung auf sich. Allzunah ist die Gefahr der göttlichen Überwältigung, manchem erlosch „das Augenlicht schon vor den göttlichgesendeten Gaben". Und er bittet die Götter, ihn „leicht" zu umgeben, „damit ich bleiben möge, denn noch ist manches zu singen".

In diese Offenbarung mündet aller Lebens- und Wesensinhalt Hölderlins. Vertieft und geheiligt kehren in ihr alle Anschauungen seiner Jugend wieder. Sie selbst ist die religiöse Umdeutung seines Jugendglaubens an eine kommende Humanität, eine neue Menschheit, im Sinne der Aufklärung, Rousseaus, der Revolution. Auch die religiöse Innigkeit, das unauslöschliche christliche Erbe seiner Jugend lebt immer tiefer, immer bedeutsamer in den neuen Gesichten auf.

In drei großen religiösen Weltaltern zeigt sich ihm der Weg der Geschichte zu ihrem ewigen Ziel, der Vergottung der Welt: Asien empfing in mystischer Frühe das heilige Urwort, Griechenland nahm es wieder auf, und als in seinen Opferhainen das heilige Feuer fast erlosch, „Da schickte schnellentzündend der Vater — das liebendste, was er hatte, herab": Christus. Unter die griechischen Götter tritt er als Bruder des

Bacchus und Herakles. Wie sie ist er ein Sohn und Bote des Höchsten in Zeiten religiöser Verdunkelung und Verwirrung.

Zum erstenmal wird in der Elegie „Brot und Wein" die Verwandtschaft von Christus und Bacchus ausgesprochen: der Wein, des Bacchus heilige Gabe, ist von Christus zum sakramentalen Zeichen erhöht, das heiligste Geheimnis des griechischen Kultes dem heiligsten der christlichen Religion verbunden. Dann tritt in der Hymne „Versöhnender" Christus unmittelbar in den Kreis der Gesichte, ein versöhnter Versöhnender unter die griechischen Götter. Bei der Rückkehr der Götter, am Abend der Zeit, — „Es kehrt bald ein Gott um den anderen ein" — darf er nicht fehlen. In der Hymne „Der Einzige" aber überwächst Christus, „des Hauses Kleinod", die göttlichen Brüder Herakles und Bacchus, und in „Patmos" wird seine Wiederkehr verkündet in apokalyptischer Größe als Ende und Erfüllung allen Weltverlaufs.

Dieser religiösen Offenbarungslinie verknüpft sich eine vaterländische. In seiner Jugend hatte Hölderlin sich wie Schiller für kosmopolitische Ideen begeistert, wie Klopstock war er von der Französischen Revolution entflammt und enttäuscht, sein Gericht über die götterlose, verworrene Zeit war im „Hyperion" zum Gericht über Deutschland geworden. Aber je inniger er der Natur der Heimat verwächst und ihren göttlichen Kräften, desto tiefer erschließt sich ihm mit der deutschen Landschaft auch deutsches Wesen. In den Oden „Der Main", „Der Neckar", „Heidelberg" gewinnt die deutsche Landschaft farbigere Gestalt. In den Oden „Die Heimat", „Rückkehr in die Heimat", den Elegien „Heimkunft" und „Stuttgard" (Die Herbstfeier) gibt er sich dem Himmel der Heimat immer liebender, immer gläubiger hin: „Groß ist das Werden umher." In den Oden „Gesang des Deutschen" und „An die Deutschen" aber wächst die Liebe und der Glaube über die Heimat zum Vaterland, über die deutsche Landschaft zum deutschen Geist und Wesen. Deutschland wird das „Land des hohen, ernsteren Genius", das allverkannte, von dem die höhnenden Fremden ihr Bestes haben. Schon wird es nach Attikas Namen genannt. Wer wäre würdiger, Träger der neuen Zeit, des neuen Gottes zu sein! Ahnend ergriffen fühlt der Dichter die nahe Wende. Sehnend beschwört er die Seele des Vaterlandes, ganz zu erscheinen, auf daß

> Die Berge des deutschen
> Landes Berge der Musen sind,
> Wie die herrlichen einst, Pindos und Helikon
> Und Parnassos, und rings unter des Vaterlands
> Goldnem Himmel die freie,
> Klare, geistige Freude glänze.

In den Hymnen „Am Quell der Donau", und „Wanderung" geht dieser Glaube in die Tiefen des religiösen Mythus, der neuen Offenbarung ein, „Germanien" bringt die Berufung, die heilig-neue Verkündigung: tot sind die alten Götter, nur in der Sage leben sie fort, und so lieb sie dem Herzen sind: „tötlich ist's und kaum erlaubt, Gestorbene zu wecken". Aber „die Schatten derer, so gewesen sind — die Alten, so die Erde neu besuchen — die da kommen sollen — die heilige Schar von Göttermenschen" drängt zu neuer Geburt. Und der Adler, der Bote des Höchsten kommt vom Indus, über den Parnaß, über Italias Opferhügel, jauchzend überschwingt er die Alpen und bringt die neue Botschaft an Germania, „die stillste Tochter Gottes — Sie, die zu gern in stiller Einfalt schweigt — die groß an Glauben":

> Du bist es, auserwählt
> Allliebend und ein schweres Glück
> Bist du zu tragen stark geworden.

Aber dies neue Deutschland ist kein politisches, kein Reich von dieser Welt, ist die Verwirklichung des Reiches Gottes. „Patmos" rauscht auf, die apokalyptische Vision von der Wiederkunft Christi, von der Welterfüllung, die auch Weltende ist.

Auch die Hymnen Hölderlins geben zuletzt nicht die Visionen einer möglichen sinnlichen Wirklichkeit, auch sie sind vor und über alle Erscheinung, sind Musik, die mystische Musik des letzten Beethoven, die gewaltigste und tiefste Musik, die je der deutschen Sprache entlockt ist. Wohl tönt es in ihr von Bejahung und Freude und naher Verwirklichung. Wohl gibt die geliebte Natur und die griechische Welt diesen Visionen immer stärkere Farben, künstlerisch wachsende Wirklichkeit. Aber das ist doch nur die Wirklichkeit der Seele, der Sehnsucht, die letzte, verzweifelt gespannte Gewalt des Genius, seine abgründige Heimatlosigkeit im wirklichen Leben zu überwinden, übersinnlichen, mystisch-musikalischen Visionen Sprach- und Farbkraft zu schaffen.

„Jetzt fürcht ich, daß es mir nicht geh am Ende wie dem alten Tantalus, dem mehr von Göttern ward, als er verdauen konnte." Zu tief hatte Hölderlin mit irdischen Augen in das ewige Licht geschaut, zu nah mit sterblichem Ohr der unendlichen Melodie gelauscht, zu verwegen mit menschlichem Mund göttliche Geheimnisse offenbart. Mittel- und heimatlos irrt er von Homburg nach Nürtingen, nach Stuttgart, als Erzieher in die Schweiz und nach Bordeaux und kehrt zurück, verstört, „von Apollo geschlagen". Über seinem Niederbruch rauscht die Prophezeiung, die sein Empedokles für sich erkannt:

> Am jugendlichen Tage hab ich mir's geweissagt,
> Daß das Gefäß zerbrechen muß, sobald
> Es Göttliches umschloß.

Aus Natur und Geisteswelt

Jeder Band kartoniert M. 2.80, gebunden M. 3.50
Hierzu Teuerungszuschl. des Verlags: ab April 1920 100%, Abänd. vorbeh.

Bändchen zur Literatur:

Sprachwissenschaft. Von Prof. Dr. Kr. Sandfeld-Jensen. . (Bd. 472.)

Die Sprachstämme d. Erdkreises. Von Prof. Dr. F. N. Finck. 2. Aufl. (Bd. 267.)

Die Haupttypen des menschlichen Sprachbaus. Von Prof. Dr. F. N. Finck. 2. Aufl. v. Prof. Dr. E. Kieckers. (Bd. 268.)

Die deutsche Sprache von heute. Von Dr. W. Fischer. 2. Aufl. (Bd. 475.)

Fremdwortkunde. Von Dr. Elise Richter . . . . (Bd. 570.)

Einführung in die Phonetik. Wie wir sprechen. Von Dr. E. Richter. (354.)

Rhetorik. Von Prof. Dr. E. Geißler. I. Richtlin. f. d. Kunst d. Sprechens. 3. Aufl. II. Dtsche. Redekunst. 2. Aufl. (Bd. 455/456.)

Die menschliche Sprache, ihre Entwickl. b. Kinde, ihre Gebrechen u. der. Heil. V. Lehrer K. Nickel. Mit 4 Abb. (Bd. 586.)

Poetik. Von Prof. Dr. R. Müller-Freienfels . . . . . . (Bd. 460.)

Die griech. Komödie. V. Prof. Dr. A. Körte. Mit Titelbild u. 2 Taf. (Bd. 400.)

Die griech. Tragödie. Von Prof. Dr. J. Geffcken. M. 5 Abb. u. 1 Taf. (566.)

Griechische Lyrik. Von Geh. Hofrat Prof. Dr. E. Bethe. (Bd. 736.)

Die Homerische Dichtung. Von Rektor Dr. G. Finsler. . (Bd. 496.)

German. Mythologie. Von Prof. Dr. J. v. Negelein. 3. Aufl. (Bd. 95.)

Die germanische Heldensage. Von Dr. J. W. Bruinier. . . (Bd. 486.)

Das Nibelungenlied. Von Prof. Dr. J. Körner . . . . . (Bd. 591.)

Das deutsche Volksmärchen. Von Pfarrer K. Spieß . . . . (Bd. 578.)

Die deutsche Volkssage. Von Dr. O. Böckel. 2. Aufl. . . (Bd. 262.)

Das deutsche Volkslied. Von Dr. J. W. Bruinier. 5. Aufl. (Bd. 7.)

Deutsch. Volkskunde i. Grundriß. V. Prof. Dr. K Reuschel. I. Allg. Sprache. Volksdichtung. Mit 3 Fig. (Bd. 644.) Glaube, Brauch, Kunst und Recht. (Bd. 645.)

Minnesang. Die Liebe im Lied e d. dtsch. Mittelalt. V. Dr. J. W. Bruinier (404.)

Deutsche Romantik. Von Geh. Hofr. Prof. Dr. O. Walzel. 4. A. I. Die Weltansch. II. Die Dichtg. (Bd. 232/233.)

Geschichte der deutschen Frauendichtung seit 1800. V. Dr. H. Spiero. Mit 3 Bildnissen auf 1 Tafel. (Bd. 390.)

Geschichte d. deutsch. Lyrik seit Claudius. V. Dr. H. Spiero. 2. A. (254.)

Geschichte d. niederdtsch. Literatur v. d. ältest. Zeiten bis a. d. Gegenw. V. Prof. Dr. W. Stammler. (815.)

Das Theater. Von Prof. Dr. Chr. Gaehde. 2. Aufl. Mit 18 Abb. (Bd. 230.)

Der Schauspieler. Von Professor F. Gregori . . . . . (Bd. 692.)

Shakespeare u. seine Zeit. V. Prof. Dr. E. Sieper. 3. Aufl. . (Bd. 185.)

Das Drama. Von Dr. B. Busse. 3 Bände. I. u. II. 2. Aufl. (Bd. 287/289.)

Lessing. Von Prof. Dr. Th. Schrempf. Mit einem Bildnis . . . (Bd. 403.)

Schiller. Von Prof. Dr. Th. Ziegler. Mit 1 Bildnis Schillers. 3. Aufl. (Bd. 74.)

Schillers Dramen. Von Progymnasialdirekt. E. Heusermann. (Bd. 493.)

Das deutsche Drama des 19. Jahrhunderts. Von Prof. Dr. G. Witkowski. 4. Aufl. Mit Hebbels Bildn. (Bd. 51.)

Franz Grillparzer. V. Prof. Dr. A. Kleinberg. M. 1 Bildn. Grillp. (513.)

Friedrich Hebbel u. seine Dramen. Ein Versuch. Von Geh. Hofrat Prof. Dr. O. Walzel. 2. Aufl. (Bd. 408.)

Ibsen und Björnson. Von Prof. Dr. G. Neckel. (Bd. 635.)

Gerhart Hauptmann. Von Prof. Dr. E. Sulger-Gebing. 2., verb. u. verm. Aufl. Mit 1 Bildnis (Bd. 283.)

Verlag von B. G. Teubner in Leipzig und Berlin

Vom Altertum zur Gegenwart. Die Kulturzusammenhänge in den Haupt-
epochen u. auf den Hauptgebieten. Skizze von: F. Boll, L. Curtius, A. Dopsch, E. Fraenkel, E. Goldbeck, W. Goetz, P. Hensel, K. Holl, J. Ilberg, R. Imelmann, W. Jaeger, V. Klemperer, H. Lietzmann, E. von Lippmann, A. von Martin, Ed. Meyer, L. Mitteis, C. Müller, E. Norden, J. Partsch, Bonn, J. Partsch, Leipzig, A. Rehm, G. Roethe, Wilh. Schulze, E. Spranger, H. Stadler, A. Wahl, M. Wundt, J. Ziehen. 2., verm. Aufl. Geh. ca. M. 12.—, geb. ca. M. 14.—

Charakterköpfe aus der antiken Literatur. Von Geh. Reg.-Rat Prof.
Dr. Ed. Schwartz. I. Reihe: 1. Hesiod und Pindar. 2. Thukydides und Euripides. 3. Sokrates und Plato. 4. Polybios und Poseidonios. 5. Cicero. 5. Aufl. II. Reihe: 1. Diogenes der Hund und Krates der Kyniker. 2. Epikur. 3. Theokrit. 4. Eratosthenes. 5. Paulus. 3. Aufl. Kart. je M. 3.50

Die Renaissance in Florenz und Rom. Von Geh. Reg.-Rat Prof.
Dr. K. Brandi. 5. Auflage. Geh. M. 12.—, geb. M. 14.—
„Anmutiger und lebensvoller als in diesem Buche könnte das Wiedererwachen der Geister aus den erstarrten Formen des Mittelalters zu einer zweiten Jugend, ihr unwiderstehlicher Zauber, ihre unvergängliche Schönheit schwerlich dargestellt werden." (Deutsche Rundschau.)

Elementargesetze der bildenden Kunst. Grundlagen einer praktischen
Ästhetik von Prof. Dr. H. Cornelius. 3. Aufl. Mit 245 Abbildungen und 13 Tafeln. Geh. ca. M. 16.—, geb. ca. M. 20.—

Die deutsche Malerei im 19. Jahrhundert. Von Prof. Dr. R. Hamann.
Mit 57 ganzseitigen und 200 halbseitigen Abbildungen. Geb. M 15.—
„.. Ein kunsthistorisch trefflich orientierendes Bild der deutschen Malerei im 19. Jahrhundert. Die geschickte Gruppierung, die fesselnde Analyse der wichtigeren Werke, die lebensvolle Darstellung machen die Lektüre außerordentlich genußreich...." (Schles. Volkszeitung.)

Wilhelm Diltheys gesammelte Schriften. Band II: Weltanschauung
und Analyse des Menschen seit Renaissance und Reformation. Abhandl. z. Gesch. d. Philosophie u. Religion. 2. Aufl. Geh. ca. M. 28.—, geb. ca. M. 30.— Band IV: Die Jugendgeschichte Hegels und andere Abhandlungen zur Entwicklung d. deutschen Idealismus. Geh. ca. M. 28.—, geb. ca. M. 30.—

Persönlichkeit und Weltanschauung. Psych. Untersuch. z. Religion, Kunst
u. Philos. Von Dr. R. Müller-Freienfels. M. Abb. i. T. u. a. 5 Taf. M. 6.—, geb. M. 9.—
„Verf. zeigt eine ganz hervorragende Fähigkeit, weite, zum Teil noch kaum bearbeitete Gebiete der psychologischen Welt zu überschauen, zu ordnen und dem Leser fesselnd zu machen...." (Preußische Jahrbücher.)

Himmelsbild und Weltanschauung im Wandel der Zeiten. Von
Prof. Troels-Lund. Aut. Übersetzung von L. Bloch. 4. Aufl. Geb. M. 7.50
„.... Es ist eine wahre Lust, diesem kundigen und geistreichen Führer auf dem nie er- müdenden Wege durch Asien, Afrika und Europa, durch Altertum und Mittelalter bis herab in die Neuzeit zu folgen." (Neue Jahrbücher für das klassische Altertum.)

Aus der Mappe eines Glücklichen. Von Wirkl. Geh. Oberreg.-Rat
Ministerialdirektor Dr. R. Jahnke. 5. Aufl. Kart. M. 5.—
„.. Diese Blätter können allen denen nicht warm genug empfohlen werden, die über wertvolle Fragen des Lebens nachdenken und sich anregen wollen." (Monatsschr. f. höh. Schul.)

Hauptprobleme der Ethik. Von Prof. Dr. P. Hensel. 2., erw. Aufl. K. M. 3.60
„Dieses schlicht und allgemeinverständlich geschriebene Buch darf auf das Lob, nicht nur Philo- sophie, sondern auch philosophieren zu lehren, Anspruch erheben." (Zeitschr. f. päd. Psychol.) Auf sämtl. Preise Teuerungszuschl. d. Verlags (ab April 1920 100 %, Abänd. vorb.) u. teilw. d. Buchh.

Verlag von B. G. Teubner in Leipzig und Berlin